国家出版基金项目
NATIONAL PUBLICATION FOUNDATION

名 家 论 语 文 丛 书

名誉主编　　主编
刘国正　　曹明海

语文教育回望与前瞻

徐林祥 | 著

山东教育出版社

图书在版编目（CIP）数据

语文教育回望与前瞻 / 徐林祥著 . — 济南：山东教育出版社，2021.6
（名家论语文丛书 / 曹明海主编）
ISBN 978-7-5701-1720-8

Ⅰ . ①语… Ⅱ . ①徐… Ⅲ . ①语文教学 – 教学研究
Ⅳ . ①H19

中国版本图书馆 CIP 数据核字（2021）第 109875 号

MINGJIA LUN YUWEN CONGSHU
YUWEN JIAOYU HUIWANG YU QIANZHAN

名家论语文丛书　　　　　　　　　　　　　　曹明海/主编
语文教育回望与前瞻　　　　　　　　　　　　徐林祥/著

主管单位：山东出版传媒股份有限公司
出版发行：山东教育出版社
　　　　　地址：济南市市中区二环南路2066号4区1号　邮编：250003
　　　　　电话：（0531）82092660　　网址：www.sjs.com.cn
印　　刷：山东临沂新华印刷物流集团有限责任公司
版　　次：2021 年 6 月第 1 版
印　　次：2021 年 6 月第 1 次印刷
开　　本：700 毫米 × 1000 毫米　1/16
印　　张：29.5
字　　数：396 千
定　　价：89.00 元

（如印装质量有问题，请与印刷厂联系调换）印厂电话：0539-2925659

刘国正先生为"名家论语文丛书"题词

论 文

若谓文无法，矩矱甚分明。暗中自摸索，何如步随灯？

若谓文有法，致胜须奇兵。循法为文章，老死只平平。

学法要认真，潜心探微精。待到秉笔时，舍法任神行。

谓神者为何？思想与感情。聆彼春鸟鸣，无谱自嘤嘤。

总　序

新时代语文教育的研究已进入一个深度挖掘中华优秀文化及精神财富的新境域，语文课改的阔大视野和思维创新之树根植于中华民族文化生活沃土之中，并且向"语文强天下"的教育方向伸展。在庆祝中华人民共和国成立70周年之际，我们积极策划并组织编写"名家论语文丛书"，旨在落实《中共中央　国务院关于全面深化新时代教师队伍建设改革的意见》，大力振兴新时代语文教师教育，促进新时代语文教师的专业发展。

"名家论语文丛书"，是新中国成立70年来第一次系统呈现我们自己的语文教育名家的作品。中国教育史本质上就是语文教育史，要写新中国语文教育史，就必须写好我们的语文教育名家。他们的语文教育思想和智慧、情感与理思、教学与研究，能直接勾画出新中国成立以来语文教育的课改轨迹和实践成果。以庆祝新中国成立70周年为节点，我们遵照中央关于加强新时代教师教育的指示要求，全力推出语文教育名家的精品力作，以更好地满足广大中小学语文教师专业发展的教学需要和语文文化生活新期待，为大力促进新时代语文教育改革、实现语文教育"立德树人"的教育目标提供良好的语文思想文化食粮。

首先，本丛书积极实施《中共中央　国务院关于全面深化新时代教师队伍建设改革的意见》中的指示要求，即"大力振兴教师教育，不断提升教师专业素质能力"，"培养造就学科知识扎实、专业能力突出、教育情怀深厚的高素质复合型教师"，"培养造就数以百万计的骨干教师、数以十万计的卓越教师、数以万计的教育家型教师"。作为语文教育名家，丛书作者团队打开创新的思维，拓展教学的智慧，求索新时代语文教学新的内质，标举新时代语文特有的教学理想和追求，探讨新时代语文教学思想和方法，给广大语文教育工作者带来新的教学信息，特别是通过与广大一线教师进行大量的语文教育对话，广泛交流新时代语文的情感智慧和教学思考。可以说，本丛书的问世恰逢其时，可以唤醒教师教育思想和丰富教学资源，以独特的与名家对话的渠道和形式培养造就符合新时代需要的高素质复合型教师。

其次，本丛书能反映语文教育自主性、独创性的最新研究成果，有助于持守中国特色语文教育的思想理念，完善教材编制，促进教学创新，提高语文教师的学科核心素养和教育教学能力素养。语文教育教学设计能力素养是教师实施教学活动的具体构思，是针对教学的整个程序及具体环节进行精心策划的思维流程。它是优化教学过程、保证教学质量和效果的有力措施。教学设计能力素养的核心在于课堂教学的建构与创新。基于学科核心素养的课堂教学设计创新，应该立足于"语言建构与运用"的教学基点。新时代教师要在把握学科核心素养、吃透课程标准精神的前提下，根据不同的学段和学生实际，创造性地进行教学设计。教师要凭借自己的教学智慧用心设计和经营课堂，对各种新型教学方式进行有效尝试。要想不断提升教学设计能力素养，教师在教学实践中必须把握教学目标、教学重难点、教学过程和教学策略等基本要素。对此，本丛书进行了不少教学论述和案例分析，而且这些教学细化例证分析颇具启示性和唤醒性。可以说，这是对新时代教师专业化发展素质的细化要求。

再次，本丛书深入研究阐释了中华民族优秀传统文化所蕴含的思想观念、人文精神、道德规范，对实现语文教育优秀传统文化的创造性转化和创新性发展具有重要意义。丛书提出语文教育"语言文化说"的观点，认为语文是文化的构成，应从语文本体构成的文化特质出发来分析理解语文教育，从而打破语文教育只是"知识获得的过程"的理论。倡导语文课程的文化建构观，建立以人的发展和完整性建构为主体的理论新结构，不仅有助于我们从理论上重新认识语文教育，而且有助于我们从实践上助推语用教学的文化渗透过程，以促进语用教学改革的深化，加快语用素养教育的进程。丛书昭示了新中国语文教育的发展水平，反映了语文教育最新的原创性成果，是对新时代语文教育的生动书写。

丛书作者皆为我国当代语文教育名家，是语文教育与课程改革的引领者，标举"立德树人""守正出新"的教育理想和追求。根据中央对新时代教师队伍建设改革的意见，着眼于新时代教师教育发展的需要，丛书内容侧重于三个方面：一是守正创新。丛书阐释了语文教育的基本特征和根本任务，包括语文课改、语文课程的根与本、语文教育的本来面目、语文教育的现代性等。二是立德树人。丛书着眼于核心素养的教学探索，以语用为本，以学生为本，以文本为本，包括语文教学的"实"与"活"、语文教学的反思与重建、语文阅读与成长、语文课程与考试等。三是教材建构。丛书围绕"该编什么""该怎么编""该怎样用"的原则方法，系统论述了高质量语文教材的编制与使用问题，具体包括语文教材的性质与功能、教材结构与类型、教材的教学化编制等。总的来说，丛书多层面探讨了语文课标、课改、课程、教材、教学、考试，以及传统与现代、问题与对策等，多视角展示了语文教育名家的教育思想和教学智慧。丛书既有高屋建瓴的指导性，又有具体而微的针对性，搭建了名家与教师对话的独特渠道。

从本丛书全新的营构创意来看，把"名家论语文"作为一种名家与教师的交流对话，是为新时代语文教师专业发展拓开的新场域。作为名家与教师以书面文字对接的阅读平台，本丛书实质上是主体与主体的对话、心灵与心灵的沟通，是情感的交流和思维的碰撞，是名家与教师交流语文思想智慧的对话场，能够切实引领语文新课改、语文新教材、语文新教学。

应该说，作为新时代语文教师教育的教本和范本，我们相信，本丛书对广大语文教师专业素养的提升及新时代语文教育课改的深化发展必将发挥积极的引领与助推作用。让我们携手共进，共同创造语文教育的美好未来！

曹明海

2020年6月于济南龙泉山庄

目　录

前　言

　　英国语言学家韩礼德曾用六年时间在英语学校主持名为"语言学与英语教学"的英语教学研究与发展项目。他说："这个标题是打算用来暗示我们当时准备从一个现代语言学的角度来探索英语作为母语的教学。我们不希望忽略其他的相关学科，比如社会学、心理学和文学批评，或者是普遍的教育学理论。不过通过文学来探讨英语的方法一直都在使用，而且，心理学在教育行业的地位已经建立起来大半个世纪了。不过，社会学和语言学的理论成果到目前为止影响还比较局限。尤其，我认为在教育体系里面，根本就没有过任何关于语言的本质的认真思考，这使得孩子不能很好地掌握他的母语，学校帮助孩子获得这种技能的任务不能得到充分地理解和评价。"①他认为："母语教师只有根据从语言学中所获知的对于语言的本质和应用的了解，才能真

---

　　① ［英］韩礼德：《语言与教育》，刘承宇等译，北京大学出版社2015年版，第17页。

正界定其工作目标。"[1]"如果交给外行来做，我们能够预料到的结果是将会产生一个不善表达的民族，正如没有接受过数学培训的数学老师将会教出一个不善数字的民族一样。"[2]他表示："我们深信在母语教学中，不管教讲英语的人英语还是教讲法语的人法语，语言应该是中心主题。"[3]笔者从事语文教学与研究近四十年，深感韩礼德对英国的英语作为母语教学的批评，对于我们的汉语作为母语教学的探索也有指导意义。

本书最初名为《语言·语文·语文教育》，这原是笔者的一篇文章的标题，这篇文章发表在《徐州师范大学学报（哲学社会科学版）》2011年第6期上。该文的雏形是2001年12月笔者在香港城市大学召开的第四届中国语文课程教材教法国际研讨会上做的题为《关于"语文"与"语文教育"的几个问题》的发言，后来收入《语文课程革新与教学实践——第四届中国语文课程教材教法国际研讨会论文选集》，香港中文教育学会·文思出版社2003年6月出版。其基本观点曾在笔者此后发表的多篇文章中反复说明，这些文章包括：《关于"语文教育"的几个问题》[4]《语文：一体三维》[5]《"语文就是语言"——重温叶圣陶先生关于"语文"含义的论述》[6]《说"语文"》[7]《语文教育就是祖国语言教育》[8]等。之所以拟用"语言·语文·语文教育"作为书名，一方面，是因为讨论语文教育，首先必须为"语文"正名，厘清"语文是什么？""语文教育是什么？""语文教育的性质是

---

① ［英］韩礼德：《语言与教育》，刘承宇等译，北京大学出版社2015年版，第7页。

② ［英］韩礼德：《语言与教育》，刘承宇等译，北京大学出版社2015年版，第6页。

③ ［英］韩礼德：《语言与教育》，刘承宇等译，北京大学出版社2015年版，第18页。

④ 徐林祥：《关于"语文教育"的几个问题》，载《盐城师范学院学报》2003年第1期。

⑤ 徐林祥，屠锦红：《语文：一体三维》，载《中学语文》2005年第10期。

⑥ 徐林祥：《"语文就是语言"——重温叶圣陶先生关于"语文"含义的论述》，载《语文教学通讯》2008年第3C期。

⑦ 徐林祥：《说"语文"》，载《语文教学通讯》2009年第11B期。

⑧ 徐林祥：《语文教育就是祖国语言教育》，载《小学语文》2010年第4期。

什么？""语文教育的目标是什么？""语文教育的价值是什么？"等
基本问题；另一方面，是因为我赞成叶圣陶先生所说的"语文就是语
言"①的观点，本书的基本观点正是由此出发所做的思考。

本书认为：语文就是语言，语文教育就是语言教育，语文教育的
性质就是祖国语言的教育。中国语文教育就是中华人民共和国国家通
用语言文字的教育，就是中华民族通用语言的教育，也就是以普通话
和规范汉字为内容和载体的汉语文教育（对于第一语言是汉语的学生
来说，就是他的母语教育）。语文教育包含三个维度的意义指向，即
口头语言和书面语言的教育、狭义语言和言语的教育、语言形式和语
言内容的教育。语文作为学校的一门课程，既包含祖国口头语言的教
学，又包含祖国书面语言的教学；既包含祖国语言形式的教学，又包
含祖国语言内容的教学；既包含祖国语言系统规则的教学，又包含按
照祖国语言系统规则进行的言语行为的教学，以及按照祖国语言系统
规则形成的言语作品的教学。口语交际的训练、文字的认读与书写、
文章的阅读与写作、文学教育、文化熏陶，都是语文教学的应有之
义。语文教育就是要让本国本民族的下一代，热爱并且正确理解和规
范使用本国本民族的语言。语文教育的价值体现在掌握生存工具、奠
定发展基础、弘扬民族精神、传承人类文化等方面。

本书还认为：中国语文教育应当走民族化、科学化、现代化相结
合的道路。语文教育民族化，就是要认定教学中华民族通用语言的性
质。我们应当理直气壮地将祖国语言教育——中华人民共和国国家通
用语言文字的教育，也即中华民族通用语言的教育，列为语文教育的
基本内容，激发学生热爱祖国语文的情感，养成学生正确理解和规范
使用祖国语文的能力和习惯，铸牢中华民族共同体意识。语文教育科
学化，最重要的是遵循汉语文教育的规律。语文课程教材要体现汉语

---

① 叶圣陶：《认真学习语文》，见中华函授学校《语文学习讲座丛书》（一），
商务印书馆1980年版，第3—4页。

文教育的特点，语文教学要根据汉语文教育的规律来进行。语文教育现代化，不仅仅是教学内容和方法技术的现代化，更重要的是教学要求的现代化，就是要适应未来社会对国民语文素养的需求。汉语言建构与运用是语文素养的基础，汉语言思维发展与提升是语文素养的核心。语文教育走民族化、科学化、现代化相结合的道路，就要在语文教学中体现语文课程的民族性、工具性与人文性统一、综合性和实践性鲜明等特点。

上述观点本书均展开了讨论，这里就不赘述了。由于本书还讨论了语文课程、语文教材、语文教学、语文教育家、语文学科建设等方面的问题，且注重历史的回顾、现实的考察和未来的展望，根据丛书主编和责任编辑的建议，采用"语文教育回望与前瞻"作为书名。

第一章
从"语言"说起

孔子云:"名不正则言不顺,言不顺则事不成。"[①]讨论语文教育,首先要弄清语文及其相关概念的含义。本章讨论"语言""语文""语文教育"的含义。

一 语言

"语言"是与"语文"密切相关的概念。关于"语言"的含义,至今似乎还没有一个让所有研究者都能接受的定义。"语言"作为人类社会特有的交际和思维工具,是音义结合的符号系统。在中国社会科学院语言研究所词典编辑室所编的《现代汉语词典》中,"语言"被解释为"人类所特有的用来表达意思、交流思想的工具,是一种特殊的社会现象,由语音、词汇和语法构成一定的系

---

① [南宋]朱熹:《四书集注》,岳麓书社1985年版,第174页。

统"。① "语言"一词有若干义项和多种用法，我们在这里只讨论与"语文"有关的口头语言与书面语言、语言与言语、广义语言与狭义语言的含义。

（一）口头语言与书面语言

语言包括口头语言和书面语言两种不同的形式。口头语言是以语音为载体的语言形式，书面语言是以文字为载体的语言形式。

从历史上看，人类先有了口头语言，之后才有书面语言。口头语言是第一性的，书面语言是第二性的。"语言"一词有时专指口头语言。《现代汉语词典》解释"语言"时即指出："'语言'一般包括它的书面形式，但在与'文字'并举时只指口语。"② 吕叔湘说："'语言'和'文字'这两个名词都不止一种意义，这里所说的'语言'是'口语'的意思，这里所说的'文字'是'书面语'的意思。"③

语言作为人类思维的载体，它与人的生理和心理同时相关，并具有社会交际的职能。自然形态的语言是口语，也就是有声的语言。有了文字以后，利用文字这种视觉符号系统，可以把口语加工为书面语。与口语相比，书面语词汇更丰富、语法更严密，且突破了时间和空间的限制，大大扩展了语言的交际功能。一般说来，"语言"是口头语言和书面语言的合称。

（二）语言与言语

在语言学的发展过程中，瑞士语言学家索绪尔首创"语言"（langue）与"言语"（parole）相区别的学说。他说："语言和言语是互相依存的；语言既是言语的工具，又是言语的产物，但是这一切并

---

① 中国社会科学院语言研究所词典编辑室编：《现代汉语词典》（第7版），商务印书馆2016年版，第1601页。

② 中国社会科学院语言研究所词典编辑室编：《现代汉语词典》（第7版），商务印书馆2016年版，第1601页。

③《吕叔湘语文论集》，商务印书馆1983年版，第323页。

不妨碍它们是两种绝对不同的东西。"①"语言"是指由词汇和语法构成的系统。"言语"就是说话（或写作）和所说的话（包括写下来的话）。例如，我们运用汉语去说话（或写作）的行为和我们使用汉语说（或写）出来的一句一句的话（甚至可以是一段演说、一篇文章、一本著作），就是言语。"话都是由某种语言的词按照这种语言的语法规则组合起来的，它也有声音和意义两个方面，但它毕竟不是这种语言本身，而说话（或写作）即运用语言的行为当然也就不是语言。因此，不能把语言和言语混为一谈。"②人们说和写的过程，是言语行为或言语活动，人们说出来的话或写出来的东西，是言语结果或言语作品。说（或写）和说的（或写的）所用的材料与遵循的规则，就是与言语相对的语言。

言语又可分为内部言语和外部言语。内部言语指个人运用语言进行思维、谋划的活动过程；外部言语则指相互交际时对语言的运用过程。外部言语又包括两个方面：说话（或书写）是言语的表达过程，称为表达性言语；听话（或阅读）是言语的感受过程，称印入性言语。广义的言语指语言的使用（言语活动），即人们使用语言进行表达（说、写）和理解（听、读）的过程以及由言语过程所产生的结果——话语。狭义的言语指以语音或文字形式表现出来的话语（言语作品）。

语言与言语既有区别又有联系。语言与言语的区别主要表现为：语言是社会约定俗成的词汇和语法构成的系统，言语是个人运用语言的过程和结果；语言是离开特定语言环境的抽象物，言语是受特定语言环境限制的具体话语；语言材料与规则是有限的，言语活动和作品是无限的；语言的语音、词汇、语法系统是相对稳定的，言语的形式和意义是千变万化的。语言与言语的联系主要表现为：语言存在于言语之中，言语是语言的存在形式；言语是对语言的具体运用，语言是

---

① ［瑞士］索绪尔：《普通语言学教程》，高名凯译，商务印书馆1980年版，第41页。

② 高名凯，石安石：《语言学概论》，中华书局1987年版，第17页。

从言语中概括和抽象出来的词语及规则。任何一种语言的语音系统、词汇系统、语法系统都是从全体社会成员的具体的语言使用中概括和抽象出来的，是大家能够通用的语言材料和规则，能够听清、理解的语音形式和语义内容。全社会的人在具体的交际中使用大家通用的材料和组合规则，说着（或写着）都能听懂（或读懂）的音义结合的话语。

索绪尔认为："语言是每个人都具有的东西，同时对任何人又都是共同的，而且是在储存人的意志之外的。"[①]他以下列公式展示了语言的存在方式：

$$1+1+1+\cdots\cdots=1（集体模型）$$

索绪尔同时认为："在言语中没有任何东西是集体的；它的表现是个人的和暂时的。"[②]他以下列公式展示了言语是有许多特殊情况的总和：

$$（1+1'+1''+1'''\cdots\cdots）$$

总之，语言是同质的，稳定的；而言语是异质的，偶然的。索绪尔之所以强调这种区分，是为了把语言从言语活动中区分出来单独加以研究，因为语言学家的研究对象应该是同质的、相当稳定的语言，而不是异质的、很不稳定的言语。[③]据此，索绪尔将语言学分为"语言

---

① ［瑞士］索绪尔：《普通语言学教程》，高名凯译，商务印书馆1980年版，第41页。

② ［瑞士］索绪尔：《普通语言学教程》，高名凯译，商务印书馆1980年版，第42页。

③ 美国语言学家乔姆斯基把索绪尔的语言（langue）和言语（parole）改成语言能力（competence）和语言运用（performance）。语言能力是指在最理想的条件下，说话人/听话人所掌握的语言知识，语言运用是对这种知识在适当场合下的具体使用。语言能力是潜含的，只有在语言行为中才能观察到；语言运用表露在外面，可以直接观察。语言能力是稳定的、长久的；语言运用是多变的、瞬息的。乔姆斯基的语言运用与索绪尔的言语（parole）基本相同，但是语言能力则与索绪尔的语言（langue）有所区别。索绪尔是从社会角度观察问题，把语言看成是社会产物。乔姆斯基则从心理学角度，把语言能力看成是人脑的特性之一。索绪尔的语言是静态的，乔姆斯基的语言能力是动态的，是生成语言过程中的潜在能力。但是两位语言学家都认为，语言学的研究对象，不是言语或语言运用，而是语言或语言能力。（参见刘润清《西方语言学流派》，外语教学与研究出版社2013年版，第201—202页。）

的语言学"和"言语的语言学"。[①]对此，也有学者译为"整体语言的语言学"和"个体语言的语言学"。[②]

（三）广义语言与狭义语言

"语言"是一个多义的术语，它也可以指包括上述"语言"与"言语"在内的更高层次的语言系统。索绪尔在《普通语言学教程》中，把复杂的人类语言现象分为语言（langue）、言语（parole）和语言（langage）三个层面，其中"语言"（langage）是指包括语言（langue）与言语（parole）在内的大系统。这三个层面的关系，索绪尔用下图来表示：

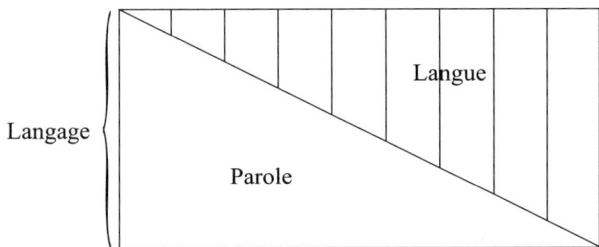

图1-1　索绪尔语言（langue）、言语（parole）和语言（langage）关系图

一般说来，Langue可通译为"语言"，指一个社会共同体中每个说话人和听话人共同运用和遵守的规则，这种规则是抽象的、一般的、相对稳定的；parole可通译为"言语"，指说话的总和，它既是动态的说话行为的总和，又是静态的说话行为的总和，既是个人言语行为的总和，也是社会言语行为的总和；langage可以根据上下文理解并

---

① ［瑞士］索绪尔：《普通语言学教程》，高名凯译，商务印书馆1980年版，第40—42页。

② ［瑞士］索绪尔：《索绪尔第三次普通语言学教程》，屠友祥译，上海人民出版社2002年版，第106页。

译为"人类语言""语言能力""言语活动"或"言语行为"。①在屠友祥译《索绪尔第三次普通语言学教程》中，上图中的Langue、parole、langage，则分别被译为"整体语言"（被动和集体固有的）、"个体语言"（主动和个体的）、"群体语言"。②李幼蒸说："作为词语记号之系统的Langue和作为此系统在现实中之实现或表现的parole。后者即实际说出的语言。"③"一般所谓的语言（langage）实由一者为潜在，一者为实在的两个语言维面构成。"④法国学者巴尔特在《符号学原理》中则明确将语言（Langage）切分为"语言之语"（Langue，等于从语言中减去言）与"语言之言"（Parole，等于从语言中减去语）。前者为"纯社会性的对象，就是进行交流所必需的而又与构成其标记的质料无关的规约系统"，"既是一种社会制度，又是一种价值系统"。后者为"纯粹个人的部分（发音，规则的实现及符号的偶然组合）"，"基本上是一种个人的选择和实现行为"。⑤

为了区分与"言语（parole）"相对的"语言（Langue）"和包括上述"言语（parole）"与"语言（Langue）"在内的"语言（langage）"，一些语言学家称前者为"狭义的语言"或"严式定义的语言"，称后者为"广义的语言"或"宽式定义的语言"。

王宁指出："把个人的说话行为和结果称作'言语'——个人说话的行为也就是'言语行为'，个人说话的结果也就是'言语作品'。而

---

① 姚小平：《研读索绪尔——〈普通语言学教程〉（第三度讲授）中的Langue、langage、parole》，载《外语教学与研究》2003年第5期。

② ［瑞士］索绪尔：《索绪尔第三次普通语言学教程》，屠友祥译，上海人民出版社2002年版，第78页。

③ 李幼蒸：《理论符号学导论》（第3版），中国人民大学出版社2007年版，第138页。

④ 李幼蒸：《理论符号学导论》（第3版），中国人民大学出版社2007年版，第139页。

⑤ ［法］巴尔特：《符号学原理》，王东亮等译，生活·读书·新知三联书店1999年版，第2—3页。

'语言'，则是从言语中概括出来的属于全社会的各语言要素有规则、成系统的集合。所以，语言中其实也包含言语。"她将包括言语在内的"语言（含口语和书面语）"称为宽式定义的语言；将与"言语"相对而言的"语言"称为严式定义的语言。她说："'语言'不论宽式的定义（含口语和书面语，实际上包括言语在内）还是严式的定义（与言语相对而言），都已经是一个成熟的科学术语定义。"[1]

王希杰指出："我们必须看到术语的差异，而在科学研究和论争中，术语的规范和同一是头等重要的事情。"[2]广义的"语言"是指包括狭义的"语言"与"言语"构成的"语言世界"。"言语"就是语言世界中的显性语言；狭义的"语言"就是语言世界中的潜性语言。他说："语言是语言世界中的潜在物，而言语则是语言世界中的显性的经验和事实。""广义的语言，决不是区分语言和言语之后的狭义的语言"，"广义的语言乃是潜性语言和显性言语的总体。"[3]他用下图表示这几个术语之间的关系：

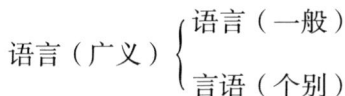

$$语言（广义）\begin{cases} 语言（一般）\\ 言语（个别）\end{cases}$$

图1-2 王希杰语言（langue）、言语（parole）和语言（langage）关系图

在术语的使用上，国内学者似乎更倾向于采用"广义语言"与"狭义语言"的说法。邢福义、吴振国主编的《语言学概论》指出："语言有广义和狭义之分，广义语言包括语言系统、言语活动和言语作品，狭义语言只指语言系统，而言语则包括言语活动和言语作品。当语言与言语对举时，语言一般指语言系统，而在其他情况下，语言

---

① 王宁：《汉语语言学与语文教学》，载《中国社会科学》2000年第3期。
② 王希杰：《语言本质的再认识》，载《云梦学刊》1994年第4期。
③ 王希杰：《语言本质的再认识》，载《云梦学刊》1994年第4期。

一般指广义语言。"①

为了方便理解，参照索绪尔和王希杰的图示，我们也可以将这三者的关系简化为下列公式②：

语言（langage） ＝ 语言（Langue） ＋ 言语（parole）

（广义的或宽式定义的）（狭义的或严式定义的）（言语行为和言语作品）

图1-3 徐林祥语言（langue）、言语（parole）和语言（langage）关系图

---

① 邢福义，吴振国：《语言学概论》（第二版），华中师范大学出版社2010年版，第10页。

② 采用公式只是为了方便理解，事实上语言世界的情况要复杂得多，比如狭义的语言与言语既相互区别又相互融合，并非简单的相加。

二 语文

"语"，本指与人谈论。《说文解字》解释："语，论也。从言吾声"。[1]《礼记·杂记下》中有"三年之丧，言而不语。"郑玄注："言，言己事也，为人说为语。"[2]可知"语"自古就有口头说话之义。"文"，本指彩色交错。《说文解字》解释："文，错画也，象交文。"[3]《尚书》"序"中有"古者伏牺氏之王天下也，始画八卦，造书契，以代结绳之政，由是文籍生焉。"[4]可知"文"自古就有书面文字之义。

"语""文"二字连用，古已有之。如：唐释道宣撰《续高僧传卷》第二有"寻检向语文无以异"之语。[5]明李贽《焚书》卷三《杂说》亦云："风行水上之文，决不在于一字一句之奇。若夫结构之密，偶对之切；依于理道，合乎法度；首尾相应，虚实相生：种种禅病皆所以语文，而皆不可以语于天下之至文也。"[6]

至近代，"语文"一词已频频出现，且多用于学校语言教学。如：1887年，张之洞上奏清朝政府的《创办水陆师学堂折》中说："其水、

---

[1] ［东汉］许慎：《说文解字》，中华书局1963年版，第51页。

[2] ［清］阮元：《十三经注疏》，中华书局1980年版，第1561页。

[3] ［东汉］许慎：《说文解字》，中华书局1963年版，第185页。

[4] ［清］阮元：《十三经注疏》，中华书局1980年版，第113页。

[5] 佛陀教育基金会：《大正新修大藏经》（第50卷），佛陀教育基金会出版部（台北）1990年版，第438页。

[6] ［明］李贽：《焚书·续焚书》，中华书局1975年版，第97页。

陆师均各额设七十名，先挑选博学馆旧生通晓外国语文、算法者三十名为内学生，再遴选曾在军营历练胆气素优之武弁二十名为营学生，再拟选业已读书史，能文章年十六以上三十以下之文生二十名为外学生。……其水师则学英国语文，分管轮、驾驶两项。……其陆师则学德国语文，分马步、枪炮、营造三项。"[①]又如：1910年，《教育杂志》第2卷第2期刊《学部奏实业教育宜择定外国语文并拟改课程折》云："窃查各国语言文字，以英国语文最为通行，传入中国最早，而又最广，英文科学书籍，入中国者亦最多。各等农工商实业学堂，所有外国语文功课，拟一律定为英国语文。"

20世纪30年代，上海文化界人士陈望道、胡愈之、夏丏尊、傅东华、乐嗣炳、叶圣陶、黎锦熙、马宗融、陈子展、曹聚仁、王人路、黎烈文等人曾发动"大众语文"运动。"大众语文"大体是指与文言相对的白话，包括口语和书面语。陈望道就曾以"大众说得出、听得懂、写得顺手、看得明白"来解说"大众语文"。[②]陶行知也说："大众语是代表大众前进意识的话语。大众文是代表前进意识的文字。""大众语文是大众高兴说，高兴听，高兴写，高兴看的语言文字。"[③]1934年，文逸搜集1934年5月至8月语体文与文言文论战的文章38篇，编成《语文论战的现阶段》一书，由上海天马书店出版发行。1934年9月，宣浩平以《申报》副刊《自由谈》《读书问答》为主，间取《中华日报·动向》《大众晚报·火炬》《晨报·晨曦》等报刊发表的关于大众语文问题争论的文章52篇，合编为《大众语文论战》一书，由上海启智书局印行。1935年1月，宣浩平又搜集了此后发表的关于大众语文问题争论的文章38篇，编成《大众语文论战续二》一书，仍由上海启智书局印行。1937年1月至8月，上海新知书店出版发行过大型语

---

① 《张之洞全集》（第一册），河北人民出版社1998年版，第575页。

② 陈望道：《关于大众语文学的建设》，载《申报》副刊《自由谈》1934年6月19日。

③ 陶行知：《大众语文运动之路》，载《申报》副刊《自由谈》1934年7月4日。

文刊物《语文》月刊，该刊创刊号还载有焦风的《重提大众语运动》等文章。

20世纪前期，"语文"一词更多地指学校国语、国文教学。1924年，穆济波在《中等教育》第2卷第5期上发表的《中学校国文教学问题》一文中就曾讨论过"语文的本身是不是教育的目的"的问题。1931年，程其保在《教育杂志》第23卷第9号上发表的《初级中学课程标准之讨论》一文中明确指出："本国语文一科，实包括国语与国文两种科目。"1945年，叶圣陶与朱自清合著《国文教学》一书由开明书店出版。叶圣陶在其中收录的《对于国文教学的两个基本观念》中说："国文是语文学科，在教学的时候，内容方面固然不容忽视，而方法方面尤其应当注重。"[①]1947年，黎锦熙在《上海教育》周刊第3卷第9期上发表《本国语文教学法提要》一文。文章说："凡一国之语文教学法，应具广狭三义。就本国言之：一、广义，包括初等教育之国语科及中等以上之国文科而言。二、狭义，即普通各种教学法中之'国语科教学法'，以初等教育为主，分为说话、读书、作文、写字四项。三、最狭义，则可专指'说话'之教学法而言，曾有名为'国语话教学法'者，所以示别于'国语文'之讲读写作也。"

"语文"这一广泛使用的词语，在我国大型工具书《辞海》（包括最新的第七版）中竟然没有这个词条。在《现代汉语词典》中，"语文"被解释为："语言和文字""语言和文学"。[②]"语文"一词在实际使用过程中，还有"语文就是语言""语言和文章""语言和文化"等不同的解释。现试分析如下。

---

① 叶圣陶：《对于国文教学的两个基本观念》，见叶绍钧，朱自清《国文教学》，开明书店1950年版，第1页。

② 中国社会科学院语言研究所词典编辑室编：《现代汉语词典》（第7版），商务印书馆2016年版，第1601页。

（一）语言说

考察"语文"一词，其基本含义是指口头语言（语）和书面语言（文）。叶圣陶曾明确指出："什么叫语文？语文就是语言，就是平常说的话。嘴里说的话叫口头语言，写在纸面上的叫书面语言。语就是口头语言，文就是书面语言。把口头语言和书面语言连在一起说，就叫语文。"①香港特别行政区政府在香港主权移交（1997年）后实行"两文三语"的语言政策，即书面上中文与英文并存，口语上普通话、粤语和英语并存。其"语"（普通话、粤语、英语）与"文"（中文、英文），同样是"语"指"口头语言"，"文"指"书面语言"。

（二）语言文字说与语言文章说

"语文"一词，也可指语言文字、语言文章。

许慎在《说文解字》的"序"中说："仓颉之初作书，盖依类象形，故谓之文，其后形声相益，即谓之字。文者物象之本，字者言孳乳而浸多也。"②可知"文"是独体字（包含象形字和指事字），而"字"是由独体字组成的合体字（包含会意字和形声字）。《现代汉语词典》解释"文字"有三个义项："① 记录语言的符号系统，如汉字、拉丁字母等。""② 语言的书面形式，如汉文、英文等。""③ 文章（多指形式方面）。"③这三个义项都指向书面语言。

《现代汉语词典》指出："'语言'一般包括它的书面形式，但在与'文字'并举时只指口语。"④这就是说，"语言文字"在同时列举

---

① 叶圣陶：《认真学习语文》，见中华函授学校《语文学习讲座丛书》（一），商务印书馆1980年版，第3—4页。

② ［东汉］许慎：《说文解字》，中华书局1963年版，第314页。

③ 中国社会科学院语言研究所词典编辑室编：《现代汉语词典》（第7版），商务印书馆2016年版，第1373页。

④ 中国社会科学院语言研究所词典编辑室编：《现代汉语词典》（第7版），商务印书馆2016年版，第1601页。

的时候，"语言"专指口头语言，"文字"作为记录口头语言的图像或符号指的是书面语言。

文章，本指错杂的花纹与色彩，后指为宣事明理或表情达意而制作的独立成篇的文字。《周礼·考工记·画缋》中说："青与赤谓之文，赤与白谓之章。"①晋朝挚虞在《文章流别论》中说："文章者，所以宣上下之象，明人伦之叙，穷理尽性，以究万物之宜者也。"②《现代汉语词典》解释"文章"有四个义项："① 篇幅不很长的单幅作品。""② 泛指著作。""③ 指暗含的意思、复杂的情况。""④ 指做事情的方法、计划等。"③除③④两项为比喻义和引申义外，①②两项均指向书面语言。

"文字"和文字组成的"文章"虽然有区别，但本质是相同的，即都是书面语言。刘勰在《文心雕龙》中论篇章字句的关系时说："夫人之立言，因字而生句，积句而成章，积章而成篇。篇之彪炳，章无疵也；章之明靡，句无玷也；句之清英，字不妄也；振本而末从，知一而万毕矣。"④依据"文章"的含义和"语言文字"并举时，"语言"专指口头语言、"文字"指的是书面语言类推，表示书面语言的"文章"与"语言"并举时，"语言"同样专指口头语言。因此，"语言"与"文章"同时列举的时候，"语言"指口头语言，"文章"指书面语言。

这就是说，将"语文"解释为"语言文字"和"语言文章"，其实均未超出"语文就是语言"（包括口头语言和书面语言）的范围。

---

① 《周礼·仪礼·礼记》，岳麓书社1989年版，第124页。

② 郭绍虞：《中国历代文论选》（第一册），上海古籍出版社1979年版，第190页。

③ 中国社会科学院语言研究所词典编辑室编：《现代汉语词典》（第7版），商务印书馆2016年版，第1373页。

④ 周振甫：《文心雕龙选译》，中华书局1980年版，第194页。

（三）语言文学说

在"语文"一词使用的过程中，又有人用"语文"来概括"语言文学"。《现代汉语词典》解释"文学"为"以语言文字为工具形象化地反映客观现实的艺术，包括戏剧、诗歌、小说、散文等。"[①]文学是语言的艺术，语言是文学的载体。一方面，文学作为艺术有其自身的特点和价值；另一方面，文学作品与一般实用文章同样是语言的成品。"语言"与"文学"同时列举的时候，主要有以下两种情况。

我们如果把"语言文学"中的"文学"理解为一门学科的话，则这里的"语言"也应相应地理解为"语言学"，那么，"语言文学"就是指"语言学"与"文学（或文学学）"两门学科。如中国语言文学系，也有的简称为中国语文系，这里的"语文"和"语言文学"便是指语言学与文学（或文学学）两门学科。

如果我们把"语言文学"中的"文学"理解为"文学作品"的话，那么"文学作品"作为语言的成品通常是以书面语言的形式呈现的。戏剧剧本、诗歌、小说、散文只是"文章"的特殊样式，则这里的"语言"仍然可以理解为口头语言，这里的"语言文学"仍然指口头语言和书面语言。

（四）语言文化说

在"语文"一词使用的过程中，还有人用"语文"来概括"语言文化"。根据《现代汉语词典》的解释，"文化"为"人类在社会历史发展过程中所创造的物质财富和精神财富的总和，特指精神财富，如文学、艺术、教育、科学等"。[②]

"语言"与"文化"同时列举的时候，大致也有两种情况。一

[①] 中国社会科学院语言研究所词典编辑室编：《现代汉语词典》（第7版），商务印书馆2016年版，第1373页。

[②] 中国社会科学院语言研究所词典编辑室编：《现代汉语词典》（第7版），商务印书馆2016年版，第1371页。

是"语言"与"文学、艺术、教育、科学等"精神财富的关系：语言是人类精神文化的形式（或载体），此时"语言"与"文化"的关系是形式与内容的关系（可称之为"语言与文化"）；二是"语言"与"人类在社会历史发展过程中所创造的物质财富和精神财富的总和"的关系：语言本身也是人类总体文化的内容（或组成部分），此时"语言"与"文化"的关系是种概念（或下位概念）与属概念（或上位概念）的关系（可称之为"文化中的语言"）。"语言文化"说，强调了语言与文化不可分割的联系，突出了语言的文化属性，但没有揭示语言的特质。

本书认为，叶圣陶所说的"语文就是语言"，实际上已经包括了口头语言和书面语言的载体——语音和文字，而且也包括了口头语言和书面语言的应用，以及口头语言和书面语言中所包含的文化内容。也就是说，"语文就是语言"已经包容了"语言文字"（文字为书面语言的符号）、"语言文章"（文章为成篇的书面语言）、"语言文学"（文学是语言的艺术，语言是文学的载体）、"语言文化"（语言是人类文化的载体，也是人类文化的组成部分）的含义。虽然语文与语音、文字、文章、文学、文化都不是等同的概念，但语音、文字、文章、文学、文化均是语文的有机组成部分。

三　语文教育

　　语文教育，严格地说，应当包括本国语文教育和外国语文教育。例如：吕叔湘在1978年3月16日的《人民日报》上发表的《当前语文教学中两个迫切问题》一文中所说的"语文教学"，即指"本国语文"和"外国语文"的教学。本书所说的"语文教育"特指中国语文教育。

（一）语文教育就是语言教育

　　我国以"语文"作为课程、教材、教学的名称，始于1949年中华人民共和国成立前后。叶圣陶曾解释说："'语文'一名，始用于一九四九年华北人民政府教科书编审委员会选用中小学课本之时。前此中学称'国文'，小学称'国语'，至是乃统而一之。彼时同人之意，以为口头为'语'，书面为'文'，文本于语，不可偏指，故合言之。亦见此学科'听''说''读''写'宜并重，诵习课本，练习作文，固为读写之事，而苟忽于听说，不注意训练，则读写之成效亦将减损。"①

　　1978年4月22日，吕叔湘在以《中小学语文教学问题》为题的讲话中说："解放初期有一个出版总署，底下有一个编审局，就是现在人民教育出版社的前身，主要任务是编教科书。这就碰到了一个问题，就是语文这门课，是老办法小学叫国语、中学叫国文好呢，还是想法统一起来？当时有一位在里头工作的同志提议说，我们就叫它语文行

---

　　① 《叶圣陶集》（第25卷），江苏教育出版社1994年版，第33—34页。

不行？语也在里头，文也在里头。后来就决定用语文这个名称了。"①

张志公在1979年5月写的《说"语文"》一文中也说："一九四九年六月，全国大陆已经大部分解放，华北人民政府教育部教科书编审委员会着手研究在全国范围内使用的各种教材问题。关于原来的'国语'和'国文'，经过研究，认为小学和中学都应当以学习白话文为主，中学逐渐加学一点文言文；至于作文，则一律写白话文。总之，在普通教育阶段，这门功课应当教学生在口头上和书面上掌握切近生活实际，切合日常应用的语言能力。根据这样的看法，按照叶圣陶先生的建议，不再用'国文''国语'两个名称，小学和中学一律称为'语文'。这就是这门功课叫作'语文'的来由。"②

1950年8月，新华书店出版了由中央人民政府出版总署编审局组织编写的第一套以"语文课本"命名的教材《初级中学语文课本》《高级中学语文课本》。1950年8月，教育部颁发的《小学语文课程暂行标准（草案）》和《中学暂行教学计划（草案）》，正式使用"语文"作为课程教学名称。

中华人民共和国成立以后，"语文"无论是作为课程名称，还是作为教材名称，或是作为教学名称，其基本思想都可以明确表述为："语文"即"语言"，包括"口头语言"（语）和"书面语言"（文）；"语文教育"即"语言教育"，包括"口头语言"（语）和"书面语言"（文）的教与学，具体可以展开为听话、说话、阅读、写作教学四项。吕叔湘指出："语文这两个字连在一起讲，可以有两个讲法，一种可理解为语言和文字，也就是说口头语言和书面语言；另一种也可以理解为语言和文学，那就不一样了。中小学这个课程的名字叫语文，原来的意思可能是语言文字，但是很多人把他理解为语言文学。"③这

---

① 《吕叔湘语文论集》，商务印书馆1983年版，第342—343页。
② 《张志公语文教育论集》，人民教育出版社1994年版，第69页。
③ 《吕叔湘语文论集》，商务印书馆1983年版，第343页。

里吕叔湘将"语文"解释为"语言和文字"，其实还是指"口头语言和书面语言"。张志公也认为："这个'语文'就是'语言'的意思，包括口头语言和书面语言，在口头谓之语，在书面谓之文，合起来称为'语文'。"①

既然语文教育中的"语文"应理解为"语言"，那么这门课程为什么不叫"语言"而称"语文"呢？这主要是因为"语言"有时仅指口头语言。而叫"语文"，则是为了强调这门课程不但包含口头"语"，而且包含书面"文"。1980年7月14日，叶圣陶在小学语文教学研究会成立大会上解释说："一九四九年改用'语文'这个名称，因为这门功课是学习运用语言的本领的。既然是运用语言的本领的，为什么不叫'语言'呢？口头说的是'语'，笔下写的是'文'，二者手段不同，其实是一回事。功课不叫'语言'而叫'语文'，表明口头语言和书面语言都要在这门功课里学习的意思。'语文'这个名称并不是把过去的'国语'和'国文'合并起来，也不是'语'指语言，'文'指文学（虽然教材里有不少文学作品）。"②

由于将"语文"理解为"口头语言"和"书面语言"，而这个"口头语言"主要是指"以北京音系为标准的普通话"，这个"书面语言"主要是指"照普通话写出的语体文"，所以"语文"一度也被解释为"普通话"和"语体文"。1950年8月，教育部拟定的《小学语文课程暂行标准（草案）》即称："所谓语文，应是以北京音系为标准的普通话和照普通话写出的语体文。"③

（二）语文教育的三个维度

语文教育就是语言教育，这个语言教育包含三个维度的意义指

---

①《张志公语文教育论集》，人民教育出版社1994年版，第69页。

②《叶圣陶集》（第13卷），江苏教育出版社1992年版，第247页。

③ 课程教材研究所：《20世纪中国中小学课程标准·教学大纲汇编：语文卷》，人民教育出版社2001年版，第65页。

向：口头语言和书面语言的教育、狭义语言和言语的教育、语言形式和语言内容的教育。如图所示：

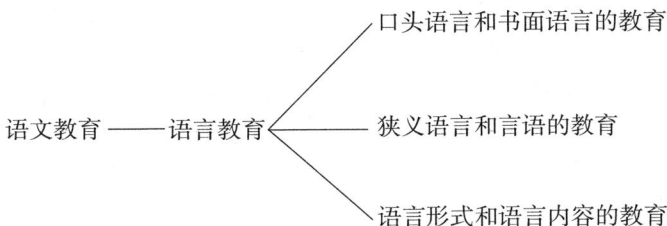

口头语言和书面语言的教育

语文教育 —— 语言教育 —— 狭义语言和言语的教育

语言形式和语言内容的教育

图1-4 语文教育的三个维度

语文教育作为语言教育的第一个维度的意义指向，包括口头语言和书面语言的教育。这在叶圣陶对"语文"的解说中已经讲得很清楚。叶老提醒人们："此学科'听''说''读''写'宜并重，诵习课本，练习作文，固为读写之事，而苟忽于听说，不注意训练，则读写之成效亦将减损。"①语文教育或语言教育的第一个维度的意蕴，规定了语言技能训练最基本的元素——听、说、读、写，不可缺失任何一个。

语文教育作为语言教育的第二个维度的意义指向，包括狭义语言和言语的教育。叶圣陶所说的"语文就是语言"中的"语言"，宜理解为广义的或宽式定义的"语言"。这就意味着：语文学习不仅包含"言语"的学习，言语能力的养成，而且还包含了狭义的或严式定义的"语言"的学习，即包括语言学家们所说的"以语音为物质外壳，以语义为意义内容的，音义结合的词汇建筑材料和语法组织规律的体系"②的语言知识的教学。虽然语言系统及规则，人们可以在日常生活的语言环境中通过经验和认知获得一些，但这些是零碎的，与在学校教育的情境中通过较高级的思维活动系统地学习是不能相比的。事

---

① 《叶圣陶集》（第25卷），江苏教育出版社1994年版，第33—34页。

② 王德春：《语言学通论》（修订本），北京大学出版社2006年版，第5页。

实上，言语能力的养成，离不开语言规则的教学。离开了语言规则的教学，语文教学势必要退回到叶圣陶、吕叔湘等人当年批评的"少、慢、差、费"的老路上去。从20世纪90年代"淡化语法教学"的议论，到21世纪初提出"不必进行系统、集中的语法修辞知识教学"的要求，割裂言语与语言、语感与语理的联系，这是一种矫枉过正的行为。语文教育或语言教育的第二个维度的意蕴，规定了语文学科不仅要阅读各类实用文章和文学作品（言语作品），养成读、写、听、说的基本能力（言语能力），而且要教学语言的基础知识（语言规则），这三个方面相辅相成，缺一不可。语文教育，从某种意义上说，就是学生借助言语作品的学习，掌握运用语言规则，发展言语能力的活动。

语文教育作为语言教育的第三个维度的意义指向，包括语言形式和语言内容的教育。语言是人类用于交际和思维的最重要的符号系统。语言符号形式（字、句、篇章）总是承载着人们各式各样的思想观点，表达着人们丰富多彩的情感态度，反映着大千世界的种种事实。这些思想观点、情感态度、种种事实，正是语言的内容所在。在人们的实际使用过程中，语言的形式与语言的内容总是如影随形、无法割离。我们所说的"语文教育就是语言教育"，当然涉及语言的形式与语言的内容。语文教育理应负有语言形式方面的教学与语言内容方面的教学的双重任务（这是语文教学与除外语之外其他课程教学最根本的区别，政治、历史、地理、数学、物理、化学、生物等课程的教学都偏重于对语言所表达的内容的理解与掌握，而外语则更偏重语言形式的理解与掌握）。语文学科所谓工具性与人文性的统一，其实就是语言形式教学与语言内容教学的统一。所以，本书赞同这样的观点："语文学科就是从形式与内容两个侧面发展学生语言能力的、兼具

'形式训练'与'实质训练'的一门综合性的基础学科。"①语文教育或语言教育的第三个维度的意蕴，规定了语文教育既要重视语文知识与能力教育（侧重语言形式层面），又要重视情感、态度、价值观的教育（侧重语言内容层面），全面提高学生的语文素养。

我们的理解："语文"，作为学校教育的一门课程，既包含口头语言的教学，又包含书面语言的教学；既包含语言形式的教学，又包含语言内容的教学；既包含着一个民族的语言系统规则（即狭义的语言）的教学，又包含着按照这一语言系统规则所进行的言语行为（读、写、听、说）的教学，以及按照这一语言系统规则形成的言语作品的教学。

（三）关于言语说、文学说、文化说

人们对语文教育的阐释，除了语言教育外，也有一些不同的观点，比较有代表性的是言语说、文学说和文化说。

1. 言语说

有学者认为："语文即言语。"②"语文教育是我们母语汉语的言语教育。"③

我们认为语文教育就是语言教育，这个"语言"是包含狭义语言和言语在内的广义的语言。语文课学语言，毫无疑问应包含言语教育在内，但不能将狭义语言的学习排除在语文教育之外，不能用言语教育取代语文教育。

持语文教育就是言语教育观点的人在引用索绪尔区分语言（langue）和言语（parole）理论的时候，忘记了极为重要的一点——"要言语为人所理解，并产生它的一切效果，必须有语言；但

① 钟启泉：《中外母语教材比较研究丛书·序》，见中外母语教材比较研究课题组《汉语文教材评介》，江苏教育出版社2000年版，第4页。

② 李海林：《言语教学论》，上海教育出版社2000年版，第24页。

③ 余应源：《语文"姓"什么？》，载《中学语文教学》2001年第3期。

是要使语言能够建立，也必须有言语。……语言和言语是互相依存的。"[1]一方面，语言（langue）对每个人的言语（parole）具有强制性的规范作用，每个人都必须按照约定俗成的语言规则进行交际，否则就不能被他人理解、被社会接受；另一方面，言语（parole）是语言（langue）产生的土壤，语言在孤立的每个人那里都是不完备的，只有在某一个社会集团里的全体成员中才能获得语言的完整痕迹。语言（langue）是对社会交际中众多个人言语共性的概括和抽象，个人言语（parole）又都是在交际中对全民语言的具体运用。割裂语言（langue）和言语（parole）之间的这种相互融合的关系而执其一端的语文教育，必然是残缺的，甚至是荒谬的。

语文学习，既包括言语的学习，也包括狭义的语言的学习。中小学开设语文课之所以有必要，就在于其能使青少年通过正规的语文教育尽快掌握祖国的语言，从他人的言语行为和言语作品中把握语言规则，进而形成自己须臾不能离开的言语行为和言语作品。祖国语言的学习和掌握，由自发的、偏重感性经验的、少慢差费的暗中摸索，走向自觉的、偏重科学理性的、多快好省的明中探讨，其中便包括语言系统及规则的学习。

从语文教学的实际情形来看，语文教学的基本过程，就是由个别的感性的言语感知积累，到一般的理性的语言规则掌握，再落实到学生自己的言语实践的过程，也就是让学生从他人成熟的、典范的言语行为和言语作品入手，进而把握语言规则，最终养成自己生存和发展所必需的言语能力和习惯的过程。即由言语（parole）到语言（langue）再到言语（parole）的过程，由具体到抽象再到具体的过程，由特殊到一般再到特殊的过程，由实践到认识再到实践的过程。

当然，学习语言不同于研究语言，中小学生对语言规律的学习不同于大学中文系学生的《语言学概论》的学习。中小学生所要学习

---

① ［瑞士］索绪尔：《普通语言学教程》，商务印书馆1980年版，第41页。

的语言知识是实际运用语言的知识，而不是纯粹的语言学理论的知识。王宁指出："从富有思想感情的课文到语言规律之间，存在一个语言现象。""不断地从言语作品中钩稽出富有规律的语言现象，在现象的多次重复中发现规律，然后再去阐释规律，这和不通过现象就把赤裸裸的规律呈现出来，效果是截然不同的。前者培养一种随时观察活生生的言语，从中捕捉规律的锐敏性，培养一种'语言具有规律性'的观念，一种寻求语言规律的意识；后者则只能得到一些别人归纳好了的干巴巴的条文。前者把课文也就是言语作品和语言规律融为一体，后者把课文拆成零星语料变成例句，失去了那些积蕴在作品中的完整的思想和丰厚的感情。"①

2. 文学说

也有学者认为"语文就是语言和文学"，②语文教育主要是文学教育。

文学是语言的艺术，文学作品是语言的成品。语文课学语言，毫无疑问包含文学教育在内，但不能将政治论文、科普读物以及其他实用文章的读写排除在语文教育之外，不能用文学教育取代语文教育。

叶圣陶早在1945年讨论国文教学时就指出："国文的涵义与文学不同，它比文学宽广得多，所以教学国文并不等于教学文学。"③此后，叶圣陶多次指出："'语文'这个名称并不是把过去的'国语'和'国文'合并起来，也不是'语'指语言，'文'指文学（虽然教材里有不少文学作品）。"④"'语文'一名……有人释为'语言''文字'，有人释为'语言''文学'，皆非立此名之原意。第二种解释与原意为近，唯'文'字之含义较'文学'广，缘书面之'文'不尽属于'文学'也。课本中有文学作品，有非文学之各体文章，可以证之。第一

① 王宁：《汉语语言学与语文教学》，载《中国社会科学》2000年第3期。

② 胡尹强：《语文就是语言和文学》，载《语文学习》2004年第4期。

③《叶圣陶语文教育论集》，教育科学出版社1980年版，第56页。

④《叶圣陶集》（第13卷），江苏教育出版社1992年版，第247页。

种解释之'文字'，如理解为成篇之书面语，则亦与原意合矣。"①

吕叔湘在1963年发表的《关于语文教学的两点基本认识》一文中也指出："'语文'有两个意义：一、'语言'和'文字'，二、'语言文字'和'文学'。……一般说到'语文教学'的时候总是用'语文'的第一义。"②

张志公在1963年发表的《说工具》一文中同样指出："语文教学的主要目的并不在于教给学生太多的文学理论知识或者文学创作技能，因为中学毕业生需要的是一般的读书、作文能力，就是阅读各种各类的书籍，写各种各类的文章的能力，而不是只要阅读文学书籍、必须创作文学作品的能力"；"就整个的语文教学来说，还是不能不把教学生掌握语文工具这个目的明确地、突出地提出来"。③

在20世纪60年代初关于语文教育的大讨论中，"反对把语文课教成政治课"④与"不要把语文课教成文学课"⑤，一度成为人们的共识。1963年中共中央颁布的《全日制中学暂行工作条例（草案）》中明确规定："教师讲课，必须把课文内容讲解清楚。一般不要把语文、历史、地理等课程讲成政治课，也不要把语文课讲成文学课。"⑥同年教育部颁布的《全日制中学语文教学大纲（草案）》中规定："中学语文教学的目的，是教学生能够正确地理解和运用祖国的语言文字，使他们具有现代语文的阅读能力和写作能力，具有初步阅读文言文的能力。"同时指出："为了达到这个目的，要选文质兼美的范文，教学生精读（一部分要背诵），要加强识字写字、用词造句、布局谋篇等基

---

① 《叶圣陶集》（第25卷），江苏教育出版社1994年版，第33—34页。

② 《吕叔湘语文论集》，商务印书馆1983年版，第335页。

③ 《张志公语文教育论集》，人民教育出版社1994年版，第26—27页。

④ 洛寒：《反对把语文课教成政治课》，载《人民教育》1961年第8期。

⑤ 洛寒：《不要把语文课教成文学课》，载《人民教育》1963年第1期。

⑥ 课程教材研究所：《20世纪中国中小学课程标准·教学大纲汇编：课程（教学）计划卷》，人民教育出版社2001年版，第284页。

本训练。基本训练要通过多读多写来完成。一般不要把语文课讲成政治课，也不要把语文课讲成文学课。"①同时颁布的《全日制小学暂行工作条例（草案）》《全日制小学语文教学大纲（草案）》均有类似表述。叶圣陶解释说："我谓课本中明明有政治性文篇，明明有文学作品，宁有避而不谈政治与文学之理。所称不要讲成云云者，勿脱离本文，抽出其政治之道理而讲之，化为文学理论之概念而讲之耳。"②

语文课本中有许多童话、诗歌、散文、小说、剧本，学生学语文当然要学习优秀的文学作品。一方面，文学是一门艺术。文学作品作为艺术的样式，有其自身的特点和价值，它以人为表现中心，以形象反映社会生活，以形象思维作为思维方式。与政治论文、科普读物以及其他实用文章相比，在以情感人、以美育人方面有其独特的优势，学习优秀的文学作品有助于提高学生的文学修养和审美能力。并且，文学作品的语言是经过作家锤炼加工过的语言，语文课通过学习典范的文学作品来提高学生语文素养和语言技能，取法乎上，可以起到事半功倍的效果。另一方面，文学作品又是语言的成品。文学作品以语言为载体，以语言为表达形式。语文课本中的文学作品与政治论文、科普读物以及其他实用文章，从根本上讲都是学生学习语文的语料。并且，政治读物、科技作品，以及其他实用文章也有各自的特点和价值，诗歌、散文、小说和戏剧剧本等文学作品的学习与政治读物、科技作品，以及其他实用文章的学习不能相互代替。

语文学习既然包含语言形式与内容方面的学习，就已经包含了作为语言的成品的文学作品与政治论文、科普读物，以及其他实用文章的形式与内容方面的学习，文学教育就已经是语文教育的应有之义了。以文学来解说语文，以文学课取代语文课，在强调文学教育的同

---

① 课程教材研究所：《20世纪中国中小学课程标准·教学大纲汇编：语文卷》，人民教育出版社2001年版，第415—416页。

②《叶圣陶集》（第25卷），江苏教育出版社1994年版，第26页。

时将政治论文、科普读物，以及其他实用文章的读写排除在语文课程教学之外，显然是不妥的。

3. 文化说

还有学者认为，语文教育就是文化教育。"学习语文，就是学习一种文化。"[①]

语言是人类文化的载体，又是人类文化的组成部分。语文课学语言，毫无疑问是学习人类文化。认为学语文是学文化并不错，但没有揭示语文课程教学祖国语言的本质特征。

如果说，将语文教育等同于言语教育、文学教育，是缩小了语文教育的范围，那么，将语文教育等同于文化教育，则是泛化了语文教育。文化是什么？"广义指人类社会的生存方式以及建立在此基础上的价值体系，是人类在社会历史发展过程中所创造的物质财富和精神财富的总和。""狭义指人类的精神生产能力和精神创造成果，包括一切社会意识形式：自然科学、技术科学、社会意识形态。"[②]事实上，包括语文在内，学校开设的所有课程都是人类文化的体现，学习各门课程都是学文化。学语文是学文化，学数学、物理、化学、生物、政治、历史、地理，也是学文化。《普通高中数学课程标准（实验）》"前言"即指出"数学是人类文化的重要组成部分"。[③]

将语文教育等同于文化教育，泛化语文教育，其结果是语文课失去了"语文味"。语文课通常是通过一篇篇课文来学习祖国语言的，每篇课文都有其特定的内容，涉及学校各门学科。譬如：《讲讲实事求是》《鸿门宴》《记金华的双龙洞》分别与政治、历史、地理相关，

---

① 陈发明，崔建萍：《试谈语文教育的文化使命与文化观照》，载《重庆师范大学学报（哲学社会科学版）》2012年第3期。

② 辞海编辑委员会编：《辞海》（第7版·彩图本·第6卷），上海辞书出版社2020年版，第4577页。

③ 中华人民共和国教育部：《普通高中数学课程标准（实验）》，人民教育出版社2003年版，第1页。

《统筹方法》《宇宙里有些什么》《美丽的颜色》《花儿为什么这样红》分别与数学、物理、化学、生物相关。我们不能因为这些课文涉及人文社会科学或自然科学，就大讲特讲课文承载的内容，将语文课上成的政治课、历史课、地理课、数学课、物理课、化学课、生物课。语文课还是要上成语文课。例如语文课教学《景泰蓝的制作》，重要的是让学生学会读像《景泰蓝的制作》这样的说明文，学会写类似的说明文，同时受到情感态度价值观的教育，而不是欣赏景泰蓝、制作景泰蓝，不能上成工艺美术课。无视语文学科的特点，把语文课上成政治课、历史课、地理课、数学课、物理课、化学课、生物课等文化课，也就取消了语文课本身。

第二章
语文课程研究

本章在梳理语文课程发展历史的基础上，讨论语文课程的性质与特点、语文课程的任务与价值、语文课程目标的价值取向与构成要素、语文课程内容及其预设与生成等与语文课程相关的问题。

一 语文课程的历史发展

中国语文教育历史悠久，源远流长。随着华夏文明的诞生、口头语言的出现，便有了最初的口耳相传的语文教育。殷商甲骨文出现后，便有了文字的认读与书写，随之产生了书面读写的语文教育。《周礼·地官·司徒》载大司徒有"以乡三物教万民而宾兴之"之职，"一曰六德，知、仁、圣、义、忠、和；二曰六行，孝、友、睦、姻、任、恤；三曰六艺，礼、乐、射、御、书、数。"①《汉书·艺文志》载：
"古者，八岁入小学，故周官保氏掌养国子，教之六书，谓象形、
象事、象意、象声、转注、假借，造字之本也。"②《论语·述而》
说："子以四教：文、行、忠、信。"③《论语·先进》记："德行：颜
渊，闵子骞、冉伯牛、仲弓。言语：宰我，子贡。政事：冉有，季
路。文学：子游、子夏。"④西周的"六艺""六书"教育，春秋时孔
子"四教"和"孔门四科"，都已包含了相当多的语文教育的成分。然
而，中国古代的语文教育通常是与蒙学、经学、史学、文学、伦理道
德的教育等融为一体的。

　　中国语文教育作为一门独立设置的课程，则是现代学校出现以后才
开始的。清光绪四年（1878年），上海教育家张焕纶创办的正蒙书院，
为中国人最早创办的新式学校。正蒙书院"举德、智、体三育而兼之，
与东西洋教授之法多暗合者。……教科为国文、地理、经史、时务、
格致、数学、歌诗等。"⑤其"国文"为中国人创办学校最早独立设置
的语文课程。当时教会创办的学校，也有以"国文"为课程名称的，
如1881年创办的福州鹤龄英华书院开设有英文、数学、圣经、国文、作
文、唱歌、体操等课程。⑥同年创办的上海圣玛利亚女书院也开设有国
文课程。⑦

　　中国现代语文课程发展至今，先后经历了中国文字与中国文学、

---

①《周礼·仪礼·礼记》，岳麓书社1989年版，第29页。

②《前汉书·艺文志》，《二十五史》（第1册），上海古籍出版社、上海书店
1986年版，第529页。

③〔南宋〕朱熹：《四书集注》，岳麓书社1985年版，第126页。

④〔南宋〕朱熹：《四书集注》，岳麓书社1985年版，第153页。

⑤ 张在新：《先君兴办梅溪学堂事略》，载《中华教育界》1914年第11期。

⑥《福州鹤龄英华书院章程》，见陈学恂《中国近代教育史教学参考资料》（下
册），人民教育出版社1987年版，第212—214页。

⑦《圣玛利亚女书院章程》，见陈学恂《中国近代教育史教学参考资料》（下
册），人民教育出版社1987年版，第222页。

国文与国语、语文（含"汉语""文学"分科）几个发展阶段。此外，须注意语文课程与母语课程、语文课程与语文教学的联系与区别。

（一）中国文字与中国文学

"中国文字"与"中国文学"，顾名思义，就是中国的文字与中国的文学。但作为基础教育的课程名称，"中国文字"与"中国文学"有其特定的含义。

20世纪初，废科举，兴学堂。光绪二十八年（1902年），清政府颁布了《钦定学堂章程》，官学与书院统称学堂，规定蒙学堂修业四年，小学堂修业六年，中学堂修业四年。《钦定小学堂章程》规定：寻常小学堂修业三年，开设"修身""读经""作文""习字""史学""舆地""算学""体操"等科；高等小学堂修业三年，开设"修身""读经""读古文词""作文""习字""算学""史学""舆地""理科""图画""体操"等科。①其中的"作文"从低年级到高年级依次教以口语四五句使联属之、授以口语七八句使联属之、作记事文七八句、作记事文短篇、作日记及浅短书札、作说理文短篇；"习字"从低年级到高年级依次习今体楷书、兼习行书、兼习小篆；"读古文词"从低年级到高年级依次记事之文、说理之文、词赋诗歌，类似后来的语文课程。《钦定中学堂章程》规定：中学堂修业四年，开设"修身""读经""算学""词章""中外史学""中外舆地""外国文""图画""博物""物理""化学""体操"等科。②其中的"词章"要求作记事文、作说理文、学章奏传记诸体文、学词赋诗歌诸体文，也类似后来的语文课程。

光绪二十九年十一月二十六日（1904年1月13日），清政府颁布了由张之洞、张百熙、荣庆合订的《奏定学堂章程》。这是20世纪中

---

① 舒新城：《中国近代教育史资料》（中册），人民教育出版社1961年版，第405—409页。

② 舒新城：《中国近代教育史资料》（中册），人民教育出版社1961年版，第498页。

国第一个比较完整的，并经法令正式公布，且在全国推广实行的学制。章程规定初等小学堂修业五年，高等小学堂修业四年，中学堂修业五年。初等小学堂开设"中国文字"科，高等小学堂、中学堂以及初级和优级师范学堂开设"中国文学"科。

《奏定学堂章程》规定初等小学堂开设"中国文字"，高等小学堂和中学堂开设"中国文学"。程度及课时表如下：

表2-1　《奏定学堂章程》规定"中国文字""中国文学"程度及课时

学段	学年	学科	程度	每星期钟点
初等小学堂	第一年	中国文字	讲动字、静字、虚字、实字之区别，兼授以虚字与实字联缀之法，习字即以所授之字告以写法	4
	第二年	中国文字	讲积字成句之法，并随举寻常实事一件，令以俗话二三句，联贯一气，写于纸上，习字同前	4
	第三年	中国文字	讲积句成章之法，或随指日用一事，或假设一事，令以俗话七八句联成一气，写于纸上，习字同前	4
	第四年	中国文字	同前学年	4
	第五年	中国文字	教以俗话作日用书信，习字同前	4
高等小学堂	第一年	中国文学	读浅显古文，即授以命意遣词之法，兼使以俗话翻文话，写于纸上，约10句内外，习楷书，习官话	8

续表

学段	学年	学科	程度	每星期钟点
高等小学堂	第二年	中国文学	读古文，使以俗话翻文话，写于纸上，约20句内外，习楷书，习官话	8
	第三年	中国文学	读古文，作极短篇记事文，约在百字以内，习行书，习官话	8
	第四年	中国文学	读古文，作短篇记事文、说理文，约在200字以内，习行书，习官话	8
中学堂	第一年	中国文学	读文，作文，相间习楷书、行书	4
	第二年	中国文学	同前学年	4
	第三年	中国文学	同前学年，兼习小篆	5
	第四年	中国文学	同前学年	3
	第五年	中国文学	读文，作文，兼讲中国历代文章名家大略	3

可见，作为课程名称，"中国文字"之"文字"，并非止于文字的认读与书写，"中国文学"之"文学"，也不同于今人所讲的"诗歌、散文、小说、戏剧"之文学。清政府颁布并实施的《奏定学堂章程》规定中小学开设的"中国文字""中国文学"，已经具备了后来的以阅读和写作教学为主体的语文教育学科的特征。一般认为，中国文字"和"中国文学"的出现，结束了将语文课程与蒙学教育、经学教育、"六艺"教育等合为一体的历史，标志着中国现代语文教育学科的正式诞生。

（二）国文与国语

"国文"与"国语"，根据《现代汉语词典》的解释，分别指"本国的文字"与"本国人民共同使用的语言"[①]。但作为基础教育的课程名称，"国文"与"国语"也有其特定的含义。

"国文"作为课程名称，可追溯至清光绪四年（1878年）张焕纶创办的正蒙书院。如前文所说，正蒙书院"举德、智、体三育而兼之，与东西洋教授之法多暗合者。……教科为国文、地理、经史、时务、格致、数学、歌诗等。"[②]其国文以俗话译文言，讲解与记忆并重。只是正蒙书院开设的国文课程仅是民间的个别行为，不属于政府行为。

辛亥革命后，南京临时政府教育部于1912年1月颁布了《普通教育暂行办法》，其中规定：从前各项学堂均改称学校；初等小学校可以男女同校；凡各种教科书务合乎共和民国宗旨，清学部颁行之教科书一律禁用；小学读经科一律废止等。同时颁布的《普通教育暂行课程标准》，将各类学校的"中国文字"和"中国文学"课程统一更名为"国文"。[③]1912年9月，教育部颁布的《小学校令》，规定初等小学修业四年，高等小学修业三年；初等小学和高等小学均开设"国文"课程。[④]同年11月颁布的《小学校教则及课程表》规定："国文要旨，在使儿童学习普通语言文字，养成发表思想之能力，兼以启发其

---

① 中国社会科学院语言研究所词典编辑室编：《现代汉语词典》（第7版），商务印书馆2016年版，第499页。

② 张在新：《先君兴办梅溪学堂事略》，载《中华教育界》1914年第11期。

③ 陈学恂：《中国近代教育史教学参考资料》（中册），人民教育出版社1986年版，第168—175页。

④ 课程教材研究所：《20世纪中国中小学课程标准·教学大纲汇编：课程（教学）计划卷》，人民教育出版社2001年版，第59页。

智德。"①同年12月颁布的《中学校令施行规则》，规定中学修业四年，中学校开设"国文"课程，"国文要旨在通解普通语言文字，能自由发表思想，并使略解高深文字，涵养文学之兴趣，兼以启发智德"。②1913年3月颁布的《中学校课程标准》规定"国文"教学内容有讲读、作文、习字、文字源流、文法要略、中国文学史。

"国语"作为课程名称，始于五四运动之后。据吴研因回忆："1917年左右，北洋教育部黎锦熙等竭力提倡国语，成立'国语统一筹备会'，主张用白话文教学儿童，我们不约而同地在南方和北方互相响应，白话文教科书就有了产生的趋势。到1919年'五四运动'后，'全国教育联合会'和'国语统一筹备会'建议北洋教育部改小学'国文'为'国语'，1920年北洋政府教育部就明令把小学一、二年级的国文改为语体文（白话），并规定于1922年废止旧时的小学文言教科书，于是各书商就着手编辑起白话文教科书来了。"③正是在文化教育界人士广泛要求"言文一致""国语统一"的大背景下，1920年1月，北洋政府教育部明令"自本年秋季起，凡国民学校一、二年级先改国文为语体文，以期收言文一致之效"④。1922年11月，北洋政府教育部颁布《学校系统改革令》，改学制为"六三三"制，即小学六年（前四年为初级小学，后两年为高级小学），初中和高中各三年。1923年实行新学制，全国教育会联合会新学制课程标准起草委员会制定颁布了《新学制课程标准纲要》。《新学制课程纲要总说明》规定小学、初中、高中，均开设"国语"课程，其中：小学"国语"包括

---

① 课程教材研究所：《20世纪中国中小学课程标准·教学大纲汇编：课程（教学）计划卷》，人民教育出版社2001年版，第63页。

② 课程教材研究所：《20世纪中国中小学课程标准·教学大纲汇编：课程（教学）计划卷》，人民教育出版社2001年版，第69页。

③ 陈学恂：《中国近代教育史教学参考资料》（中册），人民教育出版社1986年版，第446页。

④ 顾黄初：《中国现代语文教育百年事典》，上海教育出版社2001年版，第95页。

语言、读文、作文、写字四项；初中"国语"与"外国语"合称为
"言文科"；高中除公共必修的"国语"外，在普通科第一组（相当
于文科）特设"国文"。

1929年，中学停止实行分科制和选科制，一律改行普通科制。同
年，南京国民政府教育部发布了《小学课程暂行课程标准总说明》，
将小学语文命名为"国语"，《初级中学暂行课程标准说明》《高级
中学普通科暂行课程标准说明》将中学语文命名为"国文"。此后至
1949年中华人民共和国成立，小学"国语"、中学"国文"的课程名
称，未再有变化。叶圣陶指出："解放以前，这门功课在小学叫'国
语'，在中学叫'国文'。为什么有这个区别？因为小学的课文全都是
语体文，到了中学，语体文逐步减少，文言文逐步加多，直到把语体
文彻底挤掉。可见小学'国语'的'语'是从'语体文'取来的，中
学'国文'的'文'是从'文言文'取来的。""'语文'这个名称并
不是把过去的'国语'和'国文'合并起来，也不是'语'指语言，
'文'指文学（虽然教材里有不少文学作品）。"[①]

可见，作为课程名称，"国文"之"文"指"文言文"，"国语"
之"语"指"语体文"；而"语文"之"语"是指"口头语言"，"语
文"之"文"是指"书面语言"。"国文""国语""语文"的含义是有
区别的。

（三）语文（含"汉语""文学"分科）

提议"语文"作为课程名称，始于20世纪30年代。1931年，程其
保在《教育杂志》第23卷第9号上发表的《初级中学课程标准之讨论》
一文中说："本国语文一科，实包括国语与国文两种科目。"1946年，
杨同芳在《国文月刊》第48期上发表过《中学语文教学泛论》。1947
年，黎锦熙在《上海教育》周刊第3卷第9期上发表过《本国语文教学
法提要》。

①《叶圣陶集》（第13卷），江苏教育出版社1992年版，第247页。

　　1949年，叶圣陶主持华北人民政府教科书编审委员会的工作，将中华人民共和国中小学语文学科的名称正式定名为"语文"，揭开了中国现代语文教育史新的一页。叶圣陶曾多次指出："'语文'一名，始用于一九四九年之中小学语文课本。当时想法，口头为'语'，笔下为'文'，合成一词，就称'语文'。自此推想，似以'语言文章'为较切。'文'谓'文字'，似指一个个的字，不甚惬当。'文'谓'文学'，又不能包容文学以外之文章。"① "其后有人释为'语言''文字'，有人释为'语言''文学'，皆非立此名之原意。第二种解释与原意为近，唯'文'字之含义较'文学'为广，缘书面之'文'不尽属于'文学'也。课本中有文学作品，有非文学之各体文章，可以证之。第一种解释之'文字'，如理解为成篇之书面语，则亦与原意合矣。"② 吕叔湘认为："'语文'有两个意义：一、'语言'和'文字'，二、'语言文字'和'文学'。……一般说到'语文教学'的时候总是用的'语文'的第一义。"③ "语文这两个字连在一起来讲，可以有两个讲法，一种可理解为语言和文字，也就是说口头的语言和书面的语言；另一种也可理解为语言和文学，那就不一样了。中小学这个课程的名字叫语文，原来的意思可能是语言文字，但是很多人把他理解为语言文学。"④ 这里，叶圣陶不同意"语言文字""语言文学"的解说，而较为赞同"语言文章"的解说；吕叔湘比较"语言文字"说与"语言文学"说，赞成前者，反对后者，其实并不矛盾。他们都是将语文教育中的"语文"理解为"口头的语言和书面的语言"，即"语文就是语言"。

　　"语文"既作为课程名称，又作为教材名称。1950年8月，新华书店出版了由中央人民政府出版总署编审局组织编写的第一套以"语

---

①《叶圣陶集》（第25卷），江苏教育出版社1994年版，第7页。

②《叶圣陶集》（第25卷），江苏教育出版社1994年版，第34页。

③《吕叔湘语文论集》，商务印书馆1983年版，第335页。

④《吕叔湘论语文教育》，河南教育出版社1995年版，第37页。

文课本"命名的教材《初级中学语文课本》。其"编辑大意"说："说出来的是语言，写出来的是文章，文章依据语言，'语'和'文'是分不开的。语文教学应该包括听话、说话、阅读、写作四项。因此，这套课本不再用'国文'或'国语'的旧名称，改称'语文课本'。"[①]1950年8月，教育部颁布的《小学语文课程暂行标准（草案）》，正式将"国语"改为"语文"。同时颁布的《中学暂行教学计划（草案）》，也将"国文"改为"语文"。

"汉语"与"文学"，根据《现代汉语词典》的解释，分别是"汉族的语言"与"以语言文字为工具形象化地反映客观现实的艺术"[②]。但作为基础教育课程名称，"汉语"与"文学"分别有其特定的含义。

早在1951年3月，政务院文教委员会秘书长胡乔木在教育部召开的第一次中等教育会议上就提出"把语言教育和文学教育分开"的设想。1953年4月，教育部向中共中央政治局报告工作，提出改进中小学语文教学等问题。[③]1953年5月，中共中央政治局召开会议专门讨论教育工作，决定成立语文和历史两个教学问题委员会。1953年12月，中央语文教学问题委员会向中共中央提交的《关于改进中小学语文教学的请示报告》提出了将语言和文学分科教学的建议和具体实施意见。1954年2月，中共中央政治局扩大会议批准了这一报告。[④]1956年3月，教育部印发了《关于制发1956—1957学年度中

① 中央人民政府出版总署编审局：《编辑大意》，见《初级中学语文课本》（第一册），新华书店1950年版，第1页。

② 中国社会科学院语言研究所词典编辑室编：《现代汉语词典》（第7版），商务印书馆2016年版，第513、1373页。

③ 刘国正：《似曾相识燕归来——中学文学教育的风雨历程》，载《课程·教材·教法》2000年第6期。

④ 顾黄初：《中国现代语文教育百年事典》，上海教育出版社2001年版，第342、352—353页。

学授课时数表的通知》，将中学语文科改为"汉语""文学"两门学科进行教学。当时小学仍以"语文"作为课程名称，初中开设"汉语""文学"课程，高中只开设"文学"课程。

在此背景下，教育部责成人民教育出版社编制汉语、文学教学大纲和课本。1955年7月，《初级中学文学教学大纲（草案）》和《高级中学文学教学大纲（草案）》（第1版），以教育部名义印行。1956年5月颁布的《初级中学汉语教学大纲（草案）》，1956年11月颁布的《初级中学文学教学大纲（草案）》和《高级中学文学教学大纲（草案）》（修订版），以教育部名义印行。汉语、文学分科的教学大纲对教学内容作了详细说明。汉语教学的内容包括语音、文字、词汇、语法、修辞、标点符号等。初中文学的教学内容包括文学作品及结合文学作品讲授的文学理论常识和文学史常识。文学作品包括我国民间口头文学、古典文学、现代文学和以苏联文学为主的外国文学作品；体裁包括寓言、童话、诗歌、小说、戏剧、散文等。高中文学的教学内容包括中国文学作品、中国文学史基本知识、外国文学作品、文学理论基本知识，体裁与初中大致相同。自1955年5月起，《初级中学课本·汉语》《初级中学课本·文学》《高级中学课本·文学》由人民教育出版社陆续出版。

1955年8月，当时的教育部副部长叶圣陶作了《关于语言文学分科的问题》①的专题报告。同年秋季，教育部指定全国70多所学校，在初中一年级试用汉语、文学分科教材。1956年4月，教育部正式发出《关于中学、中等师范教育的语文科分汉语、文学两科教学并使用新课本的通知》，决定从1956年秋季起，全面推行汉语、文学分科教学，并使用新编汉语课本和文学课本。1956年6月底，教育部在北京召开全国语文教学会议；7月1日，叶圣陶代表教育部和人民教育出版社作了《改进语文教学，提高教学质量》的报告，说明这次教育改革的

---

① 叶圣陶：《关于语言文学分科的问题》，载《人民教育》1955年第8期。

必要性。①

汉语、文学分科教学实验，是我国第一次有组织、有领导、全国性的对语文教学的科学化和系统化的探索。这次实验开创了我国语言教材和文学教材分编的先例，构建了中学语文学科知识的系统，突出了文学教育在语文教育中的重要地位。为便于汉语教学，人民教育出版社于1954—1956年拟定了《暂拟汉语教学语法系统》。为配合文学教学，人民教育出版社于1957年拟定了《中学作文教学初步方案（草案）》。这次实验也暴露了存在的一些问题，如文学教材分量过重，太偏重文学方面的要求而对字、词、句训练要求注意不够；汉语课本内容缺乏重点、例句不够典型等。为此，《人民教育》从1956年8月起，开辟了"语文教学问题讨论"专栏，对汉语、文学分科问题展开讨论。但从1957年"整风""反右"运动开始后，对语文教学问题的讨论，逐渐演变为对汉语、文学分科教学指导思想的批判。

1958年3月，国务院第二办公室召开座谈会，决定对中学汉语和文学课本作根本性改编，重新使用"语文"这一课程名称。1958年3月，教育部印发《关于1958—1959学年度中学教学计划的通知》，取消了中学"汉语""文学"分科，恢复使用"语文"的课程名称。自1958年秋季始，不再进行汉语、文学分科教学。此后，除"文革"期间语文课程名称一度比较混乱外，"语文"作为课程名称几乎没有什么变化。

汉语、文学分科教学的终止，原因很复杂，有政治的原因，也有学科自身的原因。一是因为我国政治形势发生了变化。1958年中苏关系恶化，同时在我国工农业生产中掀起了"大跃进"的高潮。伴随着政治上对苏联修正主义的批判及经济上的"左"倾冒进和浮夸之风，教育领域开始全面否定苏联的教育经验，并适应工农业生产发展的需

---

① 顾黄初：《中国现代语文教育百年事典》，上海教育出版社2001年版，第369、371页。

要，全面调整课程与教材的管理制度、学科体系、课程内容及课时分配。二是因为分科教材的内容偏难偏重，忽视了教学对象的接受能力。分科教学偏离了当时教师和学生的实际水平，教师教有困难，学生学也吃力。就文学知识的教学而言，初中偏重常识，高中则偏重基本理论知识。初中虽是"常识"，却也有一定的广度和深度，包含的内容有文学是通过形象认识现实的手段，是斗争的武器；文学作品的主题和思想，主人公，叙述、描写和对话，结构；文学作品的体裁——寓言，童话，诗歌，小说，戏剧，散文等；文学作品的语言；评价文学作品的标准；我国民间口头文学和它在文学发展史上的作用；我国古典文学的人民性和艺术价值；我国现代文学在人民革命和社会主义建设中的巨大作用等。高中的"基本理论"，包含的内容有文学的起源，民间口头创作与文学的关系；形象和典型的概念；文学中的人民性、阶级性、党性；各种体裁的艺术特点；文学语言的概念；批判的现实主义和社会主义现实主义的概念；评价古典作品的历史主义原则；我国文学的独特性和创造性等。教学内容难度过大引发了一系列的问题，例如教学质量下降、学生负担过重等。三是因为汉语、文学分科教学过于强调语文知识目标的达成，忽视了对学生汉语言运用能力的培养。汉语、文学分科教材明确规定了中学汉语与文学的教学任务和教学内容，试图把语文教学纳入科学轨道，有助于克服语文教学中的随意性。但过分强调文学史系统、纯文学性与汉语体系，忽视了对学生听说读写等实际运用语文能力的培养，不符合中等基础教育的要求。如上文所说，语文可以包容文学，但文学不能取代语文。语言不仅是文学的表现形式，也是人文科学与自然科学的载体。语文课学语文，不仅要以文学作品为例，而且要以人文科学与自然科学作品为例。汉语、文学分科，汉语课只讲授现代汉语知识，不接触古代汉语常识，特别是忽视了人文科学与自然科学各类文体文本的阅读与写作；文学课与汉语课的比例失调，直至取代语文（这可以从教育部下发的《1956—1957学年度中学授课时数表》和《1957—1958年度中学教学计划及说明》中看出：1956—1957学年度，初中一、二年级的汉语每周是3课时，三年级每周是2课时；初中一、二年级的文学每周是6课时，三年级每周是5课时，高中一、二、三年级的汉语每周均为1课时，高中一、二、三年级的文学每周均为4课时；[①]1957—1958学年度初中一、二、三年级的汉语每周均为2课时，初中一、二、三年级的文学每周均为5课时，高中汉语取消，高中一、二、三年级的文学每周仍为5课时[②]），等等。

"文革"期间部分地区"语文"与"政治""历史"合并为"政文"或"政文史"课。

1978年，教育部制订了《全日制十年制中小学教学计划试行草案》，规定中小学实行十年制；1981年，中小学学制恢复十二年制。自1978年至今，中国大陆以"语文"作为课程名称，都没有再变化。

20世纪末至21世纪初，在"语文"课程名称不变的前提下，高中语文课程结构有了较大的变化。1996年，国家教育委员会颁布的《全日制普通高级中学语文教学大纲（供试验用）》首次将高中语文课程分为"必修课、限定选修课和任意选修课"。2003年，教育部颁布《普通高中语文课程标准（实验）》，明确将高中语文课程分为必修和选修两个部分。必修课程包含"阅读与鉴赏""表达与交流"两个方面的目标，组成"语文1"至"语文5"五个模块。选修课程设计诗歌与散文、小说与戏剧、新闻与传记、语言文字应用、文化论著研读五个系列，每个系列均设置若干模块。2017年底，教育部颁布《普通高中语文课程标准（2017年版）》，将高中语文课程分为必修、选择性必修、选修三类，并从祖国语文的特点和高中生学习语文的规律出发，以语文学科核心素养为纲，以学生的语文实践为主线，设计"语文学

---

① 课程教材研究所：《20世纪中国中小学课程标准·教学大纲汇编：课程（教学）计划卷》，人民教育出版社2001年版，第245页。

② 课程教材研究所：《20世纪中国中小学课程标准·教学大纲汇编：课程（教学）计划卷》，人民教育出版社2001年版，第254页。

习任务群"。三类课程分别安排7—9个学习任务群。这既不同于20世纪50年代的汉语、文学分科实验，也不同于20世纪80年代张志公在"语文"课之外增设"文学"课的设想，反映了21世纪初我国语文课程改革的新思路。

此外，中国台湾一直沿用小学"国语"、中学"国文"的课程名称，中国香港则使用"中国语文"的课程名称。

（四）语文课程与母语课程

"母语"与"语文"的含义不尽相同；"母语课程"与"语文课程"的含义也不尽相同。

《现代汉语词典》对"母语"的解释为："① 一个人最初学会的一种语言，在一般情况下是本民族的标准语或某一种方言。② 有些语言是从一个语言演变出来的，那个共同的来源，就是这些语言的母语。"[1]根据《中国大百科全书》语言文字卷对"母语"的解释："第一语言也称母语。在多数情况下，第一语言就是一个人所属民族的民族语言，所以也称本族语。第二语言也称非母语，非本族语，它包括本国内（多民族国家）别的民族的民族语和外国语。"[2]母语不仅是一个语言学的概念，也是一个民族学的概念，母语是民族认同的手段。

在语言教学范围内，"母语"通常指第一语言，即上述第一种解释，"一个人最初学会的一种语言"，或者是本民族标准语，或者是某一种方言。如：汉族的母语是汉语，藏族的母语是藏语，蒙古族的母语是蒙古语，维吾尔族的母语是维吾尔语，朝鲜族的母语是朝鲜语，

---

① 中国社会科学院语言研究所词典编辑室编：《现代汉语词典》（第7版），商务印书馆2016年版，第926页。

② 中国大百科全书总编辑委员会《语言文字》编辑委员会：《中国大百科全书·语言文字》，中国大百科全书出版社1992年版，第478页。

等等。[①]

"母语课程"即教学母语的课程,也即教学第一语言的课程,一般说来就是教学本民族标准语文的课程。汉族的母语课程是汉语文,藏族的母语课程是藏语文,蒙古族的母语课程是蒙古语文,维吾尔族的母语课程是维吾尔语文,朝鲜族的母语课程是朝鲜语文,如此等等。

关于"语文"的定义,叶圣陶指出:"语文就是语言,就是平常说的话。嘴里说的话叫口头语言,写在纸面上的叫书面语言。语就是口头语言,文就是书面语言。把口头语言和书面语言连在一起说,就叫语文。"[②]

"语文课程",就是教学语言的课程(包括口头语言和书面语言的教学)。任何国家、任何民族在基础教育阶段开设的本国本民族语文课程,究其本意,都是为了让本国本民族的下一代热爱本国本民族的语言,正确理解并规范使用本国本民族的语言。

如同"中国话"即中国人的语言,理应包括中国汉民族语言和少数民族语言,但通常特指汉语;也如同"中国字"即中国的文字,理应包括中国汉民族文字和少数民族文字,但通常特指汉字;"语文"在中国作为一门与数学(数学课程)、外语(外国语文课程)等并列的基础教育的课程,是"中国语文课程"的简称,理应包括汉民族语文课程和少数民族的语文课程,但通常专指中小学的汉语文课程。

"语文课程"作为中国国家课程,应指教学《中华人民共和国国家通用语言文字法》规定的国家通用语言文字(普通话和规范汉字)的课程。对于全体中国人来说,就是教学中华民族通用语言的课程;对于使用汉语为第一语言的中国人来说,也就是教学他们母语的课

---

① 母语在实际生活中情况比较复杂,比如还有广义母语与狭义母语以及双母语等情况,限于篇幅这里主要讨论母语课程与语文课程的关系。

② 叶圣陶:《认真学习语文》,见中华函授学校《语文学习讲座丛书》(一),商务印书馆1980年版,第3—4页。

程；但对于使用本民族语言（如藏语、蒙古语、维吾尔语、朝鲜语等）为第一语言的中国少数民族来说，则通常是教学他们的第二语言的课程。

可见，当"语文课程"泛指教学语言的课程的时候，其概念大于"母语课程"；当"语文课程"特指教学第一语言的课程的时候，其概念等于"母语课程"；当"语文课程"专指教学第二语言的课程的时候，其概念不同于"母语课程"。

2001年颁布的《全日制义务教育语文课程标准（实验稿）》原有"语文又是母语教育课程"[①]一句，2011年颁布的《义务教育语文课程标准（2011年版）》改为"语文课程是学生学习运用祖国语言文字的课程"[②]，这样的解释更为准确。

（五）语文课程与语文教学

语文课程就是教学语言的课程，通常指教学祖国语言的课程。语文课程是一门学习祖国语言文字运用的综合性、实践性课程。《中华人民共和国国家通用语言文字法》第十条规定："学校及其他教育机构以普通话和规范汉字为基本的教育教学用语用字。法律另有规定的除外。学校及其他教育机构通过汉语文课程教授普通话和规范汉字。使用的汉语文教材，应当符合国家通用语言文字的规范和标准。"[③]我国的语文课程是《中华人民共和国国家通用语言文字法》规定的以普通话和规范汉字为内容和载体的汉语文课程。

语文教学即语言教学，特指祖国语言教学。我国的语文教学是

---

① 中华人民共和国教育部：《全日制义务教育语文课程标准（实验稿）》，北京师范大学出版社2001年版，第2页。

② 中华人民共和国教育部：《义务教育语文课程标准（2011年版）》，北京师范大学出版社2012年版，第3页。

③ 《中华人民共和国国家通用语言文字法》，载《中华人民共和国全国人民代表大会常务委员会公报》2000年第6期，第585页。

《中华人民共和国国家通用语言文字法》规定的以普通话和规范汉字为内容和载体的汉语文教学。语文教学既包含口头语言的教学，又包含书面语言的教学；既包含语言形式的教学，又包含语言内容的教学；既包含一个民族的语言系统规则的教学，又包含按照这一语言系统规则进行的言语行为（听说读写）的教学，以及按照这一语言系统规则形成的言语作品的教学。不仅口语交际的训练是其应有之义，而且文字的认读与书写、文章的阅读与写作也是其应有之义，并且文学教育、文化熏陶同样是其应有之义。中国中小学的语文教学一般由识字写字教学、阅读教学、写作（写话、习作）教学、口语交际教学等部分组成。

二　语文课程的性质与特点

如同"语文"与"语文课程"含义的讨论，关于语文课程的性质与特点，也是近百年来反复讨论的话题。如叶圣陶所说："国文这一科，比较动物、植物、物理、化学那些科目，性质含混得多。有些人认为国文这一科并没有什么内容，只是阅读和写作的训练而已。但是有些人却认为国文科简直无所不包，大至养成民族精神，小至写一个借东西的便条，都得由国文科负责。在这两个极端之间，还有种种的看法，各不相同的认识。如果一百位国文教师聚在一起，请他各就自己的见解，谈谈国文科究竟是什么性质，纵使不至于有一百个说法，五十种不同的见解大概是有的。"[①]

（一）语文课程的性质

所谓性质，就是事物的本质，是一种事物区别于其他事物的根本属性，是该事物所特有的而其他事物所没有的属性。

教育部2001年7月印发的《全日制义务教育语文课程标准（实验稿）》和2003年4月印发的《普通高中语文课程标准（实验）》对"课程性质"均作如下表述：

> 语文是最重要的交际工具，是人类文化的重要组成部分。工

[①] 《叶圣陶集》（第13卷），江苏教育出版社1992年版，第41页。

具性与人文性的统一，是语文课程的基本特点。[①]

语文课程标准说："语文是最重要的交际工具，是人类文化的重要组成部分。"其实，学校的任何一门课程都是人类文化的组成部分。语文课程标准说："工具性与人文性的统一，是语文课程的基本特点"。其实，数学、外语等学科都是工具性与人文性的统一。《全日制义务教育数学课程标准（实验稿）》即指出："数学是人们生活、劳动和学习必不可少的工具。""数学是人类的一种文化，它的内容、思想、方法和语言是现代文明的重要组成部分。"[②]《普通高中数学课程标准（实验）》也指出："数学是研究空间形式和数量关系的科学，是刻画自然规律和社会规律的科学语言和有效工具。""数学是人类文化的重要组成部分。"[③]《义务教育英语课程标准（2011年版）》也明确指出："义务教育阶段的英语课程具有工具性和人文性双重性质。"[④]指出语文学科"是人类文化的重要组成部分"，是"工具性与人文性的统一"，并没有错，但没有讲到根本点上，没有揭示语文课程区别于其他课程的本质属性。

教育部2011年12月印发的《义务教育语文课程标准（2011年版）》将"课程性质"修改为：

　　语文课程是一门学习语言文字运用的综合性、实践性课程。

　　义务教育阶段的语文课程，应使学生初步学会运用祖国语言文字进行交流沟通，吸收古今中外优秀文化，提高思想文化修养，促进自

---

① 中华人民共和国教育部：《全日制义务教育语文课程标准（实验稿）》，北京师范大学出版社2001年版，第1页；中华人民共和国教育部：《普通高中语文课程标准（实验）》，人民教育出版社2003年版，第1页。

② 中华人民共和国教育部：《全日制义务教育数学课程标准（实验稿）》，北京师范大学出版社2001年版，第1—2页。

③ 中华人民共和国教育部：《普通高中数学课程标准（实验）》，人民教育出版社2003年版，第1页。

④ 中华人民共和国教育部：《义务教育英语课程标准（2011年版）》，北京师范大学出版社2012年版，第2页。

身精神成长。工具性与人文性的统一，是语文课程的基本特点。[①]

这里的三句话，第一句仍未将语文课程与英语、日语、俄语等外国语课程区分开来；第二句讲的是语文课程的任务，不是语文课程的性质；第三句讲的是语文课程的特点，也不是语文课程的性质。

直至教育部2017年12月印发的《普通高中语文课程标准（2017年版）》才将语文"课程性质"完整地表述为：

> 语文课程是一门学习祖国语言文字运用的综合性、实践性课程。[②]

语文课程与其他课程的区别，即在于语文课程是学习祖国语言文字运用的课程，既包括祖国语言内容的教学，又包括祖国语言形式的教学，要求掌握语言的形式，训练语言的操作技能（听、说、读、写）和语言心智技能（思维），而其他课程（如数学、物理、化学、生物、历史、地理、思想品德等），虽然一般也以祖国语言为教学语言，但主要是学习语言的内容，偏重对语言所表达的内容的理解与掌握（如数学借助祖国语言学习勾股定理、物理借助祖国语言学习牛顿定律、化学借助祖国语言学习元素周期，等等）。其他课程（如数学、物理、化学、生物、历史、地理、思想品德等）的教学内容可以用不同的语言形式呈现，这些课程可以用双语或外语进行教学（如可以用英语学习勾股定理、用俄语学习牛顿定律、用日语学习元素周期，等等），而语文课程的教学内容却不能用其他语言形式呈现，也不能用双语进行教学。因为语文课程不仅要教学语言的内容，更要教学语言的形式本身。语文课程教学负有语言形式方面教学与语言内容方面教学的双重任务。

---

① 中华人民共和国教育部：《义务教育语文课程标准（2011年版）》，北京师范大学出版社2012年版，第2页。

② 中华人民共和国教育部：《普通高中语文课程标准（2017年版）》，人民教育出版社2018年版，第1页。

学校还有一些课程同样是教学语言的课程，同样负有语言形式方面的教学与语言内容方面教学的双重任务，这就是英语、俄语、日语等外国语课程。语文课程与外国语课程的区别在于，前者是教学祖国语言，后者是教学外国语言，并且外国语课程更偏重于语言形式的教学。

概言之，语文课程的性质就是教学祖国语言。既包含祖国口头语言的教学，又包含祖国书面语言的教学；既包含祖国语言形式的教学，又包含祖国语言内容的教学；既包含祖国语言系统规则的教学，又包含按照祖国语言系统规则进行的言语行为的教学，以及按照祖国语言系统规则形成的言语作品的教学。

祖国语言教育作为国民基本教养的基础，在文明传承、民族发展、母语延续过程中的作用是巨大的，其重要性无论怎样强调都不过分。法国作家都德在《最后一课》中借主人公韩麦尔的口说：法国语言"是世界上最美的语言，最明晰，最严谨，应该在我们中间保留它，永远不要忘掉它，因为一个民族沦为奴隶，只要牢牢掌握自己的语言，就等于掌握了自己的牢房的钥匙"。[1]日本学者岸根卓郎指出："放弃母语，就是通向亡国的最直接的道路。"[2]语文教育与巩固国防同样重要。我们应当理直气壮地将祖国语言教育列为语文教育的重要内容，激发学生热爱祖国语言的情感，养成学生正确理解和规范使用祖国语言的能力和习惯。

（二）语文课程的特点

1.民族性

"民族"，既指历史上形成的、处于不同社会发展阶段的各种人的共同体，如中华民族、法兰西民族，这是国家层面的民族；又指具

---

① [法]都德：《都德小说选》，郝运译，上海译文出版社2000年版，第448页。
② [日]岸根卓郎：《我的教育论——真·善·美的三位一体化教育》，何鉴译，南京大学出版社1999年版，第111页。

有共同语言、共同地域、共同经济生活以及表现于共同文化上的共同心理素质的人的共同体，如我国有汉、满等56个民族，这是国家层面的民族之下的族裔共同体。

在学校开设的课程中，语文课是最具有民族性的。中国语文教育，是中华人民共和国国家通用语言文字的教育，是以普通话和规范汉字为内容和载体的汉语文教育。汉语不仅是汉民族使用的共同语，而且是中华民族的通用语言。汉字不仅是汉民族记录汉语的文字，而且是中华民族的通用文字。有学者指出："人类各民族的语言，不仅仅是一个符号体系或交际工具，而是该民族认识、阐释世界的一个意义体系和价值体系。"[①]汉语言文字有着区别于其他民族语言文字的特点，反映着中华民族的思维方式、世界观、人生观、价值观。汉语言文字是中华民族思维与交际、生存与发展的工具，又是中华民族文化的组成部分，承载着中华民族的历史文化信息。语文课程的民族性主要也表现在这两个方面：教学中华民族的通用语言，传承中华民族的人文精神。中国语文教育承担着培养下一代热爱祖国语言的情感、熟练掌握并规范使用中华民族通用语言的能力和习惯的重任，同时也担负着进行情感态度价值观的教育，进而培养新一代社会主义建设者和接班人的重任。

2. 工具性与人文性统一

汉语言是中华民族文化乃至人类文化的载体，也是中华民族乃至人类文化的重要组成部分。语文教育既涉及语言形式方面（如字、词、句、篇等言语作品形式的把握），又包含语言内容方面（如字义、词义、句义、篇义等言语作品形式所负载的言语内容的理解）。语言的形式与语言的内容密不可分。侧重语言形式的掌握并不意味着抛弃与语言形式相比更能体现人类文化的语言内容。

中国古代有所谓"文"与"道"之争——是重视载道之"文"，

---

① 申小龙：《汉语与中国文化》，复旦大学出版社2003年版，前言第1页。

还是重视所载之"道"？宋代朱熹说得好："道者，文之根本；文者，道之枝叶。惟其根本乎道，所以发之于文，皆道也。三代圣贤文章，皆从此心写出，文便是道。"[①]"道"与"文"犹如"根本"与"枝叶"，尽管有"根本"与"枝叶"之分，但末从本出，原为一体，都是生命之树。朱熹又说："文皆是从道中流出。"[②]"道"与"文"犹如"源"与"流"，尽管有"源"与"流"之分，但流从源出，原为一体，都是生命之水。"道"与"文"，"根本"与"枝叶"，"源"与"流"，内容与形式，本性与本性的表现，本原与本原的派生者，既相分不杂，又相依不离。相分不杂，道是道，文是文；相依不离，文从道出，文便是道。

语文课程的"工具（形式）"与"人文（内容）"的关系，如同"文"与"道"的关系，既相分不杂，又相依不离。语文课程一方面是"工具学科"，是"形式训练"的学科，是旨在发展学习其他学科所必需的知识、技能的学科；另一方面又是"人文学科"，是"内容学科"，是以理解、创造或表达思想为课题的"实质训练"的学科。因而，语文课程又具有工具性与人文性统一的特点。

语文课程的"工具性"侧重于祖国语言形式的掌握，就是要使学生正确理解和运用祖国的语言文字；语文课程的"人文性"侧重于祖国语言内容的掌握，就是要培养学生成为具有中华民族行为方式与思想情感的人。前者主要体现为语文知识与能力的教育，后者主要体现为情感、态度、价值观的教育。语文课程"工具性与人文性的统一"，其实就是语言形式教学与语言内容教学的统一，是语文知识传授、语文能力训练与情感、态度、价值观养成的统一。

语文课程工具性与人文性统一的特点，其实是从语文课程的性质派生出来的。其关系可用下图来表示。

---

① ［南宋］黎靖德：《朱子语类》，岳麓书社1997年版，第2997页。

② ［南宋］黎靖德：《朱子语类》，岳麓书社1997年版，第2984页。

祖国语言教育——中华　　　侧重于祖国语言形式方面——工具性
民族通用语教育　　　　　　侧重于祖国语言内容方面——人文性
　第一层次：教学祖国语言的性质　　第二层次：工具、人文统一的特点

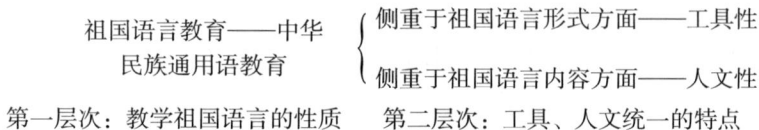

图2-1　语文课程性质与特点

　　图中第一层次，揭示语文课程的性质：是祖国语言教育，是中华民族通用语教育。图中第二层次，揭示语文课程工具性与人文性相统一的特点：一方面是学习祖国语言形式，掌握思维与交际的工具，具有工具性；另一方面是学习祖国语言内容，接收人类文化，具有人文性。必须说明的是：语言是人类文化的载体，也是人类文化的重要组成部分，学习语言形式，不仅是掌握交际思维与交际的工具，其实也是接收人类文化的一部分。

3. 综合性和实践性鲜明

　　语文课程的工具性与人文性的统一不是两者相加，而是两者一体化。在语文教学中，先实现工具性目标，后补充人文性内容；或者首先突出人文性，而后再加强工具性，这两种想法都是不妥当的。工具性与人文性、知识能力与情感态度价值观是结合在一起的，语文课程应当力求同时实现这两方面的目标。一方面，要突出语文课程的核心目标——学习祖国语言文字的运用，语文课要上成语文课，不要"种了人家的地，荒了自己的田"；另一方面，要充分发挥语文课程的育人功能。语文课程在弘扬和培育民族精神，理解和传承优秀文化，塑造热爱祖国和中华文明、献身人类进步事业的精神品格，形成健康美好的情感和奋发向上的人生态度等方面，有其自身的优势。因此，语文课程具有综合性的特点。

　　就语言学习本身而言，语文教学的基本过程，就是由个别的感性的言语感知的积累，到一般的理性的语言规则的掌握，再落实到学生自己的言语实践的过程。即让学生从他人成熟的、典范的言语行为和言语作品入手，进而把握语言规则，最终养成自己生存和发展所必需

的言语能力和习惯的过程。也即由具体到抽象再到具体的过程，由特殊（个别）到一般再到特殊（个别）的过程，由实践到认识再到实践的过程。语文课程是注重实践的课程，应着重培养学生的语文实践能力，而培养这种能力的主要途径也应是语文实践。因而，语文课程还具有实践性的特点。

三　语文课程的任务与价值

与语文的含义、语文课程的含义、语文课程的性质与特点一样，语文课程的任务与价值，也是有争议而又必须弄清楚的语文教育的基本问题。

（一）语文课程的任务

语文教育作为现阶段中国教育的一个组成部分，必须贯彻国家的教育方针：培养德、智、体、美等方面全面发展的社会主义建设者和接班人。语文课程与其他学科课程一样，担负着本学科教育的专门任务，同时还担负开发学生智力、提高学生思想品德和审美修养等共同任务。

汉语言文字是中华民族的思维和交际、生存和发展的最基本的工具。中小学语文课程就是要使中小学生热爱并学会运用祖国语言文字进行交流沟通，吸收古今中外优秀文化，提高思想文化修养，促进自身精神成长。

《义务教育语文课程标准（2011年版）》指出："语文课程应激发和培育学生热爱祖国语文的思想感情，引导学生丰富语言积累，培养语感，发展思维，初步掌握学习语文的基本方法，养成良好的学习习惯，具有适应实际生活需要的识字写字能力、阅读能力、写作能力、口语交际能力，正确运用祖国语言文字。语文课程还应通过优秀文化的熏陶感染，促进学生和谐发展，使他们提高思想道德修养和审美情趣，逐步形成良好的个性和健全的人格。"①

《普通高中语文课程标准（2017年版）》指出："语文课程应引导学生在真实的语言运用情境中，通过自主的语言实践活动，积累言语经验，把握祖国语言文字的特点和运用规律，加深对祖国语言文字的理解与热爱，培养运用祖国语言文字的能力；同时，发展思辨能力，提升思维品质，培育社会主义核心价值观，培养高尚的审美情趣，积累丰厚的文化底蕴，理解文化多样性。""普通高中语文课程，应使全体学生在义务教育的基础上，进一步提高语文素养，形成良好的思想道德修养和科学人文素养，为终身学习和全面而有个性的发展奠定基础，为传承和发展中华文化、增强民族凝聚力和创造力发挥应有的作用。"②

（二）语文课程的价值

语文课程的价值主要体现在掌握生存工具、奠定发展基础、弘扬民族精神、传承人类文化等方面。

1. 掌握生存工具

学语文，就是掌握语言这个人类生存的工具，使学生获得基本的语文素养。

语言是人类独有的、最重要的交际工具，同时也是思维工具。语言能力是人类最基本的、最重要的能力之一，也是与动物有所区别的主要因素之一。第一语言（通常是母语）的获得，虽然有早期的潜意识的语言"习得"（acquisition）做基础，但是入学后的有意识的语言"学得"（learning），仍然是十分必要的。如刘珣指出："第一语言的获得大体上经过两个不同的时期，即早期的潜意识的语言习得和入学

---

① 中华人民共和国教育部：《义务教育语文课程标准（2011年版）》，北京师范大学出版社2012年版，第2页。

② 中华人民共和国教育部：《普通高中语文课程标准（2017年版）》，人民教育出版社2018年版，第1页。

后的有意识的语言学习。"①所谓"习得",即习而得之,是一个人从出生伊始乃至贯穿一生的、不自觉地对语言的学习,是个体的、潜意识的、无序的、非正式的、自然真实情境中的、偏重感性方式的学习活动,是一个缓慢的、耳濡目染、经验积累的过程。所谓"学得",即学而得之,是在人生特定阶段的、自觉地对语言的学习,是集体的、有意识的、系统的、正式的、课堂教学情境中的、偏重理性方式的学习活动,是一个利用学习者智力发展、言语能力形成的最佳时机,有效获得语言的过程。中小学开设语文课之所以有必要,就在于使学生通过正规的语文教育尽快掌握祖国语言,即中华民族的通用语(在大多数情况下也即母语),从他人的言语行为和言语作品中把握语言规则,进而形成自己做人须臾不能离开的言语行为和言语作品。学校开设语文课程,使得学生对语言的学习和掌握,由自发的、偏重感性经验的、少慢差费的暗中摸索,走向自觉的、偏重科学理性的、多快好省的明中探讨。通过基础教育阶段开设语文课程、实施语文教学,逐步激发青少年热爱祖国语言的情感,形成正确理解并规范使用祖国语言的能力和习惯,进而提升他们作为个体的人的思维和交际的能力,乃至生存和发展的能力以及生活的质量。

2. 奠定发展基础

学语文,就是奠定学生全面发展和终身发展的基础,也是奠定提高全民族素质的基础。

语言不仅是人类赖以生存的工具,也是人类赖以发展的基础。以中小学生进学校学习为例:接受教育得有一种最基本的交际工具、知识载体和传播媒介,而这个工具、载体和媒介,就是祖国的语言。学校开设的各门课程,通常都使用祖国语言编制的教科书,使用祖国语言作为教学语言。学好语文,是学好其他课程的基础。学会听话说

---

① 刘珣:《汉语作为第二语言教学简论》,北京语言文化大学出版社2002年版,第4页。

话，学会识字写字，进而学会读书作文，训练并形成用祖国语言来准确理解和准确表达的能力，这是一个人接受教育的最基本的条件。一般说来，数学、物理、化学、生物、历史、地理、思想品德等课程的学习，都是建立在祖国语言学习的基础之上的。俄国教育家乌申斯基认为："祖国语言教学在初级阶段教学中是一门最重要的、中心的课程，它渗透到其他各门课程之中，并将其他各门课程的成绩集合于自身，我有权把祖国语言教员看作整个小学教学的主导者。"[①]

《义务教育语文课程标准（2011年版）》指出："语文课程致力于培养学生的语言文字运用能力，提升学生的综合素养，为学好其他课程打下基础；为学生形成正确的世界观、人生观、价值观，形成良好个性和健全人格打下基础；为学生的全面发展和终身发展打下基础。"[②]《普通高中语文课程标准（2017年版）》也指出："学生通过阅读与鉴赏、表达与交流、梳理与探究等语文学习活动，在语言建构与运用、思维发展与提升、审美鉴赏与创造、文化传承与理解几个方面都获得进一步的发展；坚定文化自信，自觉弘扬社会主义核心价值观，树立积极向上的人生理想，为全面发展和终身发展奠定基础。"[③]一个民族素质的提高有赖于这个民族全体成员素质的提高，因此也可以说，语文教育是一项提高中华民族素质的奠基工程。

3. 弘扬民族精神

学语文，就是弘扬中华民族精神，延续中华民族基因。

德国语言学家洪堡特指出："语言仿佛是民族精神的外在表现，民族的语言即民族的精神，民族的精神即民族的语言，二者的同一程度

① ［俄］乌申斯基：《乌申斯基教育文选》，张佩珍等译，人民教育出版社1991年版，第393页。

② 中华人民共和国教育部：《义务教育语文课程标准（2011年版）》，北京师范大学出版社2012年版，第1页。

③ 中华人民共和国教育部：《普通高中语文课程标准（2017年版）》，人民教育出版社2018年版，第5页。

超过了人们的任何想象。"①俄国教育家乌申斯基也指出："在民族语言照亮而透彻的深处，不但反映着祖国的自然，而且反映着民族精神生活的全部历史。人们一代跟着一代传下去，但是每一代生活的成果都得保留在语言里，成为传给后一代的遗产。一代跟着一代，把各种深刻而热烈的运动的结果、历史事件的结果，信仰、见解、生活中的忧患和欢乐的痕迹，全部积累在本民族语言的宝库里。总之，一个民族把自己全部精神生活的痕迹都珍藏在民族的语言里。"②也就是说，一个民族的语言，其实质就是一个民族的精神、情感的载体，是一个民族的精神、情感的符号，是一个民族生息繁衍的生命传递。

语文课程的实质在于它是在学校教育中以教学科目的形式出现的关于中华民族通用语言的教育。汉语既是汉民族的母语，也是中华民族精神发展的源流。汉语在几千年的发展历史中，融入了中华民族的情感、态度、价值观，深深地打上了民族的、历史的、地域的、心理的烙印，是一种从内容到形式都充溢着浓郁的人文精神的语言。"汉民族从不把语言看作一个客观、静止、孤立、在形式上自足的形象，而把语言看作一个人参与其中，与人文环境互为观照、动态的、内容上自足的表达与阐释过程。"③汉语重整体、重和谐、重意合的特点，正是中华民族的意识、性格和思维模式的投影。源远流长的中华民族文化传统，深刻地影响着汉语词汇的发展。神话传说、寓言故事、名人轶事、诗文名句等融汇渗透到数以万计的词语、俗语和成语典故之中，使之具有浓厚的人文色彩。正如《义务教育语文课程标准（2011年版）》指出："语文课程对继承和弘扬中华民族优秀文化传统和革命传统，增强民族文化认同感，增强民族凝聚力和创造力，具有不可替

---

① ［德］洪堡特：《论人类语言结构的差异及其对人类精神发展的影响》，姚小平译，商务印书馆1997年版，第50页。

② ［苏］洛尔德基帕尼泽：《乌申斯基教育学说》，范云门等译，江苏教育出版社1987年版，第157页。

③ 申小龙：《汉语与中国文化》，复旦大学出版社2003年版，前言第1—2页。

代的优势。"①

4.传承人类文化

学语文，就是传承人类文化，推动社会进步。

德国哲学家雅斯贝尔斯指出："教育是极其严肃的伟大事业，通过培养不断地将新的一代带入人类优秀文化精神之中，让他们在完整的精神中生活、工作和交往。"②如上文所说，语言既是文化的载体，又是文化的组成部分。"语言"与"文化"既是形式与内容的关系，又是部分与整体的关系。日本教育家小原国芳认为："国语教学不只是简单的文字或字母用法和段落或句读的问题，除此之外，更重要的是内容问题。国语不是训诂之学，而是活思想问题，是川流不息的生命。"③

汉语言文字是中华民族文化乃至人类文化的载体，也是中华民族乃至人类文化的重要组成部分。学习语言文字的过程，也就是获得文化的过程。譬如："中国字在起始的时候是象形的，这种形象化的意境在后来'孳乳浸多'的'字体'里仍然潜存着、暗示着。在字的笔画里、结构里、章法里，显示着形象里面的骨、筋、肉、血，以至于动作的关联。后来从形象到谐声，形声相益，更丰富了'字'的形象意境，象江字、河字，令人仿佛目睹水流，耳闻汩汩的水声。所以唐人的一首绝句若用优美的书法写了出来，不但是使我们领略诗情，也同时如睹画境。诗句写成对联或条幅挂在壁上，美的享受不亚于画，而且也是一种综合艺术，象中国其它许多艺术那样。"④从文化的视角来透视语文教育，我们就会看到语文教育是一个用文化构成的丰富多彩

① 中华人民共和国教育部：《义务教育语文课程标准（2011年版）》，北京师范大学出版社2012年版，第1页。

② ［德］雅斯贝尔斯：《什么是教育》，邹进译，生活·读书·新知三联书店1991年版，第44页。

③ ［日］小原国芳：《小原国芳教育论著选》（下卷），刘剑乔等译，人民教育出版社1993年版，第109页。

④ 宗白华：《美学散步》，上海人民出版社1981年版，第138页。

的世界。这个世界有文化的背景、文化的图像、文化的情致、文化的意识、文化的意蕴。当我们走进语文的世界，感受到的是它的文化气息，触摸到的是它的文化脉搏，使我们感动的是它的那种文化的情怀和文化构成的生命。

汉语言文字，是每一个中国人生存的工具、发展的基础，也是中华民族共同的精神家园。语文教育，是每一个中国人素质教育、终身教育的重要组成部分，也是实现中华民族伟大复兴的重要前提和保障。

四　语文课程目标的百年嬗变

课程目标，是课程本身为贯彻国家教育方针要实现的具体要求，是期望处在某一教育阶段的学生在发展品德、智力、体质、素养等方面达到的程度。"课程目标主要包括认知、技能、情感和应用四个方面：认知方面包括知识的基本概念、原理和规律，理解和思维能力；技能方面包括行为、习惯、运动及交际能力；情感类方面包括思想、观念和信念，如价值观和审美观等；应用类包括应用前三个方面来解决社会和个人生活问题的各种能力。"[①]

语文课程目标，是人们在语文学科范围内展开的全部教育活动预期要达到的具体要求，是期望处在某一教育阶段的学生在语文方面达到的程度。语文课程目标作为课程目标下的分科目标，它从语文课程的角度出发，规定语文课程人才培养的规格和质量要求，因而也就成为语文教材编制、教学实施与评价的基本准则。语文课程目标可以细化为语文课程的总目标和学段目标，语文课程的德育目标、智育目标和美育目标，语文课程的知识与能力目标、过程与方法目标、情感态度价值观目标；还可以进一步细化为语文课程的识字与写字目标、阅读目标、写作（写话、习作、作文）目标、口语交际目标、综合性（研究性）学习目标，语文课程的学段教学目标、年级教学目标、学期教学目标、单元教学目标和课时教学目标，等等。

我国自清朝末期语文单独设科以来，语文课程目标的设定也经

---

① 钟启泉：《课程与教学概论》，华东师范大学出版社2004年版，第60页。

历了由学堂章程到课程标准，再到教学大纲，再到新课程标准的发展过程。关于语文课程目标的表述，先后使用过"教育要义""教授要旨""课程目的""课程目标""教学任务""教学目的"等名称。进入21世纪后，"课程目标"的名称再次正式启用。由于语文学科自身的特殊性和人们对语文学科认识的差异，使得语文课程目标始终处于争议之中。

（一）晚清《奏定学堂章程》对课程目标的规定

1904年，清政府颁布的《奏定学堂章程》规定了中小学"中国文字"和"中国文学"的课程目标。

《奏定初等小学堂章程》规定，"中国文字""其要义在使识日用常见之字，解日用浅近之文理，以为听讲能领悟、读书能自解之助，并当使之以俗语叙事及日用简短书信，以开他日自己作文之先路，供谋生应世之要需"。①

《奏定高等小学堂章程》规定，"中国文学""其要义在使通四民常用之文理，解四民常用之词句，以备应世达意之用。读古文每日字数不宜多，止可百余字，篇幅长者分数日读之，即教以作文之法，兼使学作日用浅近文字。篇幅宜短，总令学生胸中见解言语郁勃欲发，但以短篇不能尽意为憾，不以搜索枯窘为苦。蕴蓄日久，其颖敏者若遇不限以字数时，每一下笔必至数百言矣。并使习通行之官话，期于全国语言统一，民志因之团结"。②

《奏定中学堂章程》规定"中国文学"要义："入中学堂者年已渐长，文理略已明通，作文自不可缓。凡学为文之次第：一曰文义；文者积字而成，用字必有来历（经史子集及近人文集皆可），下字必求的解，虽本乎古亦不骇乎今。此语似浅实深，自幼学以至名家皆为要事。二曰文法；文法备于古人之文，故求文法者必自讲读始，先使读

---

① 舒新城：《中国近代教育史资料》（中册），人民教育出版社1961年版，第420页。
② 舒新城：《中国近代教育史资料》（中册），人民教育出版社1961年版，第435页。

经史子集中平易雅驯之文；《御选古文渊鉴》最为善本，可量学生之日力择读之（如乡曲无此书，可择较为大雅之本读之），并为讲解其义法。次则近代有关系之文亦可浏览，不必熟读。三曰作文；以清真雅正为主：一忌用僻怪字，二忌用涩口语，三忌发狂妄议论，四忌袭用报馆陈言，五忌以空言敷衍成篇。次讲中国古今文章流别、文风盛衰之要略，及文章于政事身世关系处。其作文之题目，当就各学科所授各项事理及日用必需各项事理出题，务取与各科学贯通发明；既可易于成篇，且能适于实用。"[①]

（二）民国时期（1912—1949）课程文件对课程目标的规定

1. 民国初年教育部的规定

1912年11月，民国政府教育部颁布的《小学校教则及课表》规定：小学"国文要旨在使儿童学习普通语言文字，养成发表思想之能力，兼以启发其智德"。[②]

同年12月颁布的《中学校令施行规则》规定：中学校"国文要旨在通解普通语言文字，能自由发表思想，并使略解高深文字，涵养文学之兴趣，兼以启发智德。国文首宜授以近世文，渐及于近古文，并文字源流、文法要略，及文学史之大概，使作实用简易之文，兼课习字"。[③]

2. 1923年课程纲要的规定

1923年，在国语运动和白话文运动的推动下，全国教育会联合会新学制课程标准起草委员会请托各专家分科拟定，并经教育部批

---

① 舒新城：《中国近代教育史资料》（中册），人民教育出版社1961年版，第508—509页。

② 课程教材研究所：《20世纪中国中小学课程标准·教学大纲汇编：课程（教学）计划卷》，人民教育出版社2001年版，第63页。

③ 课程教材研究所：《20世纪中国中小学课程标准·教学大纲汇编：语文卷》，人民教育出版社2001年版，第274—276页。

准的《新学制课程标准纲要》，分别对小学、初中、高中国语教育目的做出规定。

由吴研因起草的《新学制课程标准纲要小学国语课程纲要》规定：小学国语的"目的"为"练习运用通常的语言文字，引起读书趣味，养成发表能力，并涵养性情，启发想像力及思想力"。①

由叶绍钧起草的《新学制课程标准纲要初级中学国语课程纲要》规定初中国语的"目的"为：（1）使学生有自由发表思想的能力；（2）使学生能看平易的古书；（3）引起学生研究中国文学的兴趣。②

由胡适起草的《新学制课程标准纲要高级中学公共必修的国语课程纲要》规定高中国语的"目的"为：（1）培养欣赏文学名著的能力。（2）增加使用古书的能力。（3）继续发展语体文的技术。（4）继续练习用文言作文。③

此外，高级中学第一组（注重文学及社会科学，相当于文科）开设必修的"特设国文"文字学引论、中国文学史引论。《高级中学第一组必修的特设国文课程纲要》中，"文字学引论"的目的为："1. 使学生略知中国文字变迁的历史。2. 使学生略具研究中国文字学的必要知识。""中国文学史引论"的目的为："1. 使学生略知中国文学变迁沿革的历史。2. 使学生了解古文学与国语文学在历史上的相当位置。3.引起学生研究文学的趣味。"④

---

① 课程教材研究所：《20世纪中国中小学课程标准·教学大纲汇编：语文卷》，人民教育出版社2001年版，第13页。

② 课程教材研究所：《20世纪中国中小学课程标准·教学大纲汇编：语文卷》，人民教育出版社2001年版，第274页。

③ 课程教材研究所：《20世纪中国中小学课程标准·教学大纲汇编：语文卷》，人民教育出版社2001年版，第277页。

④ 课程教材研究所：《20世纪中国中小学课程标准·教学大纲汇编：语文卷》，人民教育出版社2001年版，第280—281页。

3. 1929—1948年课程标准的规定

1929年、1932年、1936年、1940—1941年、1948年南京国民政府先后颁布了五套课程标准。这些课程标准都是以《新学制课程标准》为蓝本设计的。正如叶圣陶所指出："我国有课程标准，从民国十一年颁布《新学制课程标准》开始。以后历次修订，内容和间架都和第一次颁布的相差不远，没有全新的改造。"[1]

1929年《小学课程暂行标准·小学国语》的目标：（1）练习运用本国的标准语，以为表情达意的工具，以期全国语言相通。（2）学习平易的语体文，以增长经验，养成透彻迅速扼要等阅读儿童图书的能力。（3）欣赏相当的儿童文学，以扩充想象，启发思想，涵养感情，并增长阅读儿童图书的兴趣。（4）运用平易的口语和语体文，以传达思想，表现感情，而使别人了解。（5）练习书写，以达到正确清楚匀称和迅速的程度。[2]1929年《初级中学国文暂行课程标准》的目标：（1）养成运用语体文及语言充畅地叙说事理及表达情意的技能。（2）养成了解平易的文言文书报的能力。（3）养成阅读书报的习惯和欣赏文艺的兴趣。[3]1929年《高级中学普通科国文暂行课程标准》的目标为：（1）继续养成学生运用语体文正确周密隽妙地叙说事理及表达情意的技能，并依学生的资性及兴趣，酌量兼使有运用文言作文的能力。（2）继续培养学生读解古书的能力。（3）继续培养学生欣赏中国文学名著的能力。[4]

1932年《小学课程标准国语》规定的目标：（1）指导儿童练习

① 《叶圣陶语文教育论集》，教育科学出版社1980年版，第74页。

② 课程教材研究所：《20世纪中国中小学课程标准·教学大纲汇编：语文卷》，人民教育出版社2001年版，第16页。

③ 课程教材研究所：《20世纪中国中小学课程标准·教学大纲汇编：语文卷》，人民教育出版社2001年版，第282页。

④ 课程教材研究所：《20世纪中国中小学课程标准·教学大纲汇编：语文卷》，人民教育出版社2001年版，第286页。

运用国语，养成其正确的听力和发表力。（2）指导儿童学习平易语体文，并欣赏儿童文学，以培养其阅读的能力和兴趣。（3）指导儿童练习作文，以养成其发表情意的能力。（4）指导儿童练习写字，以养成其正确、敏捷的书写能力。①1932年《初级中学国文课程标准》规定的目标：（1）使学生从本国语言文字上，了解固有的文化，以培养其民族精神。（2）养成用语体文及语言叙事说理表情达意之技能。（3）养成了解平易文言文之能力。（4）养成阅读书籍之习惯与欣赏文艺之兴趣。②1932年《高级中学国文课程标准》规定的目标：（1）使学生能应用本国语言文字，深切了解固有的文化，以期达到民族振兴之目的。（2）除继续使学生能自由运用语体文外，并养成其用文言文叙事说理表情达意之技能。（3）培养学生读解古书，欣赏中国文学名著之能力。（4）培养学生创造新语新文学之能力。③

1936年《小学国语课程标准》的目标：（1）指导儿童练习国语，熟谙国语的语气语调和拟势作用，养成其正确的听力和发表力。（2）指导儿童由环境事物和当前的活动，认识基本文字，获得自动读书的基本能力，进而欣赏儿童文学，以开拓其阅读的能力和兴趣。（3）指导儿童从阅读有关国家民族等的文艺中，激发其救国求生存的意识和情绪。（4）指导儿童体会字句的用法，篇章的结构，实用文的格式，习作普通文和实用文，养成其发表情意的能力。（5）指导儿童习写范字和应用文字，养成其正确、敏捷的书写能力。④1936年《初级

---

① 课程教材研究所：《20世纪中国中小学课程标准·教学大纲汇编：语文卷》，人民教育出版社2001年版，第22页。

② 课程教材研究所：《20世纪中国中小学课程标准·教学大纲汇编：语文卷》，人民教育出版社2001年版，第289页。

③ 课程教材研究所：《20世纪中国中小学课程标准·教学大纲汇编：语文卷》，人民教育出版社2001年版，第293页。

④ 课程教材研究所：《20世纪中国中小学课程标准·教学大纲汇编：语文卷》，人民教育出版社2001年版，第30页。

中学国文课程标准》的目标：（1）使学生从本国语言文字上，了解固有文化。（2）使学生从代表民族人物之传记及其作品中，唤起民族意识并发扬民族精神。（3）养成用语体文及语言叙事说理表情达意之技能。（4）养成了解一般文言文之能力。（5）养成阅读书籍之习惯与欣赏文艺之兴趣。①1936年《高级中学国文课程标准》的目标：（1）使学生能在应用本国语言文字上，深切了解固有文化，并增强其民族意识。（2）除使学生能自由运用语体文外，并养成其用文言叙事说理表情达意之技能。（3）培养学生读解古书，欣赏中国文学名著之能力。（4）培养学生创造国语新文学之能力。②

1941年《小学国语科课程标准》的目标：（1）教导儿童熟练国语，使其发音正确，说话流畅。（2）教导儿童认识通常应用的文字，使能应用于日常生活，并养成其阅读的能力和兴趣。（3）教导儿童运用文字，养成其理解的能力和发表情意的能力。（4）教导儿童习写文字，养成其整齐清洁迅速确实的习性和审美观念。（5）培养儿童修己善群爱护国家民族的意识和情绪。③1940年《修正初级中学国文课程标准》的目标：（1）养成用语体文及语言叙事说理表情达意之技能。（2）养成了解一般文言文之能力。（3）养成阅读书籍之习惯，与欣赏文艺之兴趣。（4）使学生从本国语言文字上，了解固有文化，并从代表民族人物之传记及其作品中，唤起民族意识与发扬民族精神。④1940年《修正高级中学国文课程标准》的目标：（1）除继续使学生能自由运用语

---

① 课程教材研究所：《20世纪中国中小学课程标准·教学大纲汇编：语文卷》，人民教育出版社2001年版，第296页。

② 课程教材研究所：《20世纪中国中小学课程标准·教学大纲汇编：语文卷》，人民教育出版社2001年版，第301页。

③ 课程教材研究所：《20世纪中国中小学课程标准·教学大纲汇编：语文卷》，人民教育出版社2001年版，第40页。

④ 课程教材研究所：《20世纪中国中小学课程标准·教学大纲汇编：语文卷》，人民教育出版社2001年版，第304页。

体文外，并养成其用文言文叙事、说理、表情、达意之技能。（2）培养学生读解古书，欣赏中国文学名著之能力。（3）陶冶学生文学上创作之能力。（4）使学生能应用本国语言文字，深切了解固有文化，并增强其民族意识。①1941年《六年制中学国文课程标准草案》的目标：（1）养成用语体文及文言文叙事说理表情达意之技能。（2）养成阅读书籍之习惯，及读解古书之能力。（3）培养欣赏文艺之兴趣，及陶冶文学上创作之能力。（4）使学生能应用本国语言文字，深切了解固有文化，并从代表民族人物之传记及其作品中，唤起民族意识与发扬民族精神。②

　　1948年《国语课程标准》的目标：（1）指导儿童熟练标准国语，有发音正确、语调和谐流利的能力。（2）指导儿童认识基本文字，欣赏儿童文学，有阅读的习惯、兴趣和理解迅速、记忆正确的能力。（3）指导儿童运用语言文字，有发表情意的能力。（4）指导儿童习写文字，有书写正确、迅速、整洁的习惯。③1948年《修订初级中学国文课程标准》的目标：（1）训练听讲及阅读语体文与明易文言文之能力。（2）培养运用国语及语体文表达情意之能力，以切合生活上之应用。（3）培养阅读之兴趣与习惯。（4）从民族辉煌事迹及有助国际了解之优美文字中，唤起爱国思想与民族意识，发挥大同精神。④1948年《修订高级中学国文课程标准》的目标：（1）提高阅读速率及了解力。（2）熟练应用语体文及明易文言文表达情意，能

---

　　① 课程教材研究所：《20世纪中国中小学课程标准·教学大纲汇编：语文卷》，人民教育出版社2001年版，第309页。

　　② 课程教材研究所：《20世纪中国中小学课程标准·教学大纲汇编：语文卷》，人民教育出版社2001年版，第312页。

　　③ 课程教材研究所：《20世纪中国中小学课程标准·教学大纲汇编：语文卷》，人民教育出版社2001年版，第59页。

　　④ 课程教材研究所：《20世纪中国中小学课程标准·教学大纲汇编：语文卷》，人民教育出版社2001年版，第318页。

作切合生活上最需要应用最广之文字。（3）培养阅读古籍之兴趣与能力。（4）从民族辉煌事迹及有助国际了解之优美文字中，唤起爱国家爱民族意识，发挥大同精神。①

（三）陕甘宁边区与华北人民政府课程文件对课程目标的规定

20世纪40年代，中国共产党领导的解放区编制的国文课程标准和教材，不仅提出了思想政治教育目标，而且规定了听说读写等教学目标。

1. 陕甘宁边区《初中国文课程标准草案》的规定

20世纪40年代初，陕甘宁边区教育厅编审室制订过一份《初中国文课程标准草案》，较好地把握了语文课程的目标以及语文教学与思想教育的关系。该课程标准规定："本科教学的全部活动，必须贯彻新民主主义革命的立场、观点和方法，以达到下列具体目标：提高学生对大众语文和新社会一般应用文字的读写能力，掌握其基本规律与主要用途，获得科学的读、写、说的方法，养成良好的读、写、说的习惯——这是本科教学的基本目的。同时，适当配合各项课程，提高学生的思想认识，增进其他各种知识。"②

2. 华北人民政府《中学语文科课程标准》的规定

1949年8月，时任华北人民政府教育部教科书编审委员会主任委员的叶圣陶草拟了一份《中学语文科课程标准》，规定中学语文科课程目标为："1. 通过语言文字的学习，从感性的认识出发，在学生的情操和意志方面，培养他们（1）对劳动跟劳动人民的热爱，（2）对祖国的无限忠诚，（3）随时准备去克服困难战胜敌人的决心和勇气，

---

① 课程教材研究所：《20世纪中国中小学课程标准·教学大纲汇编：语文卷》，人民教育出版社2001年版，第320页。

② 陕西省教育厅：《陕甘宁边区教育工作经验汇集之三：国文教学经验》，陕西人民出版社1960年版，第1页。

（4）服从公共纪律爱护公共财物的集体主义精神。2.顺应学生身心的发育和生活经验的扩展，逐步的培养他们凭我国语言文字吸收经验表达情意的知能。（1）初中① 听人说话：能够了解对方的要旨，不发生误会。又能够加以评判，对或不对，妥当或不妥当，都说得出个所以然。② 对个人或公众能够说出自己的意思，能够作辩论，不虚浮、不夸张，老老实实，诚中形外。说话又能够不违背论理和我国的语言习惯，明确，干净，不含胡，不罗嗦。③ 能够就语汇、语法、修辞格三方面区别方言和普通话，能够彼此转译，达到相对的准确。④ 能够自由阅读适合程度的各种书籍、报章、杂志、文件，遇有疑难，凭自己的翻检和参考大部分能够解决。⑤ 能够写出自己的意思，像第②条所说的。（2）高中①听话、说话、阅读、写作四项，承接着初中的第①②④⑤四条，要求其提高。②能够通解普通文言。能够辨明口语和文言的区别，把文言转译成口语达到相对的准确。"①

（四）20世纪50年代课程文件对课程目标的规定

1.《小学语文课程暂行标准（草案）》的规定

1950年8月，教育部颁布《小学语文课程暂行标准（草案）》，这是中华人民共和国第一份以"语文"命名的课程标准。该课程标准对语文课程目标的规定如下："一，使儿童通过以儿童文学为主要形式的普通语体文的学习、理解，能独立、顺利地欣赏民族的大众的文学，阅读通俗的报纸、杂志和科学书籍。二，使儿童通过说话、写作的研究、练习，能正确地用普通话和语体文表达思想感情。三，使儿童通过写字的研究、练习，能正确、迅速地书写正书和常用的行书。四，使儿童通过普通话和语体文并连系各科的学习，能获得初步的自然史地常识，并具有爱国主义思想和国民公德。"②

---

① 《叶圣陶语文教育论集》，教育科学出版社1980年版，第199—200页。

② 课程教材研究所：《20世纪中国中小学课程标准·教学大纲汇编：语文卷》，人民教育出版社2001年版，第62页。

2.《小学语文教学大纲（草案）》的规定

20世纪50年代中期，我国实施汉语、文学分科，其时小学仍称"语文"。1956年颁布的《小学语文教学大纲（草案）》规定："小学语文科的目的在于提高儿童的语言能力，培养儿童正确的听、说、读、写的技巧。""小学语文科的基本任务是发展儿童语言，——提高儿童理解语言的能力和运用语言的能力。"[1]

3.《初级中学汉语教学大纲（草案）》的规定

1956年为适应汉语、文学分科教学需要颁布的《初级中学汉语教学大纲（草案）》规定："教给学生有关汉语的基本的科学知识，提高学生理解汉语和运用汉语的能力，是初级中学汉语教学的重要任务。初级中学毕业的学生应该明了现代汉语普通话的基本规律，掌握足够的词汇，学会标准的发音，养成正确地写字和正确地使用标点符号的技能、技巧和良好的习惯，具备熟练的阅读能力和正确地表达自己的思想的能力。"除上述教养任务外，该大纲还规定了"结合初级中学汉语教学进行爱国主义思想教育，培养学生的民族自豪感和爱国主义热情"等教育任务。[2]

4.《初级中学文学教学大纲草案（草案）》的规定

1956年颁布的《初级中学文学教学大纲（草案）》规定："初级中学文学的教养任务，是在小学语文教学的基础上，（一）指导学生学习更多的文学作品，领会这些作品的思想内容和艺术形式；（二）结合文学作品的教学，讲授某些必要的文学理论常识和文学史常识，帮助学生更好地领会文学作品；（三）指导学生在学习文学作品的过程中，丰富语言知识，并学习用口头语言和书面语言明确地表达思想感情。""初级

---

[1] 课程教材研究所：《20世纪中国中小学课程标准·教学大纲汇编：语文卷》，人民教育出版社2001年版，第117页。

[2] 课程教材研究所：《20世纪中国中小学课程标准·教学大纲汇编：语文卷》，人民教育出版社2001年版，第323页。

中学文学的教育任务也就在完成上述的教养任务的过程中完成。"①

5.《高级中学文学教学大纲（草案）》的规定

1956年颁布的《高级中学文学教学大纲（草案）》规定："高级中学文学的教养任务是：（一）指导学生依据文学史的系统学习中国文学史上的重要作品，指导学生学习外国的某些重要作家的作品；（二）指导学生学习经典性的文学论文，结合所有的文学作品的教学讲授一些文学理论基本知识，结合中国文学作品的教学讲授系统的中国文学史基本知识；（三）在指导学生学习文学作品和文学论文的时候，指导学生熟悉文学作品的语言，使学生初步认识中国文学史各主要阶段的作品的语言特点，指导学生学习用口头语言和书面语言明确地描述客观事物和表达比较复杂细致的思想感情。""高级中学文学的教育任务也就在完成上述教养任务的过程中完成。"②

（五）1963年教学大纲对课程目标的规定

1963年，教育部在吸收20世纪50年代末至60年代初语文教育大讨论成果的基础上，颁布了中华人民共和国第一套中小学语文教学大纲。

1963年颁布的《全日制小学语文教学大纲（草案）》规定："小学语文教学的目的，是教学生正确地理解和运用祖国的语言文字，使他们具有初步的阅读能力和写作能力。"同时指出："为了达到这个目的，要着重识字、写字和作文训练，要选文质兼美的范文教学生精读，一部分还要背诵。上述训练，要通过多读多练来完成。一般不要把语文

---

① 课程教材研究所：《20世纪中国中小学课程标准·教学大纲汇编：语文卷》，人民教育出版社2001年版，第333页。

② 课程教材研究所：《20世纪中国中小学课程标准·教学大纲汇编：语文卷》，人民教育出版社2001年版，第386页。

课讲成文学课或者政治课。"①

同年颁布的《全日制中学语文教学大纲（草案）》，强调了"语文是学好各门知识和从事各种工作的基本工具"，"中学语文教学的目的，是教学生能够正确地理解和运用祖国的语言文字，使他们具有现代语文的阅读能力和写作能力，具有初步阅读文言文的能力"。同时指出："为了达到这个目的，要选文质兼美的范文，教学生精读（一部分要背诵），要加强识字写字、用词造句、布局谋篇等基本训练。基本训练要通过多读多写来完成。一般不要把语文课讲成政治课，也不要把语文课讲成文学课。"②加强"双基"，精讲多练，一时成为语文教师的自觉追求。

（六）新时期教学大纲对课程目标的规定

1976年"文革"结束后，我国进入一个新的历史发展时期，到21世纪新一轮课程改革之前，国家教育主管部门先后颁布了四套语文教学大纲。

1. 1978、1980年语文教学大纲的规定

1978年颁布的《全日制十年制学校小学语文教学大纲（试行草案）》规定："小学语文教学目的是培养学生识字、看书、作文的能力，初步培养准确、鲜明、生动的文风。"③同年颁布的《全日制十年制学校中学语文教学大纲（试行草案）》规定："中学语文教学的目的是，用马克思主义的立场、观点和方法指导学生学习课文和必要的语文知识，进行严格的读写训练，使学生在思想上受到教育，不断提高社会

---

① 课程教材研究所：《20世纪中国中小学课程标准·教学大纲汇编：语文卷》，人民教育出版社2001年版，第153—154页。

② 课程教材研究所：《20世纪中国中小学课程标准·教学大纲汇编：语文卷》，人民教育出版社2001年版，第415—416页。

③ 课程教材研究所：《20世纪中国中小学课程标准·教学大纲汇编：语文卷》，人民教育出版社2001年版，第177页。

主义觉悟，增强无产阶级感情，逐步树立无产阶级世界观；在读写能力上得到提高，能够正确地理解和运用祖国的语言文字，具有现代语文的读写能力和阅读浅易文言文的能力，逐步树立马克思主义的文风。"[1]

1980年颁布的《全日制十年制学校小学语文教学大纲（试行草案）》中，关于语文课程目的的规定与1978年的规定相同。同年颁布的《全日制十年制学校中学语文教学大纲（试行草案）》规定："中学语文教学必须用马克思主义的观点指导学生学习课文和必要的语文知识，进行严格的读写训练，使学生能够正确地理解和运用祖国的语言文字，具有现代语文的阅读能力和写作能力，具有阅读浅易文言文的能力；在读写训练过程中，要注意提高学生的社会主义觉悟，培养无产阶级的情操和共产主义的道德品质。"[2]

2. 1986、1990年语文教学大纲的规定

1986年颁布的《全日制小学语文教学大纲》规定："小学语文教学的目的是：培养学生的识字、听话、说话、阅读、作文的能力和良好的学习习惯，并在语言文字训练的过程中进行思想品德教育。"[3]同年颁布的《全日制中学语文教学大纲》规定："中学语文教学必须以马克思主义为指导，教学生学好课文和必要的语文基础知识，进行严格的语文基本训练，使学生热爱祖国语言，能够正确地理解和运用祖国的语言文字，具有现代语文的阅读能力、写作能力和听说能力，具有阅读浅易文言文的能力。在语文教学的过程中，要开拓学生的视野，发展学生的智力，培养学生的社会主义道德情操、健康高尚的审美观和

---

[1] 课程教材研究所：《20世纪中国中小学课程标准·教学大纲汇编：语文卷》，人民教育出版社2001年版，第437—438页。

[2] 课程教材研究所：《20世纪中国中小学课程标准·教学大纲汇编：语文卷》，人民教育出版社2001年版，第458页。

[3] 课程教材研究所：《20世纪中国中小学课程标准·教学大纲汇编：语文卷》，人民教育出版社2001年版，第194页。

爱国主义精神。"①

1990年颁布的《全日制中学语文教学大纲（修订本）》规定："中学语文教学必须教学生学好课文和必要的语文基础知识，进行严格的语文基本训练，使学生热爱祖国语言，能够正确地理解和运用祖国的语言文字，具有现代语文的阅读能力、写作能力和听说能力，具有阅读浅易文言文的能力。在教学的过程中，要开拓学生的视野，发展学生的智力，培养学生的社会主义道德情操、健康高尚的审美观和爱国主义精神，提高社会主义觉悟。"同时指出："语文训练和思想政治教育二者是统一的，相辅相成的。语文训练必须重视思想政治教育；思想政治教育必须根据语文学科的特点，渗透在教学的过程中，起到潜移默化的作用。"②

3. 1992年九年义务教育语文教学大纲及1996年高中语文教学大纲的规定

1986年4月，第六届全国人民代表大会第四次会议通过了《中华人民共和国义务教育法》，规定"国家实行九年制义务教育"。初中作为义务教育的一个阶段，与高中的教学计划、教学大纲分开编制。1988年颁布的《义务教育全日制小学、初级中学教学计划（试行草案）》，第一次将小学和初中课程统一设计。

1992年颁布的《九年义务教育全日制小学语文教学大纲（试用）》规定："小学语文教学的目的，是指导学生正确地理解和运用祖国的语言文字，使学生具有初步的听说读写能力；在听说读写训练过程中，进行思想政治教育和道德品质教育，发展学生的智力，培养良

---

① 课程教材研究所：《20世纪中国中小学课程标准·教学大纲汇编：语文卷》，人民教育出版社2001年版，第477页。

② 课程教材研究所：《20世纪中国中小学课程标准·教学大纲汇编：语文卷》，人民教育出版社2001年版，第503页。

好的学习习惯。"[1]同年颁布的《九年制义务教育全日制初级中学语文教学大纲（试用）》要求："在小学语文教学的基础上，指导学生正确理解和运用祖国的语言文字，使他们具有基本的阅读、写作、听话、说话的能力，养成学习语文的良好习惯。在教学过程中，开拓学生的视野，发展学生的智力，激发学生热爱祖国语文的感情，培养健康高尚的审美情趣，培养社会主义思想品质和爱国主义精神。"[2]

与《九年义务教育大纲全日制初级中学语文教学大纲（试用）》衔接，1996年教育部颁布了《全日制普通高级中学语文教学大纲（供试验用）》，其中对教学目的作了如下规定："高中的语文教学，要在初中的基础上，进一步提高学生正确理解和运用祖国的语言文字的水平。要对学生进行有效的语文训练，指导学生学好课文和必要的语文知识，使他们具有适应实际需要的现代文阅读能力、写作能力和听说能力，具有初步的文学鉴赏能力和阅读浅易文言文的能力；掌握基本的学习方法，养成自学和运用语文的良好习惯，具有分析问题、解决问题的能力。在教学过程中，指导学生进一步开拓视野，增长知识，陶冶情操，发展智力，发展个性和特长，培养学生热爱祖国语言文字、热爱中华民族优秀传统文化的感情，培养健康高尚的审美情趣和一定的审美能力，培养社会主义思想道德和爱国主义精神。"[3]

4. 2000年语文教学大纲的规定

2000年颁布的《九年义务教育全日制小学语文教学大纲（试用修订版）》规定："小学语文教学应立足于促进学生的发展，为他们的终身学习、生活和工作奠定基础。小学语文教学应培育学生热爱祖国语

---

[1] 课程教材研究所：《20世纪中国中小学课程标准·教学大纲汇编：语文卷》，人民教育出版社2001年版，第232页。

[2] 课程教材研究所：《20世纪中国中小学课程标准·教学大纲汇编：语文卷》，人民教育出版社2001年版，第524页。

[3] 课程教材研究所：《20世纪中国中小学课程标准·教学大纲汇编：语文卷》，人民教育出版社2001年版，第535页。

言文字和中华优秀文化的思想感情，指导学生正确地理解和运用祖国语文，丰富语言的积累，使他们具有初步的听说读写能力，养成良好的语文学习习惯。在教学过程中，使学生受到爱国主义教育、社会主义思想品德教育和科学思想方法的启蒙教育，培育学生的创造力，培养爱美的情趣，发展健康的个性，养成良好的意志品格。"①

2000年颁布的《九年义务教育全日制初级中学语文教学大纲（试用修订版）》规定，"在小学语文教学的基础上，进一步指导学生正确的理解和运用祖国语文，提高阅读、写作和口语交际能力，发展学生的语感和思维，养成学习语文的良好习惯。在教学过程中，进一步培养学生的爱国主义精神，激发学生热爱祖国语文的感情，培养社会主义思想道德品质；努力开拓学生的视野，注重培养创新精神，提高文化品位和审美情趣，发展健康个性，逐步形成健全人格。"②

2000年颁布的《全日制普通高级中学语文教学大纲（试验修订版）》规定，"高中语文教学，要在初中的基础上，进一步提高学生正确理解和运用祖国语言文字的水平，使他们具有适应实际需要的现代文阅读能力、写作能力和口语交际能力，具有初步的文学鉴赏能力和阅读浅易文言文的能力；掌握语文学习的基本方法，养成自学语文的习惯，培养发现、探究、解决问题的能力，为继续学习和终身发展打好基础。在教学过程中，要进一步培养学生热爱祖国语言文字、热爱中华民族优秀文化的感情，培养社会主义思想道德和爱国主义精神，培养高尚的审美情趣和一定的审美能力，发展健康个性，形成健全人格。"③

---

① 课程教材研究所：《20世纪中国中小学课程标准·教学大纲汇编：语文卷》，人民教育出版社2001年版，第255页。

② 课程教材研究所：《20世纪中国中小学课程标准·教学大纲汇编：语文卷》，人民教育出版社2001年版，第541页。

③ 课程教材研究所：《20世纪中国中小学课程标准·教学大纲汇编：语文卷》，人民教育出版社2001年版，第548页。

（七）21世纪课程标准对课程目标的规定

1999年6月，中共中央、国务院发布《关于深化教育改革全面推进素质教育的决定》。2001年5月，国务院发布《关于基础教育改革与发展的决定》。为了贯彻这两个文件精神，教育部于2001年6月发布《基础教育课程改革纲要（试行）》，大力推进基础教育课程改革，调整和改革基础教育的课程体系、结构、内容，构建符合素质教育要求的新的基础教育课程体系，先后颁布了各科义务教育课程标准和普通高中课程标准，以及修订后的课程标准。

1.《全日制义务教育语文课程标准（实验稿）》的规定

教育部2001年颁布的《全日制义务教育语文课程标准（实验稿）》，根据知识和能力、过程和方法、情感态度和价值观三个维度，首次以九年一贯的思路整体设计语文课程目标。知识和能力关注的是在语文教学中要培养现代公民所应具有的基本的语文知识和语文能力，事实上，这也是一个人语文素养的核心要素。过程和方法关注的是学习主体在言语实践过程中语感和文化的积累、认知能力和学习策略的发展，以奠定其终身学习、终身发展的基础。情感态度价值观关注的是学生在语文学习过程中高尚的人格情操与审美情趣的发展，并在这样一种人文熏陶中使学生形成正确的价值观和积极的人生态度。

《全日制义务教育语文课程标准（实验稿）》的"课程目标"由"总目标"与"阶段目标"两部分构成。总目标共10条。在"总目标"之下，按第一学段（1—2年级）、第二学段（3—4年级）、第三学段（5—6年级）、第四学段（7—9年级），分别提出阶段目标。"阶段目标"具体体现在"识字与写字"、"阅读"、"写作"（1—2年级为"写话"，3—6年级为"习作"，7—9年级为"写作"）、"口语交际"四方面的教学中。此外，课程标准还提出了"综合性学习"方面的要求，以加强语文课程与其他课程以及与生活的联系，促进学生语文素养的整体推进和协调发展。"三个维度""四个学段""五个方面",体现了语文课程的整体性和阶段性,促进学生语文素养的整体推进和协调发展,最终全面达成义务教育阶段语文课程的总目标。

2.《普通高中语文课程标准(实验)》的规定

教育部2003年颁布的《普通高中语文课程标准(实验)》同样"从'知识和能力'、'过程和方法'、'情感态度价值观'三个方面出发设计课程目标"。[①]《普通高中语文课程标准(实验)》第二部分"课程目标"要求通过高中语文课程的学习,学生应该在"积累·整合""感受·鉴赏""思考·领悟""应用·拓展""发现·创新"五方面获得发展。在这个课程总目标之下,具体展开为必修课程目标和选修课程目标。必修课程目标按"阅读与鉴赏""表达与交流"两条线索进行描述;选修课程分别根据"诗歌与散文""小说与戏剧""新闻与传记""语言文字应用""文化论著研读"五个系列的特点拟定目标。

3.《义务教育语文课程标准(2011年版)》的规定

自2001年国家启动新世纪基础教育课程改革,至2011年,已经过十年的实践探索,课程改革取得显著成效,构建了有中国特色、反映时代精神、体现素质教育理念的基础教育课程体系,各学科课程标准得到中小学教师的广泛认同。同时,在课程标准执行过程中,也发现一些标准的内容、要求有待调整和完善。

为贯彻落实《国家中长期教育改革和发展规划纲要(2010—2020年)》,适应新时期全面实施素质教育的要求,深化基础教育课程改革,提高教育质量,教育部组织专家对义务教育各学科课程标准进行了修订完善。根据教育部基础教育课程教材专家咨询委员会的咨询意见和教育部基础教育课程教材专家工作委员会的审议结果,决定正式印发义务教育各科课程标准(2011年版),并于2012年秋季

---

① 中华人民共和国教育部:《普通高中语文课程标准(实验)》,人民教育出版社2003年版,第1页。

开始执行。

教育部2011年颁布的《义务教育语文课程标准（2011年版）》坚持《全日制义务教育语文课程标准（实验稿）》中根据知识和能力、过程和方法、情感态度和价值观三个维度，九年一贯整体设计课程目标的思路，课程目标仍由总目标与阶段目标两部分构成，但将《全日制义务教育语文课程标准（实验稿）》中第二部分"课程目标"改为"课程目标与内容"，相应地将第二部分的"总目标"改为"总体目标与内容"，"阶段目标"改为"学段目标与内容"。课程标准在"总体目标与内容"之下，按1—2年级、3—4年级、5—6年级、7—9年级四个学段，分别提出"学段目标与内容"。

《义务教育语文课程标准（2011年版）》规定义务教育阶段语文课程"总体目标与内容"共十条。具体内容如下：

1. 在语文学习过程中，培养爱国主义、集体主义、社会主义思想道德和健康的审美情趣，发展个性，培养创新精神和合作精神，逐步形成积极的人生态度和正确的世界观、价值观。

2. 认识中华文化的丰厚博大，汲取民族文化智慧。关心当代文化生活，尊重多样文化，吸收人类优秀文化的营养，提高文化品位。

3. 培育热爱祖国语言文字的情感，增强学习语文的自信心，养成良好的语文学习习惯，初步掌握学习语文的基本方法。

4. 在发展语言能力的同时，发展思维能力，学习科学的思想方法，逐步养成实事求是、崇尚真知的科学态度。

5. 能主动进行探究性学习，激发想象力和创造潜能，在实践中学习和运用语文。

6. 学会汉语拼音。能说普通话。认识3500个左右常用汉字。能正确工整地书写汉字，并有一定的速度。

7. 具有独立阅读的能力，学会运用多种阅读方法。有较为丰富的积累和良好的语感，注重情感体验，发展感受和理解的能力。能阅读日常的书报杂志，能初步鉴赏文学作品，丰富自己的精神世界。能借助工具书阅读浅易文言文。背诵优秀诗文240篇（段）。九年课外阅读总量应在400万字以上。

8. 能具体明确、文从字顺地表达自己的见闻、体验和想法。能根据需要，运用常见的表达方式写作，发展书面语言运用能力。

9. 具有日常口语交际的基本能力，学会倾听、表达与交流，初步学会运用口头语言文明地进行人际沟通和社会交往。

10. 学会使用常用的语文工具书。初步具备搜集和处理信息的能力，积极尝试运用新技术和多种媒体学习语文。[①]

《义务教育语文课程标准（2011年版）》规定的义务教育阶段语文课程"总体目标与内容"，前五条侧重情感、态度、价值观和过程与方法的目标，关注学生的个性与人格发展、文化积累与文化态度、智力与学习能力的发展，后五条侧重知识与能力的目标，分别就识字与写字、阅读、写作、口语交际、综合性学习提出总的要求，关注学生的语文知识与语文能力的发展。

4.《普通高中语文课程标准（2017年版）》的规定

2017年12月29日，教育部下发《关于印发〈普通高中课程方案和语文等学科课程标准（2017年版）〉的通知》，正式颁布了新的《普通高中课程方案》和语文等学科课程标准。《普通高中语文课程标准（2017年版）》关于"课程目标"的表述如下：

　　学生通过阅读与鉴赏、表达与交流、梳理与探究等语文学习活动，在语言建构与运用、思维发展与提升、审美鉴赏与创造、文化传承与理解几个方面都获得进一步的发展；坚定文化自信，自觉弘扬社会主义核心价值观，树立积极向上的人生理想，为全

---

① 中华人民共和国教育部：《义务教育语文课程标准（2011年版）》，北京师范大学出版社2012年版，第6—7页。

面发展和终身发展奠定基础。

1. 语言积累与建构。积累较为丰富的语言材料和言语活动经验，形成良好的语感；在已经积累的语言材料间建立起有机的联系，在探究中理解、掌握祖国语言文字运用的基本规律。

2. 语言表达与交流。能凭借语感和对语言运用规律的把握，根据具体的语言情境和不同的对象，运用口头和书面语言文明得体地进行表达与交流；能将具体的语言文字作品置于特定的交际情境和历史文化情境中理解、分析和评价。

3. 语言梳理与整合。通过梳理和整合，将积累的语言材料和学习的语文知识结构化，将言语活动经验逐渐转化为具体的学习方法和策略，并能在语言实践中自觉地运用。

4. 增强形象思维能力。获得对语言和文学形象的直觉体验；在阅读与鉴赏、表达与交流、梳理与探究活动中运用联想和想象，丰富自己对现实生活和文学形象的感受与理解，丰富自己的经验与语言表达。

5. 发展逻辑思维。能够辨识、分析、比较、归纳和概括基本的语言现象和文学现象，并能有理有据地表达自己的观点和阐述自己的发现；运用基本的语言规律和逻辑规则，判别语言运用的正误，准确、生动、有逻辑地表达自己的认识；运用批判性思维审视语言文字作品，探究和发现语言现象和文学现象，形成自己对语言和文学的认识。

6. 提升思维品质。自觉分析和反思自己的语文实践活动经验，提高语言运用的能力，增强思维的深刻性、敏捷性、灵活性、批判性和独创性。

7. 增进对祖国语言文字的美感体验。感受祖国语言文字独特的美，增强热爱祖国语言文字的感情。

8. 鉴赏文学作品。感受和体验文学作品的语言、形象和情感之美，能欣赏、鉴别和评价不同时代、不同风格的作品，具有正确的价值观、高尚的审美情趣和审美品位。

9. 美的表达与创造。能运用祖国语言文字表达自己的审美体验，表达自己的情感、态度和观念，表现和创造自己心中的美好形象；讲究语言文字表达的效果及美感，具有创新意识。

10. 传承中华文化。通过学习运用祖国语言文字，体会中华文化的博大精深、源远流长，体会中华文化的核心思想理念和人文精神，增强文化自信，理解、认同、热爱中华文化，继承、弘扬中华优秀传统文化和革命文化。

11. 理解多样文化。通过学习语言文字作品，懂得尊重和包容，初步理解和借鉴不同民族、不同区域、不同国家的优秀文化，吸收人类文化的精华。

12. 关注、参与当代文化。关注并积极参与当代文化传播与交流，在运用祖国语言文字的过程中，坚持文化自信，提高社会责任感，增强为中华民族伟大复兴而奋斗的使命感。[1]

《普通高中语文课程标准（2017年版）》拟定的课程目标，体现了以下理念：坚持立德树人，增强文化自信，充分发挥语文课程的育人功能；以核心素养为本，推进语文课程深层次的改革；加强实践性，促进学生语文学习方式的转变；注重时代性，构建开放、多样、有序的语文课程。

（八）语文课程目标嬗变的根本原因

语文课程目标百年嬗变的原因是多种多样的，其中最根本的原因，有以下两个方面。

1. 时代的变革

考察语文课程目标百年嬗变的历程，我们不得不承认，时代的变革是导致语文课程目标百年嬗变的一个重要因素。

---

[1] 中华人民共和国教育部：《普通高中语文课程标准（2017年版）》，人民教育出版社2018年版，第5—7页。

晚清政府为了维护其摇摇欲坠的统治，实行"新政"，改革教育。张百熙拟订的学堂章程，"节取欧美日本诸邦之成法"，其目的是"以佐我中国二千余年旧制"。[1]张之洞、张百熙、荣庆等人重订学堂章程，其"立学宗旨，无论何等学堂，均以忠孝为本，以中国经史之学为基。俾学生心术壹归于纯正，而后以西学瀹其智识，练其艺能，务期他日成材，各适实用，以仰副国家造就通才、慎防流弊之意"。[2]

1911年辛亥革命结束了中国两千多年的封建专制制度。民国成立伊始，国民政府革故鼎新，对政治和社会各方面都进行了重大改革，教育方面也随之进行了一系列改革。国民政府教育部在1912年11月颁布的《小学校教则及课程表》和1912年12月颁布的《中学校令施行规则》分别对小学"国文要旨"做出规定，与1912年9月2日教育部公布的教育宗旨"注重道德教育，以实利教育、军国民教育辅之，更以美感教育完成其道德"[3]是一致的。

无论是中华人民共和国成立前南京国民政府先后颁布的课程标准对课程目标的规定，还是中华人民共和国成立后国家教育主管部门颁布的教学大纲对教学目的的规定，语文课程目标的表述都有其社会历史背景，都打上了时代的烙印。如：1932年颁布的《小学课程标准总纲》规定小学教育总目标为"应根据三民主义，遵照中华民国教育宗旨及其实施方针，发展儿童身心，培养国民道德基础及生活所必需的基本知识和技能，以养成知礼知义爱国爱群的国民"[4]；1936年颁布

---

[1]〔清〕张百熙：《进呈学堂章程折》，见舒新城《中国近代教育史资料》（上册），人民教育出版社1961年版，第195页。

[2]〔清〕张百熙，荣庆，张之洞：《重订学堂章程折》，见舒新城《中国近代教育史资料》（上册），人民教育出版社1961年版，第197页。

[3] 陈学恂：《中国近代教育史教学参考资料》（中册），人民教育出版社1987年版，第178页。

[4] 课程教材研究所：《20世纪中国中小学课程标准·教学大纲汇编：课程（教学）计划卷》，人民教育出版社2001年版，第123页。

的《初级中学国文课程标准》规定"使学生从代表民族人物之传记及其作品中，唤起民族意识并发扬民族精神"；1978年颁布的《全日制十年制学校中学语文教学大纲（试行草案）》规定："中学语文教学的目的是，用马克思主义的立场、观点和方法指导学生学习课文和必要的语文知识，进行严格的读写训练，使学生在思想上受到教育，不断提高社会主义觉悟，增强无产阶级感情，逐步树立无产阶级世界观；在读写能力上得到提高，能够正确地理解和运用祖国的语言文字，具有现代语文的读写能力和阅读浅易文言文的能力，逐步树立马克思主义的文风。"2000年颁布的《九年义务教育全日制初级中学语文教学大纲（试用修订版）》规定："在小学语文教学的基础上，进一步指导学生正确地理解和运用祖国语文，提高阅读、写作和口语交际能力，发展学生的语感和思维，养成学习语文的良好习惯。在教学过程中，进一步培养学生的爱国主义精神，激发学生热爱祖国语文的感情，培养社会主义思想道德品质；努力开拓学生的视野，注重培养创新精神，提高文化品位和审美情趣，发展健康个性，逐步形成健全人格。"[①]

2. 语文学科的特殊性与人们认识的差异

审视语文课程目标百年嬗变的轨迹，我们发现，语文学科自身的特殊性与人们对语文学科认识的差异，是导致语文课程目标厘定反复争议的更为直接的因素。如果说时代的变革是导致语文课程目标百年嬗变的学科外部原因和客观原因的话，那么语文学科的特殊性与人们认识的差异则是导致语文课程目标百年嬗变的学科内部原因与主观原因。

早在1934年，夏丏尊就指出："国文为中学科目中最重要的一科，也是最笼统的一科。因为文字原是一切学问的工具，而一国的文字又有关于一国的全文化，所以重要；因为内容包含太广泛，差不多包括文化及生活的全体，教学上苦于无一定的法则可以遵循，所以笼

---

① 课程教材研究所：《20世纪中国中小学课程标准·教学大纲汇编：语文卷》，人民教育出版社1999年版，第296、437—438、541页。

统。"他举例说:"一篇《项羽本纪》当作历史来读,问题比较简单,只要记住历史上楚汉战争的经过情形就够了,如果当作国文来读,事情就非常复杂,史实不消说须知道,史实以外还有难字、难句,叙事的繁与简,人物描写的方法、句法、章法,以及其他出现在文中的一切文章上的规矩法则,都须教到、学到才行。这些工作,往往一项之中又兼含其他各项,倘若要一一教学用遍,究不可能,教者无法系统地教,只好任学生自己领悟,学者也无法系统地学,只好待他日自己触发。结果一篇《项羽本纪》,对于一般学生只尽了普通历史材料的责任,无法完成其在国文课上的任务。"①由于语文学科自身的特殊性(语文学科既是一门工具学科,又是一门人文学科;语文课程既是教学语言的形式,又涉及语言的内容)以及人们对语文学科认识的差异,也使得语文课程目标始终处于争议之中。

尽管如此,自晚清《奏定学堂章程》对"中国文字""中国文学"的解说以来,人们对语文课程目标的认识,还是在不断的否定之否定中前行的。中华人民共和国成立后,思想政治教育一度在语文课程目标中被特别强调,而学生语文能力的培养则被大大削弱。20世纪60年代初,语文教育逐步克服"左"倾错误,开始遵循语文教育的发展规律,重视语文基础知识的传授和基本技能的训练。改革开放后,将思想政治教育同语文知识、语文能力教育统一于语文课程目标中,成为一时共识。但人们在纠正过分强调语文学科的思想政治教育的偏差的过程中,逐渐强化了语文教育的工具价值。此后,伴随着对语文教学效率问题的讨论,基础知识的传授和基本技能的训练得到了进一步强化。在20世纪末关于语文教育的大讨论中,具有工具理性倾向的语文课程目标受到了质疑和批判。进入21世纪,在立足于学生主体精神培育的语文教育的呼唤中,人们越来越认识到只强调基础知识、基本技

---

① 夏丏尊:《国文科的学力检验》,见夏丏尊、叶圣陶《文章讲话》,中华书局2007年版,第134页。

能这个二维课程目标的局限性，进而突出并强调情感态度价值观、过程和方法的重要性。三维目标的提出，着眼于人的全面发展，期望在过程中掌握方法，获取知识，形成能力，培养情感态度价值观，促进学生语文素养的全面提升。但在实际操作中，也存在着忽视三维目标是个整体，将其割裂为并列的三类目标或三项目标，以及过于强调情感态度价值观这一偏重人文性目标的问题。《义务教育语文课程标准（2011年版）》强化了学习祖国语言文字运用这一语文课程的核心目标。比较《全日制义务教育语文课程标准（实验稿）》[①]与《义务教育语文课程标准（2011年版）》[②]中的相关论述，亦可看出后者对语文课程的核心目标——学习祖国语言文字的运用的重视。

表2-2　《全日制义务教育语文课程标准（实验稿）》与《义务教育语文课程标准（2011年版）》表述之比较

《全日制义务教育语文课程标准（实验稿）》	《义务教育语文课程标准（2011年版）》
语文是实践性很强的课程，应着重培养学生的语文实践能力，而培养这种能力的主要途径也应是语文实践，不宜刻意追求语文知识的系统和完整。语文又是母语教育课程，学习资源和实践机会无处不在，无时不有。因而，应该让学生更多地直接接触语文材料，在大量的语文实践中掌握运用语文的规律。	语文课程是实践性课程，应着重培养学生的语文实践能力，而培养这种能力的主要途径也应是语文实践。语文课程是学生学习运用祖国语言文字的课程，学习资源和实践机会无处不在，无时不有。因而，应该让学生多读多写，日积月累，在大量的语文实践中体会、把握运用语文的规律。

① 中华人民共和国教育部：《全日制义务教育语文课程标准（实验稿）》，北京师范大学出版社2001年版，第2页。
② 中华人民共和国教育部：《义务教育语文课程标准（2011年版）》，北京师范大学出版社2012年版，第3页。

续表

《全日制义务教育语文课程标准（实验稿）》	《义务教育语文课程标准（2011年版）》
语文课程还应考虑汉语言文字的特点对识字写字、阅读、写作、口语交际和学生思维发展等方面的影响，在教学中尤其要重视培养良好的语感和整体把握的能力。	语文课程应特别关注汉语言文字的特点对学生识字写字、阅读、写作、口语交际和思维发展等方面的影响，在教学中尤其要重视培养良好的语感和整体把握的能力。

五　语文课程目标的价值取向与构成要素

如上文所说，由于语文学科自身的特殊性（语文学科既是一门工具学科，又是一门人文学科）与人们对语文学科认识的差异，以致人们对语文课程目标的价值取向与构成要素常常模糊不清。那么，语文课程目标的价值取向究竟为何？语文课程目标又是由哪些基本要素构成的呢？

（一）语文课程目标的价值取向

早在1925年，朱自清在《中等学校国文教学的几个问题》一文中针对穆济波过分强调国文在整个教育中的价值或功用的观点说："我也和穆济波先生一样，不赞成以语文的本身为国文教学的唯一目的，但他似乎将'人的教育'的全付重担子都放在国文教师的两肩上了，似乎要以国文一科的教学代负全部教育的责任了，这是太过了！""'中等教育的宗旨'原是全部的，何须在一科内详细规定呢？我以为中学国文教学的目的只须这样说明：（1）养成读书思想和表现的习惯或能力；（2）发展思想，涵养情感……这两个目的之中，后者是与他科相共的，前者才是国文科所特有的；而在分科的原则上说，前者是主要的；换句话说，我们在实施时，这两个目的是不应分离的，且不应分轻重的，但在论理上，我们须认前者为主要的。"[①]

1940年，叶圣陶在《国文教学的两个基本观念》一文中指出："国

---

① 朱自清：《中等学校国文教学的几个问题》，见李杏保，方有林，徐林祥《国文国语教育论典》，语文出版社2014年版，第371—372页。

文是各种学科中的一个学科，各种学科又像轮辐一样辏和于一个教育的轴心，所以国文教学除了技术的训练而外，更需含有教育的意义。说到教育的意义，就牵涉到内容问题了。"他同时指出："不过重视内容，假如超过了相当的限度，以为国文教学的目标只在灌输固有道德，激发抗战意识，等等，而竟忘了语文教学特有的任务，那就很有可议之处了。""国文教学自有它独当其任的任，那就是阅读与写作训练。学生眼前要阅读，要写作，至于将来，一辈子要阅读，要写作。这种技术的训练，他科教学是不负责任的，全在国文教学的肩膀上。"①

1942年，叶圣陶在《略谈学习国文》一文中进一步指出："学习国文就是学习本国的语言文字。""语言文字的学习，就理解方面说，是得到一种知识；就运用方面说，是养成一种习惯。……从国文科，咱们将得到什么知识，养成什么习惯呢？简括地说，只有两项，一项是阅读，又一项是写作。……这两项的知识和习惯，他种学科是不负授与和训练的责任的，这是国文科的专责。每一个学习国文的人应该认清楚：得到阅读和写作的知识，从而养成阅读和写作的习惯，就是学习国文的目标。"②直到1980年，叶圣陶还坚持这样的观点。他说："学校里为什么要设语文课？这个问题好像挺简单，但是各人的认识不一致，甚至有很大的不同。有一种看法认为语文课的目的是让学生掌握语言文字这种工具，培养他们的接受能力和发表能力。我同意这种看法。"③

1946年，陕甘宁边区教育厅编制的《中等国文》在"关于本书的七点说明"中，第一点就指出："本书确认国文教学的基本目的，是对于汉语汉文基本规律与主要用途的掌握。在这个方针下，本书打破向

---

①《叶圣陶论语文教育》，河南教育出版社1986年版，第53—54页。

②《叶圣陶语文教育论集》，教育科学出版社1980年版，第2—3页。

③《叶圣陶教育文集》（第3卷），人民教育出版社1994年版，第219页。

来国文教材偏重文艺或偏重政治的缺点。"①

1963年，张志公发表《说工具》一文。文章认为："语文教学的目的主要不在于教给学生有关自然的或者有关社会的知识，因为那是物理、化学、生物、地理、历史那些学科的工作；语文教学的主要目的并不在于教给学生太多的文学理论知识或者文学创作技能，因为中学毕业生需要的是一般的读书、作文能力，就是阅读各种各类的书籍，写各种各类的文章的能力，而不是只要阅读文学书籍、必须创作文学作品的能力；语文教学的主要目的也不在于教给学生很多政治思想的知识或理论修养，因为那是政治课的工作。""就整个的语文教学来说，还是不能不把教学生掌握语文工具这个目的明确地、突出地提出来。"②直到20世纪90年代，张志公还不断提醒人们："语文课，它的特定任务无疑是培养和提高人们运用语言文字工具的能力。不过这个基础工具身上背负的东西比较多：有思想意识，有文学艺术修养，有逻辑思维能力，有做人的行为准则，有零七八碎的各种常识，等等。……既不能喧宾夺主，热热闹闹搞了许多名堂，却没有把语言文字训练本身搞好，也不能唯主独尊，不及其余。"③"语文课，主要是培养和提高学生运用语言文字的能力，培养和提高听、说、读、写的能力。""语文教学既不能'喧宾夺主'，也不能'唯我独尊'。培养运用语文的能力，这是语文课的'主'，必须完成好。不过，还有'宾'，就是说，在语文课里，由于语文本身的综合性，捎捎带带还能办不少事，比如思想的感染陶冶，联想力、想象力的发展，思考力、推理力的发展，等等。"④

朱自清、叶圣陶、张志公等前辈关于语文课程目标价值取向的论

---

① 陕甘宁边区教育厅：《中等国文》（第一册），张家口新华书店晋察冀分店1946年版。

②《张志公语文教育论集》，人民教育出版社1994年版，第26—27页。

③ 张志公：《掌握语文教学的客观规律》，载《文汇报》1992年6月12日。

④ 张志公，庄文中：《工具·实用·现代化》，载《语文学习》1996年第11期。

述值得我们重视。学校开设语文课程之所以有必要，就是因为语文课程负有教学祖国语言文字运用的性质，具有致力于学生语文素养的形成与发展的价值取向。

语文课无疑也负有德育、美育的任务，但对学生进行德育、美育，都要围绕学生语文素养的形成与发展来进行。语文课的思想品德教育和审美教育寓于学生语文素养的形成与发展过程中，不能脱离学生语文素养的形成与发展。1924年，鲁迅在《中国小说的历史的变迁》一文中曾指出"小说"（文艺）与"修身教科书"（政治）的区别。他说："宋时理学极盛一时，因之把小说也多理学化了，以为小说非含有教训，便不足道。但文艺之所以为文艺，并不贵在教训，若把小说变成修身教科书，还说什么文艺。宋人虽然还作传奇，而我说传奇是绝了，也就是这意思。"[①]同理，语文课与政治课，语文课与文学课，也不能简单地画等号。无视语文学科的特点，把语文课上成政治课，或是以文学课代替语文课，也就取消了语文课本身。语文课的德育和美育，学生情感、态度、价值观的形成，应当是一个日积月累、熏陶感染、潜移默化、春风化雨的过程。

我们强调要把语文课上成语文课，并不是把大学中文系语言学的教学任务下放给中小学的语文课。中小学学生学语言，重在学习语言的运用。大学中文系学生学语言，重在掌握语言系统的规律。中小学学生学习语文的过程是一个由语言形式的感知进而到语言内容的掌握，同时受到思想品德教育、审美教育和科学文化知识的教育，又进而学习用恰当的语言形式来表达自己的思想、情感和认识的不断循环往复螺旋上升的过程。在这一过程中，学生既学会了语言的理解与表达，又受到了情感态度价值观的教育和科学人文素养的教育。

《全日制义务教育语文课程标准（实验稿）》和《普通高中语文课程标准（实验）》从知识和能力、过程和方法、情感态度和价值观

---

① 《鲁迅全集》（第九卷），人民文学出版社1981年版，第319页。

三个维度设计课程目标。《义务教育语文课程标准（2011年版）》在坚持从知识和能力、过程和方法、情感态度和价值观三个维度设计课程目标的基础上，进一步突出了"学习祖国语言文字的运用"这一语文课程的核心目标。该课程标准在"课程设计思路"中新增"语文课程应注重引导学生多读书、多积累，重视语言文字运用的实践，在实践中领悟文化内涵和语文应用规律"①一条，反映了语文教学自身的特点。该课程标准在"教学建议"中指出："本标准'学段目标与内容'中涉及语音、文字、词汇、语法、修辞、文体、文学等丰富的知识内容，在教学中应根据语文运用的实际需要，从所遇到的具体语言实例出发进行指导和点拨。指导与点拨的目的是为了帮助学生更好地识字、写字、阅读与表达，形成一定的语言应用能力和良好的语感，而不在于对知识系统的记忆。因此，要避免脱离实际运用，围绕相关知识的概念、定义进行'系统、完整'的讲授与操练。"②该课程标准在"教学建议"中还指出："本标准通过所附的'语法修辞知识要点'对相关内容略加展开，大致规定教学中点拨的范围和难度；这一部分提到有关的名称，则便于教师在引导学生认识语言现象和问题时称说。关于语言结构和运用的规律，须让学生在具有比较丰富的语言积累和良好语感的基础上，在实际运用中逐步体味把握。"③这些建议说明了语文知识的基本内容，指导学生掌握语文知识的途径和方式；明确了指导学生掌握语文知识的目的，反对脱离语言实际、死记概念、系统完整讲授的倾向。这些建议还说明了语法修辞知识教学的范围和难度；明确了学生掌握语言运用规律，要依靠语言的积累和语感基础，

---

① 中华人民共和国教育部：《义务教育语文课程标准（2011年版）》，北京师范大学出版社2012年版，第4—5页。

② 中华人民共和国教育部：《义务教育语文课程标准（2011年版）》，北京师范大学出版社2012年版，第25页。

③ 中华人民共和国教育部：《义务教育语文课程标准（2011年版）》，北京师范大学出版社2012年版，第25页。

依靠实践运用中的体味把握。此外，该课程标准还在"附录"中新增了两个字表：《识字、写字教学基本字表》和《义务教育语文课程常用字表》，为识字写字教学、教材编写和教学评估等提供依据。

《普通高中语文课程标准（2017年版）》提出了"语文学科核心素养"的概念，并指出："语文学科核心素养是学生在积极的语言实践活动中积累与构建起来，并在真实的语言运用情境中表现出来的语言能力及其品质；是学生在语文学习中获得的语言知识与语言能力，思维方法与思维品质，情感、态度与价值观的综合体现。"[①]主要包括"语言建构与运用""思维发展与提升""审美鉴赏与创造""文化传承与理解"四个方面。《普通高中语文课程标准（2017年版）》关于"课程目标"的12条规定，则是这四个方面的具体展开。

（二）语文课程目标的构成要素

百年语文课程目标嬗变的历程表明，语文课程目标从来就不是单一的，其中有知识的、技能的、方法的、习惯的，也有情感的、态度的、价值观的，等等。然而，百年来有关语文课程目标的争议，讨论较多的往往不是这些构成语文课程目标的基本要素的有与无、取与舍，而是这些基本元素的主与次、显与隐。

《中华人民共和国教育法》规定："教育必须为社会主义现代化建设服务、为人民服务，必须与生产劳动和社会实践相结合，培养德、智、体、美等方面全面发展的社会主义事业的建设者和接班人。"[②]《中华人民共和国义务教育法》规定："义务教育必须贯彻国家的教育方针，实施素质教育，提高教育质量，使适龄儿童、少年在品德、智力、体质等方面全面发展，为培养有理想、有道德、有文化、有纪律

---

① 中华人民共和国教育部：《普通高中语文课程标准（2017年版）》，人民教育出版社2018年版，第4页。

②《中华人民共和国教育法》，载《中华人民共和国全国人民代表大会常务委员会公报》2016年第1期，第46页。

的社会主义建设者和接班人奠定基础。"①

现阶段语文教育作为中华人民共和国教育的组成部分，语文课程目标作为国家课程目标下的分科目标，其课程目标应该是一个多元的结构体系，应包括语文智育目标、语文德育目标和语文美育目标三个子系统，其中"智育是授予学生系统的科学文化知识、技能和发展他们的智力的教育"。②作为"向受教育者有目的、有计划、有组织地传授系统的文化科学知识和技能，发展受教育者的智力的教育"，③语文智育目标又可分解为语文知识发展目标、语文能力发展目标和语文智力发展目标。所谓"语文知识"，应包括语形、语义、语用等语言知识。④所谓"语文能力"，既包括形于外的听话、说话、阅读、写作等言语操作技能；也包括隐于中的思维——借助内部言语在头脑里进行认识活动的心智技能。所谓"语文智力"，并不是有一种专门属于语文学科的、有别于一般智力的东西，而是指语文教育中也要重视学生注意力、观察力、记忆力、想象力、思维力，特别是创造性思维能力的培养。

---

① 《中华人民共和国义务教育法》，载《中华人民共和国全国人民代表大会常务委员会公报》2015年第3期，第537页。

② 王道俊，王汉澜：《教育学》，人民教育出版社2002年版，第120页。

③ 中国大百科全书总编辑委员会《教育》编辑委员会：《中国大百科全书：教育》，中国大百科全书出版社1998年版，第524页。

④ 美国哲学家莫里斯（C.W.Morris)1938年在他的《指号理论基础》中指出指号学（亦称"符号学"，semiotics）由语形学（syntactics）、语义学（semantics）、语用学（pragmatics）三个部分组成，并首先使用"语用学"这个术语。其后他进一步指出："语形学研究指号联合的种种方式。""语义学研究各种指号的意谓，因而研究解释的行为。""语用学从指号的解释者的全部行为中来研究指号的起源、应用与效果。"（见〔美〕莫里斯《指号、语言和行为》，罗兰、周易译，上海人民出版社2011年版，第227页。）一般认为，语形学研究语言符号（语词、句子等表达式）之间的结构关系。语义学研究语言符号与其所指事物或概念间的关系。语用学研究语言符号与其使用者之间的关系，探讨在不同语境中话语意义的恰当表达和准确理解，寻找并确立使话语意义得以恰当表达和准确理解的基本原则和准则。

```
                              ┌ 知识目标 ┐   特有目标
            ┌ 语文智育目标 ┤           ├   直接目标
            │                 └ 能力目标 ┘   显性目标
            │
语文课程目标 ┤            ┌ 智力目标                   共同目标
            │ 语文德育目标┤                        ┌  间接目标
            │            └ 情感态度价值观目标       ┘  隐性目标
            └ 语文美育目标
```

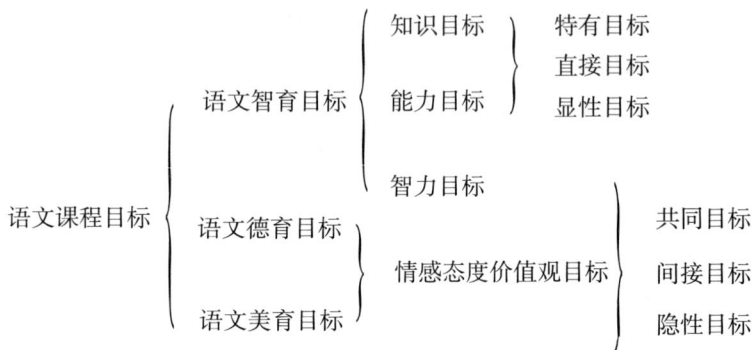

图2-2 语文课程目标

如上图所示[①]：在语文课程诸目标中，偏重形式的语文知识发展目标和语文能力发展目标，是语文课程的特有目标，我们也可以称之为"直接目标"或"显性目标"，这也是语文考试可检测的目标；智力发展目标和偏重内容（实质）的德育、美育目标（也即情感、态度、价值观目标）是语文课程和其他课程共同的目标，我们也可以称之为"间接目标"或"隐性目标"，这也是语文考试较难检测的目标。语文课程目标的结构体系与新课程倡导的"知识和能力、过程和方法、情感态度价值观"三维目标大致是吻合的。

回顾百年语文课程目标嬗变的历程，各个历史时期语文课程目标表述虽有差异，但变化之中也有不变的东西。中小学开设语文课之所以有必要，就是因为语文课负有传授语文知识、养成语文能力等致力于学生语文素养的形成与发展的任务。中小学语文教学的基本目的，就是让中小学生热爱祖国语言，正确理解并规范使用中华民族的通用语言，使学生获得基本的语文素养，为学生的全面发展和终身发展奠定基础。

---

① 该图示只是就语文课程诸目标的主导方面而言的，事实上语文课程诸目标的情形要复杂得多，比如培育学生热爱祖国语言文字的情感也是语文课程的特有目标。

六　语文课程内容及其预设与生成

"课程内容是指各门学科中特定的事实、观点、原理和问题，以及处理它们的方式。"[①]语文课程内容涉及语文学科关于听说读写的知识、技能、方法、习惯、情感、态度、价值观等构成语文课程目标的基本要素。这些构成要素在以言语作品为载体的言语实践中得以整合，共同构成了语文课程的内容。

（一）语文课程内容的概念

语文课程内容的概念，可以从以下三个方面来理解。

1. 从课程与教学一体化的观点来理解语文课程内容

"课程作为教学事件"与"教学作为课程开发过程"是同一个问题的两个方面。[②]从统一整合的角度看，可以称为"课程教学"。同样的道理，课程内容与教学内容也不应割裂开来，它们只是看待问题的角度和适用的领域不同。一般认为，在课程研制领域人们习惯于使用"课程内容"的概念，在教学设计与实施领域人们更倾向于使用"教学内容"的概念。而从课程与教学统一整合的意义上看，师生实际教学情境中生成的"教什么""学什么"与课程专家规定或建议的"教什么""学什么"一样，都应当被视为课程内容。

---

① 施良方：《课程理论——课程的基础、原理与问题》，教育科学出版社1996年版，第106页。

② 张华：《课程与教学论》，上海教育出版社2000年版，第92页。

2. 从语文学科自身的特点来理解语文课程内容

作为具有丰富的人文内涵与很强的实践性特征的语文学科，不能像其他学科那样刻意追求完整系统的学科知识体系，而应当通过言语实践活动让学生自主获得、积累和运用语文知识，锻炼和提高语言运用的能力，丰富和充实自己的人生体验。从这个意义上讲，语文课程内容其实是一个开放的体系。语文课程"教什么""学什么"，既有其相对稳定的、基本的内容，又有其与时俱进的、不断更新的内容。

3. 从生成序列来理解语文课程内容

语文课程内容还可以从生成序列来理解：首先，它是国家课程标准规定或建议的课程内容；其次，它是教科书在特定的编排中所呈现出来的课程内容；最后，它也是教师在备课过程中理解的课程内容，学生通过对有关课程资源的接触与开发理解的课程内容，以及师生在具体的课程实施过程中生成和实现的课程内容。因此，从生成序列来理解课程内容，我们就会发现，"教什么"与"学什么"不只是课程专家与教科书编写者的规定或建议，也是师生参与选择与生成的结果。

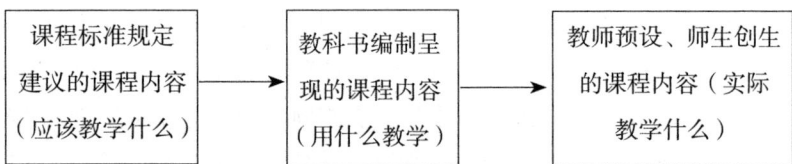

图2-3　语文课程内容

总之，语文课程内容始终处于动态的生成过程中：第一步是课程设计环节，指课程标准规定或建议的课程内容，也即应该教学什么；第二步是课程与教学的中介环节，指教科书编制或呈现的课程内容，也即用什么教学；第三步是教学实施环节，指教师预设和师生创生的课程内容，也即实际教学什么。

（二）语文课程内容与相关概念的辨析

语文课程内容与语文教学内容、语文教科书内容、选文及其内容既有区别也有联系。

1. 语文课程内容与语文教学内容的关系

从课程与教学一体化的观点出发，课程与教学并非是两个独立无涉的领域，而是彼此交叉融合在一起，"课程不再只是一些于教育情境之外开发出的书面文件，而是师生在教育情境中共同创生的一系列'事件'，通过这些'事件'，师生共同建构内容与意义"。[①]正如课程与教学的关系一样，语文课程内容与语文教学内容也不可以截然分开；课程层面的"理论上应该教学什么"与教学层面的"实际上需要教学什么"具有内在的一致性：都是课程专家、教科书编者与师生对"教什么""学什么"的一种设想或方案。当然，这种对"教什么""学什么"的设想或方案，在实际的教学情境中会发生不同程度的改变，因而我们把在实际教学情境中发生的教学内容也看作语文课程的内容。所以，课程内容不是一种制度化的可供师生执行的外部要求和规定。同样，教学内容也不是制度化的课程内容在具体教学情境中的执行和呈现。实际上，语文课程内容既包括课程研制者对"教什么"与"学什么"的构想，教科书编者对"教什么"与"学什么"的编排，也包括师生在具体的教学情境中对"教什么"与"学什么"的创生。

2. 语文课程内容与教科书内容的关系

语文课程内容要通过语文教科书呈现出来，但不能据此认为教科书的内容就是语文课程内容，也就是说不能认为教科书上呈现什么教师就应该教什么、学生就应该学什么。语文课程内容要解决的是"教什么"与"学什么"的问题，而教科书要解决的则是"用什么教学"的问题。教科书是以文本形式存在的课程内容的载体，

---

① 张华：《课程与教学论》，上海教育出版社2000年版，第88页。

它以特定的编排方式与线索将提示语、选文、注释、练习、综合性学习活动等一些材料要素即教科书的内容组织在一起，它体现了教科书编者对"教什么"与"学什么"的建议或设想。但是，由于教科书的使用范围较广，不可避免地存在地域的差别，因而教科书对课程内容的建议或设想不可能也不应当具体化、确定化，它需要一定程度的灵活性，以留给师生根据实际教学情形确定和生成课程内容的弹性空间。并且，作为具有丰富的人文内涵的语文学科，语文教科书所给出的材料尤其是那些选文，在某种程度上呈现出意义的"不确定性"，即便是专家的导读、导学，也只能是对师生教学的一种启发和提示。也就是说，语文教科书仅仅是提供一种有待激活的原生材料，而不呈现具体的意见和结论。所以，学生可以借助同一的语文教科书获得不同的内容，而同一内容也可以在不同的教科书里获得。在这个意义上说，教科书不过是一种凭借，教师是"用教科书教"而不是"教教科书"，而"用教科书教"就要从语文教科书里确立"教什么"与"学什么"的问题，显然这向语文教师提出了更高的要求。

3. 语文课程内容与选文及其内容的关系

语文教科书中的选文，是语文教学的对象，是学生进行言语实践的依据和载体，具有重要的教学意义，但是选文的内容未必就是课程的内容。选文的内容，即选文自身所负载的信息或意义能不能看作课程内容，这要根据课程目标与实际的教学情形来确定。有的选文是要学生去感知、理解、鉴赏和评论它的内容，以此来扩大视野、提升境界、净化思想、丰富感情，所以它的内容就是课程的内容；而有的选文则是为有关听说读写的知识、技能、方法等服务的，因而它的内容就不是学生需要学习的课程内容，而凭借它所要掌握的知识、技能、方法等要素才是课程内容。

在课程实施过程中，任何一篇选文都可以根据不同的目的、用途，从不同的角度加以解读。从理论上讲，这些从不同的角度解读出的有关听说读写的知识、技能、方法和情感、态度、价值观，以及选文自身的意义等，都可以确定为课程内容。不同的选文可以作为教学同一课程内容的"凭借"或"例子"，一篇选文为另一篇选文所替换，而课程的内容却未必更换。同一选文也可以作为教学不同课程内容的"凭借"或"例子"，同一选文从不同的角度解读，也可以生成不同的课程内容。例如：杨绛的散文《老王》同时选入人教版初中语文教科书和苏教版高中语文教科书。人教版八年级上册第二单元收入《老王》，与鲁迅的《阿长与〈山海经〉》、朱自清的《背影》等合为一个单元，表现了"让世界充满爱"的主题，并安排了如下的"研讨与练习"："在这篇文章中，作者的善良表现在哪里？老王的善良又表现在哪里？对课文结尾的最后一句，应该怎样理解？""试以老王为第一人称，改写课文中老王给'我'送香油、鸡蛋这一部分。"[①]苏教版高中语文必修三的"号角，为你长鸣"专题收入《老王》，与英国作家高尔斯华绥的小说《品质》组成"底层的光芒"板块，并安排了分析这两篇选文中人物描写与作品所要表达的思想情感的关系，以及"说说两篇作品是把人物放在什么样的环境中描写的，在他们身上体现了怎样的性格特点"等"文本研习"。[②]

　　叶圣陶在《如果我当教师》的文章中说得好："我相信课本是一种工具或凭借，但不是唯一的工具或凭借。"[③]一方面，"课本是一种工具或凭借"，叶圣陶有时也称之为"例子"。在叶圣陶看来，要实现教育的目标，"这些事儿不能凭空着手，都得有所凭借。凭借什么？就是课本或选文。有了课本或选文，然后养成，培植，训练的工作得

---

① 课程教材研究所：《义务教育课程标准实验教科书·语文》（八年级上册），人民教育出版社2001年版，第81页。

② 丁帆，杨九俊：《普通高中课程标准实验教科书·语文》（必修三），江苏教育出版社2008年版，第53页。

③《叶圣陶集》（第11卷），江苏教育出版社1991年版，第95页。

以着手"。[①]"语文教材无非是例子，凭这个例子要使学生能够举一而反三，练成阅读和作文的熟练技能。"[②]课本或选文是教师"教"的"凭借"和学生"学"的"凭借"，因而教师与学生要创造性地使用课本或选文，而不能成为课本或选文的奴隶；是"用课本或选文教"，而不能局限于"教课本或选文"。另一方面，课本或选文又"不是唯一的工具或凭借"。叶圣陶这一思想，是对"课本是一种工具或凭借"的拓展和补充，打通了学校与社会，将课堂延伸至生活的方方面面。所有课程资源都可以拿来当作"例子"，为学生所用，使学生"得法于课内，得益于课外"，举一反三，掌握知识，提高能力，养成习惯。

（三）语文课程内容在课程标准中的呈现

教育部2001年颁布的全日制义务教育课程标准，除语文课程标准外，思想品德、品德与社会、品德与生活、数学、物理、化学、生物、地理、历史、历史与社会（一）、历史与社会（二）、英语、日语、俄语、音乐、美术、艺术、体育（1—6年级）和体育与健康（7—12年级）、科学（3—6年级）、科学（7—9年级）等科的课程标准均有"前言""课程目标""内容标准""实施建议"等四个部分。其中：英语课程标准中的"内容标准"包括"语言技能""语言知识""情感态度""学习策略""文化意识"这五个项目；日语课程标准中的"内容标准"包括"语言技能（第一～三级）""语言知识（第三级）""情感态度（第三级）""学习策略（第三级）""文化素养（第三级）"这五个项目；俄语课程标准中的"内容标准"包括"知识目标""技能目标""情感态度目标""策略目标""文化素养目标"这五个项目。唯独语文课程标准只有"前言""课程目标""实施建议"三个部分，没有反映学科知

---

① 《叶圣陶集》（第14卷），江苏教育出版社1992年版，第190页。

② 《叶圣陶集》（第13卷），江苏教育出版社1992年版，第231页。

识体系的课程内容标准。

同样，教育部2003年颁布的普通高中课程标准中，除语文课程标准外，其余各科课程标准均包括"前言""课程目标""内容标准""实施建议"四个部分，唯独语文课程标准仍然只有"前言""课程目标""实施建议"三个部分，没有反映学科知识体系的课程内容标准。

教育部2011年颁布修订后的义务教育课程标准，思想品德、品德与社会、品德与生活、数学、物理、化学、生物学、地理、历史、历史与社会、音乐、美术、艺术、体育与健康、初中科学15科课程标准，均包括"前言""课程目标""课程内容""实施建议"四个部分；英语、日语、俄语3科课程标准，均包括"前言""课程目标""分级标准""实施建议"四个部分，其中"分级标准"仍然包括原先课程标准在"内容标准"标题之下的"语言技能""语言知识""情感态度""学习策略""文化意识"（日语课程标准为"文化素养"）这五个项目。《义务教育语文课程标准（2011年版）》虽然在名称上将原先课程标准"第二部分课程目标"及其"一、总目标""二、阶段目标"的标题名称替换为"第二部分课程目标与内容"及其"一、总体目标与内容""二、学段目标与内容"，但实际上，只是大小标题增加了"与内容"三字，标题下面除了若干字句的调整，并没有增加单列的有关语文课程内容标准的文字。

为什么其他各门课程都有内容标准，唯独语文课程没有？我们考察其他各门课程的内容标准之后发现，各科的内容标准主要是明确各门课程在相应学段应学习的知识体系，可以说学科知识体系是课程内容的核心部分。语文课程标准中内容标准的缺失，主要有以下两方面的原因：一方面由于语文课程没有建立起非常严密的知识体系，使语文课程内容很难像其他课程那样分若干章节有逻辑性地呈现出来；另一方面也由于语文课程内容并不限于知识体系，还应包含祖国语言本身的文化内涵和精神影响。正因如此，语文教科书通常使用一篇篇兼顾语言形式和思想文化内涵的范文来呈现语文课程内容。

在教育部2017年12月印发的《普通高中语文课程标准（2017年版）》中，第一次出现了与其他学科课程标准相同的"课程内容"栏目。在该课程标准中"课程内容"是以"学习任务群"的方式呈现的。《普通高中语文课程标准（2017年版）》共设计了"整本书阅读与研讨""当代文化参与""跨媒介阅读与交流""语言积累、梳理与探究""文学阅读与写作""思辨性阅读与表达""实用性阅读与交流""中华传统文化经典研习""中国革命传统作品研习""中国现当代作家作品研习""外国作家作品研习""科学与文化论著研习""汉字汉语专题研讨""中华传统文化专题研讨""中国革命传统作品专题研讨""中国现当代作家作品专题研讨""跨文化专题研讨""学术论著专题研讨"共18个学习任务群。

"语文学习任务群"是《普通高中语文课程标准（2017年版）》的一大创新。"'语文学习任务群'以任务为导向，以学习项目为载体，整合学习情境、学习内容、学习方法和学习资源，引导学生在运用语言的过程中提升语文素养。"[1]以"语文学习任务群"呈现语文课程内容，表明语文课程内容的学习应当在语文实践活动中进行，突出了学生的主体地位，强调了自主、合作、探究的学习方式，致力于学生语文核心素养的提升。

（四）语文课程内容的预设与生成

语文课程内容是预设与生成的统一。说语文课程的内容是预设的，是因为在课程实施之前，课程标准、教科书都会对"教什么""学什么"做出相应的规定与建议，教师与学生也会对此有一个大体的计划或安排。说语文课程内容是生成的，是因为从国家课程标准规定的

---

① 中华人民共和国教育部：《普通高中语文课程标准（2017年版）》，人民教育出版社2018年版，第8页。

课程内容，到教科书建议的课程内容，再到课程实施时师生实际需要的课程内容，以及学生最终获得的课程内容，并不会是始终同一的课程内容，尽管它具有方向上的一致性，但总体而言是有变化的、处于不断生成的过程之中。

语文课程内容的生成性是语文学科的重要特点。国家课程标准以及据此编纂的教科书，以文本的形式规定或建议了语文课程内容，但这只能是一种宏观的方向性的规定或建议，它应当富有弹性，留有空间。正如多尔所说："一般的指导思想无论来自何处——课本、课程指导、州教育部、专业组织或过去的传统——都需要具有如下特点：一般性、宽泛性、非确定性。"[①]这就为师生对课程内容的改造、增删和重构提供了空间，从而让师生成为课程内容选择和重构的主体。比如，就教科书中的选文来讲，它所包含的知识、技能、方法、情感、态度、价值观等要素都有可能是课程内容，但究竟选取哪一方面或哪几方面作为课程内容，不同的教师很可能会依据课程目标、学生的实际情况以及自身的特长做出不同的选择。语文课程的有些内容，如对某些言语作品的阐释，本身就具有不确定性。"一个好的故事，一个伟大的故事，诱发、鼓励、鞭策读者去阐释，与文本进行对话。好的故事应具有足够的不确定性以诱使读者参与到对话中来"，[②]一旦进入课程实施，对言语作品的多种阐释都有可能发生，因为言语作品的意义在很大程度上是师生在与之对话交流中发现和建构的，这实际上就是师生共同创生了课程内容。此外，像事实、概念、原理等实质性的语文知识，虽然可以直接确定为课程内容，但就语文学科而言，它既然是在丰富的言语实践中抽取提炼出来的，也理应在丰富的言语实践中加以理解、掌握和发

---

① ［美］多尔：《后现代课程观》，王红宇译，教育科学出版社2000年版，第231—232页。

② ［美］多尔：《后现代课程观》，王红宇译，教育科学出版社2000年版，第241页。

展。"任何概念原理体系，不论暂时看起来多么完备与周延，它总是一种过程性、生成性、开放性的存在，总是一种需要进一步检验的假设体系，总是需要进一步发展为更完善、合理的概念框架。"[①]所以，对于中小学语文课程的实施来说，我们并不去刻意追求静态的、封闭式的、系统性的语文知识，而是关注知识获得的过程，这不仅让学生在丰富的言语实践过程中感悟、自得、整合、融化这些语文知识，而且让学生懂得知识是在争议中协同生成的，从来不存在永恒不变的、一劳永逸的知识。

语文课程内容的生成性，对语文教师提出了更高的要求。它要求教师不仅是课程内容的执行者，而且是课程内容的改造者、创生者。这是因为，任何课程标准和教科书所设置、规定或建议的课程内容都要经过教师的理解和阐释。在理解与阐释中，教师与课程标准、教科书一起确定课程内容，在具体的情境中与学生一起创生课程内容。因而，课程内容并不是外在于教师的、静态的、封闭的等待被传授给学生的客体，而是与教师共同处于互动关系之中的交往对象。对于教师来说，不存在对既定课程内容的全盘接受，而是需要他据实情对课程内容加以增删、修改、加工与重构。所以说，语文课程"教什么"与"学什么"，教师拥有主动权，这也是新课程倡导的教师"用教材教"和"教师即课程"的具体体现。对于同一篇选文，同一个言语活动计划，在不同的教师那里可能会呈现出不同的课程内容，这是很正常的现象。同样的道理，即便是不同的教师所确定的同一课程内容，在具体教学情境中，也会因学生的参与而发生改变。当然，这并不意味着教师可以对课程内容进行随意处置。任何课程内容的取舍、修改和重建，都不只是教师个性化的行为，也是学科自身学理的要求，是教师与课程标准、教科书及其编者，与其他的教师，以及学生协同的结果，因而不同的教师所选择的课程内容也应存在方向上

---

① 张华：《课程与教学论》，上海教育出版社2000年版，第198页。

的一致性。

语文课程内容的这种生成性的特点，决定了语文教师不只是对既定课程内容的执行，而且也包含了对课程内容的改造和创生，因而它会促使语文教师进一步关注"教什么"与"学什么"的问题，促进语文教师的专业化成长。

第三章
语文教材研究

我国古代没有独立设置的语文课程，语文教育通常与蒙学教育、经学教育、"六艺"教育等融为一体，所以我国古代语文教材主要呈现为蒙学教材、经学教材等形式。晚清时期，语文独立设科前后，才有了专门用于语文教学的新式教科书。本章回顾我国语文教材发展的历史，分析我国语文教科书百年变革的历程，介绍苏教版高中语文教科书编制的探索过程，阐述叶圣陶关于语文教材编制的现代化思想及其对当代的启示。

一　我国古代语文教材举要

为了方便叙述，我们可以将我国古代的语文教材分为蒙学教材、经学教材、文选教材、诗选教材和作文教材五类。

（一）蒙学教材

中华民族自古以来就有重视蒙学教育的传统。《易·蒙》中有"蒙以养正，圣功也。"古代对儿童的教育叫"蒙养"教育，对儿童进行启蒙教育的学校称"蒙馆"。以识字为主的蒙学教材较早的有《急就篇》，影响力大的有《三字经》《百家姓》《千字文》（习称"三""百""千"）。

1.《急就篇》

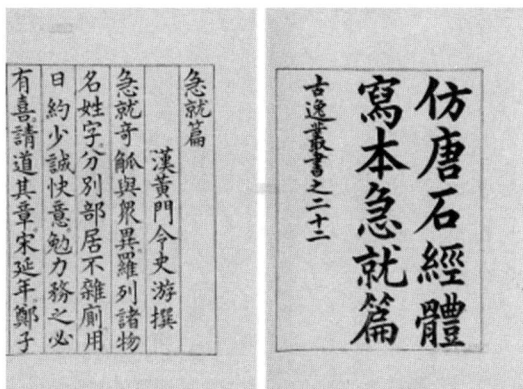

图3-1　《急就篇》

《急就篇》，一名《急就章》，为汉元帝时黄门令史游作。该书是把当时常用的单字编辑起来，使之成为三言、四言、七言的韵语，以便记诵，尽可能避免重复字，同时尽可能使每句都表达一定的意义，借此在识字教育的过程中教给儿童一些常识。三言如："宋延年，郑子方。卫益寿，史步昌。"四言如："汉地广大，无不容盛。""边境无事，中国安宁。"七言如："稻黍秫稷粟麻秔，饼饵麦饭甘豆羹。""治礼掌故砥砺身，智能通达多见闻。"就其内容来看，可分为姓氏名字、服器百物、文学法理三个部分。《急就篇》是汉魏至唐通用的识字课本。

2.《千字文》

《千字文》由南北朝时期梁朝的周兴嗣所编。该书选取王羲之遗书中不重复的字一千个，编为四言韵语，内容涉及天象、岁时、名贵物品、古代帝王、品德、建筑、历史、地理、农事、士人、起居等。全书条理清楚，押韵自然，晓畅易读，朗朗上口。《千字文》开头写道："天地玄黄，宇宙洪荒。日月盈昃，辰宿列张。寒来暑往，秋收冬藏。"仅从这几句，我们就可以看出其四字一句，句法整齐，讲究声律对仗，追求文采辞藻的特点。《千字文》自隋代开始流行，是中国古代重要的蒙学课本。不仅在汉民族中间传播，还有满汉对照本、蒙汉对照本和日本的刻本。

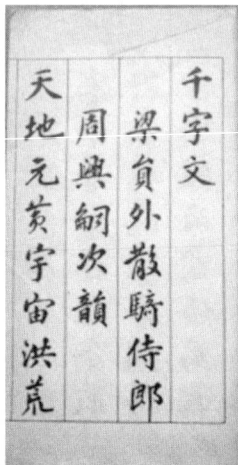

图3-2 《千字文》

3.《百家姓》

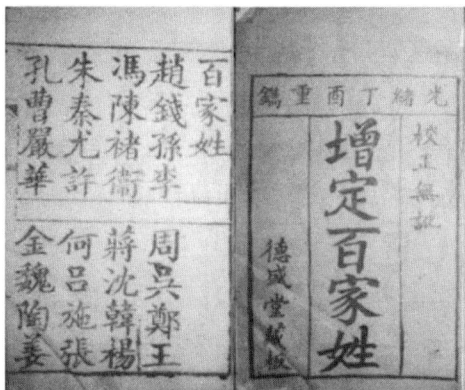

图3-3 《百家姓》

《百家姓》作者现已无从考证。该书以"赵钱孙李"开头，后人推断是宋人的作品，赵是当朝皇帝的姓氏。《百家姓》只是一本识字课本，文中字与字之间并无联系，作者把散乱的字合理地编排在一起，每四字组为四言韵语，讲究押韵，读起来和谐流畅，易学易记。如："赵、钱、孙、李，周、吴、郑、王。冯、陈、褚、卫，蒋、沈、韩、杨。"南宋陆游《秋日郊居》的其中一首："儿童冬学闹比邻，据案愚儒却自珍。授罢村书闭门睡，终年不著面看人。"作者在这首诗下面注道："农家十月，乃遣子弟入学，谓之冬学。所读《杂字》《百家姓》之类，谓之村书。"可见在南宋时期，《百家姓》已经是广泛使用的启蒙识字课本了。

4.《三字经》

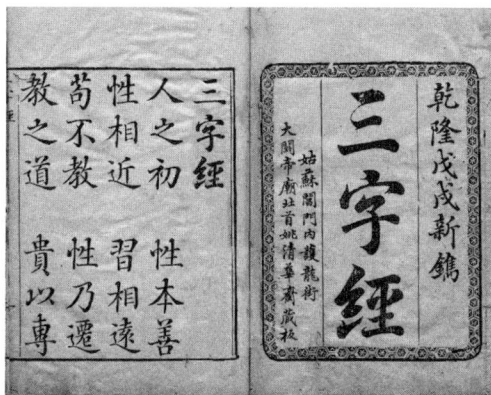

图3-4　《三字经》

《三字经》相传为南宋王应麟（一说为区适子）所作，后经明清学者陆续补充，现在通行的版本有1200多字。《三字经》大致包含教学之要、幼学之序、读书次第、勤学典范、为学效果五个部分内容。《三字经》的语言通俗易懂，没有硬凑字数、硬押韵的毛病。从句法上看，语言灵活丰富，包罗了文言中各种基本的句式，既有训练儿童语言能力的作用，又使全书的句子显得有变化，样式多，不枯燥。文中有些是三字成句的，如："蚕吐丝，蜂酿蜜。"有些是六字成句的，如："昔仲尼，师项橐。"也有些是十二字成句的，如："苏老泉，二十七，始发愤，读书籍。"从词语的组织来看，几种基本结构，如动宾、偏正、联合，都多次用到；基本的虚词，如之、乎、者、以、而、则、于、且、虽、既、苟、所等都反复出现。《三字经》一经问世，很快就流传开来，从宋经元、明、清，直至近现代仍广为流传，并且先后被翻译成满、蒙等文字。

（二）经学教材

儒家的经典著作是我国古代学子的必修教材。汉代即将《诗》《书》《礼》《易》《春秋》列为经典。宋代又将《论语》《大学》《中庸》《孟子》合为"四书"。"四书""五经"作为一套完整的学校课程的教材体系被一直沿用到清末。

1."五经"

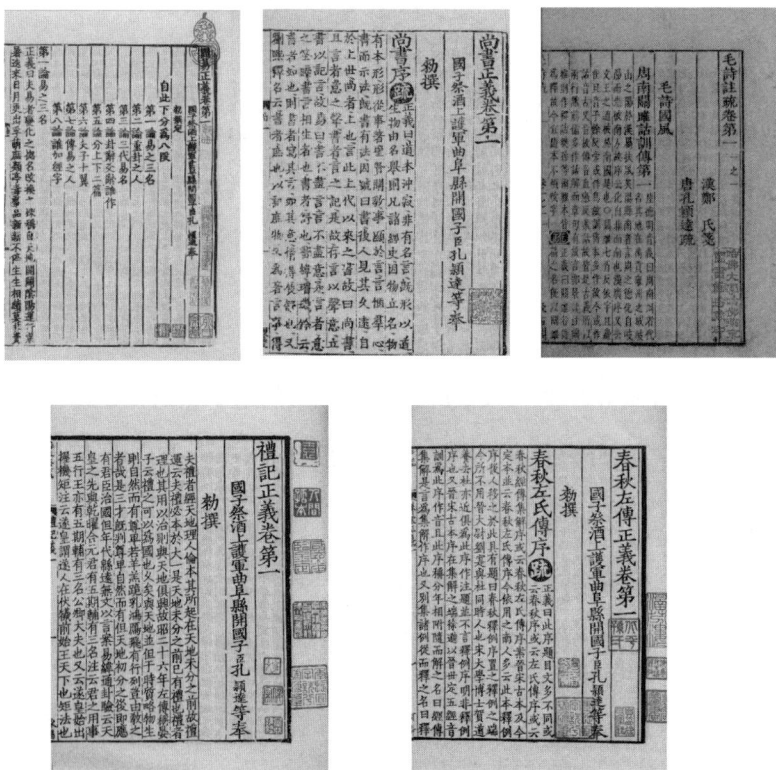

图3-5 "五经"

"五经"即儒家经典著作《诗》《书》《礼》《易》《春秋》的合称。其中：《诗》即《诗经》，是我国第一部诗歌总集，汇集了从西周初年到春秋中期的诗歌305首，司马迁在《史记》中说为孔子编定。《书》即《尚书》，为我国上古历史事件和追述古代事迹的著作汇编，相传是孔子编选的。《礼》，汉时指《仪礼》，后世指《礼记》。《仪礼》是春秋战国时期一部礼仪制度的汇编。《礼记》是西汉时期所编定的儒家关于礼的阐释。东汉人郑玄分别为《周礼》《仪礼》《礼记》作注，合称"三礼"。《易》指《周易》，分为"经""传"两个部分。"经"的部分由卦、爻两种符号和卦辞、爻辞两种文字构成，为古代占卜所用，大约产生于殷周之际。"传"的部分是对卦辞和爻辞的注释与论述，包括系辞、说卦等十个部分，合称"十翼"，成型于战国至秦汉之间。《春秋》是鲁国的编年史，相传是孔子据鲁国史官所编的《春秋》加以整理修订而成，文字简短，寓有褒贬之意，后世称为"春秋笔法"。自汉武帝"罢黜百家，独尊儒术"之后，孔子和"五经"成为神圣不可侵犯的圣人和经典，儒家思想成为中国古代社会的正统思想。"五经"的内容包含了古代政治、伦理、哲学、历史、文化、教育等方面，在封建社会产生了巨大影响。

2. "四书"

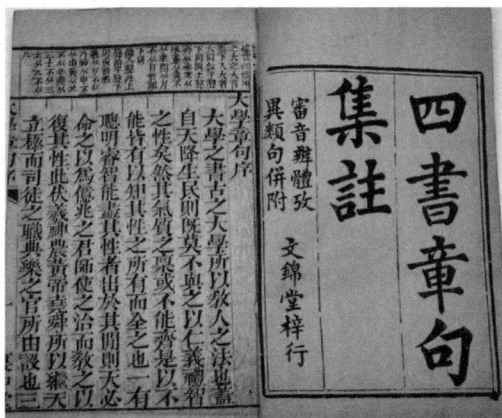

图3-6　"四书"

"四书"是儒家经典著作《论语》《大学》《中庸》《孟子》的合称。其中:《论语》是孔子的弟子和再传弟子记载孔子及其部分弟子言行的书;《大学》相传是曾参的弟子记述曾参言论的;《中庸》相传为子思所作;《孟子》是孟子及其弟子的著作。南宋理学家朱熹首次将《礼记》中的《大学》《中庸》与《论语》《孟子》并列,认为《大学》中"经"的部分是"孔子之言而曾子述之","传"的部分是"曾子之意而门人记之";《中庸》是"孔门传授心法"而由"子思笔之于书以授孟子"。四者上下连贯传承而为一体。《大学》《中庸》中的注释称为"章句",《论语》《孟子》中的注释集合了众人说法称为"集注"。元皇庆二年(1313年)定考试题目,必须在"四书"内出题,发挥题意规定以朱熹的《四书章句集注》为根据,一直至明清相延不改,故此书长期成为科举取士的教科书和学习经学的入门书。

(三)文选教材

文选教材是我国古代用来进行读写训练的主要教材。如:南朝萧统《昭明文选》,宋朝吕祖谦《古文关键》《东莱博议》、真德秀《文章正宗》、谢枋得《文章轨范》,清朝吴楚材、吴调侯《古文观止》及姚鼐《古文辞类纂》等。

1.《文选》

《文选》是我国现存的最早的一部诗文总集。它的编者萧统是南朝梁武帝萧衍的长子,天监元年被立为太子。其死后谥号"昭明",故《文选》又称《昭明文选》。《文选》共收入周代至六朝七八百年间130多位知名作者和少数佚名作者的作品700余篇(首),各种文体基本具备。原书30卷,唐李善作注时分为60卷。这部书反映了作

图3-7 《文选》

者的文学见解，也反映了当时的文学时尚。他不选经书，不选诸子，不选繁博的记言文，不选记事的传记，从而使《文选》的文学色彩更浓。自李善加注释后，《文选》流传更为广泛，研究和注释《文选》逐渐成了一门学问。

2.《古文关键》

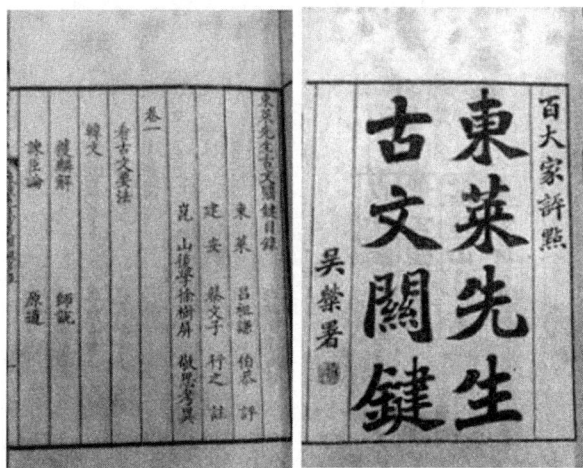

图3-8　《古文关键》

《古文关键》是南宋吕祖谦为门人学子学习科考之文而编选并点评的文章选本。《四库全书总目》称其："取韩愈、柳宗元、欧阳修、曾巩、苏洵、苏轼、张耒之文凡六十余篇，各标举其命意布局之处，示学者以门径，故谓之'关键'。"《古文关键》是现存最早的合选本与评点方式为一体的教材，是评点文体形成的标志性著作，其编选与评点在唐宋八大家的形成以及唐宋古文经典化进程中产生了巨大的影响。《古文关键》也是融阅读与写作为一体的教材，其卷首有题为《古文关键总论》之文，分"看文字法""看韩文法""看柳文法""看欧文法""看苏文法""看诸家文法""论作文法""论文字病"八节，对古文的欣赏和写作，提出了一些具体的法则，使读者既领会名著的精华，又学习了实际的写作技巧，指导写作成为其最直接的目的。

3.《古文观止》

图3-9　《古文观止》

《古文观止》，由清康熙年间吴楚材、吴调侯编写。本书选取东周至明末共222篇文章，编为12卷。全书以散文为主，兼收少量骈文、韵文。选入的文章有一定的代表性，能显示出中国古代散文发展的大致脉络，大多数作品是千古传诵的佳作，体裁风格多样，注释评点简明扼要。《古文观止》以先秦历史散文为重点，收入《左传》《国语》《战国策》《公羊传》《谷梁传》《礼记》中的文章约占总数的三分之一。全书重《史记》轻《汉书》，唐代以韩愈、柳宗元为大家，宋代以欧阳修、苏轼为大家，元代未选，明代选方孝孺、王守仁、归有光等人作品。编选者的观点是"重其所当重，轻其所当轻"。所选文章，有论说、序跋、奏议、诏令、赠序、书、牍、传状、叙记、杂记、碑志、典志、箴铭、颂赞、哀祭、辞赋、骈文等。其编写体例，以时代为经、作家为纬，打破了过去文选以文体分类的框框。同时吸收了北宋以来评点派的方法，于每篇文章之中、之末有夹批或尾批，往往切中肯綮，有助于初学者领悟文章之妙。吴兴祚在这本书的"序"里说："以此正蒙养而裨后学，厥功岂浅鲜哉。"

4.《古文辞类纂》

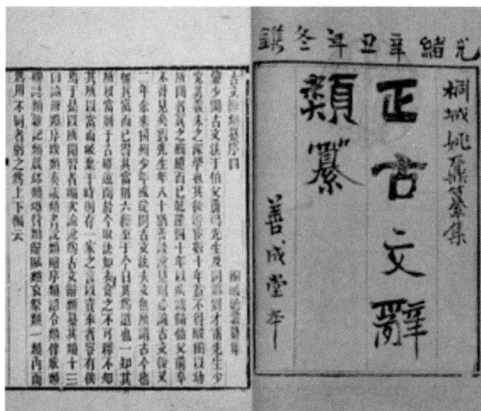

图3-10　《古文辞类纂》

《古文辞类纂》为清代散文家姚鼐所编，是代表"桐城派"散文观点的一部选本，成书于乾隆年间。该书选录战国至清代的文章，着重选录《战国策》、《史记》、两汉文、唐宋八大家及明代归有光、清代方苞和刘大櫆等人的作品。卷首《序目》，略述各类文体的特点和源流。全书分为论辩、序跋、奏议、书说、赠序、诏令、传状、碑志、杂记、箴铭、颂赞、辞赋、哀祭13类，选文700余篇。姚鼐不仅精选出历代范文，而且逐篇略加校勘和点评，指出了每篇文章的流变线索，使读者可以纵览文章的发展变化和大家之间的渊源，把握文章的主旨大意，学习写作的基本方法。

（四）诗选教材

中国自古以来就是一个诗歌大国。先秦儒家开创的诗教、乐教的传统，一直延续至今。我国古代的诗选教材除最早的《诗经》外，有代表性的还有唐代《咏史诗》、宋代《神童诗》和《千家诗》及清代《唐诗三百首》等。

1.《神童诗》

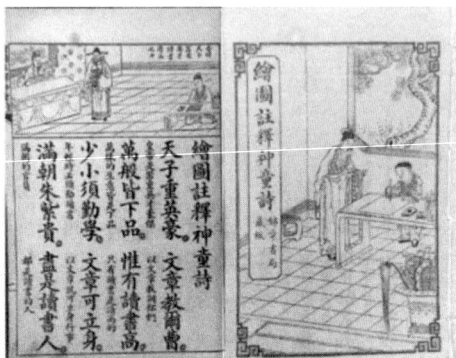

图3-11　《神童诗》

《神童诗》相传为北宋末年的"神童"汪洙所作，经后人补增搜集而成，是影响颇大的训蒙读物。《神童诗》以诗歌形式对童蒙进行知识、思想教育和语言训练。该书在编排上是按内容进行划分的，劝学诗最多，其他有关科举、四季、闲适的内容也不少。《神童诗》全部选用五言绝句，篇幅短小，诗味浓郁，格律严谨，音韵和谐，对仗工整，平仄准确，读起来琅琅上口，情趣盎然，易于记诵。

2.《千家诗》

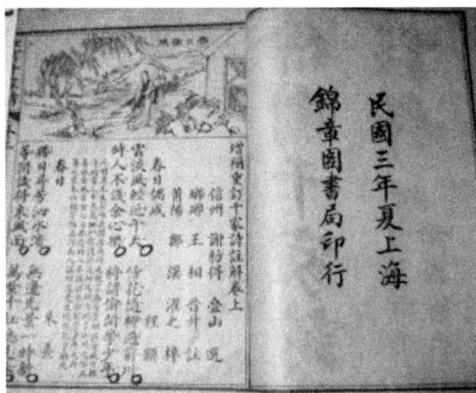

图3-12　《千家诗》

《千家诗》最早为南宋刘克庄编集，原名《分门纂类唐宋时贤千家诗选》。全书辑录唐宋诗作22卷，分时令、节候、气候、昼夜、百花、竹木、天文、地理、宫室、器用、音乐、禽兽、昆虫、人品，共14类。此书在宋元时就有很大影响。清代初期的王相在此基础上重新编订，名为《新镌五言千家诗》。后又有署宋谢枋得选、王相注七言《重订千家诗》。此后通行本为五言、七言合刊的《千家诗》。《千家诗》中的诗歌基本上以季节为序，清新朴实，与日常生活关系密切，而且多为浅近易懂、脍炙人口的名家名篇。

3.《唐诗三百首》

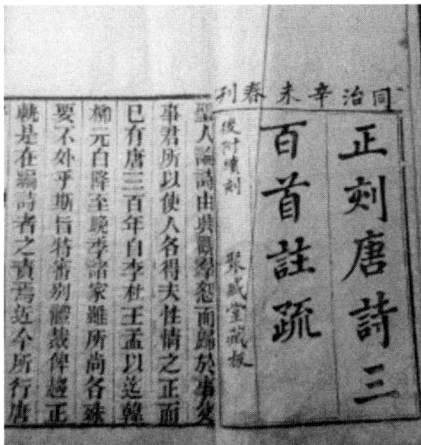

图3-13　《唐诗三百首》

《唐诗三百首》为清代蘅塘退士孙诛编选，收入唐代70多位诗人的300多首诗。全书共分八卷，第一卷是五言古诗，第二、三卷是七言古诗，第四卷是七言乐府，第五卷是五言律诗，第六卷是七言律诗，第七卷是五言绝句，第八卷是七言绝句，后面附有乐府诗。该书原序说："世俗儿童就学，即授《千家诗》，取其易于成诵，故流传不废。但其诗随手掇拾，工拙莫辨，且止五七律绝二体，而唐、宋人又杂出其间，殊乖体制。因专就唐诗中脍炙人口之作，择其尤要者，每体得数十首，共三百余首，录成一编，为家塾课本。俾童而习之，白首亦莫能废，较《千家诗》不远胜耶？谚云：'熟读唐诗三百首，不会吟诗也会吟'。请以是编验之。"编者注重精选历来为人们广为传诵的佳作，名家名篇入选甚多。

（五）作文教材

中国古代还有不少为应试写作提供材料和范例的书籍，带有作文工具书的性质。这类书籍或供"检事"用，即为写作提供材料；或供"看文体"用，即为写作提供范例；或二者合为一。供"检事"用的，如《华林遍略》《龙文鞭影》《幼学琼林》等。此类书籍摘录典故，依事分类，用几个字作标题。每个典故都详引事实，解释意义，注明出处。供学诗赋骈文的人进行各种单项训练，并为之提供材料。供"看文体"用的，如《兔园策府》《龙筋凤髓判》《钦定四书文》《古文笔法百篇》等。此类书籍选辑当时优秀考卷，或由文场"老手"按考卷要求写成范文，供举子揣摩仿效。兼供"检事"和"看文体"用的，如唐玄宗时徐坚等撰的官修类书《初学记》。此外，还有一些指导属对吟诗的教材，如《声律启蒙》《笠翁对韵》等。

1.《龙文鞭影》

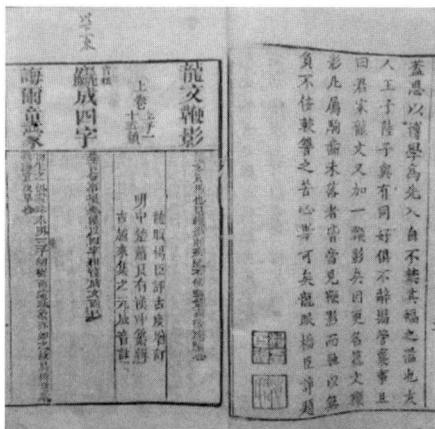

图3-14　《龙文鞭影》

《龙文鞭影》，初名《蒙养故事》，由明代萧良有编撰，后来明代杨臣诤补充订正，更名为《龙文鞭影》。"龙文，良马也，见鞭影则疾驰，不俟驱策而后腾骧也。"意思是说学童学好了，犹如骏马，不待老师鞭策，可以一日千里。全书内容以史事人物、自然知识、掌故故事为主，逐联押韵，按韵部编排，用四言把历史上的人物、故事、古代神话及野史笔记中的资料加以条理化，读起来流畅顺口，便于记诵。如卷一中讲"重华大孝，武穆精忠。尧眉八彩，舜目重瞳"，两两相对，隔句押韵。它既是一部故事总集，又是一部典故大全，集中体现了中国传统文化的精华。此书在明代就产生很大影响，清代李恩绥校补成为定本。

2.《幼学琼林》

《幼学琼林》，一名《幼学故事琼林》，原名《幼学须知》，亦称《成语考》《故事寻源》，由明代程登吉（字允升）著，一说明代丘睿编。清嘉庆年间，经邹圣脉增补，更名为《幼学琼林》。内容以介绍综合知识为主，天文、地理、朝政、家庭、饮食、衣服、技艺、花木鸟兽，无所不包。文字形式上，不拘泥于四言，灵活运用杂言，只注重两两相对，不强调整齐押韵。编排上按内容分类，分别介绍各类常用词、成语及掌故，其中有些词和成语的解释我

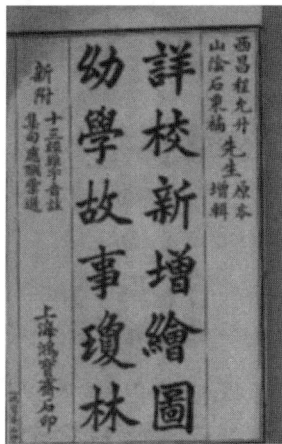

图3-15　《幼学琼林》

们今天仍在使用，如"共话衷肠，曰促膝谈心""以小致大，谓之抛砖引玉"等。后世有"读了《幼学》会看书，读了《幼学》走天下"之说。

3.《钦定四书文》

《钦定四书文》是桐城派学者方苞根据乾隆皇帝的旨意编定的，用以指导学生写作八股文。全书41卷，选录明清两代八股文范文近800篇，并附点评以见得失。清高宗在命方苞选辑《钦定四书文》时说："国家以经义取士，将使士子沉潜于四子、五经之书，阐明义理，发其精蕴，因以觇学力之深浅与器识之淳薄。""今朕欲裒集有明及本朝诸大家制义，精选数百篇，汇为一集，颁布天下。"（《钦定大清会典事例》卷三三二，乾隆元年下）该书颁发后，成为清代士子的一本官定作文教材，对当时及以后的文章写作产生了深远的影响。

图3-16　《钦定四书文》

二 我国现代语文教材举要

1897年，张焕纶主持南洋公学教务，先后在南洋公学开设师范院和外院（为南洋公学师范院附属小学）。据1935年商务印书馆所刊《出版周刊》第156号载蒋维乔之《编辑小学教科书之回忆（1897—1905）》："南洋公学外院成立，分国文、算学、舆地、史学、体育五科。由师范生陈懋治、杜嗣程、沈庆鸿等编纂《蒙学课本》，共三编，是为我国人自编教科书之始。"①南洋公学《蒙学课本》全套共3册，虽仍用

图3-17 南洋公学《蒙学课本》

文言体，但文字已较为通俗，内容上也与过去传统教材不同，比较贴近日常生活。一般认为，1897年陈懋治等编纂的南洋公学《蒙学课本》是我国最早自编的新式教科书，也是我国现代语文教科书之始。

（一）20世纪前期的语文教材

20世纪前期，我国语文教材大致经历了清末、民初、五四时期、30年代、40年代几个发展阶段。各个发展阶段的语文教材都打上了鲜明的时代烙印，也形成了鲜明的编制特色。如，小学教材由

---

① 陈学恂：《中国近代教育史教学参考资料》（上册），人民教育出版社1986年版，第647页。

"三""百""千"集中识字过渡到按课随文分散识字；中学教材清末以时代逆序编选、民初选本与评注配套、五四时期采用白话文编选、30年代以单元组合、40年代文白分编等，构成了20世纪前期我国中小学语文教材发展递变的轨迹。其中，有代表性的语文教科书有以下若干种。

1. 南洋公学《新订蒙学课本》

1901年南洋公学《新订蒙学课本》，由朱树人在1897年南洋公学《蒙学课本》的基础上修订，商务印书馆代印。全书由初编、二编、三编组成。初编为七八岁童子而作，二编、三编以次递进，三书首尾衔接。《新订蒙学课本》与传统蒙学教材相比，多有创新，例如本书引进了刚刚传入中国的语法观念，初编按语法词类编写。初编的第一课至第九课，都是学习名词性词汇。中国古代虽有发达的文字学、训诂学、音韵学，但是没有自成体系的语法学。马建忠借鉴拉丁语法体系写成《马氏文

图3-18　南洋公学
《新订蒙学课本》

通》十卷，商务印书馆于1898、1900年先后出版前六卷和后四卷。《新订蒙学课本》引进该研究成果，把识字与语法概念紧密结合在一起。编写者为了让使用者了解语法概念，课本前面专门写了一篇《字类略式》，介绍名字、代字、动字、静字、状字、介字、联字、助字、叹字。①再如，本书按课编排，注重儿童的接受能力，贴近教学实际。该书引入"课"的概念，初编150课，二编130课，三编128课，由易到难，循序渐进。每课首将生字、生词逐一列出，改集中识字为分散识

---

① 《字类略式》中所说的"字类"，就是我们今天所说的词类，名字即名词，代字即代词，动字即动词，静字大体相当于形容词，状字大体相当于副词，介字即介词，联字大体相当于连词，助字即助词，叹字即叹词。

字。《新订蒙学课本》初编第1课为"天""地""日""月""山""水"六个单音节词，然后出现由两个字组成的"天地""日月""山水"三个并列词组。所选六个单字笔画简单，且可组合成词，不似《蒙学课本》初编第1课"燕、雀、鸡、鹅之属曰禽，牛、羊、犬、豕之属曰兽。禽善飞，兽善走。禽有两翼，故善飞。兽有四足，故善走。"字形复杂，句式冗长。《新订蒙学课本》二编多数课文后附与课文内容相关的问题，如二编第1课《母鸡护雏》中的问题为"雏鸡因何遇险，母护其子，子当何如？"又如课文内容涉及德育、智育、体育。除以传统儒家思想及其行为规范进行修身教育外，注重与社会生活接轨，如三编有种稻略法、种棉花略法、巴黎动物院记、物质三变、观铁政局记、火车出轨、地球、华盛顿、劝学英语卒业、谋游学外国书等介绍自然科学和社会科学相关知识的课文。

2. 无锡三等公学堂《蒙学读本》

1898年，阳湖吴稚晖、金匮俞复、无锡丁宝书和时任南洋公学教务的杜嗣程等合议创办无锡三等公学堂。堂中课程，仿日本寻常小学校，分修身、读书、作文、习字、算术等科。读书一科，因无适用的教科书，由教师每日选编课书一首，令学生抄读；就本课中设问题数条，令学生毕答之。俞复等人随编随教，并以实地实验来校验教学内容是否合用。至1902年春，已累成读本七编。1902年3月，俞复到上海与无锡人廉泉等创办文明书局，将此书用楷书石印出版，即江苏无锡

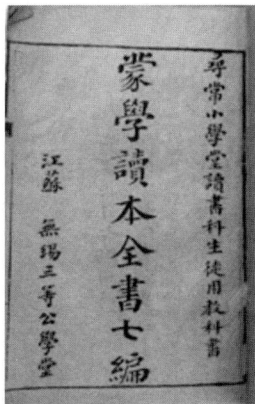

图3-19　无锡三等公学堂
《蒙学读本》

三等公学堂编辑"寻常小学堂读书科生徒用教科书"《蒙学读本》。

《蒙学读本》全书七编，"前三编，就眼前浅理引起儿童读书之兴趣，间及地理、历史、物理各科之大端，附入后事便函，逐课配置图画。""第四编，专重德育，用《论语》弟子章，分纲提目，系以

历史故事，每课示以指归。""第五编，专重智育，采辑子部喻言，每课系答问，剖理精晰，引儿童渐入思想阶段。第六编，前半为修辞，……为儿童读《史》《汉》巨篇之引；后半为达理，……为学作论断文之引导。第七编，选《史》《汉》《通鉴》最有兴会之文，暨《左》《国》周秦诸子隽美之篇，以及唐宋迄近代名家论说。"①《蒙学读本》全书共442课，课文均为文言文，在句末标出圈点表示停顿。第一至第三编每课有提问，四编后则偶尔有提问。第五编取子史故事，尤其寓言，其故事内容不加指点学生很难理解意义，所以每课都有问答，通过问答解释意思。此外，第一至第三编是较低年级用书，有一定量的插图，以引起学生兴趣。

3. 商务印书馆《最新国文教科书》

《最新初等小学国文教科书》（共10册），由庄俞、蒋维乔、杨瑜统编纂，高凤谦、张元济和日本前文部省图书馆审查官小谷重、日本前高等师范学校教授长尾横太郎共同校订，上海商务印书馆自1904年起陆续出版。该教科书"由浅及深，由近及远，由已知及未知，按儿童脑力体力之发达，循序渐进，务使人人皆有普通之道德知识，然后进求古圣贤之要道、世界万国之学术。"编写者严格控制课文和生字的适量性、均衡性，如规定第一册学

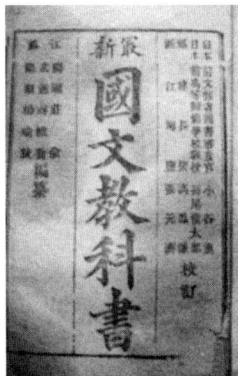

图3-20　商务印书馆
《最新国文教科书》

生每课接受4个生字，多则5个，平均每天3.8个。课文先每课4个字到8个字，第21课起从10个字开始，每20课加2个字至12个字、14个字，渐至20个字。字的笔画从每字4画开始，然后稍增加；全书过半才可以有超过12笔画的字。为了增加儿童的兴趣和理解，每课均有插图。书

---

① ［清］俞复：《无锡三等公学堂：蒙学读本编辑大意》，见陈学恂《中国近代教育史教学参考资料》（上册），人民教育出版社1986年版，第662—663页。

中行文以平实活泼为主，间取游戏歌曲启发儿童兴趣，而隐寓劝诫之意。1912年商务印书馆在此教科书基础上出版《中华民国初等小学用（订正）最新国文教科书》（共10册）。

《最新高等小学国文教科书》（共8册），由高凤谦、张元济、蒋维乔合编，上海商务印书馆自1907年起陆续出版。该教科书内容反映出当时国内外政治、经济、科学等方面的情况，颇见新意。书中收有《预备立宪》《君主立宪》《深耕》《水患》《声光》《电热》《巴津西》《亚剌伯之马》等课文。这些篇目都是编者自写，一改过去按现成文章选辑的做法。诚如编者所言："按照初学程度悉心斟酌，每一课成，必须数手易数稿，以期适用。"1912年商务印书馆在此教科书基础上出版《中华民国高等小学用（订正）最新国文教科书》（共8册）。

商务印书馆《最新国文教科书》每册还另撰教授法，按课数编次。凡诵读讲解、习问默写，联字造句等法无不详备；其名物训诂皆细加诠释，所引古籍、西籍亦详其出处，以省教员检查之烦。蒋维乔在《编辑小学教科书之回忆》中说："教科书之形式内容，渐臻完善者，当推商务之《最新教科书》"，其理由是："（1）此书既出，其他书局之儿童读本，即渐渐不复流行。（2）在白话教科书未提倡之前，凡各书局所编之教科书及学部国定之教科书，大率皆模仿本书之体裁。"①

4. 文明书局《中学文粹》

《中学文粹》（共4编），由许贵、甦民编辑，上海文明书局于1904—1907年出版，

图3-21　文明书局
《中学文粹》

① 陈学恂：《中国近代教育史教学参考资料》（上册），人民教育出版社1986年版，第648页。

再版至1909年。其初编《弁言》中称：全书初、二、三编，逐渐由以"近世文"为主过渡到中古及上古文章，"要使理想与事实相辅而行，记叙与论说相间而授，以博生徒之兴味"。四编则"以次搜辑，可以考见体制之变迁，亦研究文学史之一助也"。这套课本是癸卯学制颁布后较早出现的新式教科书。全书不分单元（仅第四编根据年代分为上古至近世四个部分），基本是由选文构成，没有其他内容，而且文前无引言、提示，文后无习题，文章本身加圈点、句读，但无注释、点评。这些特点一方面和编选中学教科书属草创且成书较为仓促有关，另一方面主要是由于较多地继承了传统古文选本的体例。

与《古文观止》一类传统选本相比，《中学文萃》又有明显的不同，表现出新式教科书的特点。首先，体现了"学年""学程"的概念，根据每学年的不同教学要求来编选文章。初、二、三编文章数量逐渐减少，难度逐渐加深，以适应生徒学力进步的情况，同时保持各学年总量的平衡。由于癸卯学制规定中学最后一年应学习"文章流变"等内容，因此在第四编中编者又改变体例，按照年代从古至今顺次编排，以满足学程的要求。第四编的上卷文字较艰深，但篇幅较短，至下卷的近世文章，虽然文字相对浅易，但篇幅较长，使得两卷彼此之间仍保持着某种平衡。《中学文萃》还依据"课"的概念来安排一学年内部的教学。编者很注意在同一册之内保持各课之间的平衡，较长的文章要么分为数课，要么加以节略。这一做法在传统古文选本中是比较少见的，说明编者更多考虑的是新式学校教学的实际要求，而不是拘泥于古文家的传统"义法"和"家数"。对传统古文观念的突破，更体现在选文的范围和标准方面。编者不仅选取了诸如《释社会》《释国民》《国民宜知政理》《地方政务》《文明无止境说》《论变政之难》《仁学》等"近世文"乃至时文，而且在近代以前，也选了不少古文家很少选入的篇章，反而很少选桐城派古文和唐宋八大家的文章。这不仅是在文章学观念上的一个突破，更说明编者看重的主要是造就能够察世变、应时势的新人才，而不是将学生养成"古文家"。这和编者所在的"民立中学"的民办新式学堂性质，以及出版方文明书局的维新取向，都有相当的关系。

5. 商务印书馆《中学国文读本》

《中学国文读本》（共10册），林纾评选，上海商务印书馆于1908—1911年出版。选文依姚鼐《古文辞类纂》体例，全收文言文，不收周秦的经文，不选用诗词曲的韵文，而选择一般的"官私实用"的文章。全书按时代逆推选文：第一、二册国朝文（即清代文），第三册元明文，第四、五册宋文，第六、七册唐文，第八册六朝文，第九、十册周秦汉魏文。每册之中适当兼顾体裁的安排。选文有圈点、眉批和总批等。

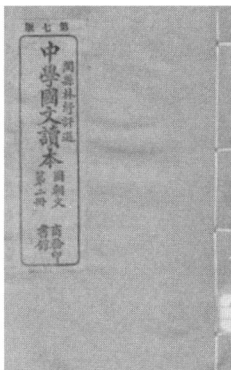

图3-22 商务印书馆《中学国文读本》

其后有《（重订）中学国文读本》（共8册），林纾评选，许国英重订，上海商务印书馆1913年出版。因中学学制（五年改为四年）变动改为8册。第一册清文，第二册元明文，第三、四册宋文，第五、六册唐文，第七册六朝文，第八册秦汉三国文。该书"凡例"介绍："选辑古今名家之文都为一集，唯生存人不录"；"所选之文各类略备，使读者稍知其门径。"

6. 商务印书馆《中学国文教科书》

《中学国文教科书》（共5册），吴曾祺评选，上海商务印书馆1908年出版。5册书共选文700篇，按历史逆时期编排，沿流溯源，由近及远。第一册国朝文（即清代文），第二册金元明文，第三册五代宋文，第四册晋唐文，第五册周秦汉魏文。每一册之中又按朝代顺序编排。不选藻美的词赋，而选应用之韵文；不拘于文以载道之说，而扩充选文

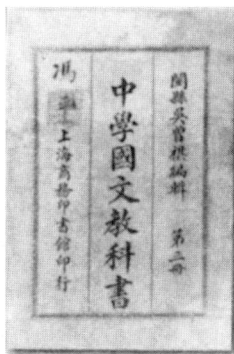

图3-23 商务印书馆《中学国文教科书》

的范围，比较注重经世文字。选文有圈点、眉批、总批。评选内容印排于相应书页上部。

其后有《（重订）中学国文教科书》（共4册），吴曾祺评选，许国英重订，上海商务印书馆1913年出版。该教科书系1912年依据"壬子学制"重订，全套教科书因中学学制变动而改为4册，选文次序也有调整，第一册明清文，第二册五代宋金元文，第三册晋南北朝隋唐文，第四册周秦汉三国文。编写体例与原版相同。该书"例言"表明了编者意图和选文导向："学生至入中学堂，多读经书，渐悉故事，此时急宜授以作文之法。古来文之佳者，不能偏读，而选本存者，颇少适用。高者曲究于气味之微，下者或越乎义法之外。二者工拙迥殊，而于教人之道，均有所未备。兹编所选，专以助人之精神兴趣，而仍不戾于绳尺者为主，至于宗派之分、家数之辨，概未之及。"

7. 中华书局《新制中华国文教科书》

民国元年成立的上海中华书局，顺应辛亥革命的时代潮流，适应共和政体的需要，编辑出版了《中华教科书》，在民初的教科书市场上占得先机。后因南京临时政府颁布新学制，中华书局重新组织编写了《新制中华国文教科书》，该书"编辑大意"称："本书之宗旨务令儿童知普通文字，养成其发表正确思想之能力，兼以启发其智德。"本书"文句力求平易，以便儿童易解。前数册文法必与语法吻合，后数册虽渐加深，要以普通文为主"。"本书文体，状物、叙事、记述、论断略备。其收条、帐目、书信、股单、合同、发票之类，

图3-24　中华书局《新制中华国文教科书》

俱列入附件中。"民国学制初等小学四年，高等小学三年，每年分三学期。《初等小学校用新制中华国文教科书》（共12册），供初等小学四年使用，由陆费逵、沈颐、戴克敦、华鸿年等编辑。《高等小学校用

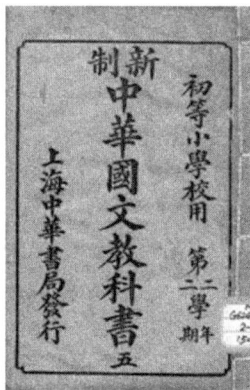

新制中华国文教科书》（共9册），供高等小学三年使用，由郭成爽、汪涛、何振武、缪徽麟等编辑。第一册于1912年10月出版发行。

8. 商务印书馆《共和国教科书国文读本》

《共和国教科书国文读本》（共4册），由许国英编纂，张元济、高凤谦、庄俞校订，上海商务印书馆1913年出版。该教科书按文学史逆推选文：第一册选清至宋文，第二册选明至唐文，第三、四册选唐汉以上至周秦经史为主。读本选编的名家名篇，至今仍多为古典文学类选集的基本篇目。

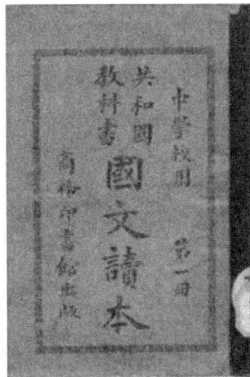

《共和国教科书国文读本》的"编辑大意"开篇即点明教材的编撰宗旨："中学国文程度较高于小学，故宜授以适当之作文法理，且使略知本国古今文章轨范，以期共保国粹。但昔贤选本，多不适教科

图3-25　商务印书馆《共和国教科书国文读本》

之用，矧值共和建设，一切文字应用时异势殊，非复窜改涂抹所能供给。兹编特创新例，斟酌分量，既不泥于时代之升降，亦不囿于门类之分科。虽同为选录名家之文，而要以中学教科适用为准则，且不背于部定之法程。由近世文以进于近古及远古，惟生存人之文不录。"可以看出，编者对教科书的定位是切于实用，阅读为作文服务，教学为现实服务。

与以往选本不同的是，该教科书"虽同为选录名家之文，而要以中学教科适用为准则"，表现在具体编排上"各册均用递进法，以浅深为先后，时代与文体略备。""四册编次递进法，其间酌分时代派别。如第一二册选文，准现代至唐为主，而以论辩、书、说，注重事实上发挥之文为多（此举其大概而言。宗旨仍在浅深递进。故第一册选清末至宋文，第二册选明至唐文，不欲以古今强判难易也）。第三四册则准唐汉以上至周秦经史为主（仍取宋文之较繁深者，例如一二册），而文字则渐趋繁复深邃，间及奏议、学说，与夫考据、说理等著作。盖中学三四年程度，积学既多，始能容受此等知识也。"

与该教科书配套，许国英评注、蒋维乔校订的《共和国教科书国文读本评注》（共4册），于1914年起由上海商务印书馆出版。其"编辑大意"称："是编系就本馆中学校教科书国文读本原文，加以评注，参合教授书与参考书两例成之，足为教者及学者减省脑力日力之助"。其选文重在评点，注与评各异。注主解释意义，音声训诂属之。评主揭示作法，体例结构及一切变化属之。该读本评注本经北洋政府教育部审定，供中学校用。教育部的审定批词云："查核各评语详要浅显，颇合中学校教授之用，注亦明核精审，应准作为中学国文参考书。"

9. 中华书局《新制国文教本》

《新制国文教本》（共4册），由谢蒙（无量）编选，范源廉、姚汉章阅，上海中华书局1914年出版。本书供四年制中学使用。第一册选近世至宋文100篇，第二册选近世至唐文75篇，第三册选近世至汉文73篇，第四册选宋至三代文62篇。所选之文，由浅入深。选文编排兼顾文体、文字深浅和时代先后，是对旧式文选读本的一种突破。

图3-26　中华书局
《新制国文教本》

与该教科书配套，谢蒙（无量）编，朱宝瑜评注，姚汉章、张相校阅的《新制国文教本评注》（共4册）于1915年起由中华书局出版。评注着重于"文句篇法"疑难较大处，对学生稍加钻研就能通解之处，留有余地。

10. 商务印书馆《文字源流》《文法要略》《中国文学史》

根据北洋政府教育部1912年12月颁布的《中学校令施行规则》和

1913年3月颁布的《中学校课程标准》规定，中学国文科除开设讲读、作文、习字课之外，还需开设文字源流、文法要略、中国文学史课程。为适应教学需要，各出版机构亦相应编写了一批适用教科书，其中以上海商务印书馆所编"共和国教科书"系列最为完备。该系列教科书及教学用书有：张之纯、庄庆祥编纂，蒋维乔校订《文字源流》（上海商务印书馆1914年6月出版）；张之纯编纂，蒋维乔、庄庆祥校订《文字源流参考书》（上海商务印书馆1914年10月出版）；庄庆祥编纂，蒋维乔校订《文法要略》（上编，上海商务印书馆1915年4月出版；下编，上海商务印书馆1916年8月出版）；王梦曾编纂，蒋维乔校订《中国文学史》（上海商务印书馆1914年8月出版）；王梦曾编纂，蒋维乔、许国英校订《中国文学史参考书》（上海商务印书馆1914年11月出版）等。

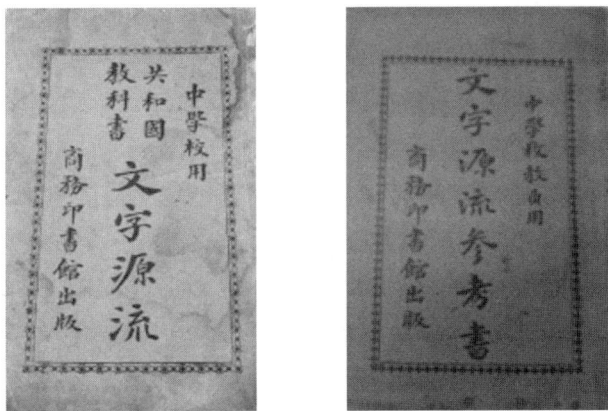

图3-27　商务印书馆《文字源流》《文字源流参考书》

图3-28　商务印书馆《文法要略》

图3-29　商务印书馆《中国文学史》《中国文学史参考书》

　　以张之纯、庄庆祥编纂，蒋维乔校订的《文字源流》为例具体介绍。该书"编辑大意"称："本书恪遵部定中学课程编纂以供中学校学生之用。部定中学课程中学修业第二年国文科兼授文字源流，除讲读、作文外，每周约占一时，本书共一万余字，以全年四十周计，每周约授三百字，足供一年之用。本书编制之法，上自太古，下及近世，穷究古人造字之义，以及历代字体之变迁，分配章节，眉目了然。本书宗旨注重正确之学识，关于文字之神话（如：龙马负图及天雨粟、鬼夜哭之类），荒渺难稽，概从删节。本书叙次：六书、解释字形，悉依许慎《说文》，此外，引用他种书籍则于参考书中详释之。金石碑帖之属，凡与文字确有关系者，本书节要附印，藉资实验，以（夏商周秦汉为限，唐宋以下，字体无甚变迁，故置不录）并引起学者之美感。辽金元三朝，其始虽各有国书，其后悉依中国文字改制，故只略叙颠末不复详述。汉儒重考据，宋儒重性理，对于文字之学说，亦往往各不相侔，本书荟萃诸说，汉宋两派兼采并录，不敢稍涉偏见，致启门户之习。我国说字之书，不无善本，施之教科，殊难适用，本书取材旧籍，既须按照学年，即当计量为篇幅，挂漏之病，在所不免，惟不敢泛滥征引，致成无谓之考据，删繁摘要，颇费经营。本书另编参考书，逐字逐句，力求详备，以供教员之用。"与该教科书编辑思想一致，其目次为：第一章总纲；第二章文字之缘起，下列画卦、造字、六书、大篆、小篆、隶书、草书、真书八节；第三章文字之类别，下列科斗文、钟鼎文、中古文、石鼓文、诅楚文、秦八体、汉六体、飞白书、行书、杂体十节；第四章文字之变迁，下列上古时期、中古时期、近古时期、近世时期四节；第五章文字上必需之知识，下列文具、笔法、石经、墨版、碑刻、字书、杂识七节。

11. 商务印书馆《中等学校用白话文范》

　　《中等学校用白话文范》（共4册），由洪北平、何仲英编，上海商务印书馆1920年出版。该书是较早出现的现代白话文教科书之一，课文多是当时报纸杂志上的时文，间有旧白话小说、诗歌、语录等，并用新式标点符号。

与该教科书配套，洪北平、何仲英编《中等学校用白话文范参考书》（共4册）于1920年由上海商务印书馆出版。其"编辑大意"称："参考书与'评注'的性质有点不同：'评注'单拿本文为主；至于参考书，凡可以帮助教授和自修的，都应当搜罗得来的，编者对于这一点很注意，那些单字的意思，查字典能明白的，一概不赘。"其扉页

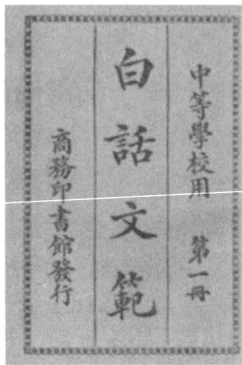

图3-30　商务印书馆《中等学校用白话文范》

称："近来中等学校，很提倡白话文，但是没有适用的教本；取材也很困难，这部书是南开大学教员洪北平、何仲英两位先生选辑的。有古名贤程颢、程颐、朱熹及现代教育家蔡元培、胡适、钱玄同、梁启超、沈玄庐、陈独秀诸先生的著作，不但形式上可得白话文的模范，就是实质上也都是有关新道德、新智识、新思想的文字，并且和中等学校的程度很合。另编参考书，凡是考据、解释和语文的组织法，都详细说明，还有新文谈若干条载在后面，好算一种破天荒的教科书了！"

12. 神州国光社《初级中学用国文教科书》《高级中学用国文教科书》

《初级中学用国文教科书》《高级中学用国文教科书》各6册，由孙俍工编，上海神州国光社于1932年起出版。其"中学国文教科书编辑例言"称："本书根据教育部新订课程标准尽量使其具体化，俾教者学者两方得到教学底方便。本书全部共十二册：初中用六册，高中用六册（即每学期教学一册）。本书取材初中以语体文为主而稍参文言文；高中以文言为主而稍参以语体文。本书编制把每学期分成数个单元。每单元教学一种文体，或一种文体底一部分——每单元约占精读的时间二周或三周。""每单元前附本单元教学提要表一，详列本单元教学目的、体裁内容，作文题举例，参考书举要等。"这套教材尝

试以"文章作法"为线索，将选文组合成单元，每个单元均以一个读写训练点为中心，并配以一定的选文和作文题目。初中一年级以记叙体为主，二年级以说明体为主，而辅以文艺抒情文，三年级以议论体为主，应用文为辅，兼及古诗词经史知识。高中一年级以记叙各体为主，二年级以学术思想为主，故偏重议论、说明两体，三年级以文艺各体为主，而贯以文学史常识。

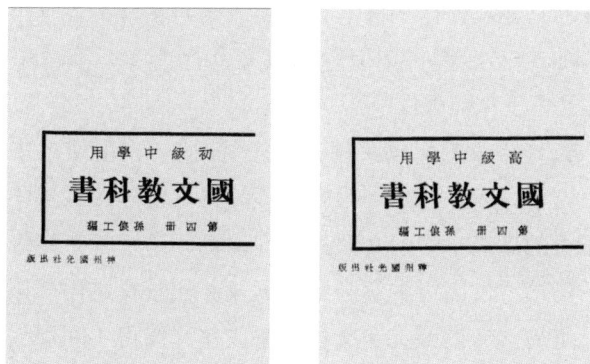

图3-31　神州国光社《初级中学用国文教科书》《高级中学用国文教科书》

13. 商务印书馆《复兴初级中学教科书·国文》《复兴高级中学教科书·国文》

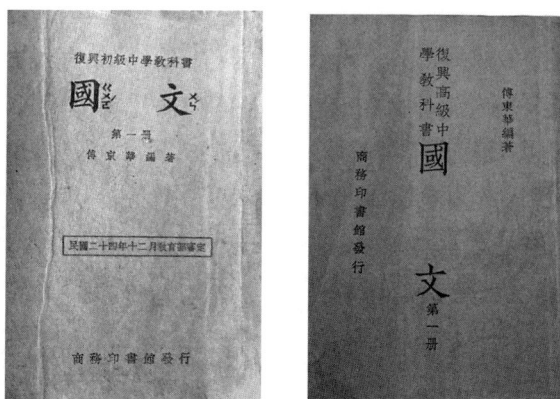

图3-32　商务印书馆《复兴初级中学教科书·国文》《复兴高级中学教科书·国文》

《复兴初级中学教科书·国文》（共6册），由傅东华编著，上海商务印书馆于1933—1935年出版。该教科书遵照1932年中华民国政府教育部颁布的初级中学国文课程标准编辑，精读教材（附设作者、注释、暗示）与习作教材（附设习题）穿插编排，供初级中学6个学期国文精读及习作教材之用。教材选文力求思想不违背时代潮流及体裁堪为模范者，又在可能范围内，尽量采取新颖的作品，以期能增进教、学双方的兴趣。译作一概不收。语体文与文言文各学年的分量为7：3、6：4、5：5。第一年偏重记叙文、抒情文，第二年偏重说明文、抒情文，第三年偏重议论文、应用文。

《复兴高级中学教科书·国文》（共6册），由傅东华编著，上海商务印书馆于1934—1936年出版。该教科书遵照1932年中华民国政府教育部颁行的高级中学国文课程标准编辑，与《复兴初级中学教科书·国文》衔接。供高级中学国文精读及习作教材之用。该教材内容按周编排，每周含精读课文和文章作法或作文练习（间周编排）等内容，每篇课文后附作者、注解、暗示三项，文章作法由文法、修辞学、辩论术构成，后附习题。每册安排18周，类似18个小单元。

14. 开明书店《国文百八课》

图3-33　开明书店《国文百八课》

《国文百八课》，由夏丏尊、叶圣陶编，开明书店于1935—1938年出版。该教材全套共6册，每册18课，合计"百八课"（第五、六册因抗日战争爆发未能继续编印，实际出版四册）。该教材"编辑大意"称"在学校教育上，国文科向和其他科学对列，不被认为一种科学，因此国文科至今还缺乏客观具体的科学性。本书编辑旨趣最重要的一点就是想给与国文科以科学性，一扫从来玄妙笼统的观念"。因此，"本书每课为一单元，有一定的目标，内含文话、文选、文法或修辞、习问四项，各项打成一片。文话以一般文章理法为题材，按程配置；次选列古今文章两篇为范例；再次列文法或修辞，就文选中取例，一方面仍求保持其固有的系统；最后附列习问，根据着文选，对于本课的文话、文法或修辞提举复习考验的事项。""选文力求各体匀称，不偏于某一种类、某一作家。内容方面亦务取旨趣纯正有益于青年的身心修养的。唯运用上注重形式，对于文章体制、文句格式、写作技术、鉴赏方法等，讨究不厌详细。"这套教材标志着我国语文学科教材单元化的成熟。

15. 开明书店《开明新编国文读本》（甲种）《开明新编国文读本》（乙种）《开明新编高级国文读本》《开明文言读本》

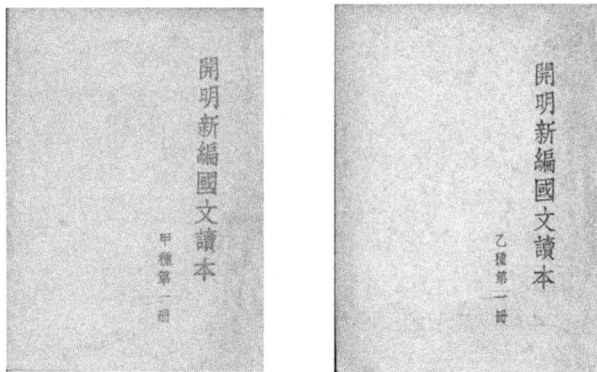

图3-34　开明书店《开明新编国文读本》（甲种）《开明新编国文读本》（乙种）

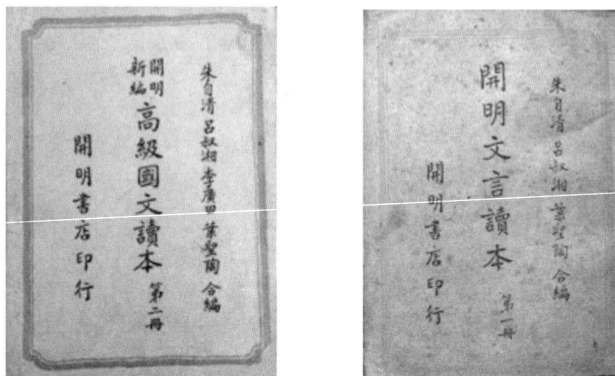

图3-35 开明书店《开明新编高级国文读本》《开明文言读本》

《开明新编国文读本》（甲种共6册），由叶圣陶、周予同、郭绍虞、覃必陶合编，开明书店于1946年起出版。该教科书为白话文读本，收朱自清的《背影》等一百多篇文章，供初中学生使用。另有《开明新编国文读本（注释本）》（甲种共6册），所收篇目与非注释本相同。每册书的前半部分是课文，注释集中于后半部分。

《开明新编国文读本》（乙种共3册），由叶圣陶、徐调孚、郭绍虞、覃必陶合编，开明书店于1947年起出版。该教科书专选短篇文言文，以记叙文为主，侧重明清作品，还酌情选入王国维、章炳麟、蔡元培、胡适、鲁迅、钱基博、俞平伯等近现代作家、学者的文言短制，每篇文字后写了简短几句，大多涉及文法方面，通过举例设问等方式，启发思考，供初中学生使用。与甲种本一样，乙种本也另有注释本，各篇都作详尽注释。

《开明新编高级国文读本》，白话读本，第一册由朱自清、吕叔湘、叶圣陶合编，第二册由朱自清、吕叔湘、李广田、叶圣陶合编，开明书店于1948年起出版。这是与《开明新编国文读本》相衔接的高中教学和自修用书。

《开明文言读本》，为文言读本，由朱自清、吕叔湘、叶圣陶合编，开明书店于1948年起出版。该书的读者对象是高中青年和自修国文的人。第一册为启蒙性质，卷首导言，说明文言的性质、语音、词汇、文法，并且罗列了一百多个虚字，分项举例说明它们的用法，每篇课文后有作者与篇题、音义、古今语释词、虚字、文法、讨论及练习等栏。

开明"新编"国文教科书是一套采用文、白分编法编成的初、高中教学和自修用书。这套教材在文、白分编的体制方面进行了大胆的尝试，并尽可能使课本成为培养学生语文能力、激发学生聪明才智的媒介；在选文方面，除了内容倾向进步外，坚持"实用"和"杂取"的原则，扩大了选材范围。

16. 陕甘宁边区教育厅《中等国文》

在解放区编写出版的语文教材中，以陕甘宁边区教育厅编写的《中等国文》为代表。该教科书由张家口新华书店晋察冀分店1946年出版前2册，华北新华书店1948年出版第3册，原计划编6册，由于全国解放，仅出版前3册。该教科书每五课为一组（一个教学单元），每组前四课（第一册是三课）是读文，末一课（第一册是两课）是语文规律的说明；课后附有"教学参考""注释"和"习题"三项。每册每组

图3-36　陕甘宁边区教育厅《中等国文》

都大致有一个中心，各课各组各册之间也多少有一些联系。

该教科书第一册在"关于本书的七点说明"中指出："本书确认国文教学的基本目的，是对于汉语汉文的基本规律与主要用途的掌握。在这个方针下，本书打破向来国文教材偏重文艺或偏重政治的缺点，一方面对于常见的各种体裁的语文兼容并包，使学者了解凡应用语文（包括一切说、写、读）的地方都是学习国文的地方；其他方面将应用语文的若干重要规律的说明也列为正式课文，使学者知道国文也是一门科学，除选读成文外，也可能和需要用学习一般科学的方法来学

习。"编者认为，语文规律的价值、政治的价值和一般知识的价值，是任何一篇文章的三个方面，国文教学的基本目的虽在第一方面，但对后两个方面决不允许忽视，在教学过程中，应当把这三个方面结合起来。编者还特别希望教学者重视各种练习，提出各种实际练习所要求的时间和精力不少于全部课程所占时间的一半。学习文章，掌握规律，学会应用，是这套教材编制的基本指导思想。

（二）20世纪后期的语文教材

20世纪后期，我国语文教材大致经历了中华人民共和国成立初期、"大跃进"时期、国民经济调整时期、"文革"时期、改革开放时期几个发展阶段。各个发展阶段的中学语文教材同样都打上了鲜明的时代烙印，也形成了鲜明的编制特色：建国初期改"国文""国语"为"语文"及"汉语""文学"分科，"大跃进"时期语文与政治合一，国民经济调整时期加强"双基"，"文革"时期再次与政治合一，"文革"结束后至世纪末重提"双基"并过渡到"一纲多本"，构成了20世纪后期我国中小学语文教材发展递变的轨迹。其中，有代表性的语文教科书有以下若干种。

1.《初级中学语文课本》《高级中学语文课本》

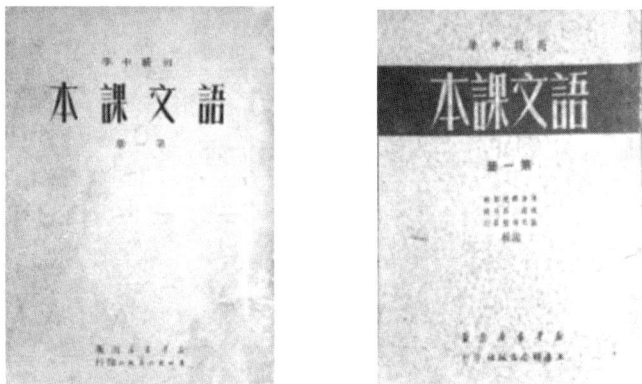

图3-37　《初级中学语文课本》《高级中学语文课本》

　　《初级中学语文课本》（共6册），由中央人民政府出版总署编审局编辑，编辑者有宋云彬、朱文叔、蒋仲仁、杜子劲、马祖武，1950年8月由新华书店出版，华北联合出版社印行。该教材"编辑大意"指出："语文课本的作用，在使学生阅读各种文章的范例，并且就从阅读中同时养成听、说、读、写的能力。既然是范例，必须审慎选择，一方面求其内容充实，有血有肉，思想的发展正确而且精密；一方面求其文字跟口语一致，真实而且生动。""语文教学应该包括听、说、读、写四项，不可偏轻偏重。"该教科书大部分课文是解放区和建国以后的新作品，以及苏联和其他国家的进步作品；此外还有少量的国统区进步作品和两三篇古典白话作品等。各册均采取不严格的单元编排。每课后附有"思考·讨论·练习"。

　　《高级中学语文课本》（共6册），由中央人民政府出版总署编审局编辑，编辑者有周祖谟、游国恩、杨晦、赵西陆、刘禹昌、魏建功，1950年8月由新华书店出版，上海联合出版社印行。该教材"编辑大意"指出：高中语文科的教学目标和作业项目，除了在程度上提高以外，大致跟初中一样。在教材编选上跟初中不同的地方，一是除了单篇文章之外，从第三册起还选了整部著作的一章一节以及中篇小说和长篇的报告之类；二是从第三册起选了若干篇文言文。高中课本没有练习题，也无注解。

　　《初级中学语文课本》《高级中学语文课本》是第一套以"语文"命名的教科书。这套教科书在1950年12月1日人民教育出版社成立后，由人民教育出版社多次修订再版。1952年版《初级中学语文课本》《高级中学语文课本》调换和修改了一部分课文，给全部课文作了注解和提示，并且高中从第一册起兼选文言文，用以培养学生阅读文言的初步能力。

2.《初级中学课本·汉语》《初级中学课本·文学》《高级中学课本·文学》

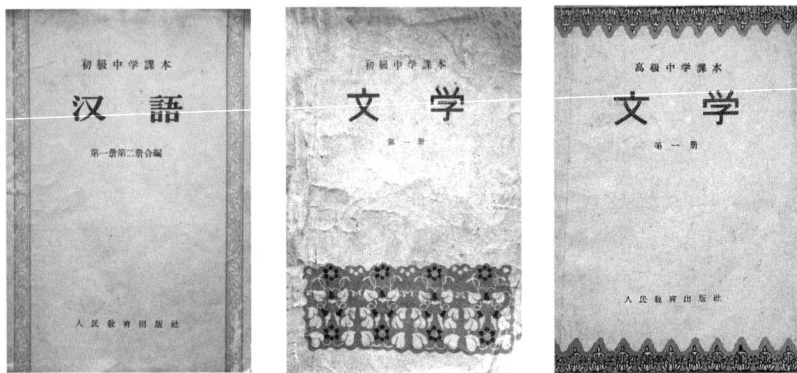

图3-38　《初级中学课本·汉语》《初级中学课本·文学》《高级中学课本·文学》

《初级中学课本·汉语》（共6册），由张志公主编，叶圣陶、吕叔湘、吴伯萧、朱文叔校订，人民教育出版社于1955年起出版。各册均编有教学参考书。此套教材落实《初级中学汉语教学大纲（草案）》的各项要求，依据现代汉语的知识系统分为7个部分，按照"绪论—语音—文字—词汇—语法—标点符号—修辞"的序列编排。第一册着重语音的学习，纠正发音，使学生掌握普通话的标准发音，完成推广普通话的任务。第二册着重文字和词汇的学习，文字的学习与第一册语音的学习密不可分，既可巩固读音的学习，又有利于字形的辨认和字义的理解。语音和文字的知识则为词汇的学习奠定了基础。第三册学习词法和句法概要，并系统地学习词类。第四册主要学习单句。第五册主要学习复句，并系统地总结标点符号的知识。第六册主要学习修辞的基本知识。从教材的编排看，这套教材有很强的系统性。

《初级中学课本·文学》（共6册），由张毕来、王微、蔡超尘主编，叶圣陶、吴伯萧、朱文叔校订，人民教育出版社于1955年起出版。各册均编有教学参考书。这套教材按照《初级中学文学教学大纲

（草案）》规定的教学内容和教材编排体系进行编写。第一、二册按思想内容编排，第三、四册按文学史编排，第五、六册按体裁编排。内容包括文学作品及结合文学作品讲授的文学理论常识和文学史常识。文学作品包括民间口头文学作品、古典文学作品、现代文学作品和外国文学作品，其中，古典文学作品约占1/3，现代文学作品约占2/3。文学常识在初中整套课本中共有20课：第一册有民歌和民间故事、寓言、叙述和描写、对话、文学作品是写人的。第二册有民间口头文学、童话、人物、作品的思想内容、怎样看待作品的好坏。第三册有文学作品的结构分析及文学的语言。第四册有我国的古典文学、我国的现代文学。第五册有诗歌的一般特点、散文的一般特点、小说的一般特点、剧本的一般特点。第六册有从文学获得的知识，从文学受到的陶冶。

《高级中学课本·文学》（共4册），由张毕来、蔡超尘主编，叶圣陶、朱文叔、吴伯萧校订。人民教育出版社于1956年起出版。各册教材基本包括两部分：文学作品和文学史概述，另附有课外阅读参考书目。各册均编有教学参考书。依据教学大纲，教材编写的教学内容包括中国文学、外国文学、文学理论基本知识。第一至四册选编中国文学作品，第五、六册选编外国文学作品。课文之间穿插文学理论常识和文学史概述供学生阅读。第一至四册的编排以文学史为纲，大致是第一册选入先秦两汉魏晋南北朝作品，第二册选入唐宋作品，第三册选入元明清作品，第四册选入现代作品。第五、六册没来得及编辑出版，这次分科实验就"夭折"了。

汉语、文学分科教材是中华人民共和国成立后的第一套分编型语文教科书，它在探索语文教材的编制方面具有重要的历史意义。比如：文学和语言分编，开创了我国语言教材和文学教材分编的先例；分科教材中的汉语教材又开创了国家统编纯语文知识教材的先例。

3.《初级小学课本·语文》《高级小学课本·语文》

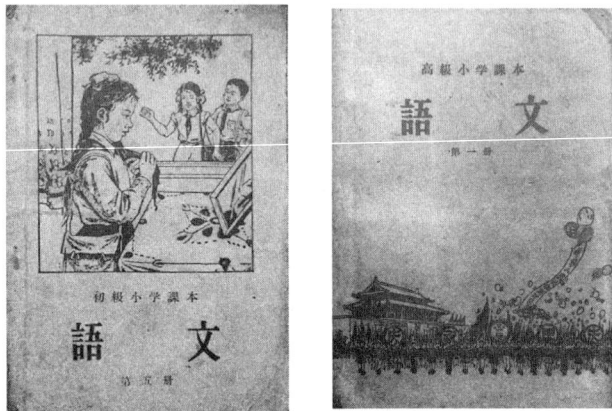

图3-39 　《初级小学课本·语文》《高级小学课本·语文》

在汉语、文学分科的背景下，人民教育出版社于1954年10月拟定了《改进小学语文教学的初步意见》，提出"小学语文的内容有五个部分：1.识字；2.写字；3.汉语——词汇、语法和修辞；4.阅读；5.叙述和写作"。[①]并据此编制了《初级小学课本·语文》（共8册）和《高级小学课本·语文》（共4册），从1955年秋季陆续出版并开始使用。本套教材是人民教育出版社编写、出版的第一套完整的小学语文教材，由蒋仲仁主编。教材重视树立对社会主义的信心和辩证唯物主义世界观的基础，培养共产主义道德、爱美的情感和审美的能力及对本民族语言的热爱。全套教材识字3000个左右，低年级识字近1500个，突出了以识字作为重点；教材增加分量，课文增加字数，初级小学平均每课350字，高级小学平均每课1700字，最长的课文达5500字；编入较多的文艺性课文，加强文学教学；编进汉语内容，主要以练习的形式，让学生从语言实践中了解一些语言规律。这套教材由于没有

----

① 顾黄初：《中国现代语文教育百年事典》，上海教育出版社2001年版，第357页。

146

充分考虑国情，分量较重，内容较深，又增加了"汉语"教学内容，加大了难度，教与学均感到比较困难。因此教材使用不到三年，便根据教育部的指示进行精简，每册减至20课。

4.《初级中学课本·语文》《高级中学课本·语文》

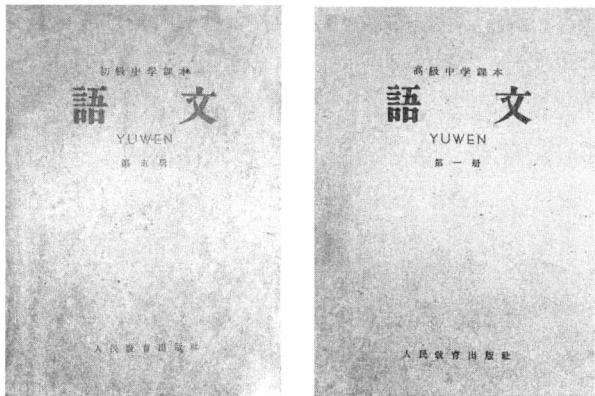

图3-40　《初级中学课本·语文》《高级中学课本·语文》

《初级中学课本·语文》《高级中学课本·语文》各6册，由人民教育出版社根据1959年出版的初、高中语文课本修订，于1960年出版。这套语文教材力求贯彻教学改革的精神，注意到要适当补充反映社会主义建设新面貌和新形势的课文，以便进一步加强思想政治教育，也注意到应适当增加课文的篇数，以便通过多读多写，更迅速地提高学生的阅读能力和写作能力。每册课文分为精讲、略讲两种。精讲课文，由教师作比较详细的讲解；略讲课文，由教师作重点讲解，指导学生自己阅读。这套教材对于稳定中止汉语、文学分科后的教学秩序，纠正"大跃进"以来的"左"的偏向，提高教学质量，起到了积极的作用。

5. 20世纪70—90年代人民教育出版社合编型教材

20世纪70年代人民教育出版社编写出版的合编型语文教材：《全日制十年制学校初中课本·语文（试用本）》（共6册），由中小学通用教材中学语文编写组编写，人民教育出版社于1978年起出版；《全日制十年制学校高中课本·语文（试用本）》（共4册），由中小学通用教材中学语文编写组编写，人民教育出版社于1979年起出版。这是人民教育出版社在"文革"结束后出版的第一套全国通用的中学语文课本。这套教材于1978年秋季开始在初中试用，供五年制中学使用。教材的编写方式是：选文章，组单元，作注释，配练习，附短文，加附录。每册按文章体裁组成若干单元，古代作品编排在每册之末，编排顺序兼顾文章深浅和时代先后。各年级训练重点为：初一年级记叙文，初二年级记叙文和说明文，初三年级记叙文和议论文；高一年级比较复杂的记叙文和说明文，高二年级比较复杂的记叙文和议论文。

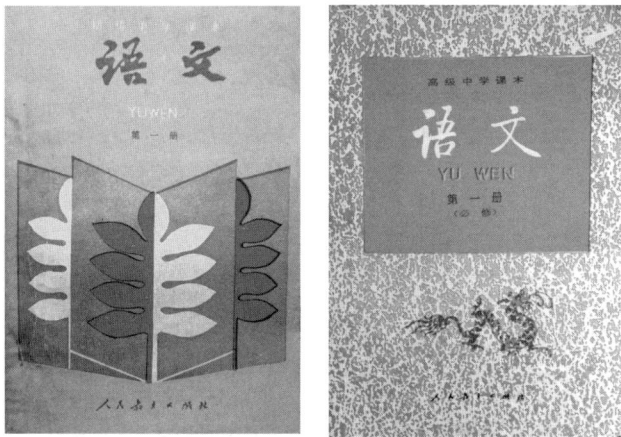

图3-41　20世纪70—90年代人教版合编型教材

此后，这套教材先后进行了三次修订。1981—1982年，人民教育出版社依据1980年修订的《全日制十年制学校中学语文教学大纲（试行草案）》要求进行第一次修订，并与1982年冬和1983年春新编的高中语文第五、六册配套，全套共12册，供六年制中学使用。修订后的初高中教材分别更名为《初级中学课本·语文》《高级中学课本·语文》。《初级中学课本·语文》于1981年修订，编写者有周正逵、张厚感、魏穆紫、王文英、黄成稳、田小琳，审定者有刘国正、黄光硕。《高级中学课本·语文》于1983年修订，编写者有潘仲茗、朱堃华、孙功炎、顾振彪、田小琳等，审定者有刘国正、黄光硕。修订后的教材按读写训练的要求进行编排，各年级有一定的侧重。每册课本中现代文有计划地组织几个单元，读写知识、文体知识及语言知识等分别编写出若干短文，安排在单元课文后。古代作品不分单元集中编排在每册课本的最后，编排顺序兼顾深浅与时代先后，教学时可根据实际需要或集中教学，或同现代文穿插进行教学。1987—1988年，人民教育出版社依据1986年颁布的《全日制中学语文教学大纲》进行第二次修订。1987年版中的"说明"要求"同学们要严格要求自己，勤学苦练，扎扎实实打好基础。字要规规矩矩的写，课文要仔仔细细的读，练习要踏踏实实的做，作文认认真真的完成，切实掌握语文知识，不断提高语文能力。"1990—1991年又根据1990年颁布的《全日制中学语文教学大纲（修订本）》进行第三次修订。1990年版中的"说明"重申了"让学生扎扎实实地学习语文基础知识，认认真真地培养语文基本能力"的要求。

6. 20世纪80—90年代人民教育出版社分编型教材

图3-42　20世纪80—90年代人教版分编型教材（初中）

20世纪80年代人民教育出版社编写出版的分编型语文教材，分为初中和高中两个部分，各自构成体系。

初中部分为"六年制重点中学语文课本（试教本）"《阅读》和

《写作》（各6册），由人民教育出版社中学语文编辑室根据《全日制六年制重点中学教学计划（试行草案）》的精神编写，1982—1984年陆续出版。《阅读》的编写者：张定远、章熊、张建华、顾德希、姚富根、张必锟、熊江平等；《写作》的编写者：王连云、田小琳、黄成稳、庄文中等。《阅读》课本按单元组织教学内容，在练习设计方面，着重加强学生的语文基础训练，提高学生的听说读写能力，并加强了计划性、多样性、启发性，有利于发展学生的智力。每册课本分8—9个单元，每个单元5课左右，主要是按照课文的体裁编排，白话文与文言文混合编排。课文分为讲读和自读两类。讲读课文的练习分"提示和思考""课堂练习"和"课后练习"三部分；自读课文的练习分"自读提示"和"阅读练习"两部分。每个单元前有"单元要求"，后有"单元练习"（有"比较思考""读写技巧""推敲·琢磨""书面表达""听说训练"等几个方面内容，着重训练写作和说话的能力）。《写作》课本每册都包括"写和说的训练"和"现代汉语常识"两部分。前一部分设计写作的训练6—7次，说话的训练2次。写作的训练主要以写一篇文章为单位的综合的整体训练；分解的、局部的训练在阅读课的练习中进行。训练的重点与《阅读》相配，每课包括作文知识、例文、作文范围、写作指导四个部分。说话的训练主要进行有中心、有层次的成篇讲话训练，每课包括要求、提示、命题、评讲四个内容。现代汉语常识侧重于应用，主要帮助学生提高听、说、读、写的能力。每册各有重点，课文的后面配有练习。这套教材于1982年秋季开始在初中试用，1986—1989年人民教育出版根据《全日制中学语文教学大纲》进行了修订，由"试教本"改为"试用本"。修订后的《阅读》的"前言"指出："阅读教学的主要任务是培养学生的阅读能力。在教学中要教给学生阅读的方法，注意培养学生读书的兴趣和良好的阅读习惯，指点自学的门径。"要求"着重加强学生的语文基础训练，提高他们语文能力"。修订后的《写作》改名为《作文·汉语》，"作文"部分包括作文训练和说话训练，"汉语"部分包括语汇知识、语法知识和修辞知识。

图3-43　20世纪80—90年代人教版分编型教材（高一）

图3-44　20世纪80—90年代人教版分编型教材（高二）

图3-45　20世纪80—90年代人教版分编型教材（高三）

图3-46　20世纪80—90年代人教版分编型教材（高中《写作与说话》）

　　高中部分为"六年制高中语文实验课本"，由人民教育出版社中学语文编辑室编写，1984年起陆续出版。编写者：周正逵、余澄清、李世中、刘真福等。这套教材总的指导思想是：贯彻"三个面向"的精神，体现高中阶段素质教育的要求，结合高中语文教学的特点，以全面提高语文素质和教学效率为主要目标，以工具性与人文性统一、知识性与实践性统一、科学性与民族性统一为基本原则。把握中国青少年学习本国语文的规律，运用现代科学的系统方法，采用能力分级、知识分类、训练分步、教材分编等形式，力求使各项训练在纵向发展与横向配合上，都有相对合理的内在联系。这套教材完全打破了以往教材的格局。其主要特点可以概括为一"分"（读写分编），二"合"（课内外结合），三个"转变"（变"文选系统"为"训练系统"，变"文体循环"为"能级递进"，变"讲读中心"为"自学指导"），构成了一个比较科学、严整、新颖，又切实可行的语文训练体系。

该教材从"阅读能力"（包括语体文和文言文）、"表达能力"（包括书面［写作］和口头［说话］）、"思维能力"三方面分年级设计训练系统，编制了12本阅读教材（每学年课内、课外各分上下册）——《文言读本》（上下册，高一课内）、《现代文选读》（上下册，高一课外）；《文学读本》（上下册，高二课内）、《文学作品选读》（上下册，高二课外）；《文化读本》（上下册，高三课内）、《文化著作选读》（上下册，高三课外）。《写作与说话》共6册（一学期一册）。另外还有教学指导书6册，总复习指导1册，共25册。就阅读来说，高一是现代文和文言文，着重培养理解、分析现代文的能力和阅读浅易文言文的能力；高二全部是文学作品，着重培养初步的文学鉴赏能力；高三是文化内涵比较丰富的现代文和文学名家名作，着重培养研讨、评价现代文和文学作品的能力。三个年级形成由易到难、由浅入深的序列。全套课本文化内涵较深，文言文的比例约占课文总量的40%，文学作品的比例占课文总量的60%。就写作来说，着眼于实际应用，培养学生掌握各种常用文体的基本写作能力。这种基本能力包括：观察和分析生活种种现象的能力、搜集和整理材料的能力、表达和修改的能力，重点是表达能力。根据实际需要，选定以下几种实用文体作为训练的重点：书信、通讯、调查报告、思想评论、文艺评论、科技论文。每学期集中训练其中一种文体。在每学期的安排中，除了课堂作文外，还安排了说话训练，并对课外练笔提出要求。

该教材作为体现高中阶段较高要求的语文教材，供全国重点高中以及条件较好的学校和班级自愿选用。1985—1988年进行了第一轮试教，之后对教材进行了总结修订。1994—1997年进行了第二轮试教，之后又根据国家教育委员会1996年颁布的《全日制普通高级中学课程计划（试验）》和《全日制普通高级中学语文教学大纲（供试验用）》的精神进行了修订。修订的指导思想是："以'三个面向'为指针，贯彻高中阶段教育、教学改革的要求，结合高中语文教学的特点，以全面提高语文素质和教学效率为主要目标，以科学化与民族化统一为基本原则，把握中国青少年学习本国语文的规律，运用现代科学的系统方法，采取能力分级、知识分类、训练分步、教材分编等形式，力求使各项训练在纵向发展与横向配合上，都有相对合理的内在联系，全书构成一个比较科学、比较严整、比较新颖又切实可行的语文训练体系，摆脱以'文选系统'、'三段循环'、'讲读中心'为基本特征的传统模式，建立以'训练系统'、'能级递进'、'自学指导'为基本特征的新模式，在高中语文教材体系的改革上有所突破。"1997—2000年在全国部分地区进行了第三轮试验。2000年3月，教育部颁布《全日制普通高级中学语文教学大纲（试验修订版）》后，再一次根据新大纲进行了修订，体现了高中阶段语文教学的较高要求，供全国各地选用。

7. 20世纪80—90年代全国各地编写出版的初中语文实验教材

1986年，国家教育主管部门提出要逐步实行教材"编审分开、一纲多本"的政策。国家教育主管部门颁布一套语文大纲，各地可根据经济文化发展的不同特点，编写经济发达地区、沿海开放地区、农村地区等适用地区不同的语文教材。1986年9月，我国成立了中华人民共和国诞生以来第一个权威性的教材审定机构——全国中小学教材审定委员会，包括其下属的各学科教材审查委员会，将施行了几十年的

"国定制""统编制"的教材制度改为"审定制"，极大地激发了从中央到地方对改革教材、建设教材的积极性，为建设适合我国国情的现代化教育提供了条件。

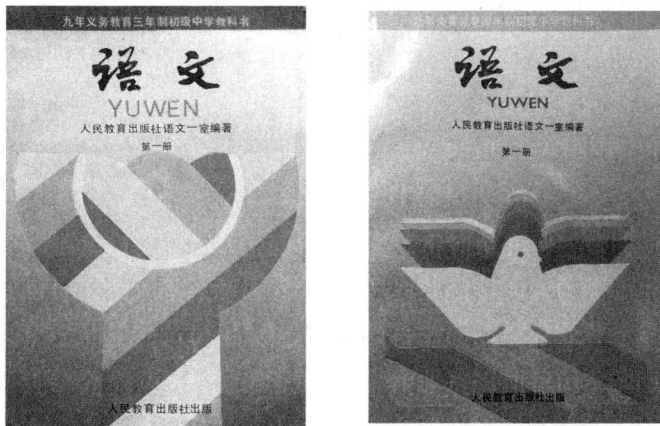

图3-47　人教版九年义务教育三年制、四年制初中语文教科书

20世纪80—90年代，全国各地编写出版了若干套初中语文实验教材。从1992年至1999年，中学语文教材审查委员会分别审查通过了14套义务教育初中语文教材。这些教材大致可分为三类：一类是1988年国家教育委员会制订的《九年制义务教育教材编写规划方案》所规划的全套教材，其中包括人民教育出版社语文一室编写的义务教育三年制和四年制各一套初中语文教科书（顾振彪、张厚感、王连云主编）、北京师范大学"五四学制"教材编委会初中语文教材编写组编写的四年制初级中学语文教科书（张鸿苓主编）、四川省九年义务教育三年制初级中学语文教科书（潘述羊主编）、广东省三年制初级中学语文教科书（曹础基主编）、上海市H版语文教科书（徐中玉主编，徐振维执行主编）、上海市S版语文教科书（姚麟园主编）；一类是若干省市通过整体规划、分科实施、逐步完成的教材，其中包括江苏省三年制初中语文教科书（洪宗礼主编）、北京市三年制初级中学语文教科书（沈心天主编）、河北省三年制初中语文教科书（郑祥

五、孟宪和主编）、广西教育学院教研部编写的三年制初中语文教科书（耿法禹主编）；一类是在相关教育理论指导下或教育改革实践基础上形成的教材，其中有四川省三年制"自学辅导"型初级中学语文教科书（颜振遥主编）、辽宁鞍山十五中三年制"分编"型初级中学语文教科书（欧阳代娜主编）和张志公主编的三年制初级中学语文教科书。

其中，人民教育出版社语文一室根据国家教育委员会1992年颁布的《九年义务教育全日制初级中学语文教学大纲（试用）》编写的九年义务教育三年制、四年制初中语文教科书经全国中小学教材审定委员会审查通过后，于1993年在全国推广使用。该教材最大的特点是强调联系生活。三年制教科书将初中的学习过程分为三个阶段，教学重点和编排方式各不相同。第一阶段（第一学期），认识学习语文与生活的关系，着重培养学生一般的语文能力。课文按照其反映的生活内容分类编排。第二阶段（第二、三、四学期），联系生活，着重培养学生记叙、说明、议论的能力，三种表达方式依次分作三个学期的训练重点，课文按照表达方式编排。第三阶段（第五、六学期），着重培养学生在生活中运用语文的能力，同时培养学生的文学欣赏能力。课文按照文体分类编排。四年制教科书将初中的学习过程分为四个阶段，前三个阶段与三年制大致相同，第四阶段（第七、八学期）着重培养学生初步欣赏文学作品的能力，进一步提高运用语文的能力。课文按照欣赏文学作品的能力组织单元。这两套教科书根据教育部2000年颁布的《九年义务教育全日制初级中学语文教学大纲（试用修订版）》的精神，进行了修订，2000年秋季起试用。

8.20世纪90年代人民教育出版社高中试验教材

《全日制普通高级中学教科书（试验本）·语文》（共6册），由顾振彪、顾之川主编，人民教育出版社于1997年起出版。这套教材是根据国家教育委员会1996年颁布的《全日制普通高级中学课程计划（试用）》和《全日制普通高级中学语文教学大纲（供试验用）》编写的。

总的编写指导思想是：以能力训练为主，注重文化熏陶，在初中的基础上进一步全面提高学生的语文素质，培养学生正确理解和运用祖国语言文字的能力；在训练中，传授知识，开发智力，发展个性和特长，进行思想教育和审美教育。这套教材于1997—2000年在江西、山西、天津进行了试验。

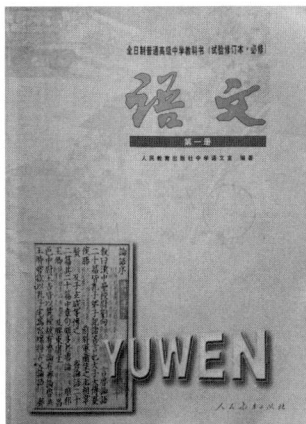

图3-48　20世纪90年代人教版高中试验教材

　　2000年，人民教育出版社根据教育部2000年修订颁布的《全日制普通高级中学课程计划（试验修订稿）》和《全日制普通高级中学语文教学大纲（试验修订版）》的基本精神进行了修订，出版了《全日制普通高级中学教科书（试验修订本·必修）·语文》，供全国中学选用。2000年修订的指导思想是："全面提高学生的语文素质，提高学生正确理解和运用祖国语言文字的能力，重视积累、感悟、熏陶和培养语感，使学生养成良好的学习语文的习惯。在教学过程中，培养学生热爱祖国语文的思想感情和民族共同语的规范意识，提高道德修养、审美情趣、思想品质和文化品位，发展健康个性，形成健全人格。"2000年秋季开始，教育部在全国推广使用这套教材。

　　与此前的高中语文教材相比，这套教材有三个明显的变化。一是体现在外观上。旧教材是32开本，而新教材则为16开本。二是体现在内容上。新教材虽然保留了大量历代传诵的名家名篇，但更新了现行教材的大部分内容，选文的数量明显增加，由原来200篇增加到600篇，其中主要是加大了文学教育的分量。在整套教材的选文中，古今中外的文学作品占60%以上，选入了大量富有文化内涵和时代气息的文章以及一些外国文学中影响深远和反映世界最新科技成就的作品，古代作品选文的比例也显著加大，约占整个教材的43%，而且选文更加注重作品本身所包含的感情因素、审美情趣和文化内涵。三是体现在编排上。新教材的编排方式主要有三点。一是一改以往教材阅读与写作混合编排的方式，将写作、口语交际分离出来，编写独立的教材，建立了阅读、写作、口语交际三条线索并行的教材编写体系。在阅读部分兼顾写作、口语交际，在写作、口语交际部分兼顾阅读。既分编，又合册。二是阅读部分不再按照以往教材中所谓"比较复杂的记叙""比较复杂的说明"和"比较复杂的议论"为线索组织单元，而是结合能力培养目标和课文本身的实际组织单元。比如，现代文的阅读能力，就以整体感知、揣摩语言、理清思路、概括要点、筛选信息、把握文意，质疑解难等能力培养目标为线索进行编排。文学鉴赏能力，则以诗歌、散文、小说和戏剧为线索组织单元。文言文的阅读能力，则主要考虑语言的难易程度，结合时代的先后顺序进行排列。三是编写了与教科书相配套的语文读本，作为语文教材的有机组成部分，供学生在课外阅读。它在内容上是教科书的延伸和深化，在地位上是课内教材的姐妹篇，使教材的容量比以前增加了数倍。

20世纪末十多年语文教材的建设有两个特点：一是突破了只有专家才能编写教材的框框，教育行政部门鼓励地方、学校和长期从事教育工作的教师编写教材；二是这些语文教材在按照教育部语文教学大纲编写的同时，都把追求特色作为教材建设的目标之一，呈现出多样化发展的趋势。一方面，人民教育出版社编制的全国通用教材，在国内绝大部分地区使用；另一方面，某些省、市、自治区的少数学校，根据自己的需要和对语文教学规律的认识，也在试编教材，供本校或其他学校试用，进行着教材改革的尝试。

（三）21世纪初的语文教材

2001年6月，教育部颁布《基础教育课程改革纲要（试行）》，启动了我国新世纪课程改革，而教材改革是其中重要内容之一。文件要求："教材改革应有利于引导学生利用已有的知识与经验，主动探索知识的发生与发展，同时也应有利于教师创造性地进行教学。教材内容的选择应符合课程标准的要求，体现学生身心发展特点，反映社会、政治、经济、科技的发展需求；教材内容的组织应多样、生动，有利于学生探究，并提出观察、实验、操作、调查、讨论的建议。"[①]

1.新课程语文教科书

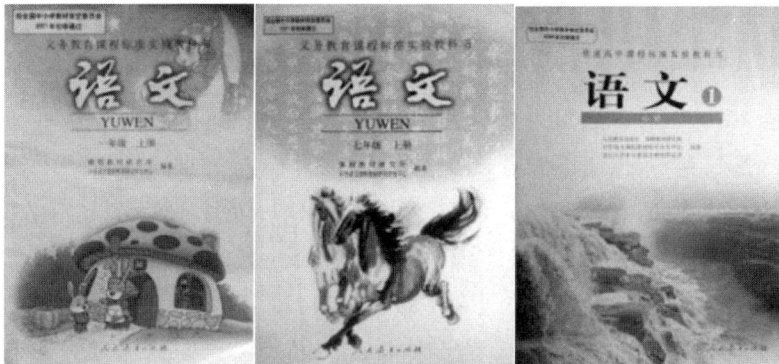

图3-49　人教版新课程语文教科书

依据教育部2001年颁布的《全日制义务教育语文课程标准（实验稿）》编写，经全国中小学教材审定委员会2001年初审通过的新课程小学语文教材有人民教育出版社（崔峦、蒯福棣主编）、江苏教育出版社（张庆、朱家珑主编）、北京师范大学出版社（马新国、郑国民主编）出版的《义务教育课程标准实验教科书·语文》（1—6年

---

① 中华人民共和国教育部：《基础教育课程改革纲要（试行）》，载《人民教育》2001年第9期。

级）。这些教材的编写表现出对培养学生语文素养的共同追求，选文有鲜活的时代特色，教材编制具有兴趣牵引意识、科学合理意识、编排整合意识等特点。

依据教育部2001年颁布的《全日制义务教育语文课程标准（实验稿）》编写，经全国中小学教材审定委员会2001年初审通过的新课程初中语文教材有人民教育出版社（顾振彪主编）、江苏教育出版社（洪宗礼主编）、语文出版社（史习江主编）出版的《义务教育课程标准实验教科书·语文》（7—9年级）。这些教材编写同样表现出对培养学生语文素养的共同追求，选文都注重体现一个"新"字，教材编制具有学生主体意识、综合培养意识、资源拓展意识等特点。

依据教育部2003年颁布的《普通高中课程方案（实验）》《普通高中语文课程标准（实验）》编写，经全国中小学教材审定委员会2004年初审通过的新课程高中语文教材有人民教育出版社（袁行霈主编）、江苏教育出版社（丁帆、杨九俊主编）、语文出版社（史习江主编）、广东教育出版社（陈佳民、柯汉琳主编）、山东人民出版社（谢冕主编）出版的《普通高中课程标准实验教科书·语文》。依据《普通高中课程方案（实验）》，高中课程由学习领域、科目、模块三个层次构成，每门课程均分为必修和选修两个部分。这些教材从整体建构而言，均由必修和选修两大部分组成，突破并结束了中华人民共和国成立以来高中语文课程几乎只有必修课的历史；从内部结构而言，高中语文教材已不再只是一篇篇文章的简单组合，而是为顺应一定模块教学需要所构建的一个相对完整、自成体系的学习单元。这些教材编制具有凸显人文意识、强化探究意识、个性发展意识等特点。

2.统编版语文教科书

普通中小学道德与法治/思想政治、语文、历史三科教材是落实国家教育方针、体现国家意志、传承民族优秀文化的重要载体，具有极其重要、特殊的育人作用。根据中央要求，教育部统一组织新编了道德与法治/思想政治、语文、历史教材。义务教育三科统编教材于2017年秋季学期正式投入使用，2019年秋季学期实现所有年级"全覆盖"。普通高中三科统编教材于2019年秋季学期正式投入使用，2020年秋季已覆盖20个省（区、市），预计2022年前将实现所有省份"全覆盖"。我国中小学语文教材在实行了30多年的"一纲多本"政策后，又重新回归到统编时代。

图3-50　统编版语文教科书（小学）

教育部组织编写的《义务教育教科书·语文》（1—6年级），总主编为温儒敏，主编为陈先云（执行）、曹文轩、崔峦、李吉林，由人民教育出版社从2016年起陆续出版发行。该教材体现《义务教育语文课程标准（2011年版）》的课程理念，坚持立德树人，体现社会主义核心价值观；坚持中国特色，全面反映新时代语文教育内容；坚持守正创新，注重提高学生语文核心素养；重视读书，培养学生的阅读兴趣和阅读习惯。该教材

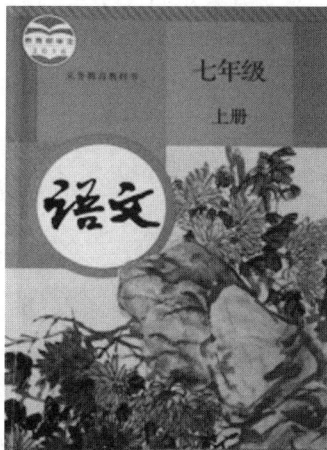

图3-51　统编版语文教科书（初中）

每册均为8个单元，其结构体系按学段可大致划分为两类。第一学段除一年级上册有入学教育和汉语拼音外，每个单元包括识字、课文及思考练习题、语文园地、快乐读书吧。第二、三学段安排课文、口语交际、习作、语文园地、快乐读书吧以及综合性学习等相关学习内容。该教材的编制体现了回归汉字教学传统意识，引导学生树立读书意

识，注重语文能力培养意识及由浅入深、循序渐进意识。

教育部组织编写的《义务教育教科书·语文》（7—9年级），总主编为温儒敏，主编为王本华（执行）、曹文轩、顾之川、张笑庸，由人民教育出版社从2016年起陆续出版发行。该教材体现《义务教育语文课程标准（2011年版）》的课程理念，整体规划、自然渗透，落实社会主义核心价值观；落实课程标准要求，遵循语文教育基本规律；坚持课改方向，注重提高学生语文素养；选文注重文质兼美，着眼于培育思想内涵、文化品位。该教材为了体现课程标准"人文性与工具性相统一"的精神。在结构体系的设计上，采用"人文主题"与"语文素养"双线组元的结构方式。每册6个单元，包括阅读、写作两大板块，兼顾综合性学习、名著导读和课外古诗词诵读。该教材编制体现了强化语言文字运用的意识，强化语文与生活相联系的意识，突出语文活动体验与探究的意识，指导学生学习阅读方法的意识，积极倡导多读书、好读书、读好书的意识。

图3-52 统编版语文教科书（高中）

教育部组织编写的《普通高中教科书·语文（必修）》，以《普通高中课程方案（2017年版）》和《普通高中语文课程标准（2017年版）》为依据，坚持正确的政治导向，落实立德树人根本任务；弘扬优秀传统文化，植入中华民族文化基因；突显语文工具性，提高语言文字运用能力。该教材由高一必修上下册、高二选择性必修上中下册组成，人民教育出版社于2019年起陆续出版发行。本套教材总主编为温儒敏，必修上册主编为刘勇强、杨九俊，必修下册主编为过常宝、郑桂华，选择性必修上册主编为柯汉琳、王荣生，选择性必修中册主编为程章灿、王本华，选择性必修下册主编为王立军、朱于国。该教材在高三年级选修阶段未统一编写教材，由各地根据实际情况决定。必修教材包括"单元导语"、课文、"阅读提示""学习任务""参考资源"。选择性必修教材包括"单元导语"、课文、"学习提示"和"单元研习任务"。该教材编制体现了贯彻落实国家课程标准的意识，突出语文学科核心素养的意识，落实语文学习任务群的意识，注重整本书阅读的意识，注重"跨媒介阅读与交流"的意识。

三 我国语文教科书百年变革历程评析①

综观我国百年来中小学各科教科书的变革历程，可以发现，没有哪一科目教科书的变革像语文教科书这般频密与多元；与此同时，其社会关注度，似乎也没有哪个科目教科书能与语文教科书相提并论。据《中国百年中小学语文教材简目》统计，我国中小学语文教材多达1340套②，还不包括近10多年出版的各种版本的中小学语文教科书。而在语文教科书的研制中，历来都不乏文化精英、杰出学者们的参与，如：林纾、唐文治、蔡元培、梁启超、蒋维乔、王国维、徐特立、刘师培、谢无量、吕思勉、夏丏尊、钱基博、柳亚子、穆济波、黎锦熙、胡适、陶行知、陈望道、蒋伯潜、顾颉刚、舒新城、洪北平、叶圣陶、孙俍工、任中敏、朱自清、陈子展、罗根泽、赵景深、吕叔湘、辛安亭、施蛰存、王季思、张志公等。③ "到底什么样的语文教科书最适合母语教育？"为此，人们苦苦探寻了百余年。回顾百余年的探索历程，我国语文教科书历经了多重变革，主要表现为使用对象转向、价值转向、结构转向、体系转向、内容转向等五个方面。解读每一种变革，不仅可以从中窥探到我国语文教科书的嬗变规律，而且有助于我们理清思路，在整体观照的视野中审视既有变革的价值及应注意的问题，并从中勾画出我国语文教科书建设的民族化、科学化、现代化的未来图景。

---

① 本文系与屠锦红合作，原载《中学语文教学》2012年第1期，收入本书时有删改。

② 洪宗礼，柳士镇，倪文锦：《母语教材研究》（第10卷），江苏教育出版社2007年版，第292—358页。

③ 限于篇幅，仅列举1919年前出生的部分学者，按各人出生年先后排序。

（一）语文教科书的使用对象转向："教程"型转向"学程"型

1. 变革解读

"教"和"学"是语文教学过程中一对最基本的关系，两者相互依存、相互作用，在教学实践的动态进程中达到矛盾的统一。在语文教科书的编制中，基于对"教"和"学"一方的侧重与强调，就会出现两类教科书。一类谓之"教程"型语文教科书，一类谓之"学程"型语文教科书。"教程"型语文教科书的编制更多着眼于彰显语文教师教的主导；"学程"型语文教科书更多着眼于激发学生学的主动。我国古代的语文教科书，譬如"四书""五经"，便是典型的"教程"型教科书。1904年语文独立设科伊始所编制的语文教科书，如许贵、甦民编辑的《中学文萃》、刘师培编写的《中国文学教科书》等，基本也是"教程"型教科书。由于这些教科书的难度和深度比较大（这些教材中的选文均为文言文），它们事实上仅仅是"教"的材料，离开教师的帮助和指导，学生对教科书的学习和理解就会存在不可逾越的困难。1908年商务印书馆发行了吴曾祺编写的《中学国文教科书》，该教材对"选文"添加了圈点、眉批、总批等，这些可称为语文教科书"助读系统"的雏形。"助读系统"的出现，标志着语文教科书的编制开始考虑到学生独立使用教科书的情况。之后，语文教科书对"助读系统"的编制日益关注起来。在一次次的变革中，"助读系统"的内容愈来愈丰富、完善，如教科书中的"编辑说明"，单元前的"学习要求"，课文前的"学习重点""学习目标"，课文自学引导，作者、作品背景介绍，预习提示、读中提示和随文的注释，以及培养阅读习惯的指导性短文，课文阅读指导短文，单元复习提要表，写作和听说教材中的提示、题解、点拨，等等。21世纪新课程改革，由于语文课程标准提出了"过程与方法"这一维度的目标要求，现行的语文教科书更是把"教会学生学会学习"放在了突出的地位。许多新课标语文教科书把各种语文学习方法（如相关阅读的方法、写作的方法、口语交际的方法等）直接写入教科书中。总之，当前"学程"型语文教科书已深得人心。洪宗礼认为，语文教科书不是供学生欣赏的"知识花盆"，也不是展示范文、注释、插图、练习等的"展览厅"，它是引领学生进行探究性学习的"路标"，是促进学生自主发展、自我建构的"催化剂"；更确切地说，语文教科书是"帮助学生自主学习之本""引导学生学会学习之本""促进学生创造性学习之本"。①

2. 评析

教科书是供教师使用还是供学生使用，或者是供师生双方共同使用？如果以师生双方为对象，二者应有主次之分还是同等重要？在对这些问题的探讨中，学术界主要有三种观点：第一种观点认为，教科书是教师进行课堂教学的教本，因此教科书的设计要从有利于教师讲授的方面考虑，列出知识素材和结论即可；第二种观点认为，教科书只是学习资源，应从学生学习的角度去考虑设计；第三种观点认为，教科书是讲授材料与学习材料的有机统一，设计教科书应从教与学两个方面考虑，不能忽视任何一方。②当前我国语文教科书的编制显然更多地倾向于第二种观点。公允地讲，"学程"型语文教科书确实有诸多优点。但是，如若教科书全部可以依凭学生自学，这样的教科书对"学"的冲击与提升的意义可能不大，而且对"教"的愿望和激情的释放也可能会产生压抑。因此，一味地基于"学"的考虑，不仅有可能降格教科书应有的"教学分量"，而且有可能使"教"游离于"教学"之外。如何编制既适合教师"教"、值得教师"教"又适合学生"学"、值得学生"学"的语文教科书，仍需从长计议，深入研究。

---

① 洪宗礼：《构建面向21世纪中国语文教材创新体系的尝试》，载《中学语文教学参考》2002年第3期。

② 乔晖：《教科书变革：学习活动的视角》，载《教育发展研究》2009年第2期。

（二）语文教科书的价值转向："学科本位"型转向"人本位"型

1. 变革解读

"学科本位"型语文教科书其功能旨趣在于，以学生获得语文知识、语文能力为主要追求，强调语文学科的工具性、应用性功能，其核心价值取向是培养学生正确地理解与运用祖国语言文字的能力。"人本位"型语文教科书其功能旨趣在于，以人的发展为追求，强调全面提高学生的语言能力和人文素养，其核心价值取向是培养人格健全、智情统一的人。自1904年语文独立设科以后，迫于强烈的"学科"建构的理念，对"学科本位"型教科书的追求，构成了当时语文教科书编制最重要的努力方向。在我国20世纪前期语文教科书编制史上，首次对"学科本位"型语文教科书的编制进行科学系统的尝试要数《国文百八课》。此套教科书系夏丏尊、叶圣陶合编，由开明书店出版。编者在"编辑大意"中明确指出："在学校教育上，国文科向和其他科学对列，不被认为一种科学。因此国文科至今还缺乏客观具体的科学性。本书编辑旨趣最重要的一点就是想给与国文科以科学性，一扫从来玄妙笼统的观念。"[①]20世纪后期，"学科本位"型语文教科书的编制成为一种主流的价值追求，也彰显出了两大共同特征：第一，系统安排学科知识；第二，突出语文能力训练。主要做法是：在教材中确立知识点和训练点，再将知识点连成知识线，将训练点连成训练线，从而将大纲中规定的若干项语文知识要求和语文能力训练全部落实到教科书中。对"学科本位"型语文教科书进行变革主要始于21世纪新课程改革之时。新课程改革以来，人本主义思想在语文教育领域受到前所未有的重视，由此，新课标语文教科书在功能取向上开始向"人本位"型语文教科书转移。例如，苏教版《义务教育课程标准实验教科书·语文》（7—9年级），其编制不再以知识点、训练点为主线，

---

① 夏丏尊，叶绍钧：《国文百八课》（第一册），人民教育出版社1985年版，第1页。

而是以实现"以人的发展为本"这一目标来建构语文教科书。为体现上述追求，该教科书在内容上，注意充分体现中华民族的优秀文化传统和人类进步文化的融合，注重人文精神和科学精神的统一；范文与读写听说、综合实践活动、"探究·练习"和编者语，都力求具有丰富的文化内涵和时代色彩，都注重培养学生积极的人生态度、正确的价值观和爱国主义精神以及热爱祖国语言的情感。

2. 评析

现代教学论的一个基本价值取向，就是对长期以来以知识授受、技能训练为主线的教学范式的超越，转向对个体、对个性、对生命的关注与关怀，呼唤教学世界与生活世界的同构与共生，积极倡导人的全面发展。新一轮基础教育课程改革正是立足于"人的主体性发展和全面发展"这一核心理念而进行的课程革新运动。从这一视角来看，"人本位"型语文教科书的出现，无疑体现了时代精神。需要指出的是，语文课程具有"工具性与人文性统一"的特点，掌握语言工具是语文课程区别于其他课程最重要的特性。因此，"人本位"型语文教科书如何在发挥自身优势的同时，又能始终恪守语文教育的基本功能是培养学生正确地理解和运用祖国语言文字这一事实，是其必须认真面对与正视的。

（三）语文教科书的结构转向："文体"型转向"主题"型

1. 变革解读

将若干选文组合成单元，再将若干单元联合成教科书，这是现代语文教育范畴下语文教科书基本的结构方式，但在具体的单元组构上，则存在着不同的策略。具体表现为两种方式：一是"文体"式，一是"主题"式。所谓"文体"式，即按不同文体来划分单元，然后根据单元的文体特征来选择课文。也就是说，具有共同的文体特征，是不同文章聚集在同一单元中的根本缘由，文体构成了单元建构的核心要素。所谓"主题"式，即"根据学生的生活经验、学习兴趣及汉语丰富的表意功能和独特的文化内涵来确定语文学习主题"，然后"围绕主题设计一系列语文实践活动的背景"。[①]也就是说，在同一单元中的诸多文章可以是不同的文体，它们主要是因为某一个既定的"主题"以及学习"情境"而聚集在同一单元中。自民国初年始，我国开始出现了按文章体裁进行分类编制选文的教科书，如1914年谢无量编写的《新制国文教本》，该书共四册，每册均按体裁分编，每一编相当于一个规模较大的单元，各编的课文体裁不同，因此，此书实际上开创了不同文体分单元编排教科书的先例。20世纪30年代，孙俍工所编的《初级中学国文教科书》（共6册）、《高级中学国文教科书》（共6册），已开始从现代文体的角度分类编排课文。以初中为例，大抵情况是：一年级以记叙文为主，二年级以说明文为主，而辅以文艺抒情文；三年级以议论文为主，应用文为辅。中华人民共和国成立后，"文体"型一直是语文教科书编制的主流方式。最典型的是人民教育出版社20世纪70年代后期出版的合编型语文教科书，其基本格局是：初一年级是记叙文，初二年级是记叙文和说明文，初三年级是记叙文和议论文；高一年级是比较复杂的记叙文和说明文，高二年级是比较复杂的记叙文和议论文。新世纪语文教科书编制在结构上主要以"主题"型为主，主要方式是以"人文主题"来组构单元。如：人民教育出版社出版的《义务教育课程标准实验教科书·语文》（7—9年级）以"语文与生活的联系"为线索，按人与自我、人与自然、人与社会三方面来组织单元；苏教版《义务教育课程标准实验教科书·语文》（7—9年级）则围绕一个个主题词（如人物风采、童年趣事、建筑艺术、动物世界等）把阅读、写作、口语交际和综合实践活动等板块整合在一个单元中。

2. 评析

由于被我国语文教育界长期认定的这套"教学文体"（主要是实

---

① 郑国民，陈晓波：《新世纪语文教科书编排方式的探索》，载《课程·教材·教法》2009年第5期。

用文体即记叙文、说明文、议论文等）各自在概念的内涵与外延上存在模糊性，再加上在日常生活实践中，人们面对的均为具体的，诸如消息、通讯、游记、特写、参观记、传记、访问记、回忆录等，而所谓的"记叙文、说明文、议论文"只是一些"集合概念"，与日常生活实际存在着距离。因此，由这些"教学文体"所架构的语文教科书其"合理性"一直遭人质疑。"主题"型语文教科书的出现，令人眼前一亮，但是目前关于"主题"型教科书的评议褒贬皆有，其批评的主要指向是：在同一"主题"中，各种文体的"大杂烩"，可能会导致语文教学对生活中实际存在的"文体"意识的淡漠，从而导致教学中对各种"人文主题"的过度开发；而与此同时，面对同一"主题"中各异的文体，教师的工作难度也有可能加大。"主题"型教科书如何在发挥自身优势的同时，又能不失语文作为祖国语言教育这一基本立场，且不增添教师的工作负担，此问题还需审慎研究。

（四）语文教科书的体系转向："分科"型转向"综合"型

1. 变革解读

语文教科书的体系有两种基本表现形态：一是"分科"型，一是"综合"型。所谓"分科"型，是按照语文教学内容的不同种类（如识字写字教学、阅读教学、写作教学、口语交际教学等）分别编制成几种不同的教科书，每种教科书在教学内容上自成体系。所谓"综合"型，是将所有语文教学内容按照一定的结构方式混合编制在一起，使语文教学的各项内容全部集结在一本教科书中。我国传统的语文教科书基本上都是"分科"型的，其识字教材（如《三字经》《百家姓》）、阅读教材（如《昭明文选》）、写作教材（如《笠翁对韵》）等都是分别编制的。清朝末年以时代逆序编选的语文教科书（如林纾编写的《中学国文读本》），民国初年按体制分类选编的语文教科书（如谢无量编写的《新制国文教本》），以及20世纪20年代以现代白话选编的语文教科书（如洪北平、何仲英编写的《中等学校用白话文范》），基本上都是"分科"型的教科书。20世纪30年代，以单元组合编选教科书的出现，标志着我国"综合"型语文教科书的正式诞生。以往教科书分类编选，只是把选文或按时代，或按体制，或按作家等集中编组而已，而从20世纪30年代开始，阅读选文、作文素材、文体知识等开始系统地编进一套语文教科书中。代表性成果即为夏丏尊、叶圣陶合编的《国文百八课》，此教科书每"课"（单元）均含文话、文选、文法或修辞、习问四项，各项打成一片。除20世纪50年代中期汉语、文学分科教材和20世纪80—90年代人民教育出版社出版的分编型教材外，中华人民共和国成立以来，我国绝大多数地区和绝大部分时间都使用的是"综合"型语文教科书。

2. **评析**

公允地讲，"分科"型与"综合"型语文教科书均有着各自的利与弊。从学术界来看，到底是"分"更好，还是"合"更好，事实上目前还没有一致的结论。对此，我们呼吁，不能仅停留于思辨与假想，必须进行严格的实证、实验研究。值得我们注意的是，从国际比较的视野来看，当今西方绝大多数国家的母语教科书的编制体系采用的都是"分科"型，主要是把母语教科书分为语言科和文学科两大块。1985年，张志公在《关于改革语文课、语文教材、语文教学的一些初步设想》中指出："目前的语文教材里有比例不小的文学作品，但并不是用来进行文学教育，而是用来进行'读写训练'的，连古典文学作品也不例外。这样的语文教学、语文教材，实际上是一种互相掣肘，两败俱伤的作法。"他设想："语言文字教育直到小学毕业是基本的。初中一年级开始增设文学课。""是'增设'，不是如五十年代试行过的'文学''汉语'分科，'语文'课还是语文课。"语文课的任务是培养下一代所需要的语文能力，简言之，即"处理生活和工作中的实际问题的敏捷准确的高效率的口头和书面语言能力""文学课的任务是进行文学教育，不是进行听说读写训练的。"①我们认为，基于不同的文化视阈，对语文教科书各自的内在特征分析，应该成为我们今后在语文教科书研制过程中应认真审议的一个重要课题。不同的民族文化、语言文化，应该是语文教科书在编制时必须考虑的一个深层因素。

（五）语文教科书的内容转向："知识"型转向"实践"型

1. 变革解读

"知识"型语文教科书其隐含的课程逻辑倾向于"课程即学科知识"，它追求语文知识在语文教科书中的基础地位，在内容安排上以语文知识来统领教科书。"实践"型语文教科书其隐含的课程逻辑倾向于"课程即学习经验"，它追求语文学习者、语文学习内容与语文学习环境之间的交互作用，在内容安排上以语文实践来统领教科书。1906年刘师培编写的《中国文学教科书》可谓较早关注语文知识的教科书，这套教科书十分重视分析"小学"，并讲授句法、章法、篇法等，总论古今文体，配以选文。这事实上已经开创了以语言文字为纲编制教科书的先例。民国以后，我国出现了一些非文选型的语文知识教科书，如张之纯、庄庆祥编纂，蒋维乔校订的《文字源流》；庄庆祥编纂，蒋维乔校订的《文法要略》；王梦曾编纂，蒋维乔校订的《中国文学史》等。20世纪30年代夏丏尊、叶圣陶合编的《国文百八课》则第一次系统地将相关语文知识进行了有序编排，使得语文知识在合编型语文教科书中取得了统领性地位。20世纪50年代中期的汉语与文学分科教学，虽然时间很短，但实际上完成了语文知识在语文教科书中一次史无前例的系统建构。20世纪60年代至90年代（除"文革"期间），语文知识一直在语文教科书中居于统领性地位。21世纪新课程改革，《全日制义务教育语文课程标准（实验稿）》中明确指出："语文是实践性很强的课程，应着重培养学生的语文实践能力，而培养这

---

① 张志公：《传统语文教育教材论》，上海教育出版社1992年版，第163、171—172、173—174页。

种能力的主要途径也应是语文实践，不宜刻意追求语文知识的系统和完整。"[1]至此，新课标语文教科书均开始向"实践"型语文教科书转变。首先，新课标语文教科书均有意淡化语文知识的编排，语文知识在教科书中不再居于统领地位。其次，选文不再是像"知识"型语文教科书那样主要作为印证语文知识的例子，而主要是被作为引发语文实践的材料。再次，这些语文教科书大都增加了口语交际、综合言语实践活动等板块。最后，从练习系统的设计来看，语文教科书也更多地联系学生生活，指向语文实践。

2. 评析

对"实践"的重视，彰显了活动课程的本质特征。应该说，从课程发展史的角度来看，经验课程或活动课程，与学科课程一样都是学校教育不可或缺的重要组成部分。但必须指出的是，不管是学科课程还是活动课程，课程的本体是知识。语文课程的编制，首先要"从浩瀚的人类'文化内容'中，从我们民族的'文化内容'中精选出能够作为'教育内容'的'核心知识'，然后围绕'核心知识'收集、组织大量的素材，然后才谈得上'教材（教科书）'的编制工作。'"[2]这里所谓的"核心知识"，对于语文课程而言，即为培养学生语文能力、语文素养所需的基本知识。课程论中"什么知识最具价值"这一经典问题反映在语文课程中，便是追问与权衡什么知识是培养学生语文能力、语文素养所需的，围绕这一核心问题，语文课程的编制才得以发生，语文教科书的编制也才有可能发生。因此，从这一视角来看，对于"实践"型语文教科书编制而言，如何选择适宜的语文课程"核心知识"，并且科学地与"实践"嫁接，是必须解决的重要课题。

---

① 中华人民共和国教育部：《全日制义务教育语文课程标准（实验稿）》，北京师范大学出版社2001年版，第2页。

② 钟启泉：《文本与对话：教学规范的转型》，载《教育研究》2001年第3期。

四 从"文选"到"单元"再到"专题"

——苏教版高中语文教科书（必修）编制的探索

我国语文教科书的编制，经历了从古代的文选型教科书到现代的单元型教科书，再到21世纪初新课程改革以来出现的专题型教科书等几次飞跃。由丁帆、杨九俊主编，江苏教育出版社出版，经全国中小学教材审定委员会2004年初审通过的《普通高中课程标准实验教科书·语文》必修一至必修五[①]，在"文选"和"单元"的基础上，创新语文教科书的编制方式，以"专题"作为语文教科书的基本构成单位，并创造性地设计了"文本研习""问题探讨""活动体验"三种教材呈现方式，进而推动了教师施教方式与学生学习方式的变革。

（一）从"文选"到"单元"

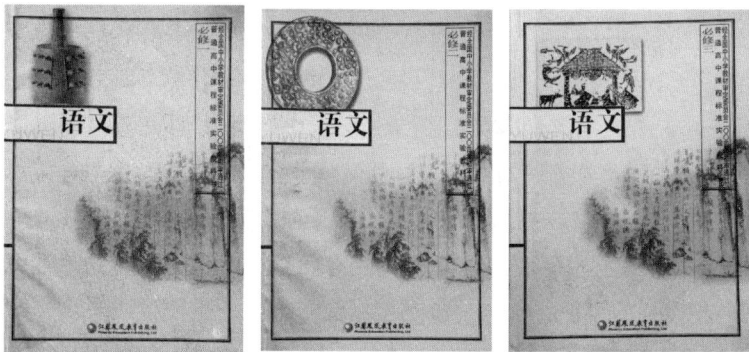

[①] 丁帆、杨九俊：《普通高中课程标准实验教科书·语文》（必修一至必修五），江苏教育出版社2004年第1版，2014年第6版。

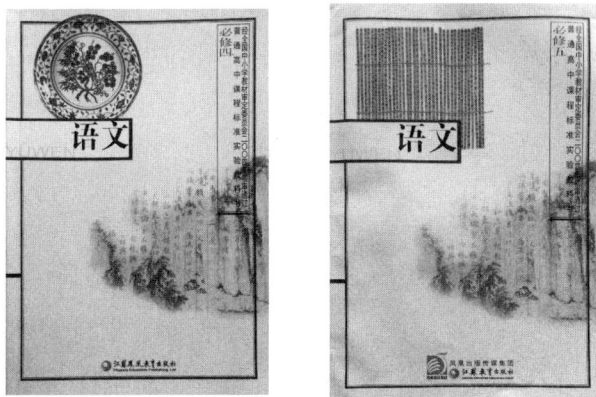

图3-53　苏教版高中语文教科书（必修）

1. 文选型语文教科书

中国古代语文教材，除主要用于识字写字的蒙学教材和取用成书的经学教材之外，最为重要的便是专门编制的文选教材。

我国现存编选最早的一部诗文总集即以"文选"命名。因其编者萧统为南朝梁武帝萧衍的长子，死后谥名"昭明"，故《文选》又称《昭明文选》。《文选》共收入周代至六朝七八百年间的130多位知名作者和少数佚名作者的作品700余篇（首），各种文体的代表作基本具备。

《文选》不仅在中国文学史上占有重要地位，也是我国语文教材史上的一个重要里程碑。《文选》是我国现存最早的阅读与写作合一的课本。唐以后的文人士子，大都要读这部书。其目的主要有两个：一是为了写文章，把它作为模仿的样板和取材的来源；二是为了应付科举，宋代有谚语云："《文选》烂，秀才半。"《文选》的一些重要的编辑思想也为后世的语文教材编制提供了有益的借鉴。从作品看，入选者必须具有"沉思"和"翰藻"的特点。用现在的话说，就是要注意文质兼美。《文选》所选的都是名家名篇，且各朝的代表作家的作品大致完备。以时代论，书中所选的700多篇诗文中，周秦24篇，汉代140篇，其余都是魏晋到梁代的，显示了一种厚今薄古的倾向。以编排论，全书700余篇作品，分辞赋、诗歌、杂文三大类，大类以下又分38类，类以下再分小类，形成了文体分类为主、兼顾作品时代排序的特色。

此外，古代还有专选诗歌的诗选教材，如唐代《咏史诗》，宋代《神童诗》和《千家诗》，清代《唐诗三百首》等。经书中的《诗经》也是诗歌选本，这些都可以看作是广义的文选教材。

《文选》以诗文汇编的形式，开创我国文选型语文教材之先河，一直被后世所仿效。历朝历代都有许多文章选本问世，并出现了诸如宋代吕祖谦的《古文关键》《东莱博议》、真德秀的《文章正宗》、谢枋得的《文章轨范》，明代茅坤的《唐宋八大家文钞》，清代李扶九的《古文笔法百篇》、吴楚材和吴调侯的《古文观止》、姚鼐的《古文辞类纂》、曾国藩的《经史百家杂钞》等优秀文选本。

进入近现代以来，语文学科教科书虽有所改进，但其结构仍有相当多的是以文选形式编制的。如：林纾编写的《中学国文读本》、吴曾祺编写的《中学国文教科书》、叶圣陶等编写的《开明新编国文读本》《开明新编高级国文读本》《开明文言读本》，均为文选型教科书。1950年，由中央人民政府出版总署编审局编辑的《初级中学语文课本》和《高级中学语文课本》，也是按文选的方式来编排的。

文选型语文教材有两种基本类型：一是单纯的范文汇编；一是以汇编的范文为学习内容中心而辅之以注疏和评点。后者在漫长的历史进程中得以不断地充实，成为语文教材的主导类型。文选型语文教科书最大的特点是编制方便，或按时代，或按作家，或按文章体裁，或按文章内容，或几者兼顾穿插编排，均可编排成册。在教学方面，强调诵读，讲究整体感悟。

2. 单元型语文教科书

我国语文学科教材的单元化，是与语文教学的科学化进程同步的。1906年上海国学保存会出版的刘师培编写的《中国文学教科书》（共10册），首明小学之大纲，次分析字类，再讨论句法、章法、篇次，再总论古今文体，最后选文。1914年上海中华书局出版的谢无量编写的《新制国文教本》（共4册），每册选文按文体分若干类，称"编"，如第一册共五编：第一编论著之属（18篇），第二编序录之属（14篇），第三编书牍之属（13篇），第四编传志之属（25篇），第五编杂记之属（30篇）。这些教材，或按知识排列，或以体制分类，已表现出突破单一文选体制的倾向。

自20世纪30年代起，受美国莫里逊倡导的单元教学法的影响，语文教材以单元组织选文日益发展，单元组合形式渐趋多样化。不仅有以文体、语体、作家、时代、题材为内容的单元组合，更有读写结合与融语文知识、范文和作业于一体的综合单元。

1932年，孙俍工编写的《初级中学国文教科书》和《高级中学国文教科书》（各6册）由上海神州国光社出版。这套教材尝试以"文章作法"为线索，将选文组合成单元，每个单元均以一个读写训练点为中心，并配以一定的选文和作文题目。初中以语体文为主而稍参文言文，大抵一年级以记叙体为主，二年级以说明体为主，而辅以文艺抒情文，三年级以议论体为主，应用文为辅，兼及古诗词经史知识。高中以文言为主而稍参语体文，大抵一年级以记叙各体为主，二年级以学术思想为主，故偏重议论、说明两体，三年级以文艺各体为主，而贯以文学史常识。

1935—1938年，夏丏尊、叶绍钧合编的《国文百八课》（共4册）由开明书店先后出版。该教材"编辑大意"称："本书每课为一单元，有一定的目标，内含文话、文选、文法或修辞、习问四项，各项打成一片。文话以一般文章理法为题材，按程配置；次选列古今文章两篇为范例；再次列文法或修辞，就文选中取例，一方面仍求保持其固有的系统；最后附列习问，根据着文选，对于本课文的文话、文法或修辞提举复习考验的事项。"[①]该教材以文章学的理论统摄全书，以

---

① 夏丏尊，叶绍钧：《国文百八课》（第一册），人民教育出版社1985年版，第1页。

一般文章理法为题材的文话为中心编组单元，单元之间前后关联，左右照应，这就形成了融教学目标、知识、范文和作业为一体的综合型单元，以及具有一定科学性的、完整的初中语文教学体系，对后来的教材编制产生了较大的影响。

1946—1948年，陕甘宁边区教育厅编写的《中等国文》（共3册）先后由张家口新华书店晋察冀分店和华北新华书店出版。该教科书每册30课，每5课大致围绕一个中心组成一个教学单元，课后附有教学参考、注释和习题。

从文选型到单元型，就课文的组合形式看，教材已由孤立的单篇文章的罗列堆砌发展成按照一定的教学要求，具有一定联系的单元组合；就教科书的结构成分看，单一的范文系统已发展成范文系统、助读系统、作业系统和知识系统的综合。以《国文百八课》为代表的单元型语文教科书使语文教材由文章选编变为单元组合，进而使语文教学方法由单篇课文教学逐步过渡到单元整体教学。以单元知识引路，以课文为范例，通过练习让学生把学到的语文知识转化为实际应用能力。这种编写方法和教学思路，对中华人民共和国成立后语文教材编写与语文教学产生了深远的影响。

1963年，在总结中华人民共和国成立前后语文教学，尤其是汉语、文学分科教学经验教训的基础上，教育部制订了《全日制中学语文教学大纲（草案）》。该大纲明确规定："每册课本的课文组成若干单元，每个单元要有明确的教学要求，完成一定的任务。组织单元既要重点突出，又要灵活多样。各课的练习、提示和关于读写知识的短文也是单元的组成部分，组织安排要显示培养的重点和步骤。"①由人民教育出版社根据该大纲编辑出版的全日制初、高中语文课本均按单元编排，并在部分单元的后面编写了知识短文。初中课本中编有"记

---

① 课程教材研究所：《20世纪中国中小学课程标准·教学大纲汇编：语文卷》，人民教育出版社2001年版，第419页。

叙的要素""观察和记叙""材料和中心""记叙的顺序""记叙的详略""记叙的连贯和照应""说明事物的特征""说明事物的本质""说明的方法""主论——论点和论据""论证的方法""驳论""论证的条理"等系统的读写知识；高中课本中编有"谈修改文章""精读和博览""关于写文章""各种表达方法的综合运用""准确的概念""严密的制断""推理——归纳和演绎""常见的逻辑错误""文言实词""文言虚词""文言句法的一些特点"等较初中更有深度的知识。至此，由范文系统、助读系统、作业系统和知识系统组成的单元型语文教科书成为我国语文学科教材的基本模式。

20世纪后半期，出于对语文教学科学化的追求，语文课本基本上都是这种以文选为主体的单元型语文教科书。单元型教科书最大的特点是适应了知识传授的需要，使得以往仅靠阅读感悟文本的语文课本，有了知识点和知识传授的序列，在基础知识传授和基本技能培养方面，形成较为科学的体系。人们在语文单元教学的基础上，形成了以下共识：一是单元教学的整体性。每个单元安排知识重点，单元与单元间组成相互联系的训练序列，而各个知识、训练序列之间有着一定的联系。二是单篇课文的特殊性。每单元由若干单篇组成，单元有重点，有共性，单篇有特点，有个性，因而单元教学往往在异中求同的过程中把握规律，又在同中辨异的过程中学会活用。如果说，学生语文知识的掌握与语文能力的形成，文选型更多的是靠暗中摸索，显得少慢差费的话，那么，单元型则更多的是明中探讨，追求多快好省。

进入21世纪以来，人们发现，语文教学有科学化序列化的一面，也有民族化综合性的一面，在强调教学目标单一化、教学内容序列化的同时，更要注重语文的感知、顿悟和综合，注重语文教学中浓厚的人文因素。《全日制义务教育语文课程标准（实验稿）》和《普通高中语文课程标准（实验）》都对语文教材的编写提出了一系列的要求。根据语文课程标准编制的教科书突破了教学大纲时代对于教材的编写要求只是局限于"课文的选择"这一单向考虑的观念，在充分汲取国外语文教材编写的有益经验的基础上，从各个方面提出教材编写的新理念，如：语文教材应该有鲜明的时代特色；应该符合儿童心理和语言发展规律；应该通过自主探究的学习，培养学生的创新精神；应该有丰富的文化内涵；应该为师生留有足够的空间；应该有好的创意，等等。教科书中单元的组织，也在以往"文体"和"语体"的基础上又有了新的变化，大都以"话题"或"主题"为中心构建单元。如果说"文体"和"语体"侧重于语言的形式方面，那么"话题"或"主题"则侧重于语言的内容方面。然而，就教材的结构方式而言，大都仍然停留在单元型语文教科书阶段。

（二）新课程教材的"模块"与苏教版教材的"专题"

1. 高中新课程教材的"模块"

教育部2003年颁布的《普通高中课程方案（实验）》，对普通高中的课程设置作出了重大改革。高中课程设置了语言与文学、数学、人文与社会、科学、技术、艺术、体育与健康和综合实践活动八个学习领域。每一领域由课程价值相近的若干科目组成。其中，语文与外语属于语言与文学学习领域。每一科目由若干模块组成。模块之间既相对独立，又反映学科内容的逻辑联系。学习领域、科目、模块构成高中课程的三个层次。

根据共同的基础和多样选择相统一的原则，为了使学生的语文素养普遍获得进一步提高和为不同需求的学生提供选择性发展空间的目标，教育部2003年颁布的《普通高中语文课程标准（实验）》将语文课程结构按模块进行设计，以模块为基本的结构单位，并把语文课程分为必修课程和选修课程两部分。语文必修课程部分由"语文1"至"语文5"五个模块组成，要求学生在"积累·整合""感受·鉴赏""思考·领悟""应用·拓展""发现·创新"五个方面获得发展。语文选修课程部分由"诗歌与散文""小说与戏剧""新闻与传记""语言文字运用""文化论著研读"等五个系列构成，每个系列均可设计若干个选修课程模块。

毫无疑问，高中新课程教科书的编写，必须与《普通高中课程方案（实验）》和《普通高中语文课程标准（实验）》相配套，体现"模块"的特点。模块是一个块，不是点、线、面，其内涵是丰富的，应当体现三维目标，即知识与能力、过程与方法、情感态度价值观的要求。

2. 苏教版高中语文教科书（必修）的"专题"

（1）"专题"与"单元"

普通高中课程设置的巨大变化，必然要求课程教材编制随之变化。从整体建构而言，高中语文教材由必修和选修两大部分组成，突破并结束了中华人民共和国成立以来高中语文课程几乎只有必修课的历史；从内部结构而言，高中语文教材已不再只是一篇篇文章的简单组合，而是为顺应一定模块教学需要而构建的一个个相对完整、自成体系而又相互补充、前后关联的学习单位。这个学习单位在苏教版高中语文教科书中被命名为"专题"。

由丁帆、杨九俊主编的《普通高中课程标准实验教科书·语文》（必修一至必修五）（江苏教育出版社于2004年起先后出版）在教材编制结构方面最大的创新之处，就是改以文选为主体的单元为与模块相接轨的结构方式——专题，形成了教科书的一大鲜明特色。

苏教版高中语文教科书（必修）以人的发展为核心，发挥语文的育人功能，着眼学生的精神发育，以人文话题为统领，从人与自我、人与社会、人与自然三个方面设置了"向青春举杯""获得教养的途径""像山那样思考""珍爱生命""和平的祈祷""历史的回声"等20个专题。

作为苏教版高中语文教科书（必修）的基本结构单位，"专题"注意整合学生经验和社会生活内容，围绕着那些体现生命精神、反复出现并贯穿人生始终、持续起着完善人格作用的元素展开，同时每个专题又有明确的学习要求和方法指导建议，并且根据各专题的需要，把各种有助于探究学习的材料（如选文、背景资料、问题设计、思路、讨论题、音像资料、图表、索引等），有机而有创意地进行组合，从而形成一个个特定的语文学习情境。

苏教版高中语文教科书（必修）以专题统领高中语文课程"积累·整合""感受·鉴赏""思考·领悟""应用·拓展"和"发现·创新"五个方面的发展目标，提出"阅读与鉴赏""表达与交流"的具体要求，并在应用、审美、探究方面各有侧重，每个专题都能衍生出丰富的语文活动内容，为学生提供了多样化的学习途径，在学生与文本、学生与学生、学生与教师、学生与编者、学生与作者、学生与其他读者之间，构建了多重对话的平台，加强了与学生生活、社会生活的联系，拓宽了学习的范围和视野。

苏教版高中语文教科书（必修）的专题与以往的单元的区别在于：单元是由单篇课文组成的，课文是根据体裁或者题材等组合的；专题是由板块组成的，文本只是板块的组成部分。单元是与以文选为主的单元型教科书相适应的，其教材结构是"册—单元—课文"；专题是与体现新课程精神的模块式教科书相配套的，其教材结构是"模块—专题—板块"。专题可看作是小于模块的模块，板块也可看作是小于专题的更小的模块。

（2）"专题"的结构

苏教版高中语文教科书（必修）的专题由专题名称、导语、学习板块和写作构成。

专题名称：对专题内容起标识性作用。如"月是故乡明"。

导语：用简练概括的语言引导学生进入学习专题，独具特色，突出了人文含量。如"月是故乡明"导语：

> 每个人都有自己的家，都有自己的家园。家乡的山川草木、风土人情和血浓于水的亲情，连同那关于故土的传说，都是我们成长的精神滋养，都是我们的"根"。家园之思也因此成为文学

作品中一个"永恒的主题"。

我们之所以被作品中的家园之思所感动，是因为从中看到了自己的故乡。可见阅读不是被动地接受，而是与文本的对话，是一种主动积极的创造性的活动。

学习板块：每个专题由两至三个学习板块组成。每个板块由相关文本、研习与探究题及活动方案等学习材料构成。板块的出现，突破了"一篇一课"的程式，形成了一个个小模块。每一专题、每一板块都形成相对稳定的教学情境。由模块—专题—板块的结构方式，既体现了模块意识，又有利于组织教学。板块与板块之间有较明显的递进、拓展关系。绝大多数专题在最后一个板块后面设置了"积累与应用"栏目，侧重于对文本记诵、课外语文活动等提出要求并给予指导，使语文能力的培养得到强化。

写作：教科书的"阅读与鉴赏"和"表达与交流"是融为一体的。口语交际、小练笔大多是结合专题的具体情境安排的。每个专题都设"写作"，包括"写作观""写作指导""写作实践"等项。其中"写作实践"安排一次大作文。

表3-1 苏教版高中语文教科书（必修）与传统语文教科书的区别

传统语文教科书	苏教版高中语文教科书（必修）
册	模块
单元	专题
课文	板块（包括文本）
单元学习目标	专题学习导语、学习方法建议
练习	每个板块提供"文本研习""问题探讨""活动体验"等多种学习方案，每个专题后有"积累与应用"和"写作"

（三）专题的呈现方式与教学方式

1. 苏教版高中语文教科书（必修）"专题"的呈现方式

苏教版高中语文教科书在教材编制方面的创新之处，不仅在于专门设计了与模块相接轨的结构方式——专题，还在于专门设计了专题的三种呈现方式——文本研习、问题探讨、活动体验。教科书的这三种呈现方式各有侧重而又相互融通，有利于新课程倡导的"自主、合作、探究"的学习方式落到实处，形成了教科书的又一大鲜明特色。

作为呈现方式，"文本研习"提供经典性的阅读文本，创设阅读对话情境，引导学生参与阅读对话，表达交流阅读的体验、感受和思考，侧重于提高学生解读文本、鉴赏作品的能力。如专题"月是故乡明"，要求学生精读表达家园之思的经典作品，进而体验家园的精神价值。

作为呈现方式，"问题探讨"着眼于培养发现问题、探讨问题的意识，引导学生发现问题、分析问题、解决问题，进而能提出有价值的问题，在问题"驱动"下进入专题学习，在探讨中发展理性思维和批判意识。如"获得教养的途径"，培养问题意识，激发学生思考知识与教养的关系。

作为呈现方式，"活动体验"引导学生结合专题学习材料，围绕专题人文内涵和学习要求开展丰富多样的语文活动，在活动中体验，在活动中思考，在活动中探究，在活动中提高综合的语文素养。如"向青春举杯"，让学生在充满青春气息的活动中学语文、用语文。

三种呈现方式既各有侧重，又彼此交融，往往在"问题探讨""活动体验"中有"文本研习"，"文本研习"中有"问题探讨""活动体验"。以"文本研习"作基础，以"问题探讨"为核心，以"活动体验"来运用，全面提升学生的语文素养。个别专题还采取混编的方式，如必修二"和平的祈祷"中的三个板块，分别采用了"文本研习""问题探讨"和"活动体验"的方式。

2. 苏教版高中语文教科书（必修）"专题"的教学方式

苏教版高中语文教科书编写组除了从学生精神发育和语文素养的形成出发，选择文质兼美的大家名篇，使教材内容本身对学生形成"磁力""魔力"，让学生为之吸引外，还试图通过教材结构方式和呈现方式的变革，创设学习情境，构建对话平台，引导施教方式和学习方式的变革。变教师"教教材"为"用教材教"，变学生"学教材"为"用教材学"，有力地支撑和促进了学生自主、合作、探究的学习。因此，"文本研习""问题探讨""活动体验"三种教材专题的呈现方式，实际上也是三种教师施教的方式和三种学生学习的方式。

作为学习方式，"文本研习"注重学生学会自主阅读、提升读写水平。教科书开发了一批新的文本作为学生学习语文的语料，同时十分重视从新的文化视角与不同的阅读层面，对一些传统篇目作出独到的解读和开掘，赋予其新的时代精神和现代意识，为学生自主学习提供了条件。教科书还十分重视文本研习方法的指导，如"月是故乡明"专题中介绍了"评点法"，让学生运用"评点法"与文本展开对话。如果说这种指导还属于随机渗透式的话，那么"慢慢走，欣赏啊"（现代作品阅读）、"笔落惊风雨"（古典诗文阅读）两个专题，则是集中进行阅读方法的指导。"慢慢走，欣赏啊"通过阅读实践，展示了散文、小说鉴赏的一般流程，梳理了阅读的基本知识（如细节、情节、人物、环境等）和方法（如涵泳品味、比较鉴别、分析评价等），而"笔落惊风雨"专题，则运用多样的古典诗文素材，展示了诗文阅读的一般流程，梳理了鉴赏的基本知识（如意境、意象、衬托等）和方法（如知人论世、风格即人等），使学生读写水平的提高落到实处。

作为学习方式，"问题探讨"注重养成问题意识、掌握探究方法。学生学习的过程应当是不断发现问题、不断思索进而得出答案的过程。教科书正是以探究为核心设计专题，让学生在探究中感受求知的乐趣。如"文明的对话"专题中设置了"审视传统""认识和沟通""拿来与接纳"三个板块，让学生思考传统与现代、东方与西方、外来文明与固有文化之间的关系。

作为学习方式，"活动体验"注重培养合作精神、提高实践能力。"活动体验"既是一个传统的教学行为，又是一个全新的教学方式。教科书所提供的学习材料与活动方案，不是传统意义上的课文与作业，它为学生进一步贴近文本和生活，开展相关的学习活动提供了条件。在"慢慢走，欣赏啊"等专题中，编者就提供了较多的活动方案供学生选择。

此外，作为施教方式，"文本研习"注重设置对话情境、解读文本含义；"问题探讨"注重设置问题情境、了解过程方法；"活动体验"注重设置活动情境、获得情感体验。所有这些，也为语文教师发挥自己的聪明才智、施展自己的创造才华提供了用武之地。这里就不再赘述了。

总之，在新一轮基础教育课程改革的大背景下，苏教版高中语文教科书编写组创新语文学科教材的结构方式和呈现方式，在提供与模块接轨的高中新课程语文学科教科书的同时，完成了中国语文学科教材编制史上由"文选型""单元型"到"专题型"的飞跃。

五　从"概观"到"品鉴"再到"研讨"

——苏教版高中语文教科书（选修）《〈红楼梦〉选读》编制的探索

教育部2003年颁布的《普通高中课程方案（实验）》和《普通高中语文课程标准（实验）》将普通高中语文课程分为必修课程和选修课程两部分。语文必修课程部分由"语文1"至"语文5"五个模块组成。语文选修课程部分由"诗歌与散文""小说与戏剧""新闻与传记""语言文字运用""文化论著研读"等五个系列构成，每个系列均可设计若干个选修课程模块。由丁帆、杨九俊主编，江苏教育出版社出版，经全国中小学教材

图3-54　苏教版高中语文教科书（选修）《〈红楼梦〉选读》

审定委员会2005年和2006年初审通过的《普通高中课程标准实验教科书·语文》（选修），共有16个模块，相应地由16本教材组成。本文以其中的《〈红楼梦〉选读》[①]为例，谈谈苏教版高中语文教科书（选修）部分编制的探索。

---

①　丁帆、杨九俊：《普通高中课程标准实验教科书·语文选修·〈红楼梦〉选读》，江苏教育出版社2005年第1版，2017年第3版。

（一）编写意图

苏教版高中语文教科书《〈红楼梦〉选读》系根据教育部2003年颁布的《普通高中语文课程标准（实验）》研制的供高中二、三年级选修使用的普通高中课程标准实验教科书。该教科书经全国中小学教材审定委员会2005年初审通过，2005年秋季起在高中课程改革的地区使用。

该教科书由"致同学""红楼概观""红楼品鉴""红楼研讨""附录"等部分组成，全书约15万字。"致同学"简要介绍了今天阅读《红楼梦》的意义和该教科书的编写意图。"红楼概观"收录了茅盾为中学生写的《〈红楼梦〉导言》，以及四大家族关系表、荣国府院宇示意图、大观园平面示意图，并提出了若干初读建议。"红楼品鉴"精选了原著中"贾府概况""黛玉葬花""宝玉挨打""探春理家""怡红欢聚""宝玉出家"六个片断，这些段落从纵向方面看贯穿了整个红楼故事，从横向层面看有叛逆与正统的对立，有宝黛爱情的悲喜，有红楼群芳聚会的高潮，有荣宁二府经济衰败的表征，形成了一个简洁的红楼意义坐标系。每个片断后均附有"解读举隅""品读与探讨""积累与应用"三栏。"解读举隅"收入对所选文本侧重于思想内容或艺术形式的解读文章；"品读与探讨"列出针对所选文本的品评赏析题；"积累与应用"列出知识积累扩展题和写作实践题。"红楼研讨"设计了"此系身前身后事：红楼结构""开辟鸿蒙　谁为情种：红楼人物""假作真时真亦假：红楼环境""都云作者痴　谁解其中味：红楼主题""景夺文章造化工：红楼语言""眼前无路想回头：红楼文化"六个专题，每个专题均由"导语"和"荐读回目""资料链接""研读与交流""参考选题"等栏目组成，或对各个专题的研讨给予简要的提示，或推荐与各个专题的研讨相关的回目，或精选红学家与各个专题的研讨相关的大致反映现代《红楼梦》研究的有代表性的学术成果的论述，或列出与各个专题的研讨相关的习题和开展研究性学习的课题，并鼓励和引导学生对这些有代表性的各种观点进行思考、辩难，得出自己的答案。"附录"收录了曹雪芹生平简表、参读书目等。主体部分"红楼概观""红楼品鉴""红楼研讨"，三者相互配合，使教科书虽是选读而不离整体。

《〈红楼梦〉选读》作为高中语文"小说与戏剧"系列选修课程，其课程目标主要是通过该课程的开设，培养学生阅读小说的兴趣，并从优秀的小说中汲取思想、感情和艺术的营养，丰富、深化对历史、社会和人生的认识，提高文学修养；理解作品表现出来的价值判断和审美取向，并作出恰当的评价；学习鉴赏小说的基本方法，初步把握作品的艺术特性；注意从不同的角度和层面解读小说，提高阅读能力和鉴赏水平；学写小说评论，力求表达出自己的独特感受和新颖的见解；朗诵小说的精彩片段，品味语言，深入领会作品内涵，体验人物的命运遭遇和内心世界，把握人物的性格特征；尝试对感兴趣的古今中外小说进行比较研究或专题研究。其中，"红楼概观"部分引导学生初步阅读《红楼梦》，并尽可能做到通读原著，能复述小说的故事梗概，能陈述茅盾关于《红楼梦》的基本观点；"红楼品鉴"部分通过《红楼梦》有关章回的品评鉴赏，了解作品的思想倾向、情节结构、主要人物形象、语言特色，掌握鉴赏小说的基本方法；"红楼研讨"部分要求在研讨《红楼梦》的结构、人物、环境、主题、语言、文化的同时，学会研究性学习。

编者期望广大教师能发挥自己的聪明才智，通过《〈红楼梦〉选读》的教学，落实《普通高中语文课程标准（实验）》的有关要求，并在教学过程中有所发现、有所创造；同时也希望广大同学通过选修《〈红楼梦〉选读》，能更好地掌握自主、合作、探究的学习方式，提高应用、审美与探究的能力。

（二）教材导向

一是综合讲座、导读、文选、鉴赏、研究于一体，创新教材的呈现方式，致力于学生阅读能力、审美能力和研究性学习能力的提高。

为使该教科书能体现新课程理念、符合高中语文教学规律，编者先后设计了讲座式、导读式、文选式、鉴赏式、研究式等多种方案，苏教版高中语文教材编写组组织了多次有高校专家学者、中学特级教师和知名作家评论家参加的研讨会，前后十易其稿，在不断自我否定的基础上，创新了目前采用的综合式的编写方案。该方案的主体部分，即"红楼概观""红楼品鉴""红楼研讨"，分别侧重于《红楼梦》的阅读、赏析和探究。"红楼概观"旨在引导学生进入学习的情境，了解有关《红楼梦》的基本知识，同时也为"红楼品鉴"提供基础；"红楼品鉴"在"红楼概观"的基础上，着重引导学生阅读欣赏从原著中精选的六个片断，提高阅读能力和审美能力，每个片断后面的"解读举隅"不仅为学生解读文本提供了参考，而且也为"红楼研讨"提供了示例；"红楼研讨"在"红楼概观"和"红楼品鉴"的基础上，注重培养学生的问题意识，并提供了一些符合小说鉴赏要求又切合学生实际的参考选题，引导学生开展研究性学习活动，提高自主、合作、探究学习的能力。其中，"荐读回目"的设计使问题探讨不离小说文本，成为文本研读的提升；"资料链接"既是学生理解原著的参读文献、参考资料，又是学生进行研讨的资料库、资源包。"红楼概观""红楼品鉴""红楼研讨"各有侧重又相互联系，有助于学生的阅读能力、审美能力和研究性学习能力的同步提高。

二是突出文本本身的阅读，体现语文学科的特点，落实语文课程的目标。

《红楼梦》是一部博大精深的古典文学名著，"红学"是一个充满争议的领域。该教科书的文本研读部分注重细读，突出小说特征。文学鉴赏的实践活动的形式设计灵活多样，有讨论会、写综述、写小论文、写故事梗概、写红楼游记、背诵精妙诗词等，将作品鉴赏与语文的读写听说结合起来，体现了这门课程学习祖国语文的性质。红学论著，汗牛充栋，教科书所选文本资料，大多侧重于《红楼梦》的结构、人物、环境、主题、语言、文化的研讨，对于《红楼梦》文本以外的作者、版本的考证之类研究，一般不予涉及。编者期望高中学生通过本课程的学习能了解《红楼梦》中的人物、情节、结构、环境、主题思想和艺术特色，提高阅读能力和审美能力；培养发现问题和解决问题的能力，收集、分析和利用信息的能力；学习评价文学作品，有正确的情感态度和价值取向，获得亲身参与文学研讨的体验；学习用小论文或其他呈现方式表达交流自己的心得体会，学会分享、合作与评价；进而达到《普通高中语文课程标准（实验）》提出的培养学生阅读小说的兴趣，从优秀的小说中"汲取思想、感情和艺术的营养，丰富、深化对历史、社会和人生的认识，提高文学修养"①的要求。

三是设置"初读建议""品读与探讨""研读与交流"三级台阶，体现选修课程的特点，满足不同层次学生的需要。

"红楼概观"的"初读建议"、"红楼品鉴"的"品读与探讨"、"红楼研讨"的"研读与交流"，各部分内容的安排既根据小说本身的内容，又考虑到高中学生的接受程度，也照顾到教师的能力和教学的可能。编者从较低要求到一般要求，再到较高要求，设置了三级台阶，对应阅读的三种类型，满足了不同地区、不同学校、不同层次学生选修的需要。除"红楼概观"外，教师可选教"红楼品鉴"中四至六个片断，学生可根据自己的兴趣选择"红楼研讨"中一至两个专题，在老师的指导下，以个人或小组为单位开展研究性学习活动。这也使得本课程的学习具有开放性、探究性、实践性和多层次性的特点。同样是36课时2个学分，教师和学生可根据实际情况自主选择教学内容，灵活调整教学进度，合理安排教读与自读的比例、品读与研读的比例。该教科书作为高中语文"小说与戏剧"系列选修教材，本身

---

① 中华人民共和国教育部：《普通高中语文课程标准（实验）》，人民教育出版社2003年版，第10—11页。

就包容了若干可供选择的空间。

（三）实施建议

为方便老师施教，江苏教育出版社同时出版了苏教版高中语文教材编写组编写的与该教科书配套的《〈红楼梦选读〉教学参考书》。

《〈红楼梦选读〉教学参考书》对教科书的编写思想和内容作了具体阐述，同时提出了具体的教学建议。"编写设想"重在介绍教科书各部分的编写指导思想、教学内容和各部分之间的内在联系，以利于教师从总体上了解编者的意图和教科书的结构。"教学目标"提要式地分条列出各部分的教学目标。这些目标根据课程标准和模块教学的要求来设定，符合学生语文学习和人格成长的需要，明确而具体。"内容解析"对各部分的教学内容，包括相关背景、思路和特色等作了必要的分析和提示，供教师理解文本时参考。"教学建议"对各部分的教学提出了一些具体的建议，以利于教师把握教科书的设计思路，激发教学智慧，制定丰富多彩的教学方案，以期取得良好的教学效果。"参考答案"对教科书中的"初读建议""品读与探讨""积累与应用""研读与交流""参考选题"等作出较为详细的解答或提示，以方便教师指导教学和评价。其中有些内容可能存在不同的答案或结果，教师可从学生实际出发，鼓励学生创新。"相关资料"提供了较为丰富的与学习内容有关的背景材料和知识短文。这些资料对教师备课，对学生研习文本、探讨问题、开展活动都有一定的帮助，也丰富了教科书的内容。

"红楼研讨"部分是教科书的创新之一。该部分教师可先指导学生阅读"荐读回目"所推荐的原著章回和"资料链接"所提供的资料，组织研读交流，再在此基础上选取相关课题开展研究性学习活动。课题可由学生个人独立承担，也可由2—5人小组来承担。研究程序一般包括以下三个阶段的六个步骤：第一阶段进入情境，包括熟悉文本、确定课题两步；第二阶段实践体验，包括搜集资料、研讨探究两步；第三阶段表达交流，包括成果表达、交流评价两步。在研讨过程中，学生是学习的主体，应充分调动学生学习的积极性，鼓励学生自主、合作、探究式学习；教师是学习的组织者、引导者，要注意过程与方法的指导，不要替代学生的阅读与表达。要将读原著与读资料相结合，精读与略读相结合，阅读探究与表达交流相结合，课内学习与课外学习相结合。研究成果可以是《红楼梦》研究小论文，也可以用其他呈现方式（如读书报告、读书札记、评论鉴赏文章等）来表达。学习评价包括教师评价和学生评价、过程评价和结果评价。既要评价其成果的水平，也要考察学生的参与态度。本课程成绩可由学生本人和老师、同学根据课程报告共同评定，也可以综合卷面考核与课程报告成绩评定。

为便于同学们学习与评价，使教科书提出的要求落到实处，江苏教育出版社还出版了苏教版高中语文教材编写组编写的《〈红楼梦选读〉学习与评价》。

《〈红楼梦选读〉学习与评价》中的"红楼概观"和"红楼品鉴"部分均由"学习目标引领""学习过程记录""学后巩固强化"三个板块构成。编者将学习目标分为基础目标和发展目标两项，前者侧重于文本语词和语句的掌握，后者侧重于知识与能力、过程与方法、情感态度价值观方面的要求。依据学习顺序，抓住预习、学习、反思三个环节。为使学习目标落到实处，安排了基础训练、能力提升、拓展阅读三个层次的练习。

为了给同学们开展语文研究性学习活动提供切实有效的帮助，编者在"红楼研讨"的六个专题中均设计了"阅读初步""阅读探究""成果展示"栏目，并列出了若干答题预案、探究范例和相关例文供同学们参考。其中最有创意的有三方面：一是以第一人称"自问"，充分突出学生的学习主人的地位。一般教辅资料都是以拷问学生的口气出现，用第二人称问，如"你有什么想法""请你说说……"等。该书则以第一人称"自问"，通过自我思考的形式来促使学生独立学习。如："我看到本专题题目后的第一印象是……""我觉得需要掌握的字词有……"等，意在启发学生主动学习与独立学习，为后续的合作学习奠定基础。二是遵循阅读规律设题，充分体现真实的阅读过程。如在"红楼结构"专题设置了八个阅读步骤："我看到课文题目后的第一印象是……""我觉得需要掌握的字词有……""我觉得有障碍的句子有……""议论中写得精彩的语句有……""我平时对结构的理解是……""阅读课文之前，我对《红楼梦》结构的理解是……""阅读一遍课文之后，我对《红楼梦》结构的初步认识是……""我给自己确定的探究性问题是……"从题目开始到问题探究结束，从字词开始到结构结束，从学习之前的认识到阅读一遍后的认识，再到论文呈现结束，充分遵循了中学生阅读学习文本的基本规律。三是设计多种探究形式，充分体现学法指导与示范。该书呈现了多种多样的探究方法，如"独立探究式""小组讨论式""大组交流式""同座对话式""小组辩论式""师生多边式"，尤其是"网络搜索式""电话请教式"与"读书旁批式"更是给人耳目一新之感。编者对每一个问题的探究，都设计了"预案"。称"预案"而不称"答案"或"参考答案"，意在仅供学生参考、模仿或批评。通过这些精心的设计，使得《〈红楼梦选读〉学习与评价》超越了一般的练习册，成为全新意义上的教学辅助读物。

如果说从"文选"到"单元"再到"专题"，是从纵向的宏观的视角描述了苏教版高中语文必修教科书编制的探索，那么"红楼概观"初读观其大略、提纲挈领，"红楼品鉴"品读务于精熟、纤屑不遗，"红楼研讨"研读比较探讨、力求新见，从"概观"到"品鉴"再到"研讨"，则是从横向的微观的视角呈现了苏教版高中语文选修教科书《〈红楼梦〉选读》编制的探索。

六 叶圣陶语文教材现代化思想及其当代启示①

叶圣陶是我国20世纪影响最为深远的语文教育家，在长期的语文教材建设工作中作了多方面的开创性探索，逐步形成了其语文教材现代化思想。在推进中小学语文课程教材改革的今天，学习叶圣陶语文教材建设的现代化思想，对当下语文教材建设具有重要的启示意义。

（一）叶圣陶语文教材现代化思想概述

叶圣陶语文教材现代化思想，是孕育于五四新文化运动的历史背景、植根于中国语文教育现代化历史进程、形成于叶圣陶长期语文教育实践特别是教材建设实践，遵循科学精神和民主精神，以全面提高学生语文素养为价值追求的语文教材建设思想。

叶圣陶语文教材现代化思想孕育于五四新文化运动的历史背景中。五四新文化运动高扬科学、民主的旗帜，强烈地批判了传统文化的弊端，促进了知识分子的思想解放，推动了中国的现代化进程。亲历五四新文化运动的叶圣陶逐渐形成了追求科学、民主的品格，并将其融入语文教材建设的实践中。

叶圣陶语文教材现代化思想植根于中国语文教育现代化的历史进程中。语文教育现代化的动因之一是语文的现代化。从汉语自身特征看，白话文运动兴起，"平民的文学"发展起来；从汉语理论的发展看，汉语语法学、修辞学、文章学等现代语言科学逐步建立起来。语文教育现代化的动因之二是教育的现代化。教育目标从培养社会精英

---

① 本文系与马磊合作，原载《课程·教材·教法》2018年第7期，收入本书时有删改。

转移为培养适应社会生活需要的现代公民。课程内容上，分科课程体系形成；教学实施上，学生本位论深入人心。语文的现代化和教育的现代化推动了语文教育的现代化，体现为语文课程的独立设置和课程名称的演进、课程目标和内容的逐步明确和改善、教学方式的不懈探索和革新等多方面。语文教育现代化，是叶圣陶语文教材现代化思想产生的学科背景。

叶圣陶语文教材现代化思想形成于其长期追求语文教育现代化的实践，特别是教材建设实践。叶圣陶是文学革命的参与者，是儿童文学的开创者，是现代教育思想的传播者和践行者，更是现代语文课程教材建设的重要参与者乃至领导者。据统计，"他单独撰写编辑、与人合作编写以及主持并亲自参与编写出版的语文教材竟多达129册，这在古今中外的教育史上堪称第一人。"①叶圣陶的教材编辑实践探索大致分为以下几个阶段。第一阶段，萌生期。20世纪20年代到30年代初，以探索白话文教学为主。1923年问世的《初中国语教科书》（与顾颉刚合编）兼采语体文言，具有鲜明的时代性；1932年问世的《开明国语课本》兼采各种文体，尤其重视儿童文学。第二阶段，发展期。20世纪30年代中后期，以探索语文知识系统化和单元建构为主。1934年问世的函授教材《开明国文讲义》（与夏丏尊、宋云彬、陈望道合编）包括范文、文话以及语法修辞知识；1935年问世的《国文百八课》（与夏丏尊合编）建构了文话、文选、文法或修辞、习问四个系统；1937年问世的《初中国文教本》（与夏丏尊合编）包括范文和文章法则。第三阶段，成熟期。20世纪40年代，以探索文白分编教材为主。1946年问世的《开明新编国文读本（甲种）》（与周予同、郭绍虞、覃必陶合编）和1947年问世的《开明新编国文读本（乙种）》（与徐调孚、郭绍虞、覃必陶合编）主要面向初中阶段学生；1948年

---

① 徐龙年：《试论叶圣陶与我国的语文教材建设》，载《南京社会科学》2006年第6期。

问世的《开明新编高级国文读本》《开明文言读本》（与朱自清、吕叔湘合编，李广田参编一部分）主要面向高中阶段学生。第四阶段，完善期。1949年以后，其以组织领导为主。叶圣陶1950年主持编写的《初级中学语文课本》《高级中学语文课本》出版，由此在全国范围内确立了"语文"课程名称；后来又组织编写了1956年的汉语、文学分科教材和1963年的语文教材。进入改革开放新时期，叶圣陶继续关心教材建设，提出了许多重要的指导意见。叶圣陶对语文教育事业强烈的献身精神、扎实的学养、丰富的阅历和对现代语文教育规律的深入思考，是叶圣陶语文教材建设实践的基础，也是叶圣陶语文教材现代化思想形成的重要条件。

叶圣陶语文教材现代化思想遵循了科学精神和民主精神。在编制策略上体现为五个方面：一是将语文教育从传统的"教教材"向"用教材教"推进，将选文视为语文学习的例子，根据现代生活的需要扩大选文的范围，并对选文作出精读与略读的区分；二是将语文教育从传统的"暗中摸索"向以知识为引领的"明中探讨"推进，探索语文知识的系统化和语文知识学习的情境性；三是将语文教育从传统的以单纯记诵为主向注重理解、鉴赏推进，设身处地为学生着想，积极建设包括插图、注释在内的助读系统，便于学生自学；四是将语文教育从传统的"少慢差费"向"多快好省"推进，重视语文训练，积极开发作业系统，重视启发性；五是将语文教育从传统的逐课教学向单元教学推进，建构单元目标体系，并注重单元内部诸因素的相互联系。革新选文系统、建构知识系统、设置助读系统、开发作业系统、探索单元组合，使现代语文教材有了区别于传统语文教材的全新面貌，这就是语文教材的现代化。

叶圣陶语文教材现代化思想的价值追求在于全面提升学生的语文素养。叶圣陶是"语文素养"概念的提出者，他在1947年就指出："一个青年既然对文艺抱有志向，就得在生活、经验、语文素养上多多着力，那才是探到了根源。"①"语文素养"是叶圣陶在长期的语文教育研究基础上对学生应具有的语文综合水平的概括。全面提升学生的语文素养，就是叶圣陶推进语文教材现代化的最终目的。

（二）革新选文系统：从"教教材"到"用教材教"

1. 叶圣陶关于教材选文系统的思想

叶圣陶认定教材选文的性质是"例子"。他说："语文教本只是些例子……从语文教本入手，目的却在阅读种种的书。"②又说："教材的性质同于样品，熟悉了样品，也就可以理解同类的货色。"③将选文视为"例子""样品"，旨在强调语文教学从传统的"教教材"转向"用教材教"。以"例子说"为基础，叶圣陶对选文的标准和范围、选文的教学类型作了探索。

首先，关于教材选文的标准，叶圣陶强调要文质兼美，尤其强调对语言形式的关注，体现了聚焦语文学科本体的科学态度。诚如介绍《国文百八课》时所说："所选取的文章虽也顾到内容的纯正和性质的变化，但文章的处置全从形式上着眼。"④为了追求文质兼美，叶圣陶创作了大量的课文，并倾力于对选文的加工改写。《开明国语课本》的四百余篇课文，"大约有一半可以说是创作，另外一半是有所依据的再创作，总之没有一篇是现成的，是抄来的。"⑤《开明新编国文读本（甲种）》和《开明新编高级国文读本》对所选文篇的疏漏之处都作了修润。20世纪五六十年代的不少课文也是在叶圣陶的主持下加工改写的，即使对自己的作品，叶圣陶也常请同人一起逐字逐句地推敲。1962年叶圣陶说："加工之事，良非易为。必反复讽诵，熟谙作者之思

①《叶圣陶教育文集》（第2卷），人民教育出版社1994年版，第388页。

②《叶圣陶集》（第16卷），江苏教育出版社1993年版，第63—64页。

③《叶圣陶集》（第16卷），江苏教育出版社1993年版，第115页。

④《叶圣陶集》（第16卷），江苏教育出版社1993年版，第32页。

⑤《叶圣陶集》（第9卷），江苏教育出版社1990年版，第388页。

路，深味作者之意旨，然后能辨其所长所短，然后能就其所短者而加工焉。他则作者文笔，各有风裁，我人加工，宜适应其风裁，不宜出之以己之风裁，致使全篇失其调谐。"①其殚精竭虑，可见一斑。

其次，叶圣陶根据语文发展规律和语文运用的实际需要，以及学生的学习心理，扩大了选文的范围，大力增加语体文，积极选取反映现代精神的文章，高度重视普通文，突出强调儿童文学，体现了教学民主的思想。第一，从适应现代社会语言发展的实际出发，主张大力增加语体文。鉴于文言逐步让位于语体的实际，叶圣陶指出："现代的青年若是还有学习文言的需要，那就只是因为有时候要阅读文言的书籍：或是为了理解过去的历史，或是为了欣赏过去的文学。写作文言的能力决不会再是一般人所必须具备的了。"②第二，从现代社会文化发展的实际出发，主张选文应表现时代精神。20世纪三四十年代连续几个版本的课程标准中均有"传播固有文化"的措辞，叶圣陶则在论文中修正为"传播固有的和现代的文化"③。叶圣陶一直注重选取足以表现现代精神的作品，即使是专选文言文的《开明文言读本》，也选取了多篇现代作家的文言作品。第三，从适应生活工作需要的立场出发，主张重视普通文。如《国文百八课》在选文上"把材料的范围放宽，洋洋洒洒的富有情趣的材料固然选取，零星的便笺、一条一条的章则、朴实干燥的科学的记述等也选取。"他说："中学生要应付生活，阅读与写作的训练就不能不在文学之外，同时以这种普通文为对象。"④第四，从适应儿童精神生活的立场出发，突出强调儿童文学的地位。叶圣陶指出："小学生既是儿童，他们的语文课本必得是儿童文学，才能引起他们的兴趣，使他们乐于阅读，从而发展他们多方面的

---

① 《叶圣陶集》（第16卷），江苏教育出版社1993年版，第158页。

② 《叶圣陶集》（第16卷），江苏教育出版社1993年版，第85页。

③ 《叶圣陶集》（第13卷），江苏教育出版社1992年版，第124页。

④ 《叶圣陶集》（第13卷），江苏教育出版社1992年版，第57页。

智慧。"①

最后，关于选文的教学类型，叶圣陶丰富发展了精读和略读相区分的思想，体现了对学习心理科学规律的重视。叶圣陶与朱自清20世纪40年代初合著的《精读指导举隅》《略读指导举隅》深入阐述了精读和略读教学相区分的思想，希冀学生能通过精读掌握阅读的要领，从而能够略读更多的篇目乃至整本书。"就教学而言，精读是主体，略读只是补充；但就效果而言，精读是准备，略读才是应用。"②将阅读课分为精读课与略读课两种课型，使传统阅读课堂教学结构在纵向与横向两个维度都发生了重大变革。所谓纵向结构变革，就是把阅读教学的过程处理成学生独立阅读（预习）—师生共同阅读（报告与讨论）—学生在理解的基础上再次独立、深入地阅读（练习）的过程。所谓横向结构变革，就是把阅读课分成精读课（举一）和略读课（反三），同时列入学校课程。叶圣陶主张学生阅读"整本的书"。在1949年"私拟"的《中学语文科课程标准》中，叶圣陶指出："中学语文教材除单篇的文字而外，兼采书本的一章一节，高中阶段兼采现代语的整本的书。"③将"整本的书"纳入正式课程，超越了将"整本书阅读"视为"课外阅读"的思想。

2. 对当代教材选文系统的启示

继承发扬叶圣陶关于教材选文的思想，当前的语文教材在选文上尚有以下几方面有待改进。

首先，本着关注语文学科本体的科学态度，强化"文质兼美"的选文标准。一方面要严格筛选，避免片面强调主题思想的倾向；另一方面要慎重加工，努力达到足以作为语言典范的程度，即使对名家名篇，也要基于利于学生"语言建构与运用"的立场予以考量，酌

---

① 《叶圣陶集》（第9卷），江苏教育出版社1990年版，第388页。
② 《叶圣陶集》（第14卷），江苏教育出版社1992年版，第190页。
③ 《叶圣陶集》（第16卷），江苏教育出版社1993年版，第32页。

情修润。

其次，从学生适应社会生活的需要和学习心理特征出发，坚持体裁、题材多样化。一是要根据教学需要，列出文体分类，合理选择各种体式的课文，逐步优化不同学段、年级中各类文体的比例，既要关注古诗文，又要关注现代生活中的各种文体，包括"互联网+"背景下的新文体。二是要关注选文在"立德树人"中的思想价值，既要传承中华民族优秀传统文化和近现代革命精神，又要关注当代社会现实，特别是要与时俱进，重视引入近年来反映新时代社会生活的新题材。

最后，以学习心理的科学规律为指导，积极改进选文的教学类型和呈现方式。由于现行教材精读和略读课文混编，导致在实践中往往相混淆，可开展精读教材与略读教材分编的试验。由于"整本书阅读"在实践中很容易落空，因此要体现对"整本书阅读"的导向性，对于从整本书中节选的课文，既要适当加工以体现相对完整性，又要保持原著的思想和风格。为了体现"整本书阅读"的统一要求，也可尝试指定少量的"整本书"为统一的略读教材，此外，还应积极鼓励语文教育工作者编写辅助读物，与国家统编教材相配合。

（三）建构知识系统：从"暗中摸索"到"明中探讨"

1. 叶圣陶关于教材知识系统的思想

在现代学校分科教学的大背景下，叶圣陶明确提出要认识语文课程"独当其任的任"[1]，后来解释"语文"的命名时明确提出"语文就是语言"[2]这一论断，深刻揭示了语文课程的内涵，为语文课程内容的建构提供了思想基础。叶圣陶承认并强调语言的价值在于运用，认为"语言文字的学习，出发点在'知'，而终极点在'行'；到能够

---

① 《叶圣陶集》（第13卷），江苏教育出版社1992年版，第52—53页。

② 叶圣陶：《认真学习语文》，见中华函授学校《语文学习讲座丛书》（一），商务印书馆1980年版，第3页。

'行'的地步，才算具有这种生活的能力。"①但是，叶圣陶并没有因为强调语文的运用而轻视了语文知识的教学。叶圣陶主张，应改传统语文教学中费力较多的"暗中摸索"为"明中探讨"②。在教材建设中，叶圣陶对语文知识的系统建构和呈现方式作了积极探索。

第一，以科学的态度和科学的方法，积极推进语文知识的系统建构。随着现代语文学科研究的深入，语文教育界开始有意识地将语文知识纳入教材，叶圣陶就是开创者之一。1924年，针对孟宪承提出教材宜分混合文典和文学读本二项，叶圣陶说："这样分别致力的计划是我们所信从的。现在着手编辑《初中文法教科书》，大旨与孟先生所谓'混合文典'相当……"③尽管这一设想未能实现，但叶圣陶对语文课程知识建构的努力并没有止步。《开明国语课本》每几课之后有练习，其中就蕴含了汉语的语法、作法、修辞等知识。《开明国文讲义》教材出现了文章知识、文学史知识、语法和修辞知识等系统。《国文百八课》进一步凸显语文知识的地位，将文话、文法或修辞分别形成了一个具有完整意义的体系。这套教材"是彻头彻尾采取'文章学'的系统的，不愿为了变化兴味自乱其步骤"。④有学者评价说："通过文章教学，掌握文章知识，形成文章能力，正是夏丏翁、叶圣老苦心经营《国文百八课》所要建树的文章学体系。"⑤《初中国文教本》有文章法则的系统，文章法则又分甲、乙两部，甲部提示文法要项，乙部提示文章理法。1956年的《汉语》《文学》分科教材建立了相对完整的汉语知识教学体系和文学知识教学体系。叶圣陶晚年写信告诫："切实研究，得到训练学生读作能力之纲目与次第，据以编撰教材，此恐

---

①《叶圣陶集》（第13卷），江苏教育出版社1992年版，第104页。

②《叶圣陶集》（第13卷），江苏教育出版社1992年版，第108页。

③《叶圣陶集》（第16卷），江苏教育出版社1993年版，第115页。

④《叶圣陶集》（第16卷），江苏教育出版社1993年版，第8页。

⑤ 张复琮，曾祥芹：《〈国文百八课〉的文章学系统》，载《河南财经学院学报》1986年4期。

是切要之事。"①可见，追求语文知识教学的系统化，是叶圣陶矢志不渝的追求。

第二，从学生的学习心理出发，逐步改进语文知识的呈现方式。《国文百八课》等教材以清晰的语文知识系统为主线的教材体式，后来没有延续下来，由此人们很容易误以为叶圣陶自我否定了语文知识的意义。其实仔细阅读就会发现，在后来叶圣陶主持编写的教材中仍然有知识系统，只是更多地以随文的方式呈现出来，或者隐含于课文的导语、注释及练习中。在20世纪40年代系列"读本"中，每篇文选后的注释或练习，就具有语文知识的性质，这是一种零散的知识编排方式。叶圣陶解释说："我们注重的是应用，不是理论，所以采用这样一点一滴的办法。"②可见，叶圣陶关于语文知识系统建构的思想，不是简单的自我否定，而是在反思中进一步修正完善。叶圣陶在1949年指出："语法、修辞法、作文法、思想方法都不作孤立的教学，孤立的教学徒然研讨一些死知识，劳而少功；必须就实际的听、说、阅读之中相机提出教材。"③语文知识以零散的、隐性的方式存在，并非意味着语文知识在教材中的编排就是随意的、任性的。可见，叶圣陶关于语文知识的呈现方式，经历了由显性到隐性的发展过程，后期更加注重语文课程的实践特征，强调语文知识运用的情境性。

2. 对当代教材知识系统的启示

继承发扬叶圣陶关于教材知识系统的思想，当前的语文教材在知识系统上尚需在以下两方面继续探索。

第一，要汲取相关学科发展的新成果，继续完善语文知识的内容体系。近些年来，学术界对语文课程知识的认识进行了激烈的讨论，一些人视语文知识为洪水猛兽，几近彻底否定了20世纪以来语文教育

---

① 《叶圣陶语文教育论集》，教育科学出版社1980年版，第744页。
② 《叶圣陶集》（第16卷），江苏教育出版社1993年版，第35页。
③ 《叶圣陶集》（第16卷），江苏教育出版社1993年版，第104页。

现代化的探索成果。《普通高中语文课程标准（2017年版）》指出，要引导学生"把握祖国语言文字的特点和运用规律"[①]。所谓"祖国语言文字的特点和运用规律"就是语文知识。当前，要积极吸收现代语言科学体系中各门分支学科的研究成果，特别是要积极开发语文实践性知识，即关于听说读写方法的动态知识，并厘清对各阶段学习程度的要求，规划教学序列。

第二，要继续研究语文学习科学，改进语文知识的呈现方式。其一，要以促进学生的"语言建构与运用"为出发点，编选适宜的课文，通过课文的导语、注释呈现出来一些基本的语文知识，促进学生随文学习，这就是"有意义的接受学习"；其二，要积极创设对语文知识建构具有启示意义的学习活动，引导学生在有一定的语言积累的基础上，通过自主探究，领悟语文运用的规律，建构自己的语文知识，这就是"发现学习"；其三，发扬《国文百八课》等教材的传统，在不同的学段、年级、单元，分别编排一些知识短文，并结合具体实例予以阐释和训练，兼顾语文学科逻辑和学习心理逻辑。

（四）设置助读系统：从以单纯记诵为主到注重理解赏析

1. 叶圣陶关于教材助读系统的思想

助读系统的出现和发展是现代语文教材的重要组成部分。叶圣陶坚持以学生为本位的立场，设身处地为学生着想，致力于培养学生的自学能力，从而在教材助读系统上作了开拓性的探索，为语文教育从传统的以单纯记诵为主发展为注重理解赏析提供了条件。叶圣陶对助读系统的探索，尤其在插图和注释两方面费力颇多。

第一，为了利于学生自主学习，将插图纳入语文教材，发挥插图对训练思维和培养审美情趣的功能。叶圣陶在编写《开明国语课本》时，高度重视图画的功能，特意邀请美术家丰子恺为之配图。叶圣陶

---

① 中华人民共和国教育部：《普通高中语文课程标准（2017年版）》，人民教育出版社2018年版，第1页。

指出，教材中图画与文字应有机配合，"图画不单是文字的说明，且可拓展儿童的想象，涵养儿童的美感"。[①]黎锦熙评价说："此书价值，可谓'珠联璧合'，盖叶先生之文格与丰先生之画品，竟能使儿童化，而表现于此课本中，实小学教育前途之一异彩。"[②]中华人民共和国成立后，叶圣陶在对人民教育出版社的工作作出指示时强调，书籍里的图画不只是装饰和点缀，图画跟写在书里的书面语言有同等的重要意义。

第二，从学生的学习实际出发，深入探索了注释的内容和编辑方式。《开明国文讲义》中，"每篇选文的后面附有解题、作者传略以及语释。解题述说那篇文章的来历和其他相关的事项；作者传略述说作者的生平；语释解明文章里的难词、难句"。[③]《开明新编国文读本》甲、乙两种则分别有"有注释"和"无注释"两种版本供读者根据需要选用，体现了对不同读者学情差异的尊重。《开明新编高级国文读本》中，每篇文章后面分列"篇题"和"音义"。"篇题"介绍文章的体裁、用意、性质，以及作者的经历与风格；"音义"就是对词句的注释。《开明文言读本》在每篇文章的后面列了"作者及篇题""音义""古今语""虚字""文法"等项目。叶圣陶非常重视注释的质量，强调注释对于学生启迪思维的意义。在为吕叔湘的《笔记文选读》作序时指出该书的注释"使读者不但得到了解，并且观其会通"。"他的指导往往从所读的文章出发，教读者想开去，或者自省体验，或者旁求参证。"[④]1962年叶圣陶就注释的问题作出指示："尤须设身处地，为学生着想，学生所不易明晓者，必巧譬善喻，深入浅出，注而明之。""作注固在注此一篇，苟于意义多歧之词语，含蕴丰富之典故，较为繁复之语法结构，颇见巧妙之修辞手段，多写一二句，为简

---

①《叶圣陶集》（第16卷），江苏教育出版社1993年版，第115页。

② 商金林：《叶圣陶年谱长编》（第一卷），人民教育出版社2004年版，第475页。

③《叶圣陶集》（第16卷），江苏教育出版社1993年版，第11页。

④《叶圣陶集》（第16卷），江苏教育出版社1993年版，第18页。

要之指点，则学生自诵其他文篇与书籍，将有左右逢源之乐。"①这段话阐明了注释编辑的基本原则，体现了以学生为本位的思想。

2. 对当代教材助读系统的启示

当代语文教材的助读系统更加丰富多样，包括插图、单元导语、课文导语、课文注释、课文旁批、课文后附资料等多种形式。继承发扬叶圣陶关于教材助读系统的思想，当前的语文教材尚需在以下方面继续探索。

第一，要研究阅读心理，改进教材的插图。"由于插图自身的特质不同，插图的效应也不同。"②一是要确保插图内容知识的正确性，避免误导；二是恰当把握插图的数量和信息量，以利于学生在阅读思考过程中发挥想象力；三是要努力提高插图的美感，以利于学生审美情趣的培养。

第二，要研究学习心理，改进教材的助读文字。一是要确保正确，可邀请相关学科专家参与审定，避免讹误；二是要内容适宜，体现对学生的启发引导，除介绍必要了解的写作背景和解释一些疑难字词句之外，着重指导读书方法、提出有启发性的问题任务，避免直接告知课文的主要内容、思想感情，以及语言特色、艺术手法等方面的特征；三是要位置恰当，目前一些随文的旁注（主要是小学阶段）对学生阅读产生干扰作用，应"忍痛割爱"。

此外，应与时俱进，积极发挥现代信息技术的作用。可以结合不同阶段学生的信息技术运用能力和物质条件，分别编制网络助读系统。为了便于比较阅读，对于编辑中作出修改的课文，可以在网络系统呈现原文；对于新翻译的外国作品，可以在网络系统呈现外语原文或其他版本的译文。此外，微课视频等课程资源也可以纳入。

---

① 《叶圣陶集》（第16卷），江苏教育出版社1993年版，第68页。

② 刘森等：《语文教材插图效应及其在语文教学中的应用》，载《语文建设》2005年第11期。

（五）开发作业系统：从"少慢差费"到"多快好省"

1. 叶圣陶关于教材作业系统的思想

作业系统是学生使用教材学习时具有规定性的活动任务的集中体现，是语文实践的重要载体。作业系统的出现和发展是语文教材现代化的另一个重要方面。叶圣陶从服务于学生语言训练和思维训练的目标出发，重视作业系统的建构，强调作业系统要有启发性，促进了语文教育从传统的"少慢差费"向"多快好省"转变。叶圣陶在作业系统的内容和形式两方面作了探索。

一方面，基于对语文学科规律的认识，对作业系统的内容作了探索，坚持语文知识与语文情境的统一。初级小学的《开明国语课本》中的练习"有的注重于内容的讨究，有的注重于语法的整理，有的注重于写作的训练。"[①]高级小学《开明国语课本》中的练习"有的注重于语法、作法、修辞的讨究，有的注重于内容的研求和欣赏"。[②]《开明国文讲义》中，"文话、文法等的后面附着练习的题目，有的是属于测验性质的，有的是待读者自己去发展思考能力的……"[③]《国文百八课》中设有"习问"，根据文选，对于本课的文话、文法或修辞知识进行训练。《开明新编国文读本（甲种）》中，每篇选文之后，"写了短短的几句，或是指点，或是发问，意在请读者读过以后，再用些思索的功夫"。[④]乙种本与之类似。《开明新编高级国文读本》里，每篇文章的后面设有"讨论"和"练习"。"'讨论'全用发问的方式。读者从这些问题里可以学习分析文章的方法，知道怎样把握要点，贯穿脉络，怎样看字面，怎样看字里行间。"[⑤]"'练习'除了背诵或默写以及指出某一类特别的表现法外，也都采用发问的方式。这里提出结

[①]《叶圣陶集》（第16卷），江苏教育出版社1993年版，第158页。

[②]《叶圣陶集》（第16卷），江苏教育出版社1993年版，第11页。

[③]《叶圣陶集》（第16卷），江苏教育出版社1993年版，第87页。

[④]《叶圣陶集》（第16卷），江苏教育出版社1993年版，第17页。

[⑤]《叶圣陶集》（第16卷），江苏教育出版社1993年版，第19页。

构的分析，词语的讲解，句式和比喻的运用等。句式属于文法，比喻属于修辞，结构属于文章作法。"①《开明文言读本》每篇文章的后面设有"讨论及练习"，"包括对于选文内容，文章形式，词语应用等各方面的讨论，以及翻译和造句的练习"。②中华人民共和国成立后，叶圣陶进一步强调作业系统的启发性，他说："练习题的作用好像开一扇门，让学生自己走进去，这就是常说的'带有启发性'。"③1962年叶圣陶给语文教材编辑人员的书面指示中说："盖将就本课之内容与形式，抉其至关重要之若干点，俾学生思索之，辨析之，熟谙之，练习之，有助于阅读能力写作能力之增长也。以故所出虽仅数题，而考虑之项，则宜通观全篇，观之一遍未必即有获，则宜反复数遍。"④

另一方面，基于对语文学习心理科学规律的认识，对作业系统的形式作了探索，强调同旨异形。如前文所述，在历次教材中，作业系统的形式不断丰富多样，体现了对激发学生学习兴趣的重视。叶圣陶指出，各课之间要统筹安排，要注意"凡为练习，必不能谓为之一度已足，一练再练，锲而不舍，乃长能力。以故已出之题，尽当重出。苟重出而悉如前样，或将使学生生厌，则无妨同其旨趣而异其方式焉"。⑤

2. 对当代教材作业系统的启示

当代语文教材的作业系统有了长足的发展，"练习在教科书中的地位不断提升，对课程价值实现的意义越来越重要"；"练习的数量从无到有，由多到精，练习的形式不断丰富，不同时期，各有特点"；"练习的内容不断拓展，由文本解读到知识巩固，由能力训练到素养提

---

①《叶圣陶集》（第16卷），江苏教育出版社1993年版，第70页。

②《叶圣陶集》（第16卷），江苏教育出版社1993年版，第103—104页。

③《叶圣陶集》（第16卷），江苏教育出版社1993年版，第87页。

④ 刘国正：《实和活——刘国正语文教育文选》，人民教育出版社1995年版，第107页。

⑤《叶圣陶集》（第16卷），江苏教育出版社1993年版，第149页。

高，言语实践逐渐成为练习活动的重心"。①继承发扬叶圣陶关于作业系统的思想，还需在内容和形式两个方面继续探索。

一方面，要进一步探索语文实践的科学规律，革新作业系统的内容。既要有基础知识的巩固和基本技能的训练，又要体现启发性，设计一些探究性问题，促进学生在特定的语境下积累语感，在探究的过程中发现语文运用的规律，同时实现思维的发展与提升、审美的鉴赏与创造、文化的传承与理解。要探索统一要求与弹性要求相结合的操作路径，既要有面向全体学生的作业，又要积极开发旨在鼓励学生进一步提高的个性化作业，促进学生全面而有个性地发展。

另一方面，要进一步研究学情，革新作业系统的呈现形式。在教材中要拓宽作业布置的路径，既可以有后置作业，也可以有前置作业。此外，随着现代信息技术的普及，可以积极利用信息技术，开发网络作业，让学生通过网络平台完成一定的语文学习活动，从而提高教师研判学情的效率，也潜移默化地培养学生借助新媒体进行语文运用的能力。

（六）探索单元组合：从逐课讲读到单元教学

1. 叶圣陶关于教材单元组合的思想

单元的建构是语文教材现代化的重要突破。把教材中的选文组成单元，在民国初年就有人尝试，但仅仅是按照题材内容、体裁样式、时代和作者集中编组。进入20世纪30年代，语文教育界开始探索把语文知识纳入教材并以此组建单元，使每一单元有相对集中的教学目标，叶圣陶就是先行者之一。叶圣陶的努力，使语文教育从传统的逐课讲读发展为单元教学。叶圣陶的探索主要是以下两方面。

第一，反思传统语文教育目标不明确的弊端，开展对单元教学目标体系的探索。叶圣陶认识到传统语文教育的弊端："从来教学国文，

---

① 洪宗礼，柳士镇，倪文锦：《母语教材研究》（第9卷），江苏教育出版社2007年版，第279页。

往往只把选文讲读，不问每小时每周的教学目标何在。"[1]由此探索单元教学的目标体系，试图将总体的课程目标分解到各单元中，并编排成有机的序列。《开明国语课本》就初步尝试了单元建构，《国文百八课》则达到了单元建构的新高度，"创制了一种尽可能体现语文教学科学程序的编辑体例"。[2]后来的教材中，语文知识更多地以随文的方式体现出来，但各单元仍有相对集中的教学目标，单元之间具有一定的逻辑关联。

第二，从语文学习的科学规律出发，对单元内部各系统相互关系进行探索。《国文百八课》"每课为一单元，有一定的目标，内含文话、文选、文法或修辞、习问四项，各项打成一片。文话以一般文章理法为题材，按程度配置；次选列古今文章两篇为范例；再次列文法或修辞，就文选中取例，一方面仍求保持其固有的系统；最后附列习问，根据文选，对于本课的文话、文法或修辞提举复习考验的事项"。[3]后来的教材中，语文知识隐性化，单元内部各系统的相互关系更为密切。

2. 对当代教材单元组合的启示

继承发扬叶圣陶关于教材单元组合的思想，当前的语文教材在单元组合上尚需在以下两方面继续探索。

第一，以语文课程的科学规律为基础，加快单元目标体系的重新建构。2017年9月24日，中共中央办公厅、国务院办公厅《关于深化教育体制机制改革的意见》要求："要注重培养支撑终身发展、适应时代要求的关键能力。在培养学生基础知识和基本技能的过程中，强化学

---

① 《叶圣陶集》（第16卷），江苏教育出版社1993年版，第159页。

② 李杏保，顾黄初：《中国现代语文教育史》，四川教育出版社2004年版，第141页。

③ 《叶圣陶集》（第16卷），江苏教育出版社1993年版，第173页。

生关键能力培养。"①教材编制首先要梳理出一个"关键能力"系列，将这个系列转为教学点，合理地分布在各册各单元。当然，也要防止出现对学科知识的逐点解释、逐项训练，以及简单的线性排列。

第二，以学生为本位，开展单元内部诸要素组合方式的重新建构。《普通高中语文课程标准（2017年版）》要求引导学生"在真实的语言运用情境中"，通过言语实践，积累言语经验，认识语文规律，并提出了"学习任务群"的课程组织方法。"学习任务群"的提出，为教材中单元组合方式的革新指明了方向。当前，语文学习的情境引起了广泛重视，以"主题—情境"为核心元素来组合单元成为主要趋势。有学者指出："语文教科书的编制应该注重在情境中呈现学习内容，'主题—情境'不仅是语文学习内容的载体，同时也使课程内容的呈现彰显了汉语言自身的特点，契合了母语学习的规律。"②

综上所述，学习叶圣陶语文教材现代化思想，就要像叶圣陶那样秉承科学与民主的精神，编制出体现新时代人才培养要求，与当今课程教学改革相适应的更新的教材。在选文系统上，要进一步认识选文的功能、选取标准和选取范围，优化选文的教学分类；在知识系统上，要加快重建语文知识体系，并革新呈现方式；在助读系统上，要基于学生立场，积极改进助读的内容和编排方式；在作业系统上，要更加重视启发性，优化设计语文实践活动；在单元组合上，要重构单元目标体系，基于学习任务群，强化语文学习的情境性。在实现中华民族伟大复兴的征程中，语文教育界应继承发扬叶圣陶语文教材现代化思想，坚持科学精神和民主精神，以提升学生的语言素养以及思维素养、审美素养、文化素养为旨归，推动语文教材建设沿着现代化的道路继续前进。

---

① 中共中央办公厅、国务院办公厅：《关于深化教育体制机制改革的意见》，载《中国民族教育》2017年第10期。

② 郑国民：《新世纪语文教科书编排方式的探索》，载《课程·教材·教法》2009年第5期。

第四章
语文教学研究

本章在回顾20世纪语文教学思想论争的基础上，介绍叶圣陶、朱自清关于阅读教学的论述，并从阅读教学的视角思考写作教学的问题与对策。本章还讨论了"语文学习任务群"教学和语文教学落实《中华经典诵读工程实施方案》的问题，以及语文教学的基本原则。

一　20世纪语文教学思想论争

教学思想是对人类特有的教学活动的理解和认识，这种理解和认识常常以某种方式表达出来，并对教学实践产生影响。教学思想涉及教学的方方面面，其中最重要的是为什么教学、教学什么和怎样教学的问题。20世纪前期的"形式训练"与"实质训练"之争和20世纪后期的"文道之争"、"科学（工具）"与"人文"之争，是20世纪语文教学思想持续时间最长、影响最大的论争。

（一）形式训练与实质训练之争

清政府颁布《奏定学堂章程》后，为适应师范学堂教授法课程教学的需要，国人借鉴了日本学者的论述。上海商务印书馆1909年出版的日本森冈常藏原著，白作霖译著，蒋维乔校订的《各科教授法精义》，在讨论国文科教授法时，将国文科所宜有者分为"内容"与"形式"两大部分。"内容"包括修身、地理、历史、农业、商业等"智德启发"的目标；"形式"包括"属于听官者——言语"和"属于视官者——文章、文字"的目标。如下图所示：[①]

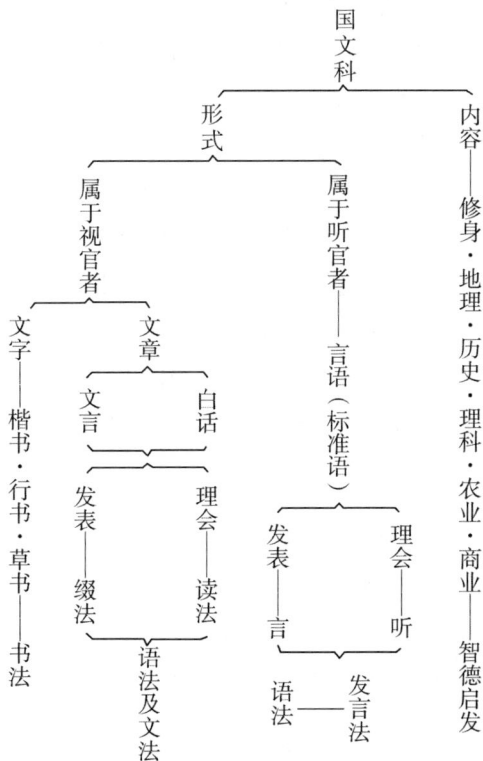

```
                           国文科
            ┌───────────────┴───────────────┐
            形式                            内容
    ┌───────┴───────┐                 修身·地理·历史·理科·农业·商业——智德启发
  属于视官者      属于听官者——言语（标准语）
  ┌───┴───┐          ┌───────┴───────┐
文字      文章        发表            理会
楷书    ┌─┴─┐        言              听
行书   文言 白话      语法————发言法
草书   ┌┴┐
书法  发表 理会
      缀法 读法
       语法及文法
```

图4-1　日本森冈常藏《各科教授法精义》"国文科"图示

① ［日］森冈常藏：《各科教授法精义》，［清］白作霖译著，商务印书馆1909年版，第48—49页。

20世纪初出版的各种教授法著作，在论述国文、国语教授目的时，多分为"形式"与"实质"两个方面。如上海商务印书馆1913年出版的蒋维乔所编的《教授法讲义》，在讨论"国文"教授时指出："国文教授之目的有二：授以言语、文字、文章，使确知而应用之，是为形式的方面；就言语、文字、文章之内容材料，以启发其知识，涵养其德性，是为实质的方面。故国文科以形式为主，实质为副，互相联络，庶可达教授之目的也。"①湖南图书编译局1913年出版的日本田中广吉著，熊崇煦译的《小学各科实际教授法》，在讨论"国语"教授目的时，同样分为"形式的方面（主目的）"和"实质的方面（副目的）"。中华书局1915年出版的姚铭恩著的《小学校国文教授之研究》，在讨论"国文教授之目的"时，也分为"形式（主）"目的和"实质（副）"目的。

1913年至1916年，徐特立在湖南省立第一师范学校讲授《小学各科教授法》，在讨论小学国语科教授目的时指出："国语要旨，在使儿童知普通言语及日常须知之文字、文章，而养其表达思想之能力，兼启发其知德者也。"同时指出："国语教授固有形式、实质二方面，然其主要目的则在形式方面。故教授时，当以形式方面为主，实质方面为副。然二者须互相顾助，始能达国语教授之目的。"他将国语教授目的图示如下：②

---

① 蒋维乔：《教授法讲义》，商务印书馆1913年版，第31页。

②《徐特立文存》（第一卷），广东教育出版社1995年版，第160—161页。

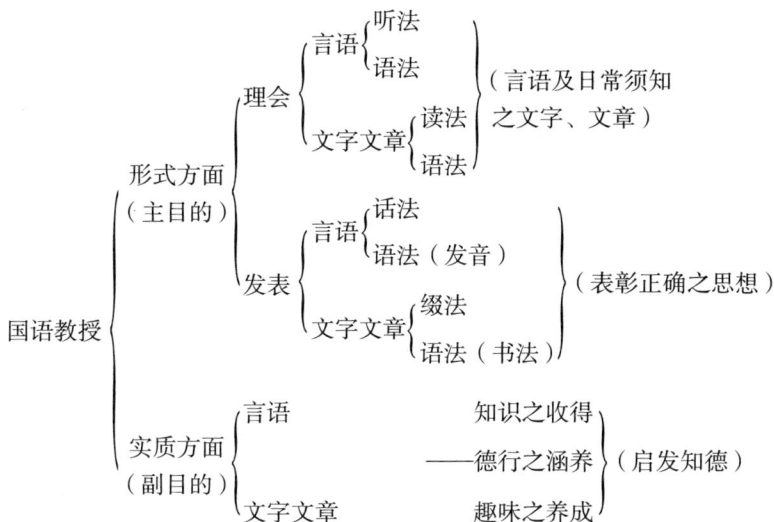

图4-2 徐特立《小学各科教授法》"国语教授"图示

五四新文化运动是一场伟大的思想解放运动。在这场运动中，新旧势力展开了激烈的文化斗争。在语文教育方面，不管是复古派，还是革新派，都十分重视思想精神一面，忽略了语言技术的一面。正如叶圣陶和朱自清所指出："'五四'以来国文科的教学，特别在中学里，专注精神或思想一面，忽略了技术的训练，使一般学生了解文字和运用文字的能力没有得到适量的发展，未免失掉了平衡。"①面对"重道轻文"的局面，语文教育界第一次就国文、国语教授目的展开了大讨论。

1919年，沈仲九在《教育潮》第1卷第5期上发表《对于中等学校国文教授的意见》一文。文中指出国文教授的目的有3个："目的1——形式的。使学生能够了解用现代语或近于现代语——如各日报杂志和各科学教科书所用的文言——所发表的文章，而且能够敏捷、正确、贯通。""目的2——形式的。使学生能够用现代语——或口讲，或写在纸上——表现自己的思想情感，而且要自由、明白、普遍、迅

---

① 叶绍钧，朱自清：《国文教学》，开明书店1950年版，第1页。

速。""目的3——实质的。使学生了解人生的真义和环境的现状。学校各种科目，无非是一种做人的工具。所以国文科的内容，也应该注重人生和环境，使学生能够了解做人的道理。"

1920年，陈启天在《少年中国》第1卷第12期上发表《中学的国文问题》一文。文中提出国文教授的主、副目的观。主目的有三个：（1）要 能说普通言语；（2）要能看现代应用文和略解粗浅美术文；（3）要能做现代的应用文。副目的有两个：（1）要启发思想，锻炼心力；（2）要了解和应付人生和自然。他将语文和其他学科的目的作了一个比较："修身、历史、法制、经济等科，是使学生了解和应付人生的；物理、化学、生物等，是使学生了解和应付自然的；地理是供给学生人生与自然相关的知识；国文教授，也是帮助这些科学，使学生对于人生和自然了解的程度加深，应付的能力加大。"

1920年，胡适在《新青年》第8卷第1号上发表《中学国文的教授》一文。他在文中拟定了一个"中学国文的理想标准"：（1）人人能用国语（白话）自由发表思想，——作文，演说，谈话，——都能明白通畅，没有文法上的错误。（2）人人能看平易的古文书籍，如《二十四史》《资治通鉴》之类。（3）人人能作文法通顺的古文。（4）人人有懂得一点古文文学的机会。1922年，胡适在《新教育》第5卷第3期上发表《中学的国文教学》一文。他在文中将上述标准修改为三条：（1）人人能用国语自由发表思想——作文、演说——都能明白晓畅没有文法上的错误。（2）国语文通顺之后，方可添授古文，使学生渐渐能看古书，能用古书。（3）作古体文但看作实习文法的工具，不看作中学国文的目的。胡适的这两个教学标准与民国初年教育部颁布的《中学校令施行规则》规定的中学校"国文要旨在通解普通语言文字，能自由发表思想，并使略解高深文字，涵养文学之兴趣，兼以启发智德"相比，剔除了"启发智德"的要求，目标显得单一。

1923年，杨贤江在《学生杂志》第10卷第11期上发表《初中学生学习国文底旨趣》一文。文章写道："我们知道文字只是种符号，是种工具，是用以发抒真情传达思想的利器。所以国文有两个方面：
（一）是内容方面，就是所能以发抒能以传达的本质。（二）是形式
方面，就是所藉以发抒藉以传达的技术。我们学习国文，应把这两方
面看得同等重要。"

1924年，黎锦熙所著的《新著国语教学法》出版。该书专章讨论
了"国语教学之目的"。他认为"国语要旨"包括"形式的语文方面"
和"实质的心意方面"，并细化了这两方面的内容，归纳了其功用。黎
锦熙关于"国语要旨"的图示与日本森冈常藏"国文科"图示、徐特
立"国语教授"图示有延续契合之处，但内容更贴近汉语文教学的特
点，表达更清晰有条理。其图示如下[①]：

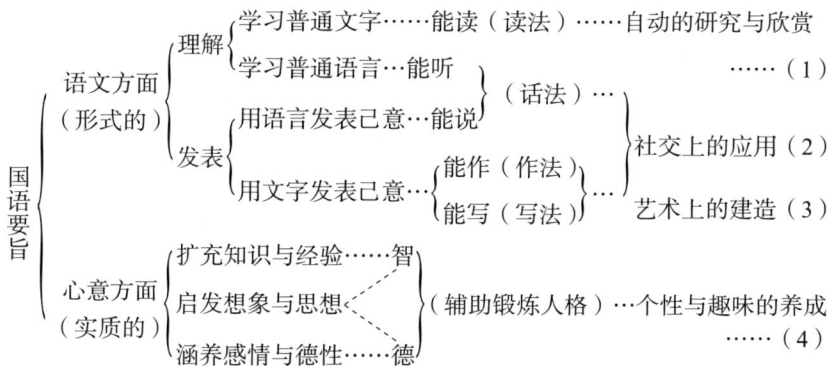

图4-3　黎锦熙《新著国语教学法》"国语要旨"图示

与上述观点不同的是以穆济波为代表的强调语文实质目的的一
派。1924年，穆济波在《中等教育》第2卷第5期上发表《中学校国文
教学问题》一文。文章提出"语文的本身绝不是教育的目的所在"的
观点，他说："本科教学目的在贯彻中等教育的宗旨，反对专以本科知
识与技能为主的教学。"他指出初、高中必修国文科的目的如下："初
级中学必修国文科：（1）在人生教育上，须使明瞭人生现实之可贵，

①《黎锦熙语文教育论著选》，人民教育出版社1996年版，第409页。

及社会的共存，与个人应有之责任。（2）在国家教育上，须使明瞭国民资格之修养，职业的联合，及今日国际的侵略与压迫的危险，起谋自卫。（3）在民族教育上，须使明瞭民族之特有精神，及现世的堕落现象与其补救的方法。（4）注意社会现象的观察，奖掖青年能力可能以内的救济。（5）注意青年团体的团结，与共同生活应有的知识与修养。""高级中学必修国文科：（1）在人生教育上，须使明瞭人生之究竟，及社会的永存，与人类进化的轨迹与趋向。（2）在国家教育上，须使明瞭国家政治与国民生计的变迁；注重改进社会经济，与树立民本政治的途径。（3）在民族教育上，须使明瞭中国民族结合的渊源，与其文化之发展。（4）注意时代进化的程序，与学术思想的更新。（5）注意往哲精神生活的向上，训练个人精神独立的思想与习惯。"

1925年，朱自清针对穆济波过分强调国文在整个教育中的价值或功用的观点，在《教育杂志》第17卷第7号上发表了《中等学校国文教学的几个问题》一文。他说："我也和穆济波先生一样，不赞成以语文的本身为国文教学的唯一目的，但他似乎将'人的教育'的全副重担子都放在国文教师的两肩上了，似乎要以国文一科的教学代负全部教育的责任了，这是太过了！""'中等教育的宗旨'原是全部的，何须在一科内详细规定呢？我以为中学国文教学的目的只须这样说明：（1）养成读书思想和表现的习惯或能力；（2）发展思想，涵养情感……这两个目的之中，后者是与他科相共的，前者才是国文科所特有的；而在分科的原则上说，前者是主要的；换句话说，我们在实施时，这两个目的是不应分离的，且不应分轻重的，但在论理上，我们须认前者为主要的。"

1929年，王森然所著的《中学国文教学概要》出版。该书讨论了"穆济波君所举普通国文教学之目的"，作者更赞同东南大学附属中学国文教学会议重订之初、高级中学必修国文课程标准纲要草案之规定，"本科教学唯一的目的——养成有思想，有作为，有修养，在中等教育范围以内，有充分使用本国语文技能的新中国少年。"①

1931年，宋文翰在《中华教育界》第19卷第4期上发表《一个改良中学国文教科书的意见》一文，认为"朱自清先生在《中等学校国文教学的几个问题》里批评穆先生的主张说得好"。他说："依国文科的性质和所独担的责任来说，我以为最重要的只有两事：（1）阅读，（2）发表。""还有涵养德性、启发思想各项，那是要与其他学科共同负责完成，非国文科所能包办，亦非国文科所应包办的。"

1931年，程其保在《教育杂志》第23卷第9号上发表《初级中学课程标准之讨论》一文。他认为："中学国语教学根本的目标，就在发展学生的能力，使能应用已得的字汇，为表示思想的工具。所以关于国语的一切科目，如作文、文法、修辞等等，皆应以此为最重要的目标。"

叶圣陶在1932年发表的《国文科之目的》一文中明确指出，国文科的目的就是"整个的对于本国文字的阅读与写作的教养"，换句话说，就是"养成阅读能力""养成写作能力"两项。②

1933年，周谷城在《东方杂志》第30卷第24期上发表《文字与教育》一文，文章针对一些青年学生"认识了字，而不善于利用，甚或不利用。结果文字语言的教育，完全失了意义"。他指出："现在国文教学上的一种浪漫的倾向，是一大原因。这倾向大体是把国文看成纯粹灌输学术思想的科目，而丧失了训练语言文字技术的效用。用国文灌输学术思想，未始不当，但抛弃文字技术的训练却失了国文的效用。"

1933年，范寿康所著的《各科教学法》出版。范寿康在该书中认为，小学校的国语教学目的有3种：（1）使儿童理解本国语言及文

---

① 王森然：《中学国文教学概要》，商务印书馆1929年版，第27、31—35页。
②《叶圣陶集》（第13卷），江苏教育出版社1992年版，第32页。

字；（2）养成儿童发表思想的能力；（3）启发儿童的智德。①

1936年，袁哲所著的《国语读法教学原论》出版。袁哲在该书中讨论了理想的目的论、实际的目的论、现代教育思潮与读法教学目的论。他指出："读法教学之使命，务须以语言的训练，及读书能力的培养，为其主体；而以全人情操的陶冶，民族的社会精神之培养，及儿童人格之完成，为其着眼点。"②

1936年，夏丏尊在《学习国文的着眼点》的讲演中强调："我主张学习国文该着眼在文字的形式方面。就是说，诸君学习国文的时候，该在文字的形式方面去努力。""从国文科方面讲，文字是记载事物发挥情意的东西，它的内容是事物和情意，形式就是一个个的词句以及整篇的文字。"文字的内容是各不相同的，形式上却有相同的地方。就整篇的文字而言，有所谓章法、段落、结构等法则；就每一句而言，有所谓句子的构成及彼此结合的方式；就每句中所用的词，也有各种的方法和习惯。"就是说，学习国文应该着眼在文字的形式方面。"③

1936年，阮真所著的《中学国文教学法》出版。书中对当时及之前一些学者和教师拟出的和教育部制定的中学、师范的国文课程目标统统进行了否定。他认为初中国文教学的目的应为："1. 人人能用国语及国语文自由发表思想情感；2. 作文演说没有文法上的错误，并有层次有条理；3. 人人有看国语书报的能力，并养成读书习惯；4. 人人有赏鉴国语文艺的能力及兴趣。"高中国文教学的目的应为："1. 人人能看普通的文言书报；2. 人人能作通顺的文言文及应用文字；3. 一部分学生能看平易的古书；4. 一部分学生能欣赏古代文学；5. 培养极少数的天才生能仿做古文、诗歌及其他文艺。"④阮真的观点与20世纪20年

---

① 范寿康：《各科教学法》，商务印书馆1933年版，第28—29页。

② 袁哲：《国语读法教学原论》，商务印书馆1936年版，第45页。

③ 夏丏尊：《学习国文的着眼点》，见夏丏尊，叶圣陶《文章讲话》，中华书局2007年版，第154—159页。

④ 阮真：《中学国文教学法》，正中书局1936年版，第2—3页。

代胡适的论述较为接近，所列目标均指向学生对本国语言文字的理解
与运用。

1940年9月，叶圣陶在《中等教育季刊》创刊号上发表的《对于
国文教学的两种基本观念》一文中指出："国文是各种学科中的一个项
目，各种学科又象轮辐一样辏和于一个教育的轴心，所以国文教学除
了技术的训练而外，更需含有教育的意义。说到教育的意义，就牵涉
到内容问题了。"叶圣陶同时指出："不过重视内容，假如超过了相当
的限度，以为国文教学的目标只在灌输固有道德，激发抗战意识，等
等，而竟忘了语文教学特有的任务，那就很有可议之处了。""国文教
学自有它独当其任的任，那就是阅读与写作的训练。学生们眼前要阅
读，要写作，至于将来，一辈子要阅读，要写作。这种技术的训练，
他科教学是不负责任的，全在国文教学的肩膀上。"

1941年，蒋伯潜所著的《中学国文教学法》出版。他指出国文的
教学目的有两个："（一）正目的——国文一科所特有的教学目的，是
'使学生对于生活所需要的工具——国文——能运用，能了解，且能
欣赏'。（二）副目的——国文科与其他科同具的教学目的，又可分
为两项：甲、'使学生了解我国固有文化之一部分——学术和文学的流
变'；乙、'使学生明了我国固有道德底观念及修养底方法，并培养或
训练其思辨底能力'。"①

1942年1月，叶圣陶在《国文杂志》第1期上发表《略谈学习国
文》一文。文章明确指出："学习国文就是学习本国的语言文字。"
他说："语言文字的学习，就理解一方面说，是得到一种知识；就运
用一方面说，是养成一种习惯。……从国文科，咱们将得到什么知
识，养成什么习惯呢？简括地说，只有两项，一项是阅读，又一项是
写作。……这两项的知识和习惯，他种学科是不负授与和训练的责任
的，那是国文科的专责。每一个学习国文的人应该认清楚：得到阅

---

① 蒋伯潜：《中学国文教学法》，中华书局1941年版，第1页。

读和写作的知识，从而养成阅读和写作的习惯，便是学习国文的标的。"

1942年，余冠英在《国文月刊》第17期上发表的《坊间中学国文教科书中白话文教材之批评》一文，文章针对当时教育部颁布的初中国文课程标准的目标说："如希望国文教学收到实效，目标实不宜太大，太多。""使学生'了解固有文化'，以及'唤起民族意识，发扬民族精神'，本都不是国文课程独有的任务，也许历史、公民等课程对这几方面责任更应该多负些。在国文课以内，白话文教材更有理由推卸这种责任。"他认为白话文教学目标可以简化为："第一，适于给学生做写作的范本。第二，能培养学生欣赏文艺的兴趣。第三，能培养学生读书的兴趣。"

1947年，王季思在《中华教育界》复刊第1卷第3期上发表《中学国文教学问题》一文。文章指出高中国文课程标准中"创造国语新文学""深切了解固有文化"两项目标可以取消。他认为："中学国文是语文训练的科目，它的主要目标，应该是培养学生运用本国语言文字叙事说理表情达意之能力；而阅读古书、欣赏中国文学名著二项应该列在次要的地位。至于创造国语新文学及了解固有文化二项更根本可以取消。就前者说是标准定得太高，一般中学生无此能力，也无此需要。就后者说，要国民深切了解本国固有文化，当着眼于整修国家的政治设施与社会风气，决非学校教育所能独负其责。而即就学校教育而论，也当由公民史地等科分负。在国文一科，是只能叫学生在选文里完成其部分责任的。"

1948年，俞焕斗所著的《高小国语科教材和教法》出版。俞焕斗在该书中也认为："在小学课程中，各种科目，除有着共同的目标外，各科另有各各不同的目标。""国语科的教学目标：第一是教导儿童熟练国语，使其发音正确，语调和畅。第二是教导儿童认识基本文字，欣赏儿童文学，并培养其阅读的态度、习惯、兴趣和理解的能力。第三是辅助儿童运用语言、文字，养成其发表情意的能力。第四是指导儿童习写文字，养成其正确、迅速和整洁的习惯。"①

　　1948年7月，叶圣陶在为中学生杂志社编的《中学生手册》所写的《国文》中又一次指出："学习国文该认定两个目标：培养阅读能力，培养写作能力。培养能力的事必须不断地做去，又必须随时改善学习方法，提高学习效率，才会成功。所以学习国文必须多多阅读，多多写作，并且随时要求阅读得精审，写作得适当。"②直到1980年，叶圣陶还坚持这样的观点。他说："学校里为什么要设语文课？这个问题好像挺简单，但是各人的认识不一致，甚至有很大的不同。有一种看法认为语文课的目的是让学生掌握语言文字这种工具，培养他们的接受能力和发表能力。我同意这种看法。"③

　　1950年，董纯才在《人民教育》第2期上发表《改革我们的中学国文教学》一文。文章指出："中学国文教学的基本任务，是要使学生学会了解与运用中国语文，获得一般的文学教养；同时又从学习语文与文学中，获得革命思想与道德品质教养。这就是说，中学国文教学含有语文教育与思想教育的双重任务。前者是语文课本身的独特具备的特殊任务；后者则是各科共同具备的一般任务。""具体的说，语文教学本身独有的特殊任务，是在提高学生了解与运用语文形式的能力，即提高学生的阅读能力与写作能力，作为学习与工作的基本工具。""我们说在国文课中注意思想教育，并不是说要在国文教学中说教，把国文当政治课讲，国文教学还是要按照国文教学的规律进行，同时又要注意善于利用语文教学，特别是利用艺术形象，来启迪、感动、激励学生，取得潜移默化的功效。""不要人为地把国文教学和思想教育对立起来，而应善于按照国文教学的逻辑把两者统一起来。"

　　"形式训练"与"实质训练"之争，是20世纪前期语文教育学

---

　　① 俞焕斗：《高小国语科教材和教法》，商务印书馆1948年版，第5—6页。
　　②《叶圣陶语文教育论集》，教育科学出版社1980年版，第120页。
　　③《叶圣陶教育文集》（第3卷），人民教育出版社1994年版，第219页。

科最重要的论争。经过历时近半个世纪的论争，人们逐步加深了对国文、国语学科的认识，明确了国文、国语教学目的与内容。时隔半个世纪后的2000年，钟启泉在《中外母语教材比较研究丛书》的"序"中，从科学的语言功能观的视角，对语文学科兼具"形式训练"与"实质训练"的观点也给予了肯定。他指出："科学的语言功能观把'语言'视为'认识手段与交际手段的统一'；把'语言活动'视为'认识与表达相统一的过程'。这种语言功能观反映了语言的本质，由此可以引申出我们对于语文学科基本性质的认识。（1）语文学科是'工具学科'。它是旨在发展学习其他学科所必需的知识、技能的学科。从这个意义上说，是'形式训练'的学科。（2）语文学科是'人文学科'，或者用更专门的术语来说，是一种相对于'形式学科'而言的'内容学科'。从逻辑上说，所谓'内容学科'是以理解、创造或表达思想与意涵为课题的'实质训练'的学科。如果说，语词的学习具有形式性（工具性），那么，文学教材的学习则是实质性内容（思想性）的学习。这样看来，语文学科就是从形式与内容两个侧面发展学生语言能力的、兼具'形式训练'与'实质训练'的一门综合性的基础学科。"[①]

（二）文道之争

"文道之争"是20世纪后期关于语文教学目的与内容的第一场重要论争。论争的主要背景：一是1955—1958年的汉语、文学分科，二是1957年的整风运动、反右派斗争和1958年的"大跃进"运动。受前者影响将语文课上成了文学课，受后者影响将语文课上成了政治课。"如《干部参加生产劳动是共产党的光荣传统》一课，全文只有六百七十来字，用四节课讲，大讲政治道理；讲杜甫的《兵车行》一诗，对杜甫的时代与生平就讲两课时，分析作品用一大套名词术

---

① 钟启泉：《中外母语教材比较研究丛书》，见洪宗礼《汉语文教材评介》，江苏教育出版社2000年版，序第3—4页。

语。"①

1959年6月3日，上海《文汇报》刊发了刘培坤的文章《"文"与"道"——关于语文教学目的和任务的我见》，引发了一场全国性的"关于语文教学目的和任务问题"的讨论。1961年1月，中共八届九中全会批准对国民经济实行"调整、巩固、充实、提高"的八字方针。在此背景下，《文汇报》于1961年又开展了"怎样教好语文课"的讨论。1961年12月3日《文汇报》发表社论《试论语文教学的目的任务》，从语文学科的性质、语文知识教学和政治教育的关系以及如何在实践中教好语文课等三方面对这场讨论作了总结。社论认为："语文，归根结蒂是一种工具，是阶级斗争的工具，是生产斗争的工具，是交流思想感情的工具，是传播知识的工具，是学习马克思列宁主义和攀登文化科学高峰的工具，一句话，是人们用以认识世界和改造世界的一个重要工具。""语文教学的目的任务应当是：使学生正确、熟练地掌握与运用祖国的语言文字，培养与提高学生的阅读与表达能力，并通过教学内容的教育与感染，培养学生具有正确的观点，健康的思想感情和高尚的品德。"语文的教学过程"应当先从识字辨句到了解思想内容，再从思想内容进而研究用词造句、篇章结构等表现技巧，通过表现技巧的分析，必然加深对思想内容的理解。如此往复回旋，辩证地发展。"

在此时期，一些语文教育工作者意识到必须加强语文基础知识教学和基本技能训练。虽然教育部1953年3月颁发的《中学暂行规程（草案）》中已有使学生"得到现代科学的基础知识和技能"②的表述，但就语文学科而言，明确提出语文"双基"还是在20世纪60年代初。1960年，沈佩畦等人在《上海教育》第2期发表了《试拟小学和中学

① 辛安亭：《我与语文教学——三十多年来我在中小学语文教学方面的主要意见》，载《西北师院学报（社会科学版）》1984年第4期。

② 中央教育科学研究所：《中华人民共和国教育大事记1949—1982》，教育科学出版社1984年版，第56页。

语文基础知识和基本技能训练的系统》的文章。1961年，梁风、于其在《江西教育》第1期上发表了《对政论文教学中加强语文基础知识教学和基本技能训练的初步探讨》的文章；吕型伟署名殷伟在《上海教育》第9期上发表了《切切实实提高中学语文教学的质量》的文章。1962年，沈佩畦在《上海教育》第2期上发表了《中小学语文课字、词、句、篇教学初探》的文章；廖慧予在《江苏师院学报》第6期上发表了《中学语文的基础知识教学和基本技能训练——兼论〈语文教学法〉课程的发展途径》的文章；吴天石在《江苏教育》第11期上发表了《加强语文基础知识教学和基本训练》的文章；苏州专署教育局通讯组在《江苏教育》第13期上发表了《对语文的基础知识教学和基本训练的意见》。语文教育界明确提出了"加强'双基'"的口号，将"语、修、逻、文"的知识作为语文教学的"基础知识"，将"字、词、句、篇"的训练作为语文教学的"基本训练"，并将"字、词、句、篇、语、修、逻、文"八个字，称之为语文教学的"八字宪法"。也有人认为：语文教学的"基础知识"是有关识字、写字、读书（包括听人说话）、作文（包括口头表达）的知识；"基本训练"则是指有利于培养听、说、读、写能力的训练。[①]此后，语文教育界大多将"字、词、句、篇、语、修、逻、文"归纳为"基础知识"，而将"听、说、读、写"归纳为"基本技能"。

　　1961年8月和1963年1月《人民教育》先后发表了刘松涛署名洛寒的文章：《反对把语文教成政治课》和《不要把语文课教成文学课》。这两篇文章也反映了语文教育界要求克服忽视语文基础知识教学和基本技能训练倾向的态度。1963年3月，中共中央颁布《全日制中学暂行工作条例》（草案）和《全日制小学暂行工作条例》（草案），这两个文件在指出"应该贯彻执行教育为无产阶级的政治服务、教育与生产劳动相结合的方针"的同时，也指出中学"语文课应该使学生具

---

① 方仁工：《语文课"双基"教学的内涵和途径》，载《上海教育》1980年第9期。

有现代语文的阅读能力和写作能力，具有初步阅读文言文的能力；作文要力求文理通顺，用词确切，正确地使用标点符号，字写得端正，不写错别字"。"教师讲课，必须把课文内容讲解清楚。一般不要把语文、历史、地理等课程讲成政治课，也不要把语文课讲成文学课。""小学语文课应该使学生认识3500个常用汉字，学会汉语拼音（作为识字的辅助工具），掌握常用的词汇；流利地诵读课文，并且能够背诵教师指定的一部分课文；字写得端正；会写一般的记叙文和应用文，语句通顺，注意不写错别字，会用标点符号。一般不要把语文课讲成文学课或者政治课。"①

这一时期，叶圣陶、吕叔湘、张志公都发表文章表明了他们对语文教学的基本观点。叶圣陶指出："我谓课本中明明有政治性文篇，明明有文学作品，宁有避而不谈政治与文学之理？所称'不要讲成'云云者，勿脱离本文，抽出其政治之道理而讲之，化为文学理论之概念而讲之耳。……工作条例中列入'不要讲成'云云之语，盖针对教学上之积弊而言。"②1963年4月，吕叔湘在《文字改革》上发表《关于语文教学的两点基本认识》一文。文章说："我认为每一个做教学工作的人必须首先认清他教的是什么。从事语文教学就必须认清语言和文字的性质；从事汉语文教学就必须认清汉语各种形式——普通话和方言、现代汉语和古代汉语——的分别和它们的相互关系。其次，我认为从事语文教学必须认清人们学会一种语文的过程。"吕叔湘指出：语文教学的内容，"应该语言和文字并举，以语言为门径，以文字为重点，达到语言和文字都提高的目的"；语文教学的过程，主要是学习使用语文的过程，而"语文的使用是一种技能，一种习惯，只有通过正确的模仿和反复的实践才能养成。"1963年10月10日，张志公在《光

---

① 课程教材研究所：《20世纪中国中小学课程标准·教学大纲汇编：课程（教学）计划卷》，人民教育出版社2001年版，第282—284、274页。

②《叶圣陶语文教育论集》，教育科学出版社1980年版，第725页。

明日报》发表《说工具》一文。文章指出："语文是个工具，进行思维和交流思想的工具，因而是学习文化知识和科学技术的工具，是进行各项工作的工具。"张志公认为："语文教学的目的主要不在于教给学生有关自然的或者有关社会的知识，因为那是物理、化学、生物、地理、历史那些学科的工作；语文教学的主要目的并不在于教给学生太多的文学理论知识或者文学创作技能，因为中学毕业生需要的是一般的读书、作文能力，就是阅读各种各类的书籍，写各种各类的文章的能力，而不是只要阅读文学书籍、必须创作文学作品的能力；语文教学的主要目的也不在于教给学生很多政治思想的知识或理论修养，因为那是政治课的工作。""就整个的语文教学来说，还是不能不把教学生掌握语文工具这个目的明确地、突出地提出来。"

值得一提的是，早在20世纪40年代陕甘宁边区教育厅颁布的《初中国文课程标准草案》中的规定与《中等国文》的说明就将获得科学的读、写、说的方法，养成良好的读、写、说的习惯列为教学的基本目的，其中已包含了不要将语文课上成文学课或政治课的思想。[①]

经过"文道之争"，加强"双基"，精讲多练，一时成为语文教师的自觉追求。

（三）科学（工具）与人文之争

"科学（工具）"与"人文"之争是20世纪后期关于语文教学目的与内容的又一场重要论争。论争的主要背景是："文革"结束后，拨乱反正，重提"双基"，如何提高语文教学的效率问题被提到议事日程上来。1978年3月16日，吕叔湘率先在《人民日报》上发表了题为《当前语文教学中两个迫切问题》的文章。文章认为："中小学语文课所用教学时间在各门课程中历来居首位。新近公布的《全日制十年制中小学教学计划试行草案》规定，10年上课总时数是9160课时，

---

① 参见本书第二章语文课程研究"四 语文课程目标的百年嬗变"，第三章语文教材研究"二 我国现代语文教材举要。"

语文是2749课时，恰好是30%。10年的时间，2700多课时，用来学本国语文，却是大多数不过关，岂非咄咄怪事！"文章建议"是不是应该研究研究如何提高语文教学的效率，用较少的时间取得较好的成绩？"1978年3月21日，中国社会科学院语言研究所在北京召开北京地区语言学科规划座谈会，叶圣陶在会上作了题为《大力研究语文教学，尽快改进语文教学》的重要讲话，呼应了吕叔湘的文章，建议"语文教师和语言学科的工作者通力协作研究语文教学，做到尽快地改进语文教学！"[①]

吕叔湘的文章和叶圣陶的讲话在语文教育界引起了很大的震动，许多语文教育工作者撰文探讨语文教学科学化的问题。如：张志公、田小琳、黄成稳的《语文教学需要大大提高效率——泛论语文教学科学化和进行语文教学科学研究的问题》（载《中国语文》1978年第1期），章熊的《我对"语文教学科学化"的几点看法》（载《中国语文》1978年第4期），蒋仲仁的《语言规律与语文教学》（载《教育研究》1979年第1期），李秉德的《努力使中小学语文教学方法科学化》（载《教育研究》1980年第3期）等。

1983年，钱梦龙发表《"三主""四式"语文导读法探索》，将自己从教四十多年的经验概括为"学生为主体，教师为主导，训练为主线"的理论，进而形成以"三主"为理论基础、以"自读""教读""作业""复读"等课式为"基本式"的"语文导读法"的总体框架。[②]1988年，钱梦龙在《语文学习》杂志第8、9、10期上发表《"主体、主导、主线"再探》的系列文章，进一步阐述了"学生为主体、教师为主导、训练为主线"的思想。

1984年，魏书生在《研究学生心理提高语文教学效率》一文中提

---

① 叶圣陶：《大力研究语文教学，尽快改进语文教学》，载《中国语文》1978年第2期。

② 钱梦龙：《"三主""四式"语文导读法探索》，见刘国正、陈哲文《语文教学在前进》，人民教育出版社1984年版，第157—173页。

出"语文知识树"的理论。他说："我让学生把初中六册教材都找到，分册画出'语文知识树'，即假定语文知识是一棵树，那么什么是这棵树上的主干、支干和枝权呢？这样，语文知识的序列在学生的头脑中越来越清晰、越来越准确了。最后大家共同把初中语文知识归纳为四部分、十九项、一百一十八个知识点。四部分，即现代汉语、文言文、文学常识、阅读与写作。平时学生感觉阅读和写作最茫然，似乎无序可循。经过整理，归纳为五项、十九个知识点：一、中心（正确、鲜明、集中三点）；二、选材（围绕中心、真实具体、典型、新颖四点）；三、结构（层次和段落、过渡和照应、开头和结尾三点）；四、表达（记叙、说明、议论、描写、抒情五点）；五、语言（准确、简练、鲜明、生动四点）。知识点就是'知识树'的枝叉，枝叉下面还有小权：例如'描写'这个知识点，又可分为两小点，即环境描写和人物描写；而人物描写还可分为肖像、动作、语言、心理活动四个更小点。"①

1987年，申小龙首先提出汉语的人文性问题。他在《汉语的人文性与中国文化语言学》一文中指出：传统语文研究以人的感受去拥抱汉语精神，从整体上把握语言特征，而现代语言学研究忽视了汉语的人文传统，用冷漠的知性分析取代了辩证的语言感受，丧失了整个传统语言研究的精华——人文性。②

同年，陈钟梁发表《是人文主义，还是科学主义——语文教学的哲学思考》一文，认为：现代语文教学发展的趋势，很可能是科学主义思想和人文主义思想的结合，指导改革开创一个新局面，以实现语文教学科学的艺术化与语文教学艺术的科学化。③这一推断在一定程度

---

① 魏书生：《研究学生心理提高语文教学效率》，载《语文教学通讯》1984年第1期。

② 申小龙：《汉语的人文性与中国文化语言学》，载《读书》1987年第8期。

③ 陈钟梁：《是人文主义，还是科学主义——语文教学的哲学思考》，载《语文学习》1987年第8期。

上引起了语文教育界对于"人文主义"的广泛关注和深层思考。

1991年，程红兵在《语文教学"科学化"刍议——与魏书生同志商榷》一文中认为：教育不能离开人，教育的科学性不能离开人，人不仅是教育的对象，而且是教育的出发点和归宿，任何教育、教学活动形式，如果忽视了人，看不到教育对象的人格特征，就根本没有教育的科学性而言。①

针对语文学科人文性的讨论，张志公在1992年6月12日《文汇报》上发表的《掌握语文教学的客观规律》中说："语文课，它的特定任务无疑是培养和提高人们运用语言文字工具的能力。不过这个基础工具身上背负的东西比较多：有思想意识，有文学艺术修养，有逻辑思维能力，有做人的行为准则，有零七八碎的各种常识，等等。因而，在教学过程中、在完成其特定任务的过程中，无可避免的还会有多种副产的效果。这是这门课的客观实际，不以人的主观意志为转移。于是，这里就存在一个处理好特定任务与连带功效的问题。既不能喧宾夺主，热热闹闹搞了许多名堂，却没有把语言文字训练本身搞好，也不能唯主独尊，不及其余。处理好主宾之间、宾宾之间的关系，可以说是关系到语文教学成败的一个重要课题。"

1992年，教育部颁布《九年义务教育大纲全日制初级中学语文教学大纲（试用）》。该大纲将"课文""能力训练""基础知识""课外活动"一并列入"教学内容"，在"能力训练"之下首次明确提出阅读训练、写作训练、听话训练、说话训练共48个能力训练点，在"基础知识"之下列入汉语知识（包括语音、标点符号、汉字、词、短语、句子、修辞）、文体知识、文学知识等知识训练点。1993年，该大纲的主要执笔者顾黄初、钱梦龙、徐振维、欧阳代娜、张鸿苓、章熊合著《〈九年义务教育大纲全日制初级中学语文教学大纲（试用）〉能

---

① 程红兵：《语文教学"科学化"刍议——与魏书生同志商榷》，载《语文学习》1991年第11期。

力训练指要》，对该大纲提出的48个能力训练点逐条解读，以期"读者们能通过这些说明既了解'能力训练'的基本内容及其要求，也明白《大纲》的主要特点及其精神"。[1]冯钟芸、刘国正、于漪分别为该书写了序。

1993年，韩军在《限制科学主义，张扬人文精神——关于中国现代语文教学的思考》一文中提出："语文教学是一门社会科学，人文精神是它的基本属性。""几十年语文教学的失误就在于科学主义泛滥，人文精神的消遁。"[2]

1995年，于漪在《弘扬人文，改革弊端——关于语文教育性质观的反思》一文中提出了语文学科工具性与人文性相统一的思想。她说："汉语和其他民族语言的工具性和人文性，是一个统一体的不可割裂的两个侧面。没有人文，就没有语言这个工具；舍弃人文，就无法掌握语言这个工具。""语文学科作为一门人文应用学科应该是语言的工具训练与人文教育的综合。"[3]

1996年2月，张志公在接受《语文学习》记者采访时则指出："现在，颇有一些人，认为我们的语文教学中科学因素太多，要加强人文性。我有些不同的想法，我们的语文教学中有多少科学性成分？我看经验主义居多。""我们的语文教学，吃亏就在于没有科学性，没有真正的深入调查研究，随意性太强。""加强语文教学中的人文因素，我不反对，但把它与科学性对立起来，就走向了极端……科学性和人文

---

① 顾黄初，钱梦龙，徐振维，欧阳代娜，张鸿苓，章熊：《〈九年义务教育大纲全日制初级中学语文教学大纲（试用）〉能力训练指要》，四川教育出版社1994年版，第278页。

② 韩军：《限制科学主义，张扬人文精神——关于中国现代语文教学的思考》，载《语文学习》1993年第1期。

③ 于漪：《弘扬人文，改革弊端——关于语文教育性质观的反思》，载《语文学习》1995年第6期。

性都得加强！"①

1996年11月，《语文学习》发表庄文中采访张志公的谈话《工具·实用·现代化》。张志公再次强调："语文课，主要是培养和提高学生运用语言文字的能力，培养和提高听说读写的能力。""语文教学既不能'喧宾夺主'，也不能'唯主独尊'。培养运用语文的能力，这是语文课的'主'，必须完成好。不过，还有'宾'，就是说，在语文课里，由于语文本身的综合性，捎捎带带还能办不少事，比如思想的感染陶冶，联想力、想象力的发展，思考力、推理力的发展，等等。"②

1997年第11期《北京文学》以"忧思中国语文教育"为题，刊登了邹静之的《女儿的作业》、王丽的《中学语文教学手记》、薛毅的《文学教育的悲哀》三篇文章，对语文教育的现状进行了批评，引发了世纪末关于语文教育问题的大讨论。在这场讨论中，"科学"与"人文"之争逐步演变为"工具"与"人文"之争。有关讨论文章，分别被收入王丽主编的《中国语文教育忧思录》（教育科学出版社1998年出版）、孔庆东、摩罗、余杰主编的《审视中学语文教育》（汕头大学出版社1999年出版）、钟晓雨主编的《问题与对策：中小学语文教育改革》（人民教育出版社2000年出版）和江明主编的《问题与对策——也谈中国语文教育》（教育科学出版社2000年出版）等书中。

我们从"文革"结束后历次颁布的语文教学大纲对语文学科性质的表述中，也可以窥见"科学"与"人文"、"工具"与"人文"之争发展递变的轨迹。1980年颁布的《全日制十年制学校中学语文教学大纲（试行草案）》、1986年颁布的《全日制中学语文教学大纲》的

---

① 张志公：《提倡两个"全面发展"——答〈语文学习〉记者》，载《语文学习》1996年第2期。

② 张志公，庄文中：《工具·实用·现代化》，载《语文学习》1996年第11期。

表述是"语文是从事学习和工作的基础工具"。①1990年颁布的《全日制中学语文教学大纲（修订本）》和1992年颁布的《九年义务教育大纲全日制初级中学语文教学大纲（试用）》简化为"语文是学习和工作的基础工具"。②1996年颁布的《全日制普通高级中学语文教学大纲（供试验用）》的表述是"语文是最重要的交际工具，也是最重要的文化载体"。③2000年颁布的《九年义务教育大纲全日制小学语文教学大纲（试用修订版）》《九年义务教育大纲全日制初级中学语文教学大纲（试用修订版）》《全日制普通高级中学语文教学大纲（试验修订版）》的表述是："语文是最重要的交际工具，是人类文化的重要组成部分。"④至21世纪新一轮课程改革，2001年和2003年先后颁布的《全日制义务教育语文课程标准（实验稿）》和《普通高中语文课程标准（实验）》，则在"语文是最重要的交际工具，是人类文化的重要组成部分"这句之后，增加了"工具性与人文性的统一，是语文课程的基本特点"一句⑤，客观上反映了"科学"与"人文"、"工具"与"人文"之争的结果。一方面，无论是相对于"文革"极左，还是相对于市俗功利，要求语文张扬人文性，是合理的，也是必须的。另一方面，就中小学语文课程教学性质而言，必须掌握祖国语言文字这一工具，人文性既非至上更非唯一，人文性目标是在达成工具性目标

---

① 课程教材研究所：《20世纪中国中小学课程标准·教学大纲汇编：语文卷》，人民教育出版社2001年版，第458、477页。

② 课程教材研究所：《20世纪中国中小学课程标准·教学大纲汇编：语文卷》，人民教育出版社2001年版，第502、524页。

③ 课程教材研究所：《20世纪中国中小学课程标准·教学大纲汇编：语文卷》，人民教育出版社2001年版，第535页。

④ 课程教材研究所：《20世纪中国中小学课程标准·教学大纲汇编：语文卷》，人民教育出版社2001年版，第541、548页。

⑤ 中华人民共和国教育部：《全日制义务教育语文课程标准（实验稿）》，北京师范大学出版社2001年版，第1页；中华人民共和国教育部：《普通高中语文课程标准（实验）》，人民教育出版社2003年版，第1页。

的过程中完成的。

　　"形式训练"与"实质训练"之争、"文道之争"、"科学（工具）"与"人文"之争，是20世纪语文学科最重要的论争。这三场论争，发生在不同历史时期，却又有着某种联系："形式"—"文"—"科学（工具）"，"实质"—"道"—"人文"，反映了不同时期人们对于语文教育本质探究的轨迹。20世纪语文学科的论争，还涉及其他方面，限于篇幅，这里就不再赘述了。

二 养成读书与思想的习惯

——重温叶圣陶、朱自清关于精读、略读的论述

20世纪40年代初，叶圣陶和朱自清受四川省教育厅的委托，合作撰写了两本"专供各中学国文教师参考用"的阅读教学指导书——《精读指导举隅》与《略读指导举隅》。《精读指导举隅》选取六篇课文为例进行指导，其中记叙文、短篇小说、抒情散文、说明文各一篇，议论文两篇；古代两篇，现代四篇。《略读指导举隅》选取七部书为例进行指导，其中经籍一种、名著节本一种、诗歌选本一种、专籍两种、小说两种；适合初中学生阅读的三种，适合高中学生阅读的四种。1942年3月和1943年1月，《精读指导举隅》与《略读指导举隅》先后由商务印书馆在重庆出版。今天重读叶圣陶和朱自清合作的《精读指导举隅》与《略读指导举隅》（以下分别简称为"《精读》""《略读》"），对于我们正确认识阅读教学的目标、阅读教学的课型、阅读教学的教材，掌握阅读教学的方法，实施有效教学，仍然具有指导意义。

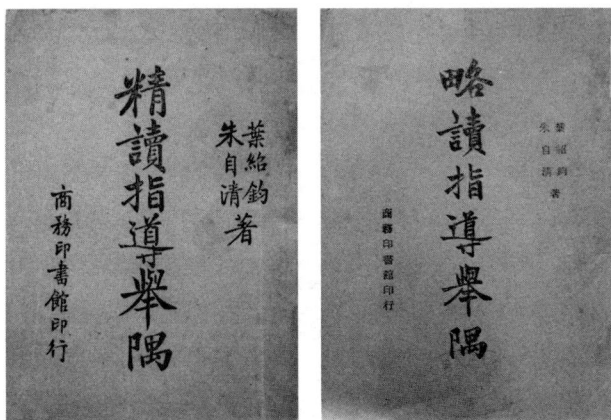

图4-4　《精读指导举隅》与《略读指导举隅》

（一）阅读教学的目标：养成读书与思想的习惯

叶圣陶和朱自清都非常看重学生良好习惯的培养。早在1925年，朱自清在《中等学校国文教学的几个问题》一文中就指出："教室中的教学，原重在指示方法，养成习惯；国文的讲授原重在指示读书与思想的方法，养成读书与思想的习惯。"①叶圣陶在《略读指导举隅》"前言"中也指出："国文教学的目标，在养成阅读书籍的习惯，培植欣赏文学的能力，训练写作文字的技能。"②

《精读》与《略读》两书不断提醒教师要重视养成学生好的习惯。

学生认识生字生语，往往有模糊笼统的毛病，用成语来说，就是"不求甚解"。所以令学生预习，必须使他们不犯模糊笼统的毛病；像初见一个生人一样，一见面就得看清他的形貌，并且察知他的性情。这样成为习惯，然后每认识一个生字生语，好像

---

① 《中等学校国文教学的几个问题》，见李杏保，方有林，徐林祥《国文国语教育论典》，语文出版社2014年版，第376页。

② 本文凡引叶圣陶，朱自清《精读指导举隅》《略读指导举隅》，均引自徐林祥主编的《百年语文教育经典名著》（第九卷），上海教育出版社2017年版。

积钱似的，多积一个总是增加财富的总量。（《精读》）

在平时养成学生讨论问题，发表意见的习惯。（《精读》）

在略读的时候，必须教学生先看序文，养成他们的习惯。（《略读》）

目录表示一部书的骨干，也具有提要的性质；所以如序文一样，也须养成学生先看它的习惯。（《略读》）

利用参考书籍的习惯，必须在学习国文的时候养成；精读方面要多多参考，略读方面还是要多多参考。在起初，学生自必嫌得麻烦，这要翻检，那要搜寻，不如直捷读下去来地爽快；但渐渐的成了习惯，就觉得必须这样多多参考，才可以透切地了解所读的书，其味道的深长，远胜于"不求甚解"；那时候，教他们"不求甚解"也不愿意了。（《略读》）

在叶圣陶和朱自清看来，语文教学就是要养成学生运用语文的好习惯。1947年，叶圣陶在为《学习国文的新路》所作的"序"中说："普通人在国文方面，大概只巴望养成两种好习惯——吸收的好习惯与发表的好习惯。"[1]1962年，他在《认真学习语文》一文中说："学习语文目的在运用，就要养成运用语文的好习惯。"[2]1963年，他在答教师的信中说："阅读教学之目的，我以为首在养成读书之良好习惯。教师辅导学生认真诵习课本，其意乃在使学生渐进于善读，终于能不待教师之辅导而自臻于通篇明晓。课外更读选本，用意亦复如是。"[3]

"养成好习惯"的思想，与叶圣陶"达到不需要教"的思想是一致的。对学生来说，学语文是"要养成运用语文的好习惯"，对教师来说，"教是为了达到不需要教"。这是叶圣陶一贯的思想。1961年9月，他在呼和浩特跟语文教师讲话时说："讲的目的，在于达到不需要

---

① 《叶圣陶集》（第13卷），江苏教育出版社1992年版，第153页。

② 叶圣陶：《认真学习语文》，见中华函授学校《语文学习讲座丛书（一）》，商务印书馆1980年版，第6页。

③ 《叶圣陶集》（第25卷），江苏教育出版社1994年版，第27页。

讲。"①1962年1月，他在《阅读是写作的基础》一文中说："在课堂里教语文，最终目的在达到'不需要教'，使学生养成这样的一种能力，不待老师教，自己能阅读。学生将来经常要阅读，老师能经常跟在他们背后吗？因此，一边教，一边逐渐为'不需要教'打基础。"②1962年7月，叶圣陶在回答教师的另一书简中又说："我近来常以一语语人，凡为教，目的在达到不需要教。"③1974年1月，他在回复教师的信中再次提及此观点："凡为教者，必期于达到不须教。"④1977年12月16日，叶圣陶给《中学语文》杂志的题词中说："我想，教任何功课，最终目的都在于达到不需要教。假如学生进入这样一种境界：能够自己去探索，自己去辨析，自己去历练，从而获得正确的知识和熟练的能力，岂不是就不需要教了吗？而学生所以要学要练，就为要进入这样的境界。"⑤1978年3月，叶圣陶在题为《大力研究语文教学，尽快改进语文教学》的发言中又一次强调说："教师教任何功课（不限于语文），'讲'都是为了达到用不着'讲'，换个说法，'教'都是为了达到用不着'教'。"⑥1983年8月6日，他在民进外地来京参观教师茶话会上说："刚才有一位同志说到我说过'教是为了不教'。后来我加了四个字：'教是为了达到不需要教'。我觉得这样表达比较明白。是不是不教了，学生就学成了呢？非也。不教是因为学生能够自己学习了，不再需要老师教了"，"达到不需要教，就是要教给学生自己学习的本领，让他们自己学习一辈子"。⑦

"养成良好的习惯"与"达到不需要教"是语文教学的最高境

---

①《叶圣陶集》（第13卷），江苏教育出版社1992年版，第199页。

②《叶圣陶集》（第15卷），江苏教育出版社1993年版，第151页。

③《叶圣陶集》（第25卷），江苏教育出版社1994年版，第17页。

④《叶圣陶语文教育论集》，教育科学出版社1980年版，第741页。

⑤《叶圣陶集》（第11卷），江苏教育出版社1991年版，第227页。

⑥《叶圣陶集》（第13卷），江苏教育出版社1992年版，第231页。

⑦《叶圣陶集》（第11卷），江苏教育出版社1991年版，第297—298页。

界，也是一个重要的语文教学指导思想，是教学改革的出发点，也是教学改革的归宿。"教"与"学"是手段，"达到不需要教"与"养成良好的习惯"是目的。从"教"到"不教"，有一个复杂的、艰苦的过程，这是个启发、诱导、扶持的过程，也就是教师帮着学生学习的过程。在这个过程中，训练、培养能力是核心，在逐步放手"不教"中训练能力。学生逐步具备了能力，才可以"不教"。叶圣陶这一思想的深刻之处，是它完全符合人的本性和教育的本性，完全符合教育的根本规律。其价值追求是：通过教师的启发、引导，学生具有自主、独立学习的能力，养成自主、独立学习的习惯，教学由教师促进学生发展逐渐达到学生自主发展的目的。叶圣陶这一思想已经超越语文学科而具有普遍的指导意义。通过教师的启发、诱导、扶持，学生具有自主、独立学习的能力，养成自主、独立学习的习惯；教学由教师指导、促进学生发展逐渐达到学生自主、独立发展的目的。这与《基础教育课程改革纲要（试行）》的精神——"注意培养学生的独立性和自主性……促进学生在教师的指导下主动地、富有个性地学习""教师是学习活动的组织者和引导者……引导学生在实践中学会学习"，[①]以及《义务教育语文课程标准（2011年版）》的要求——"学生是语文学习的主体，教师是学习活动的组织者和引导者"，[②]都是完全吻合的。

（二）阅读教学的课型：精读课与略读课

1904年1月清政府颁布《奏定学堂章程》以前，我国传统教育的教学方式主要是个别教授；教学方法主要是教师讲解、学生记诵。自开办新式学堂之后，个别教授的学馆制逐步被集体教授的班级制所替代，但在教学方法上，特别是阅读教学，仍沿用过去重讲解、重

---

① 中华人民共和国教育部：《基础教育课程改革纲要（试行）》，载《人民教育》2001年第9期。

② 中华人民共和国教育部：《义务教育语文课程标准（2011年版）》，北京师范大学出版社2012年版，第19页。

记诵的传统方法。正如20世纪20年代来中国考察教育的美国教育家孟禄所说："教育重在自动，教学法重在启发，这是现在教育上的公理。"[①]"中国今日的教学法，譬如踢球，是只教学生研究踢球方法，不叫学生自己踢球。"[②]这种传统教学方法，由于重讲解，因此是单向的灌输；由于重记诵，因此是带强制性的死记硬背。这无疑是对学生身心发展的束缚。五四新文化运动以后，这种严重束缚青少年个性发展的传统教学方法，同追求个性解放、个性发展的时代潮流越来越明显地发生了抵触。努力冲破这种束缚而谋求一种新的、有利于青少年身心健康发展的教学模式，就成了从事新教育的人们所迫切关心的问题。

叶圣陶、朱自清针对传统教学方法的弊害，在吸收国外先进教育思想的同时，继承和发扬传统教育中的精华，并结合自身的读写实践经验，在《精读》与《略读》中创造性地将阅读教学的课堂结构划分为"精读课"与"略读课"两种类型，并对精读课与略读课及其相互关系作了明确的界定。

精读课的目的是培养学生的精读能力。叶圣陶、朱自清设想，精读课的指导，大体上可以分为课前预习、课堂讨论和课后练习三项。其中：课前预习又包括通读全文、认识生字生语、解答教师所提示的问题三项；课后练习指导又包括吟诵、参读相关的文章、应对教师的考问三项。

---

① ［美］孟禄：《好的教员》，载《新教育》1922年第4期。

② 胡适，陈宝泉，陶知行：《孟禄的中国教育讨论》，载《新教育》1922年第4期。

$$
\text{精读指导}
\begin{cases}
\text{1. 预习指导}
\begin{cases}
（1）\text{通读全文}\\
（2）\text{认识生字生语}\\
（3）\text{解答教师所提示的问题}
\end{cases}\\[2mm]
\text{2. 课内讨论指导}\\[2mm]
\text{3. 练习指导}
\begin{cases}
（1）\text{吟诵}\\
（2）\text{参读相关的文章}\\
（3）\text{应对教师的考问}
\end{cases}
\end{cases}
$$

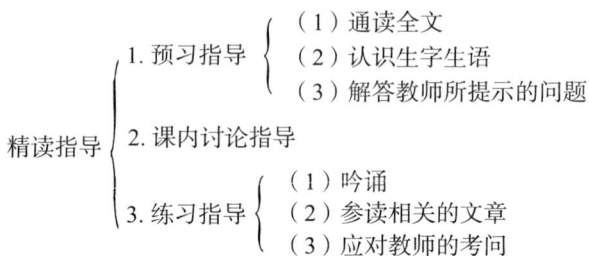

图4-5　精读指导

　　叶圣陶、朱自清提出的这一精读教学程序，既注意到教师如何指导，又注意到学生如何学习，较好地将二者统一起来。其过程从预习开始经课内讨论归结于练习，通过教师纤屑不遗的指导，让学生掌握阅读的方法，合乎从感知到理解再到运用的认知规律。精读课将通读与参读、宣读与吟诵、提问与考问等形式有机地结合起来。这种改革突破了传统课堂教师单一的逐句讲授的方式，给当时的阅读教学注入了一股新鲜的空气。

　　略读课型是与精读课型相对的一种课型，其目的是培养学生的略读能力。叶圣陶、朱自清设想，略读课的指导，大体上可以分为读书前的指导、组织学生阅读参考研究并作笔记、课内报告并讨论和读书成绩考查四项。其中，读书前的指导又包括版本指导、序目指导、参考书籍指导、阅读方法指导、问题指导五项。读书所作笔记可分为两大部分：一部分是碎屑的摘录，一部分是完整的心得，即"读书报告"或"研究报告"。学生作课内报告并讨论既指阅读一本书某一部分的实际经验，也指全书读毕所作的关于全书的总报告与总讨论。

$$
略读指导
\begin{cases}
1.读书前的指导
\begin{cases}
（1）版本指导 \\
（2）序目指导 \\
（3）参考书籍指导 \\
（4）阅读方法指导 \\
（5）问题指导
\end{cases} \\
2.组织学生阅读、参考、研究并作笔记 \\
3.课内报告并讨论 \\
4.读书成绩考查
\end{cases}
$$

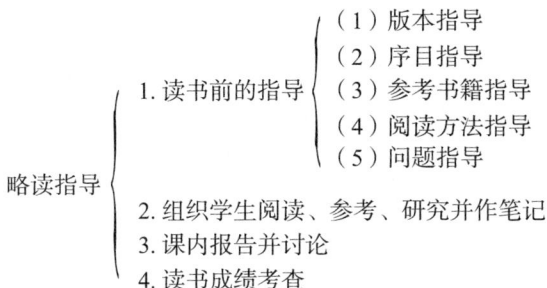

图4-6　略读指导

叶圣陶、朱自清提出的这一略读教学程序，同样既注意到教师如何指导，又注意到学生如何学习，较好地将二者统一起来。其过程从阅读之前的指导到组织学生课外阅读、参考、研究并作笔记，进而作课内报告并讨论，最后进行成绩考查。通过教师提纲挈领的指导，让学生养成自读的习惯，合乎培养学生的实际语文应用能力的目标。从精读扩展到略读的过程，是学生从"学习"到"运用"的过程。略读课组织学生课外阅读、参考、研究、作笔记，进行作课内报告并讨论。这种改革颠覆了传统课堂以教师为主体的状态，有助于形成阅读教学的生动活泼的局面。

从精读到略读，如叶圣陶所说："譬如孩子学走路，起初由大人扶着肩、牵着手，渐渐的大人把手放了，只在旁边遮拦着，替他规定路向，防他偶或跌交。大人在旁边遮拦着，正与扶着肩，牵着手走一样的需要当心；其目的惟在孩子步履纯熟，能够自由走路。精读时候，教师给学生纤屑不遗的指导，略读时候，更给学生提纲挈领的指导，其目的惟在学生习惯养成，能够自由阅读。"（《略读》）顾黄初称之为"导儿学步"教学法。顾黄初指出："导儿学步"教学法是在自动主义的现代教育思想和"导而勿牵"的传统教育思想启发下创立的一种新教法。自动主义强调要让学生独立学习、独立思考、独立作业；"导而勿牵，强而弗抑，开而勿达"（引导学生学着走而不是牵着学生走，策励学生自己走而不是推着学生走，启发学生自己去探索而不是代替学生作出结论）的传统教育思想，要求教师善于启发、引导，既不放任自流，又不包办代替。①

将阅读课分为精读课与略读课两种课型，使得传统阅读课堂教学结构在纵向与横向两个维度都发生了重大变革。所谓纵向结构变革，就是把阅读教学的过程处理成学生独立阅读（预习）—师生共同阅读（报告与讨论）—学生在理解的基础上再次独立、深入地阅读（练习）的过程。所谓横向结构变革，就是把阅读课分成精读课（举一）和略读课（反三），同时列入学校课程。

在精读课之外，另设略读课，使其与精读课并列为阅读教学的课型，用心良苦，意义重大。"学生从精读方面得到种种经验，应用这些经验，自己去读长篇巨著以及其他的单篇短什，不再需要教师的详细指导，这便是'略读'。就教学而言，精读是主体，略读只是补充；但就效果而言，精读是准备，略读才是应用。学生在校的时候，为了需要与兴趣，须在课本或选文以外阅读旁的书籍文字；他日出校之后，为了需要与兴趣，一辈子须阅读各种书籍文字；这种阅读都是所谓应用。使学生在这方面打定根基，养成习惯，全在国文课的略读。"（《略读》）这一思想已经超越语文学科而具有普遍的指导意义。事实上，每门学科都存在"课内指导"与"课外指导"的问题，将略读课与精读课并列为阅读教学的课型，打通了课内与课外，致力于学生实践能力的培养。这与《基础教育课程改革纲要（试行）》中"引导学生质疑、调查、探究，在实践中学习"②的精神和《义务教育语文课程标准（2011年版）》中要求"语文课程致力于培养学生的语言文字

---

① 顾黄初：《语文学科教育的百年步履》，载《中学语文教参考》1998年第1—2期。

② 中华人民共和国教育部：《基础教育课程改革纲要（试行）》，载《人民教育》2001年第9期。

运用能力"①及《普通高中语文课程标准（2017年版）》中要求"应着力在语文实践中培养学生的语言文字运用能力"②都是完全吻合的。反观70多年后的今日学校教育，叶圣陶、朱自清当年批评的"只注意于精读，而忽略了略读，工夫便只做得一半儿。……现在一般学校，忽视了略读的似乎不少，这是必须改正的"（《略读》）的状况，似乎并未有所改变。

（三）阅读教学的教材：课本与整本的书

在叶圣陶和朱自清看来，要实现阅读教学的目标，"这些事儿不能凭空着手，都得有所凭借。凭借什么？就是课本或选文。有了课本或选文，然后养成，培植，训练的工作得以着手。"（《略读》）"精读文章，只能把它认作例子与出发点。"（《精读》）课本或选文是凭借、是例子与出发点，凭借课本或选文，从这些例子出发，养成、培植、训练的工作方可得以着手。

阅读教学既然分精读课与略读课，其教材也就应有精读教材与略读教材。

"精读"的教材，课本所收的，选文之中入选的，都是单篇短什，没有长篇巨著。这并不是说学生读了一些单篇短什就足够了。只因单篇短什分量不多，要做细磨细琢的研读功夫，正宜从此入手：一篇读毕，又来一篇，涉及的方面既不嫌偏颇，阅读的兴趣也不致单调。如《精读》所选六篇，兼顾记叙、抒情、说明、议论四种文体，包容文言、白话两种语体，使读者对各种文字都"窥见一斑"，都尝到一点味道。

叶圣陶、朱自清认为，精读课的教材，最好有两种本子。"一种是

---

① 中华人民共和国教育部：《义务教育语文课程标准（2011年版）》，北京师范大学出版社2012年版，第1页。

② 中华人民共和国教育部：《普通高中语文课程标准（2017年版）》，人民教育出版社2018年版，第3页。

不分段落，不加标点的，供给学生预习时候用；一种是分段落，加标点的，待预习过后才拿出来对勘。"（《精读》）之所以印发的教材不给分段落，也不给加标点，意在令学生在预习的时候自己用铅笔去分段落，加上标点。上课时候，由教师或几个学生通读全文，全班学生静听着，各把自己预习的结果来对勘；如果自己有错误，就用墨笔订正。在他们看来，"现在的书籍报志都分段落，加标点，这从著者方面说，在表达的明确上很有帮助；从读者方面说，阅读起来可以便捷不少。可是，在练习精读的时候，这样的本子反而把学者的注意力减轻了。既已分了段落，加了标点在那里，就随便看下去，不再问为什么要这样分，这样点，这是人之常情。在这常情里，却正错过了很重要的练习机会。若要不放过这个机会，惟有令学者就一种一贯到底只有文字的本子去预习，在怎样分、怎样点上用一番心思。预习的成绩当然不免有错误，然而不足为病。除了错误以外，凡是不错误的地方都是细心咬嚼过来的；这对于学者将是终身的受用。"（《精读》）

"略读"的教材，则宜用"整本的书"。《略读》所选七部书，包括经籍、名著节本、诗歌选本、专集、小说，涉及古今中外。其中，《孟子》《史记菁华录》《唐诗三百首》《胡适文选》属于高中略读教材；《蔡孑民先生言行录》《呐喊》《爱的教育》属于初中略读教材。

叶圣陶、朱自清所说的略读，不是指一般的课外阅读，而是指列入教学计划的一项教学内容，所以，他们非常强调教师在学生阅读前后的"指导"与"考查"。《略读》正是这样一部专供教师参考、指导学生读"整本的书"的教学用书。他们对略读书籍的数量和难易程度都作了规定。略读书籍的数量不宜太多，在一学期大约有二三种也就可以了。"好在略读与精读一样，选定一些教材来读，无非'举一隅'的性质，都希望学生从此习得方法，养成习惯，再自己去'以三隅反'；故而数量虽少，并不妨事。"（《略读》）略读书籍的难易程度，应以中等程度的学生为标准。"凡是忠于职务，深知学生的教师，必能选取适合于中材的教材，供学生略读；这就没有能力够不够的问题。同时，所取教材必能不但适应学生的一般兴趣，并且切合教育的中心意义；这就没有兴趣合不合的问题。"（《略读》）

叶圣陶、朱自清认为，"略读既须由教师指导，自宜如精读一样，全班学生用同一的教材"。（《略读》）假如一班学生同时略读几种书籍，教师就不便在课内指导；指导了略读某种书籍的一部分学生，必致抛荒了略读别种书籍的另一部分学生；各部分轮流指导固也可以，但每周略读指导的时间，至多也只能有二小时，各部分轮流下来，必致每部分都非常简略。况且同学间的共同讨论，是很有帮助于阅读能力的长进的；也必须阅读同一的书籍，才便于彼此共同讨论。

叶圣陶、朱自清关于阅读教材的论述，突破了传统阅读教材观将教材置于阅读教学活动的中心位置、教师只是在阐释教材、学生只是记忆教材的局限，同样超越了语文学科而具有普遍的指导意义。教材既是教师"教"的"凭借"、"例子与出发点"，又是学生"学"的"凭借"、"例子与出发点"。课堂教学"无非'举一隅'的性质"，教师的讲授无论如何详尽，总之只是"举一"，对于教师来说，不应是"教教材"，而应是"用教材教"。同时，课堂教学"都希望学生从此习得方法，养成习惯，再自己去'以三隅反'。"学校教育之所以能使学生终身受用，全在于让学生受到锻炼，养成"反三"的能力。对于学生来说，课内的学习，为的是课外的运用。

在课本之外，增加"整本的书"，与课本并列为阅读教学的教材，引导学生多读"整本的书"，也是叶圣陶的一贯主张。1932年，叶圣陶在《国文科之目的》一文中就指出："要养成阅读能力，非课外多看书籍不可。课本只是举出些例子，以便指示、说明而已，这里重要在方法。"[1]1941年，他在《论中学国文课程的改订》一文中说："试问，要养成读书习惯而不教他们读整本的书，那习惯怎么养

---

[1]《叶圣陶集》（第13卷），江苏教育出版社1992年版，第32页。

成？"[1]1942年，他在《略谈学习国文》中特别提醒人们注意："国文教本为了要供学生试去理解，试去揣摩，分量就不能太多，篇幅也不能太长；太多太长了，不适宜做细琢细磨的研讨工夫。但要养成一种习惯，必须经过反复的历练。单凭一部国文教本，是够不上说反复的历练的。所以必须在国文教本以外再看其他的书，越多越好。应用研读国文教本得来的知识，去对付其他的书，这才是反复的历练。"[2]1949年8月，叶圣陶在为当时教科书编审委员会草拟的《中学语文科课程标准》中明确要求："中学语文教材除单篇的文字而外，兼采书本的一章一节，高中阶段兼采现代语的整本的书。"[3]

进入21世纪以来，我国教育部颁布的《语文教学大纲》和《语文课程标准》均精选了一些"整本的书"作为推荐学生阅读的"课外读物"，这些"课外读物"无疑是十分必要的，但与叶圣陶、朱自清在"精读课"之外把"略读课"也列入正式课程，在"课本"之外把"整本的书"也列为阅读教材的设想，还是有差距的。

（四）阅读教学的指导：阅读的原则与方法

1. 阅读的原则

叶圣陶非常重视调动学生的积极性，引导学生自己去思考。在《精读》和《略读》两书中，多次讲到阅读与思考的关系，概括起来主要有以下几条，也可以看作是阅读的几条原则。

（1）"最要紧的是用自己的眼光通读下去"

叶圣陶指出："最要紧的是用自己的眼光通读下去。"（《精读》）"令学生在预习的时候，对于分段点句作一番考核的工夫。为什么在这里而不在那里分段呢？为什么这里该用逗号而那里该用句号呢？为什么这一句该用惊叹号而不该用疑问号呢？这些问题，必须自

---

[1]《叶圣陶集》（第16卷），江苏教育出版社1993年版，第53页。

[2]《叶圣陶集》（第13卷），江苏教育出版社1992年版，第105页。

[3]《叶圣陶集》（第16卷），江苏教育出版社1993年版，第115页。

求解答，说得出个所以然来。还有，现成教本是编辑员的产品，油印教材大都经教师加了工，'智者千虑，必有一失'，岂能完全没有错误？所以，不妨再令学生注意，不必绝对信赖教本与教材的印刷格式；最要紧的是用自己的眼光通读下去，看是不是应该这样分段，这样点句。"（《精读》）

在《精读》和《略读》的"指导大概"里，就有不少鼓励学生"用自己的眼光通读下去"的例子。比如：朱自清对《胡适文选》所作的"指导大概"里，就指出"胡先生用对称，虽是为了亲切，却带着教训的口气。青年学生用不到教训的口气，只消就亲切上着眼。但得留意，对称也容易带轻佻的口气，轻佻就失了文格了。故甚其词可以用，但得配合上下文的语气，才觉自然。严词能够不用最好；胡先生的严词有时也还不免有太过的地方。"（《略读》）

（2）"一篇文字可以从不同的观点去研究它"

叶圣陶指出："一篇文字，可以从不同的观点去研究它。如作者意念发展的线索，文字后面的时代背景，技术方面布置与剪裁的匠心，客观上的优点与疵病，这些就是所谓不同的观点。对于每一个观点，都可以提出问题，令学生在预习的时候寻求解答。如果学生能够解答得大致不错，那就真个做到了'精读'两字了——'精读'的'读'字原不是仅指'吟诵'与'宣读'而言的。"（《精读》）

叶圣陶对徐志摩的抒情散文《我所知道的康桥》所作的"指导大概"里，就指出该文在白话中夹杂一些文言，"有少数字句是不很妥适的"，并举例加以分析。该篇结语处写道："阅读一篇文字，一味赞美，处处替作者辩护，这种态度是不对的。至于吹毛求疵，硬要挑剔，也同样地不对。文字如有长处，必须看出它的长处在哪里；文字如有缺点，又必须看出它的缺点在哪里：这才是正当的态度。惟有抱着这样正当的态度，多读一篇才会收到多读一篇的益处。"（《精读》）

（3）"无论阅读何种书籍总得认清几个问题"

叶圣陶指出："无论阅读何种书籍，要把应当记忆的记忆起来，把应当体会的体会出来，把应当研究的研究出来，总得认清几个问题——也可以叫做题目。"（《略读》）他举例说："如读一个人的传记，那个人的学问、事业怎样呢？或读一处地方的游记，那地方的自然环境、社会情形怎样呢？都是最浅近的例子。心中存着这些问题或题目，阅读就有了标的，辨识就有了头绪。又如阅读《爱的教育》，可以提出许多问题或题目：作为书中主人翁的那个小学生安利柯，他的父亲常常勉励他，教训他，父亲希望他成个怎样的人呢？书中写若干小学生，家庭环境不同，品性习惯各异，品性习惯受不受家庭环境的影响呢？书中很有使人感动的地方，为什么能使人感动呢？诸如此类，难以说尽。或阅读《孟子》，也可以提出许多问题或题目：孟子主张'民为贵'，书中的那些篇章发挥这个意思呢？孟子的理想中，把政治分为王道的与霸道的两种，两种的区别怎样呢？孟子认为'王政'并不难行，他的论据又是什么呢？诸如此类，难以说尽。这些是比较深一点的。在善于读书的人，一边读下去，一边自会提出一些问题或题目来，作为阅读的标的，辨识的头绪，或者初读时候提出一些，到重读时候另外又提出一些。"（《略读》）他又说："比较艰深或枝节的问题，估计起来不是学生所必需知道的，当然不必提出。但是，学生应该知道而未必能自行解答的，却不妨预先提出，让他们去动一动天君，查一查可能查到的参考书。他们经过了自己的一番摸索，或者是略有解悟，或者是不得要领，或者是全盘错误，这当儿再来听教师的指导，印入与理解的程度一定比较深切。"（《精读》）

在由朱自清执笔的《精读》和《略读》两书的"例言"中，朱自清也提醒教师要重视调动学生的积极性，引导学生自己思考。他在《精读》"例言"中说："本书各篇'指导大概'是用教师的口气向学生说的。我们所注重的是分析文篇提示问题，因而进行讨论。'前言'的第三项有详细的说明；六篇'指导大概'便是实例。这六篇'大概'都是完整的成篇的文字。我们可并不是说'指导'就由教师一个人这样从头至尾演讲下去。'指导'得在讨论里。"（《精读》）在《精读》"例言"中也表达了同样的意思："本书各篇'指导大概'是用教师的口气向学生说的。我们按照'前言'所提出的，对于每一部书，作了指导的实例。这七篇'大概'都是完整的成篇的文字，只因写下来不得不如此；并不是说每指导一部书，就得向学生作一番这样长长的演讲，讲过了就完事。'指导'得在讨论里；每篇'大概'中的每一节，都该是讨论的结果，这结果该是学生自己研求之后，在讨论时间，又经教师的纠正或补充，才得到的。"（《略读》）

2. 阅读的方法

叶圣陶、朱自清也非常重视阅读方法的指导。叶圣陶曾在1940年所作的《国文教学的两个基本观念》中明确指出："国文是语文学科，在教学的时候，内容方面固然不容忽视，而方法方面尤其应当注重。"[1]语文教学的特有任务之一是进行阅读训练，这种训练，"第一，必须讲求方法。怎样阅读才可以明白通晓，摄其精英……得让学生们心知其故。第二，必须使种种方法成为学生终身以之的习惯……仅仅心知其故，而习惯没有养成，还是不济事的。"[2]《精读》与《略读》两书将阅读教学方法分为精读法、略读法、参读法几种，而阅读教学的其他方法大都是由这些方法派生而来的。

（1）精读法

精读法的特征是"纤屑不遗，发挥净尽"。它要细细品味，慢慢研读，既要理解文章的内涵，又要揣摩文章的写法，从内容和形式两方面去充分吸收文章的精华与营养。

精读的步骤：一是初读，逐句逐节逐章通读，求其读懂；二是复读，明了全篇或全章全节的大意；三是细读，把应该记忆的记忆起

---

[1]《叶圣陶集》（第13卷），江苏教育出版社1992年版，第52页。

[2]《叶圣陶集》（第13卷），江苏教育出版社1992年版，第53页。

来，把应该体味的体味出来，把应该研究的研究出来。精读不只是
"逐句讲解"，它要求在反复阅读中求深入。叶圣陶在对欧阳修《泷
冈阡表》所作的"指导大概"里，就指出："读一篇文字，仅能逐句
逐句照字面解释，是不够的；必须在解释字面之后，更从文字以外去
体会，才会得到真切意义。"他所作的欧阳修《泷冈阡表》"指导大
概"先是从章法上对全篇作鸟瞰式剖析，指出作者意念发展的线索对
取材范围的限制，概述各段的大意和作用，说明布局和照应；再从文
字以外来体会言外之意，解说字、词、语的妙用；进而比较分析抽象
写法和具体写法在效果上的不同；最后提出几个问题，引导隅反。

精读要求通读全文，这就需要运用宣读法，它是"依照对于文
字的理解，平正地读下去，用连贯与间歇表示出句子的组织与前句和
后句的分界来"，它"必须理解在先，然后谈得到传出情趣与畅发感
兴"。（《精读》）

精读又要求涵咀得深，研讨得熟，所以又派生出吟诵法。它和宣
读法相对，使课上宣读与课下吟诵彼此配合。吟诵法"第一求其合于
规律"（《精读》），要应和着文字所表达的意义与情感，从语调上分
出高低、强弱、缓急来；"第二求其通体纯熟"（《精读》），对文章
不仅要理智地了解，而且要亲切地体会，达到内容和理法化为读者已
有的境界。

（2）略读法

略读法的特征是"提纲挈领，期其自得"。略读不是"粗略的"
读，也不是"忽略的"读。"略读的'略'字，一半系教师的指导
而言：还是要指导，但是只须提纲挈领，不必纤屑不遗，所以叫做
'略'。一半系就学生的功夫而言：还是要象精读那样仔细咬嚼，但是
精读时候出于努力钻研，从困勉达到解悟，略读时候却已熟能生巧，
不需多用心力，自会随机肆应，所以叫做'略'。"（《略读》）略读
也要"抱着研究国文的态度"，"内容形式兼顾"（《略读》）。

略读的步骤：一是泛读，浏览版本、序目，略知全书梗概和编著

意图，确定重点；二是选读，按照阅读目标去提取要点，参考书籍，研究问题，随时做好笔记；三是复读，连贯起来思索，把琐碎的摘录整理成读书报告。叶圣陶所作的《〈孟子〉指导大概》便是运用略读法的典范。叶圣陶从版本、序目、参考书籍、阅读方法、问题等方面依次作了具体的指导。

略读的读物往往是成本的书。书籍的性质不一，略读的方法也是不一样的。略读法"不但求其理解明确，还须求其下手敏捷"，由此又派生出速读法。"处于事务纷繁的现代，读书迟缓，实际上很吃亏；略读既以训练读书为目标，自当要求他们速读，读得快，算是成绩好，不然就差。不用说，阅读必须以精细正确为前提；可是，既能精细正确，是否敏捷迅速，却是判定成绩时候应该注意的。"（《略读》）

（3）参读法

参读法是精读课与略读课共同运用的一种阅读方法，是精读法和略读法彼此结合的中间环节，"精读方面要多多参考，略读方面还是要多多参考。"（《略读》）死守精读文章和略读书籍，不用别的文章和书籍来比勘、印证，就难免化不开来，难免知其一不知其二，难免知其然不知其所以然。多多比较，方能进一步领会优劣得失。

参读法必然会派生出比较阅读法，学生通过参读相关的文本，比较精读文章、略读书籍与参读文本的相同点与不同点，提高思维辨析能力。参读的作用在于力求甚解，扩大视野，举一反三，提高效率。参读的相关文本，是指与精读文章在形式上（体裁、写法、语言）相同和在内容上（主旨、作者、时代）相近的文章。如读陶潜的《桃花源记》，想知道晋代文学的情形，就要去翻阅中国文学史；想了解乌托邦的思想，就会去翻阅《理想乡的消息》；想明白记叙文的格式，就要去翻看记叙文的作法；想熟悉作者陶潜的为人，可以去翻阅《晋书·陶潜传》或陶集。"象这样把精读文字作为出发点，向四面八方发展开来，那么，精读了一篇文字，就可以带读许多书，知解与领会的范围将扩张到多么大呢？学问家的广博与精深差不多都从这个途径

得来；中学生虽不一定要成学问家，但有利的途径总该让他们去走的。"（《精读》）

由上可见，叶圣陶、朱自清在《精读》与《略读》两书中所论述的精读法、略读法、参读法，构成了阅读方法的一个开放系统。从准备性的精读出发，到应用性的略读归宿，中间将扩展性的参读和高效性的速读结合起来，开辟了一条解决阅读深度、阅读广度和阅读速度的通道，大大提高了阅读教学的效率。

三　从阅读教学看写作教学

——关于写作教学问题与对策的思考①

　　阅读教学与写作教学是语文教学的两个重要组成部分。一方面，阅读教学与写作教学各有侧重：阅读是运用语言文字获取信息、认识世界、发展思维、获得审美体验的重要途径。阅读教学重在培养学生接受的能力；写作是运用语言文字进行表达和交流的重要方式，是认识世界、认识自我、创造性表述的过程。写作教学重在培养学生发表的能力。另一方面，阅读教学与写作教学又相辅相成：阅读能够促进写作。阅读古今中外优秀作品，有助于观察、选材、立意、构思、遣词、造句等写作能力的形成和提高；阅读教学在陶冶学生情操、开拓学生视野的同时，也丰富了学生的写作素材，提升了学生的写作水平。写作也能够促进阅读。写作所见、所闻、所思、所感，有助于对文章语句的理解、信息的筛选、思想内容的解读、表现手法的认识等阅读能力的养成和提升；写作教学在启发学生思维、促进学生表达的同时，也可激发学生的阅读欲望、提升学生的阅读品位。

　　正如叶圣陶所说："语文教学不仅是传授知识，尤其重要的，在乎培养学生听说读写的能力。分开来说，听和读是一类，说和写是一类。有了听和读的能力，就能吸取人家的东西，化为己有。有了说和写的能力，就能表达自己的意思，让人家完全明晓。这两类能力，无论在学习中，在工作中，在日常生活中，都是必需的，所以是最基本

---

　　① 本文系与苏肖肖合作，原载《写作》2014年第7、8期，收入本书时有删改。

的能力，非着力培养不可。合起来说，这两类能力又是相辅相成的，就是说，听和读的能力的加强有助于说和写的能力的提高，反过来亦然。因此，培养的时候宜乎双方兼顾，听、说、读、写四个字中间不偏废任何一个字，才能收相互促进、不断提高的成效。"①

《义务教育语文课程标准（2011年版）》从学生的全面发展和终身发展出发，强调面向全体学生，使学生获得基本的语文素养；强调写作能力是语文素养的综合体现，要求学生能具体明确、文从字顺地表达自己的见闻、体验和想法，能根据需要，运用常见的表达方式写作，发展书面语言的运用能力。但现实情况是，写作教学往往不被教者所重视，阅读教学几乎成为语文教学的代名词，写作教学只是语文教学的点缀。笔者认为：阅读教学与写作教学同等重要，应统筹兼顾，不能厚此薄彼；以阅读教学为参照，反观写作教学的课时设置、教材编写、教学研究与实施、教学评价，将有助于我们认清当今写作教学的问题与对策。

（一）从阅读教学看写作教学的问题

1. 课时流失

《义务教育语文课程标准（2011年版）》将"全面提高学生的语文素养"列为课程基本理念②。为保证学生语文素养的整体提高，课程标准各学段都从"识字与写字"、"阅读"、"写作"（第一学段为"写话"，第二、第三学段为"习作"）、"口语交际"四个方面提出目标与内容的要求。课程标准各学段还提出了"综合性学习"的要求，以加强语文课程内部诸多方面的联系，加强语文课程与其他课程以及与生活的联系，以促进学生的语文素养全面协调发展。

---

①《叶圣陶教育文集》（第3卷），人民教育出版社1994年版，第167—168页。

② 中华人民共和国教育部：《义务教育语文课程标准（2011年版）》，北京师范大学出版社2012年版，第2页。

　　课程表是课程设置的表现形式，课时是教学的时间单位。一般说来，每个学校每个年级都会安排每周五节左右的语文课，在课程表上都标明"语文"字样，没有具体的分类，但按照惯例，每个学校每个年级都会安排每周三节以上的阅读课，并且很多时候会多出一些课时来。与此相反的是，"写作""口语交际"等常被忽视。虽然课程表上每周安排了两节连上的语文课，但这两节本应安排写作的语文课常常被教师们堂而皇之地"合理利用"，或上阅读课，或评讲试卷，甚至被其他学科所占用。因此，与有足够的课时保证的阅读课相比，"写作"很多时候形同虚设，"口语交际"则更是被忽略不计了。

　　有教师甚至认为学生学写作就是为了应试，且考场作文高分与低分相差不大，用不着平时花时间精力，只需临考试前一两周，教给学生一些快速写作的技巧、强记一些应试作文的素材就可以了。殊不知，学生学写作是为了现在和将来学习、工作和生活的需要，且写作能力的培养是一个缓慢的、渐进的过程，作文技巧是在反复的写作实践中逐步获得的，写作素材是在学生生活和阅读中逐渐积累的。写作教学的根本目的不是为了应付考试中的作文，而是为学生的全面发展和终身发展作铺垫。快速作文的技巧与应试作文的素材，只能炮制千篇一律、机械呆板的赝品，助长投机取巧的心理。

　　写作教学没有固定的课时保障，写作教学的内容往往就由教师们随机安排了。学生缺少足够的写作训练时间，写作潜力得不到充分的挖掘，写作能力得不到最大的提高，也直接影响了学生对写作的兴趣和重视程度。

　　写作课时的流失及其与阅读课时的巨大反差，以及一部分教师对写作课与阅读课截然不同的态度，反映了我国语文课程中写作课程的缺位和一部分教育工作者对语文学科认识上的严重偏差。

2. 教材欠缺

　　1949年，叶圣陶主持华北人民政府教育部教科书编审委员会工作，建议把旧有的小学"国语"和中学"国文"统一更名为"语文"。

叶圣陶说："彼时同人之意，以为口头为'语'，书面为'文'，文本于语，不可偏指，故合言之。亦见此学科'听'、'说'、'读'、'写'宜并重，诵习课本，练习作文，固为读写之事，而苟忽于听说，不注意训练，则读写之成效亦将减损。"①1950年8月，中央人民政府出版总署编审局编辑出版了中华人民共和国成立以后第一套以"语文"命名的初、高中语文课本。这套课本的"编辑大意"指出："说出来的是语言，写出来的是文章，文章依据语言，'语'和'文'是分不开的。语文教学应该包括听话、说话、阅读、写作四项。因此，这套课本不再用'国文'或'国语'的旧名称，改称'语文课本'。"②可见，听、说、读、写本是"语文"课程教材的应有之义。

然而，1950年以来，我国出版的语文教科书，除20世纪50年代中期人民教育出版社出版过初中《汉语》《文学》和高中《文学》教科书，20世纪80—90年代人民教育出版社出版过初中《写作》（后改为《作文·汉语》）和高中《写作与说话》，辽宁教育出版社出版过《九年义务教育三年制初级中学试用课本·写作》外，其余大都是文选型或单元型的阅读或以阅读为主的语文教科书。

进入21世纪实施新课程改革以来，人民教育出版社、语文出版社、江苏教育出版社等多家出版社出版的各个版本的初中语文教科书和高中语文（必修）教科书，虽然在教科书的编写理念、内容编排、文本选择等方面有了许多改进，但总体上仍然是以阅读为主的语文教科书。这些语文教科书以阅读教学为中心，写作教学只是阅读教学的附庸，并且缺少写作教学的科学序列。如：某出版社出版的语文教科书七年级上册第一单元"有感而发"、第二单元"说真话，抒真情"和第三单元"从生活中找'米'"等，即存在训练内容区分度不大，

①《叶圣陶教育文集》（第3卷），人民教育出版社1994年版，第506页。

② 中央人民政府出版总署编审局：《编辑大意》，见《初级中学语文课本》（第一册），新华书店1950年版，第1页。

训练重点难以把握的问题。

专门的写作教科书的欠缺，以及语文教科书中写作教学内容交叉重复、层次不明的状况，反映了我国语文教材编制者对写作课程与教学的忽视，以及写作课程与教学的科学性、序列化的缺失。

3. 教学粗疏

就教学研究与实施而言，与精雕细刻的阅读教学相比，写作教学显得粗枝大叶。阅读除了有课时和教材的保证外，还有更多的教师与专家热衷于研究阅读教学的方式方法，比如：如何激发学生阅读的兴趣，如何创造阅读教学的情境，如何设计阅读教学的问题，如何安排阅读教学的流程，等等。研究阅读教学固然无可非议，但写作教学显然受到了冷落，缺少类似阅读教学的细致、深入的研究。

（1）阅读教学有精读与略读，而写作教学却缺少精写与略写。

精读力求精准领会文本的思想内容及写作特色，往往一篇文章要反复阅读，读的遍数多而读的篇数少。略读为了拓宽视野增长知识，往往一篇文章只观其大略，读的遍数少而读的篇数却要多。

精读重在培养学生读懂、读通、读透的能力，略读则是在精读的基础上延伸、拓展、巩固与应用。"就教学而言，精读是主体，略读只是补充；但是就效果而言，精读是准备，略读才是应用。学生在校的时候，为了需要与兴趣，须在课本或选文以外阅读旁的书籍文章；他日出校之后，为了需要与兴趣，一辈子须阅读各种书籍文章；这种阅读都是所谓应用。使学生在这方面打定根基，养成习惯，全在国文课的略读。"①

再看中小学写作教学，教师往往满足于一学期布置了几次作文题，让学生做了几次大作、几次小作，便是完成了教学任务，甚至大学中文系一年级的写作课也是如此。至于学生究竟懂得了哪些写作知识，掌握了哪些写作方法，能不能具体明确、文从字顺地表达自己的

---

① 《叶圣陶语文教育论集》，教育科学出版社1980年版，第19页。

见闻、体验和想法，往往很少去过问，更不要说像研究阅读教学的精读与略读那样去研究写作教学的精写与略写了。

所谓精写，就是一篇文章反复写，精益求精，不断修改完善，特别是要让学生学会自己修改作文，直到满意为止，而不是满足于完成几次教学任务，写的遍数多、篇数少。所谓略写，就是在精写掌握写作窍门的基础上，各种体裁样式，都练习一番，写的遍数少、篇数多。精写重在学会运用语言文字表达自己的见闻、体验和思想，略写重在适应各种场合写作的需要。两者相结合，切实提高学生的写作能力。

（2）阅读教学过程中师生对话互动已成为常态，而在写作教学过程中师生对话互动严重缺失。

教育部2001年颁布的《全日制义务教育语文课程标准（实验稿）》指出："阅读教学是学生、教师、文本之间对话的过程。"[1]2003年颁布的《普通高中语文课程标准（实验）》进一步指出："阅读教学是学生、教师、教科书编者、文本之间的多重对话，是思想碰撞和心灵交流的动态过程。阅读中的对话和交流，应指向每一个学生的个体阅读。教师既是与学生平等的对话者之一，又是课堂阅读活动的组织者、学生阅读的促进者。教师要为学生的阅读实践创设良好的环境，提供有利条件，充分关注学生阅读态度的主动性、阅读需求的多样性、阅读心理的独特性，尊重学生个人的见解，应鼓励学生批判质疑，发表不同意见。教师的点拨是必要的，但不能以自己的分析讲解代替学生的独立阅读。"[2]《义务教育语文课程标准（2011年版）》再一次强调："阅读教学是学生、教师、教科书编者、文本之间对话的过

---

① 中华人民共和国教育部：《全日制义务教育语文课程标准（实验稿）》，北京师范大学出版社2001年版，第17页。

② 中华人民共和国教育部：《普通高中语文课程标准（实验）》，人民教育出版社2003年版，第16页。

程。"[1]可以说，实施新课程以来，阅读教学过程中师生对话互动已经由语文课程标准的要求，逐步转变为中小学阅读教学的常态。

再看中小学写作教学，其基本过程仍然沿袭了几十年的线型模式："教师命题—学生作文—教师批改"。其中，"命题"与"批改"环节专属教师，"作文"环节专属学生，师生缺少在作文前、作文中、作文后的全程双向交流与互动，一线教师和专家学者对写作教学过程的关注与研究也比对阅读教学过程的关注与研究少得多。

这些都表明，与阅读教学研究和实施相比，写作教学研究与实施还处于低水平、浅层次、未成熟的阶段。

4. 评价单一

教育部2001年6月印发的《基础教育课程改革纲要（试行）》将"改变课程评价过分强调甄别与选拔的功能，发挥评价促进学生发展、教师提高和改进教学实践的功能"[2]列为基础教育课程改革的目标之一。近20年来，阅读教学的评价或多或少已有所改观，但写作教学的评价依然存在着评价方式单一和评价主体单一的问题。

在写作教学评价中，教师的评价主要依赖于考试的标准或教师个人的喜好。将评价与考试等同起来，以考试为"指挥棒"，考什么就教什么；或将评价与教师喜好相联系，教师喜好的，就得好评；反之，则得差评。这样的教学与教学评价不利于学生写作兴趣和习惯的培养，不利于学生真情实感和创意的表达。

阅读教学的评价也存在以教师的理解和参考答案为标准的现象，但随着新课程改革的推进，这样的现象已有所改善。大多数语文教师已经注意到要综合考察学生阅读过程中的感受、体验和理解，要关注其阅读兴趣与价值取向、阅读方法与习惯。对于学生的个性化解读，

---

[1] 中华人民共和国教育部：《义务教育语文课程标准（2011年版）》，北京师范大学出版社2012年版，第22页。

[2] 中华人民共和国教育部：《基础教育课程改革纲要（试行）》，载《人民教育》2001年第9期。

一般言之有理即可，考试的参考答案往往也会附上"言之有理即可"之类的文字。

在阅读教学中，教师已经普遍关注到学生的个性化解读，懂得在阅读中存在着"有多少个读者就有多少个哈姆雷特"的现象。因此，教师会调动全班大部分学生的主动性，对某位学生的看法或部分学生的某种看法进行评价，教学评价主体已不再局限于教师，而是师生共同参与，尤其以学生为主体，注重多元评价。

在写作教学中，依然普遍存在评价活动以教师为主，作为学习主体的学生被排斥在评价过程之外的现象，对于大多数学生来说，只能充当被评价的对象，无法参与评价过程。受传统的"教师权威""师道尊严"观念的影响，在评价中总是教师说了算，广大学生、家长等评价学生写作成绩的权利被剥夺了。这也使得写作评价的结果带有很大的主观性、片面性。而缺少客观、全面分析的评价结果，无疑会给学生的写作学习带来负面影响。

这表明，写作课程的教学评价，同样滞后于阅读课程的教学评价，尚未达到国家课程教学文件的相关要求。

（二）从阅读教学看写作教学的对策

1. 确保课时

确保课时，就是要像保证阅读课时那样保证写作课时。这既指课程表应有固定的写作教学时间，又指教师应有按课程表标明的时间实施写作教学的意识，特别是指导学生当堂作文的意识。

写作训练是一个缓慢的过程，需要足够的时间保障。课程表上应有固定的写作时间，并标上"写作"的字样。这样既可以保证写作教学的时间，又可以强化教师的写作教学意识。教师自己要有学年、学期、课时的写作教学计划，确保写作教学的有效性。

当堂作文是指学生在课堂上完成作文。作文是一项很艰巨的脑力劳动，经常有学生不同程度地存在着"懒"和"怕"的心理。如果是布置课后作文，要求在几天以后完成，就可能有学生东拼西凑，或是网上摘抄、下载、复制，敷衍过关，或用以前写过的文章应付了事，或是由于各科作业多、准备某某科考试等原因无暇顾及，请求下次再作。这样几次作文一晃即过，教者即使详批细改，对于学生写作水平的提高来说，只能是事倍功半，常常处于顾此失彼的境地。学生的作文不真实或没有充分的时间写作，教师也就无法知道学生的真实写作水平，也就不能对学生因材施教。当堂作文则不同，学生在特定的时间（1—2课时）内、特定的地点（教室）中、特殊的"压力"（有教师的督促）下，精神专注于教者所给的作文要求，就能激发神经联系的沟通，形成强烈的兴奋中心，迅速而准确地把相关信息提调出来，再呈现在笔端；教师也能通过当堂作文了解学生作文的真实情况，有的放矢地指导学生写作。

2. 研制教材

研制教材，就是要像研制阅读教科书那样研制写作教科书。《义务教育语文课程标准（2011年版）》教材编写建议要求："教材编写应依据课程标准，全面有序地安排教学内容，设计教学活动，并注意体现基础性和阶段性，关注各学段之间的衔接。""教材应体现时代特点和现代意识，关注现实，关注人类，关注自然，理解和尊重多样文化，有助于学生树立正确的世界观、人生观、价值观。""教材要注重继承与弘扬中华民族优秀文化和革命传统，有助于增强学生的民族自尊心和爱国主义感情。""教材应符合学生的身心发展特点，适应学生的认知水平，密切联系学生的经验世界和想象世界，有助于激发学生的学习兴趣和创新精神。"[1]作为写作教学的教科书，还应符合写作教学的规律，先易后难、由浅入深，有科学的训练序列。

比如：先具体，后抽象。人们认识事物总是从感性认识逐步提高

---

[1] 中华人民共和国教育部：《义务教育语文课程标准（2011年版）》，北京师范大学出版社2012年版，第32页。

到理性认识，对周围一切可以凭感官直接接触到的人、事、景、物，总是先认识、先理解，要求如实地反映往往也比较容易；而对隐藏在这些人、事、景、物内里的本质以及它们之间的相互关系，认识和理解就要难些，要求准确地加以分析解剖，当然更不容易。因此，在写作教学中，往往先侧重训练记叙、描写的文章，后侧重训练说明、议论的文章；先侧重训练自我经历的介绍，后侧重训练他人经历的叙述；先侧重训练观察和摄取，后侧重训练分析和表达。

又如：先单纯，后复杂。人们认识事物总是以认识简单事物为易，认识复杂事物为难；以认识局部事物为易，认识整体事物为难；以认识事物的静态为易，认识事物的动态为难。而在表达的时候，采用的形式也有简有繁。从内容上考察，文章不外乎写人、写物、写景、写事、写情、写理。单纯的一人、一物、一景、一事、一番情、一种理，结合静态、动态、常态、变态、空间、时间、现象、本质、数量、联系等各种因素，原来比较单纯的会变得复杂起来：一人多事、一事多人、一事多时、一时多事、多人多事、多时多事、单体单向、众体众向、由物及人、因物记事、托物寄意、时移景易、触景生情、一事多理、多事一理，等等。写作对象的这种简繁分合，可以作出合理安排，体现出一种由简到繁的序列。从形式上考察，文章常见的表达方式是记叙、描写、说明、抒情和议论，常见的体裁是记叙文、说明文和议论文，如果增添些色彩、技巧，就成了所谓小说、散文、特写、随笔、杂文、科学小品等；各种体裁的文章，在章法上又有常例和变例之别，结合修辞方法和逻辑方法的穿插运用，以及各种表达方式的错综配合，原来比较单纯的也会变得复杂起来。文章在形式上的这种简繁分合，也可以作合理安排，体现出一种由浅入深的序列。

再如：先写放胆文，后写小心文。从心理学上分析，较少的限制会让人感到少受束缚，感到少受束缚也就减去不少心理上的压力，拿起笔来自然觉得比较容易入手。因此，古代就有人主张教学生作文要先放后收。"凡作文，初要胆大，终要心小。由粗入细，由俗入雅，由繁入简，由豪荡入纯粹。"[①]"作诗文，必须放，放之如野马，踢跳咆嗥，不受羁绊，久之必自厌而收束矣。"[②]先放胆，后小心，在实际教学中体现为先强调以我之手，写我之口，话怎么说，文章就怎么写，然后逐步提出语言组织、锤炼、加工的要求；先强调"模仿"，然后要求"借鉴"和"创造"；先强调扩展铺陈，然后要求简洁凝练。

阅读教科书应当遵循阅读教学的规律，写作教科书也要符合写作教学的规律，循序渐进，增强训练的自觉性和科学性，减少训练的强制性和盲目性。

3. 强化教学

强化教学，就是要像研究与实施阅读教学那样强化写作教学的研究与实施。特别要注意借鉴阅读教学的经验，探索科学、多样、灵活的写作教学方式方法。

（1）借鉴阅读教学中的精读与略读，写作教学应有精写与略写。

精读是读的篇数少、遍数多，精写是写的篇数少、遍数多，注重积累与感悟。通常学校写作课，先是教师布置作文题目，接着是学生作文，然后是教师批改讲评，一次写作教学任务就算完成了，至于学生是否通过这次写作确有长进，教师与学生往往都不甚清楚。笔者以为，这样的写作课大都是"半截子工程"，要让学生真有所进步，须在教师批改讲评之后，让学生修改或重作，如此反复多次，直到满意为止，该写作教学过程才能告一段落。

精写，就是学生在老师的指导下精细化写作，不追求写作的

---

① ［南宋］谢枋得：《文章轨范》（第一卷），中州古籍出版社1991年版，第1页。

② ［清］王筠：《教童子法》，见徐梓，王雪梅《蒙学要义》，山西教育出版社1991年版，第181页。

数量（篇数多，粗制滥造），而注重写作的质量（遍数多，精益求精），多次写，多次改；就是抓住取材、构思、起草、加工等环节，指导学生在不断的写作实践中学会写作；就是引导学生在反复的自我修改和相互修改的过程中提高写作能力。精写可以有初写（撰写初稿）、复写（反复修改）、细写（重点推敲）等形式。

略读是读的遍数少、篇数多，略写是写的遍数少、篇数多，注重拓展与运用。略写的"略"，参照叶圣陶对略读的"略"的解说，一半系教师的指导而言：还是要指导，但是只须提纲挈领，不必纤屑不遗；一半系就学生的功夫而言：还是要仔细咬嚼，但是精写的时候出于努力钻研，从困勉达到解悟，略写时候却已熟能生巧，不需多用心力，自会随机肆应。

略写，就是学生自主开放式的写作，学生大胆写、随意写、经常写；就是通过写作引导学生关注现实、热爱生活、积极向上、表达真情实感；就是为学生的自主写作提供有利条件和广阔空间，减少对学生写作的束缚，鼓励自由表达和有创意的表达。略写可以有泛写（各种题材、体裁广泛写）、选写（不同题材、体裁选择写）、速写（常用题材、体裁快速写）等形式。

精写是略写的基础，略写是精写的应用。精写要求在反复修改中提高写作能力，略写要求在不断写作中养成写作习惯。略写与精写可以同步进行，相辅相成，相互促进。

（2）借鉴阅读教学过程中的师生对话互动，加强写作教学过程中的师生对话互动。

从信息论的角度看，课堂教学是师生共同组成的一个信息传递的双向交流的动态过程。写作教学要改变沿袭了几十年的单向线型模式，即"教师命题—学生作文—教师批改"，变为师生双向互动过程，即"作前（教师命题与学生准备互动）—作中（教师指导与学生作文互动）—作后（教师批改讲评与学生讨论修改互动）"。作前，教师可自己出题，也可让学生自主选题，或由师生共同命题；作中，教师可与学生共同研讨写作过程中遇到的种种问题，可进行个别辅导和重点辅导；作后，教师可当面批改，与学生面对面地交流，也可指导学生自己批改或相互批改，并选择有代表性的作文在小组或班级交流研讨。学生是语文学习的主体，教师是学习活动的组织者和引导者。在写作教学过程中，教师要努力创设民主的课堂氛围来保护学生作为对话人的主体地位，充分发挥师生双方在教学中的主动性和创造性。

4. 多元评价

多元评价，就是要像阅读教学倡导多元评价那样改进写作教学评价。《义务教育语文课程标准（2011年版）》在评价建议中强调："应充分发挥语文课程评价的多重功能，恰当运用多种评价方式，注重评价主体的多元与互动，突出语文课程评价的整体性和综合性。要根据不同年龄学生的学习特点，按照不同学段的课程目标，抓住关键，突出重点，采用合适方式，提高评价效率。语文课程评价应该改变过于重视甄别和选拔的状况，突出评价的诊断和发展功能。"[①]

针对当前写作教学的评价依然存在着评价方式单一和评价主体单一的问题，在当前的写作教学评价中尤其要注意以下两点。

一是"恰当运用多种评价方式"。比如：形成性评价和终结性评价相结合，关注写作过程，重视有利于及时揭示问题、及时反馈、及时改进教与学活动的形成性评价；定性评价和定量评价相结合，重视体现语文学习特点的定性评价。进而改变在写作教学评价过程中注重终结性评价、量化评价，片面强调学生的学业成绩在评价中的作用，把学生的学业成绩作为衡量学习结果的唯一指标的状况。需要注意的是，各种评价方法都有其一定的适应性，在评价的客观性和深刻性上也各有差别。因此，评价设计要注重可行性和有效性，力戒繁琐，防止片面追求形式。

---

① 中华人民共和国教育部：《义务教育语文课程标准（2011年版）》，北京师范大学出版社2012年版，第26页。

二是"注重评价主体的多元与互动"。在写作教学评价中将教师的评价、学生的自我评价及学生之间的相互评价相结合，加强学生的自我评价和相互评价，促进学生主动学习，自我反思。评价要理解和尊重学生的自我评价与相互评价；要尊重学生的个体差异，以利于每个学生的健康发展。根据需要，还可让学生家长、社区、专业人员等适当参与写作教学评价活动，争取家庭和社会对学生语文学习的更多关注与支持。

写作能力是语文素养的综合体现，学生写作能力的提高依赖于写作教学问题的解决。参照阅读教学，审视写作教学，可以发现写作教学在课时设置、教材编写、教学研究与实施、教学评价等方面存在的问题，并相应地获得解决问题的启示，而这些问题的最终解决，还依赖于专家学者与一线教师的共同努力。我们呼吁广大语文教育工作者，正视并致力于解决写作教学中存在的问题，进而促进学生读、写、听、说能力的协调发展和语文素养的全面提高。

四　关于语文学习任务群的几个问题

"语文学习任务群"的提出，是《普通高中语文课程标准（2017年版）》的一大亮点。此概念一经提出，就成为包括高中语文教师在内的广大语文教育工作者关注和讨论的热点。然而，关于"语文学习任务群"的界定、"语文学习任务群"的教材呈现、"语文学习任务群"的教学导向以及"语文学习任务群"的教学情境等问题，一直众说纷纭，因而有必要进一步展开讨论。

（一）"语文学习任务群"的界定

"学习任务群"（含"语文学习任务群"）在《普通高中语文课程标准（2017年版）》中共出现61次。遗憾的是，作为《普通高中语文课程标准（2017年版）》的一个核心概念，"语文学习任务群"究竟是什么，在这份课标中却没有明确的定义。

在《普通高中语文课程标准（2017年版）》中，"学习任务群"是放在"课程内容"栏目之下的。据此，我们可以将"学习任务群"理解为"课程内容"。有专家就指出："《普通高中语文课程标准（2017年版）》以18个语文学习任务群构成内容标准"。①

在教育部组织编写的与《普通高中语文课程标准（2017年版）》配套的《普通高中教科书·语文》（必修上下册）（人民教育出版社2019年出版）中，"学习任务群"是以"单元"的形式呈现的。据此，我们又可以将"学习任务群"理解为"教材单元"。有学者就认为，

---

① 陆志平：《语文学习任务群的特点》，载《语文学习》2018年第3期。

"'学习任务群'有别于以往学习中单篇文章的单一知识点和单一任务的编排模式。"①

教育部语文统编教材总主编温儒敏教授撰文指出："'学习任务群'是高中语文课程标准提出的一个新术语，代表了一种全新的学习理念，也是贯彻到新教材的最重要的理念。"在同一篇文章中，他又说："'学习任务群'是一种新的教学方式，但它还是以课堂教学为主，还是要教听说读写，以前我们熟悉的教学经验经过调整和改革，也还派得上用场。"②据此，学习任务群既是学习理念，又是教学方式。

语文课程标准研制组负责人王宁教授认为："这次课程标准修订，提出了一个'学习任务群'的组织课程的综合方法。学习任务群改变了传统的单元课文呈现方式和大量讲解分析的教学模式……这种教学模式，具有更高的境界……"③"为了在语文教学的内容结构中将学生自主学习的原则落实下来，新课标概括了很多老师教改的成功经验，提出了'学习任务群'的教学模式。"④"学习任务群在形式上跟过去的语文课并没有太大区别。实际上，学习任务群就是一种课堂教学，不过是转变了一下内在的主体，把以教为主变成了以学为主。"⑤据此，"学习任务群"又成了组织课程的方法，一种教学模式，一种课堂教学。

---

① 王忠亚等：《基于学习任务群的语文专题学习设计思路》，载《语文教学通讯》（高中刊）2018年第7—8期。

② 温儒敏：《统编高中语文教材的特色与使用建议》，载《课程·教材·教法》2019年第10期。

③ 《基础教育课程》编辑部：《走进新时代的语文课程改革——访普通高中语文课程标准修订组负责人王宁》，载《基础教育课程》2018年第1期。

④ 王宁：《新语文课标是语文老师实践经验的总结》，载《中学语文教学》2018年第7期。

⑤ 《语文建设》编辑部：《语文学习任务群的"是"与"非"——北京师范大学王宁教授访谈》，载《语文建设》2019年第1期。

学习任务群，顾名思义，是由若干学习任务组成的集合体。"语文学习任务群"是为落实《普通高中语文课程标准（2017年版）》理念，提高学生语文核心素养的需要而诞生的概念。"语文学习任务群"是培养学生语文核心素养的凭借，培养学生的语文核心素养是"语文学习任务群"教学的目的。

综合以上内容，似乎可以给"语文学习任务群"做出这样的界定："语文学习任务群"是适应培养学生语文核心素养需要的承载语文课程内容、建构语文教材单元、创新语文教学模式的若干语文学习任务组成的集合体。也可以说，"语文学习任务群"既是语文课程的内容载体，又是语文教材的呈现方式，同时还是语文教学的方式方法。

（二）"语文学习任务群"的教材呈现

"语文学习任务群"，既是《普通高中语文课程标准（2017年版）》中的课程内容，又是与《普通高中语文课程标准（2017年版）》配套的《普通高中教科书·语文》[①]的呈现方式。

1. "语文学习任务群"与教材的横向结构（必修+选择性必修+选修）

《普通高中课程方案（2017年版）》规定，普通高中课程由必修、选择性必修、选修三类课程构成。《普通高中语文课程标准（2017年版）》规定："必修、选择性必修和选修教材要落实各自的专属任务群，还要落实贯串于高中语文学习始终的共同任务群。"[②]其中：必修课程有7个学习任务群，即"整本书阅读与研讨""当代文化参与""跨媒介阅读与交流""语言积累、梳理与探究""文学阅读与写作""思辨性阅读与表达""实用性阅读与交流"；选择性必修课程有9个学习

---

① 教育部组织编写：《普通高中教科书·语文》（必修上下册、选择性必修上中下册），人民教育出版社2019年起出版。

② 中华人民共和国教育部：《普通高中语文课程标准（2017年版）》，人民教育出版社2018年版，第50页。

任务群，即"整本书阅读与研讨""当代文化参与""跨媒介阅读与交流""语言积累、梳理与探究""中华传统文化经典研习""中国革命传统作品研习""中国现当代作家作品研习""外国作家作品研习""科学与文化论著研习"；选修课程有9个学习任务群，即"整本书阅读与研讨""当代文化参与""跨媒介阅读与交流""汉字汉语专题研讨""中华传统文化专题研讨""中国革命传统作品专题研讨""中国现当代作家作品专题研讨""跨文化专题研讨""学术论著专题研讨"。除去三类课程中名称重复的学习任务群，共有18个学习任务群。

普通高中语文"必修+选择性必修+选修"三类课程结构，决定了普通高中语文新课程教科书外在的横向并列结构。教育部组织编写的与《普通高中语文课程标准（2017年版）》配套的《普通高中教科书·语文》正是通过必修、选择性必修课程相应的学习任务群的编制，来实现教科书促进学生语文学科核心素养全面发展的功能的。

2. "语文学习任务群"与教材的纵向结构（册—单元—课）

教育部组织编写的与《普通高中语文课程标准（2017年版）》配套的《普通高中教科书·语文》与以往教科书相同，都是以册为教材的基本单位，每册也都是由若干单元构成。不同之处是：以往教科书是以文体或语体或主题组建单元，统编本《普通高中教科书·语文》是以人文主题和学习任务群双线组织单元；并且，以往教科书单元下设的课是一篇篇相对独立的课文，教师通常只针对单篇课文组织教学，统编本《普通高中教科书·语文》单元下设的课是完成学习任务的文本，或整本书阅读，或学习活动，学生须凭借整个单元提供的材料完成一系列的学习任务。普通高中语文教科书必修、选择性必修中的"册—单元—课（或整本书阅读或学习活动）"，构成了普通高中语文新课程教科书内在的纵向递进结构。

值得注意的是，目前不少一线教师并没有意识到新旧教科书结构的区别，仍用老办法应付新教材。譬如，有老师在教学《普通高中教科书·语文》必修上册第六单元《劝学》《师说》时，无视两文是一课，更无视是"思辨性阅读与表达"学习任务群中的一课，仍然花大力气一篇一篇串讲，学生也仍然在被动听、被动记。①

3."语文学习任务群"在普通高中必修教材中的呈现

《普通高中课程方案（2017年版）》规定，在必修、选择性必修、选修三类课程中，必修课程是由国家根据学生全面发展需要设置，所有学生必须全部修习的课程。高中语文必修课程为8学分，共144课时，安排在高一年级，每学期72课时，每周4课时。《普通高中语文课程标准（2017年版）》规定的普通高中语文必修课程的7个学习任务群的学分分别为："整本书阅读与研讨"1学分，"当代文化参与"0.5学分，"跨媒介阅读与交流"0.5学分，"语言积累、梳理与探究"1学分，"文学阅读与写作"2.5学分，"思辨性阅读与表达"1.5学分，"实用性阅读与交流"1学分。人民教育出版社出版的统编本《普通高中教科书·语文》必修上下册，每册8个单元，其人文主题与学习任务群对应关系见下表。

表4-1　统编本《普通高中教科书·语文》必修上下册人
文主题与学习任务群对应关系表

册数	单元	人文主题	语文学习任务群	学分、课时
上册	第一单元	青春岁月	文学阅读与写作（一）	0.5学分，9课时
	第二单元	劳动光荣	实用性阅读与交流（一）	0.5学分，9课时
	第三单元	诗意人生	文学阅读与写作（二）	0.5学分，9课时

---

① 冯为民：《"语文学习任务群"教学瓶颈的突破》，载《中学语文教学》2020年第1期。

续表

册数	单元	人文主题	语文学习任务群	学分、课时
上册	第四单元	我们的家园	当代文化参与	0.5学分，9课时
	第五单元	乡土中国	整本书阅读与研讨（一）	0.5学分，9课时
	第六单元	学习之道	思辨性阅读与表达（一）	0.5学分，9课时
	第七单元	自然情怀	文学阅读与写作（三）	0.5学分，9课时
	第八单元	语言家园	语言积累、梳理与探究	0.5学分，9课时
下册	第一单元	文明之光	思辨性阅读与表达（二）	0.5学分，9课时
	第二单元	良知与悲悯	文学阅读与写作（四）	0.5学分，9课时
	第三单元	探索与发现	实用性阅读与交流（二）	0.5学分，9课时
	第四单元	媒介素养	跨媒介阅读与交流	0.5学分，9课时
	第五单元	使命与抱负	实用性阅读与交流（三）	0.5学分，9课时
	第六单元	观察与批判	文学阅读与写作（五）	0.5学分，9课时
	第七单元	不朽的红楼	整本书阅读与研讨（二）	0.5学分，9课时

续表

册数	单元	人文主题	语文学习任务群	学分、课时
下册	第八单元	责任与担当	思辨性阅读与表达（三）	0.5学分，9课时

对照《普通高中语文课程标准（2017年版）》中关于普通高中语文课程结构及学分的规定与教育部组织编写的《普通高中教科书·语文》必修上下册（人民教育出版社2019—2020年出版）安排的"学习任务群"，教科书增加了一个"实用性阅读与交流"学习任务群，减少了一个"语言积累、梳理与探究"学习任务群。

（三）"语文学习任务群"的教学导向

"语文学习任务群"还是落实《普通高中语文课程标准（2017年版）》提出的"以核心素养为本"理念的凭借。培养学生的语文核心素养是"语文学习任务群"教学的目的，为此，"语文学习任务群"教学需明确以下教学导向。

1.致力于学生语文核心素养的整体提升

语文学习任务群是适应提高学生语文核心素养的需要而提出来的概念，语文学习任务群教学应致力于学生语文核心素养的整体提升。语文核心素养的"语言建构与运用""思维发展与提升""审美鉴赏与创造""文化传承与理解"四个方面不是四个目标，而是提升学生语文核心素养这一个目标的四个方面。

当年提出的语文三维目标，其实就是一个目标，即全面提高学生的语文素养。知识和能力、过程和方法、情感态度和价值观是全面提高学生语文素养这一个目标的三个维度。《全日制义务教育语文课程标准（实验稿）》明确指出："课程目标根据知识和能力、过程和方法、情感态度和价值观三个维度设计。三个方面相互渗透，融为一体，注重语文素养的整体提高。"①但在实际操作时，许多人将一个目标的三个维度分解为三项目标或三个目标。须知三维目标是个整体，不是三项目标或三个目标。

现在倡导的语文核心素养，其实也是一个目标，即提高学生应具备的适应个人终身发展和社会发展需要的语文学科的必备品格和关键能力。语文核心素养的四个方面是一个有机的整体，但在实际操作时，已经有人将这个目标的四个方面分解为四项目标或四个目标。比如：有人将《月光光，照厅堂》一课的教学目标分解为四项共八条目标；甚至有些语文教学观摩与研讨活动的组织者也将贯彻落实语文核心素养要求的活动切分为"语言建构与运用""思维发展与提升""审美鉴赏与创造""文化传承与理解"四项。须知"语言建构与运用"是根基，是"思维发展与提升""审美鉴赏与创造""文化传承与理解"实现的途径。"思维发展与提升""审美鉴赏与创造""文化传承与理解"应当在"语言建构与运用"的过程中达成。

有学者撰文将必修、选择性必修、选修三类课程的18个学习任务群切分至语文学科核心素养的四个方面，认为："18个学习任务群，分属于语言建构与运用、思维发展与提升、审美鉴赏与创造、文化传承与理解四个领域"，甚至还做成"普通高中语文学习任务群归类"的图表，并将"语言积累、梳理与探究"放在"语言建构与运用"中，将"整本书阅读与研讨"放在"审美鉴赏与创造"之中。②在另一作者的论文中，同样将18个学习任务群切分至语文核心素养的四个方面，并将"语言积累、梳理与探究"放在"语言建构与运用"中，将"整本书阅读与研讨"放在"审美鉴

---

① 中华人民共和国教育部：《全日制义务教育语文课程标准（实验稿）》，北京师范大学出版社2001年版，第3页。

② 黄玉玲等：《〈普通高中语文课程标准（2017年版）〉学习任务群解析》，载《学语文》2019年第2期。

赏与创造"之中。①可见，这种误解还有一定的代表性。

更有学者将18个语文学习任务群误作15个，且将全部语文学习任务群分为语言类、阅读类、写作类、文化类四大类，其中将兼有阅读与写作要求的学习任务群，如"跨媒介阅读与交流""实用性阅读与交流""思辨性阅读与表达"等，均列入"阅读类"，排斥在"写作类"之外。②

笔者认为，18个语文学习任务群虽各有侧重，但不可切分至语文核心素养的四个方面，也并非专属于语言类、阅读类、写作类、文化类中某一类。譬如，将"语言积累、梳理与探究"放在"语言建构与运用"之中，难道"语言积累、梳理与探究"与"思维发展与提升""审美鉴赏与创造""文化传承与理解"就毫无关系吗？又如：将"整本书阅读与研讨"放在"审美鉴赏与创造"之中，难道"整本书阅读与研讨"与"语言建构与运用""思维发展与提升""文化传承与理解"就毫无关系吗？每个语文学习任务群都与语言建构与运用、思维发展与提升、审美鉴赏与创造、文化传承与理解密切相关。并且，18个语文学习任务群不是相互排斥的，称之为某某学习任务群，只是就某个学习任务群教学的主导方面而言的。事实上，18个学习任务群既各有重点，相对独立，又彼此关联，渗透互补，共同承担着整体提升学生语文核心素养的任务。在这方面，有教师已经做了一些探索，比如将《红楼梦》"整本书阅读与研讨"和"思辨性阅读与表达"相结合。③

2.突出学习祖国语言文字运用的核心目标

语文学习任务群的任务设计，应体现语文学科特点，着眼于培养学生语言文字运用能力，聚焦于学习祖国语言文字运用。

---

① 于小康：《高中语文新课标框架下的"学习任务群"研究》，湖南师范大学硕士学位论文，2019年6月，第16页。

② 盖阔等：《高中语文学习任务群教学资源库构建研究》，载《图书馆学研究》2018年第12期。

③ 张志强：《〈红楼梦〉思辨读写任务群学习设计》，载《中学教育教学》2018年第10期。

于漪老师曾撰文指出："人文是要通过语言文字的工具加以表达的，我们现在有些做法是把语言文字抽掉空谈，语文课离开了语言文字的含英咀华、篇章结构的探讨，教什么？""我们的语文千万要让它姓语言文字，恢复它的本性，而不是去搞花里胡哨的东西。"①

以《红楼梦》整本书阅读与研讨为例，曾有老师给学生安排的学习任务包括"寻找作品中人名与情节的对应关系"，给学生布置的作业包括"《红楼梦》人名的玄机"，这就偏离了语文学习的主旨，把学生引向了索隐派红学、考证派红学。

3. 重视基础知识和基本技能的教学

20世纪60年代初，语文教育界提出"双基"，即语文基础知识和语文基本技能。语文基础知识通常指字、词、句、篇，语、修、逻、文。语文基本技能通常指听、说、读、写。21世纪初实施新课程，提出"三维目标"，即课程目标根据知识和能力、过程和方法、情感态度和价值观三个维度设计。以"三维目标"取代"双基"，并没有否定"双基"，其第一个维度就是知识和能力。现在，以"核心素养"取代"三维目标"，同样没有否定"双基"。2017年9月，中共中央办公厅、国务院办公厅发布的《关于深化教育体制机制改革的意见》即明确指出："要注重培养支撑终身发展、适应时代要求的关键能力。在培养学生基础知识和基本技能的过程中，强化学生关键能力培养。"②

当然，时隔半个多世纪的今天，我们对"双基"要做新的解释。所谓语文基础知识，应是语形、语义、语用的知识。它既覆盖了静态的字、词、句、篇，语、修、逻、文等陈述性知识，更包括了语言运用的程序性、策略性知识。所谓语文基本技能，除了听、说、读、写的能力之外，还要加上思维能力。听说读写与思维的关系，也即语言

---

① 于漪：《于漪全集》（第1册），上海教育出版社2018年版，第168—169页。
② 中共中央办公厅、国务院办公厅：《关于深化教育体制机制改革的意见》，载《中国民族教育》2017年第10期。

与思维的关系，二者密不可分。语言是思维的工具，思维借助语言表达。思维是语言的内容，语言因思维而有意义。听说读写是形于外的思维，思维是隐于中的言语。一方面，形于外的说和写即外部语言，是思维表达的工具或表达的形式（物质外壳）；另一方面，隐于中的思维即内部语言，是说和写表达的对象或表达的内容（精神实质）。

（四）"语文学习任务群"的教学情境

"情境"一词，在《普通高中语文课程标准（2017年版）》（以下简称"课标"）中出现高达34次之多。在使用上，既有泛指的"语言运用情境"，又有特指的"交际情境""历史文化情境""学习情境""阅读情境""个人体验情境""社会生活情境""学科认知情境"等。其中多处强调的"真实的语言运用情境""真实的语文学习任务情境""真实、富有意义的语文实践活动情境"，自课标颁布以来，即引发语文教育工作者的讨论。有老师认为："这里所说的'情境'，指学生在真实的生活世界中需要真正面对的情境，即让学生回到真实的情境中解决真实的问题，并在此过程中发展或表现其核心素养。"[①]我们认为，语文教学情境，并非都是"学生在真实的生活世界中需要真正面对的情境"，理解语文教学中的"情境"，包括课标所说的"真实的语言运用情境"，须明确以下几点。

1. 任何教学都是在特定情境中的教学，既有真实的情境，也有虚拟的情境

所谓"情境"，是直接影响人的心理与行为的具体环境，包括人活动于其中的具体的自然环境和具体的社会环境。情境又可分为真实情境与虚拟情境两类。真实情境指本已存在的客观情境，不是经过人为创设优化的典型环境或场景。虚拟情境指在现有的客观情境基础上的，为了某种需要，经过人为创设的、优化的典型环境或场景。

---

① 吴欣歆：《语文学科核心素养：语文课程目标的统整与重构》，载《语文教学通讯》（高中刊）2018年第6期。

任何教学都是在特定的情境中进行的。学校教学的情境，既有真实的情境，也有虚拟的情境。所谓真实的情境，即"学生在真实的生活世界中需要真正面对的情境"。所谓虚拟的情境，即根据教学的需要人为预设的情境，模拟学生生活、学习和日后工作需要的各种环境或场景。事实上，学生并不都是在真实的情境中学习的，学校教学更多的是在虚拟的情境中进行的。叶圣陶指出："教育所以可贵，乃在能为儿童特设境遇使他们发生需求，努力学习。"[①]李吉林则进一步提出了"情境教育"的理论。她说："人为创设的教育情境、人际情境、活动情境、校园情境都是渗透着教育者意图的，它们使儿童的生活空间不再是一个自然状态下的生活空间，而是富有教育的内涵、富有美感的充满智慧和儿童乐趣的生活空间。这就是情境教育特意创设的或者优化的情境。"[②]

2. 语文教学是在语言运用情境中的教学，同样有真实的情境，也有虚拟的情境

语文课程是一门学习祖国语言文字运用的课程。语文课程的核心目标是学习祖国语言文字的运用。《普通高中语文课程标准（2017年版）》要求培养学生"在积极的语言实践活动中积累与构建起来，并在真实的语言运用情境中表现出来的语言能力及其品质"。[③]

所谓"语言运用情境"，又称"言语环境"，简称"语境"。一般认为，语境可分为上下文语境、情景语境和民族文化传统语境三个方面。其中：上下文语境包括口语的前言后语和书面语的上下文；情景语境包括时间、地点、话题、场合、交际参与者（含身份、职业、思想、教养、心态等）；民族文化传统语境包括历史文化背景、社会规范和习俗、价值观

---

①《叶圣陶教育文集》（第3卷），人民教育出版社1994年版，第11页。

② 李吉林：《为全面提高儿童素质探索一条有效途径》（下），载《教育研究》1997年第4期。

③ 中华人民共和国教育部：《普通高中语文课程标准（2017年版）》，人民教育出版社2018年版，第4页。

等。①语文教学总是在特定的、具体的"语言运用情境"中的教学。

语文课程是一门实践性很强的课程，培养学生的"语言能力及其品质"，其主要途径便是阅读与鉴赏、表达与交流、梳理与探究等"语言实践活动"，而所有"语言实践活动"都是在特定的、具体的"语言运用情境"中展开的。这个特定的、具体的"语言运用情境"，同样可以是真实的，也可以是虚拟的（根据教学需要创设的）。教师教学语文的情境，可以是生活中客观存在的（真实）情境，譬如将学生带进苏州园林教学《苏州园林》；也可以是根据教学需要创设的（虚拟）情境，譬如在教室里通过语言文字、图画、想象等营造苏州园林的场景来教学《苏州园林》。其实很多时候只能是在虚拟情境中的教学，比如教学《廉颇蔺相如列传》时假想司马迁通过文本描写的完璧归赵、渑池之会、负荆请罪等事件发生的情境。语文教师经常采用分角色朗读、演课本剧、模拟记者采访或法庭辩论等形式，培养学生的对象意识与场合意识，让学生体会人物的心理活动与语言表达的效果，提高学生的阅读理解能力和口语表达能力。这些为了培养学生的"语言能力及其品质"而开展的"语言实践活动"，大多是在虚拟的"语言运用情境"中进行的。

这就是说，学校语文教学要培养学生"在真实的语言运用情境中表现出来的语言能力及其品质"，而培养学生"在真实的语言运用情境中表现出来的语言能力及其品质"的教学情境却可以是"真实的"，也可以是"虚拟的"。正如培养宇航员在"真实的"太空情境中飞行的能力，却是进入太空前在地球上"虚拟的"（或者说是"仿真的"）太空情境中进行的航天环境训练和模拟飞行训练。

不仅阅读教学、口语交际教学有营造或创设与课文、单元相应的"语言运用情境"的要求，写作教学同样存在营造或创设与写作任务相关的"语言运用情境"的要求。学校开运动会，老师要求同学们为

---

① 索振羽：《语用学教程》（第二版），北京大学出版社2014年版，第21页。

学校广播台写稿，报道班级运动员克服困难、勇于拼搏的事迹。这是在"真实的"情境中的写作。但学校写作教学更多的往往是要求学生在"虚拟的"情境中写作。正如朱自清在《论教本与写作》一文中指出："写作练习大部分是拿假想的读者作对象，并非拿实际的读者是作对象。""写作练习是为了应用，其实就是为了应用于这种种假想的读者。写作练习可以没有教师，可不能没有假想的读者。"[①]一个典型的例子是1985年全国高考作文题：要求考生以"澄溪中学学生会"的名义，给《光明日报》编辑部写一封信，反映情况、申诉理由、呼吁尽快解决化工厂排放废水和有害气体造成污染的问题。考生作文实际的读者是高考阅卷人，而假想的读者则是《光明日报》的编辑和读者；其特定的、具体的"语言运用情境"，即学生会向报社反映澄溪中学附近化工厂排污的问题便是"虚拟的"。

3. "语文学习任务群"教学要创设提升学生语文核心素养的语言运用情境，可以是共时情境，也可以是历时情境

"语文学习任务群"的提出，是《普通高中语文课程标准（2017年版）》的一大亮点。"'语文学习任务群'以任务为导向，以学习项目为载体，整合学习情境、学习内容、学习方法和学习资源，引导学生在运用语言的过程中提升语文素养。"[②]苏教版《普通高中课程标准实验教科书·语文》必修部分设置的专题与专题中的板块，如："向青春举杯""珍爱生命""此情可待成追忆"等专题，"乡关何处""千古江山""底层的光芒"等板块，都有鲜明的人文主题或话题；部编版《普通高中教科书·语文》必修模块上、下册中的"语文学习任务群"，如："青春岁月""劳动光荣""我们的家园""文明之光""探索与发现""责任与担当"，等等，也都有鲜明的人文主题或话题。这

---

① 《朱自清论语文教育》，河南教育出版社1985年版，第22页。

② 中华人民共和国教育部：《普通高中语文课程标准（2017年版）》，人民教育出版社2018年版，第8页。

一个个人文主题或话题为语文学习任务群的教学创设特定的、具体的"语言运用情境"提供了方便。

语文学习任务群是培养学生语文核心素养的凭借，培养学生的语文核心素养是语文学习任务群教学的目的。语文学习任务群教学创设"语言运用情境"，要服务于学生语文核心素养的提升。由教材编者通过教材编制预设的、教师实施教学呈现的、学生学习置身其中的语文学习任务群教学情境，同样可以是真实的，也可以是虚拟的，但无论是真实的，还是虚拟的，都必须与学生的语言建构与运用、思维发展与提升、审美鉴赏与创造、文化传承与理解密切相关，有助于提升学生语文核心素养的"语言运用情境"。

遗憾的是，我们语文教学创设的并不都是提升学生语文核心素养所需要的"语言运用情境"。譬如：有老师教学《项脊轩志》，不是探讨归有光是如何描写小、旧、破漏而又阴暗但却对它有着深挚眷恋之情的项脊轩，也不是探讨作者是如何借项脊轩的兴衰，写与之有关的家常琐事，表达人亡物在、三世变迁的感慨，表达怀念祖母、母亲、妻子的感情；而是设定归有光故居颓败的情境，设计"项脊轩"修复计划的任务，安排做一份选址与修复格局方案的活动。我们以为，这就或多或少偏离了创设"语言运用情境"的本意，偏离了语文学习任务群教学"引导学生在运用语言的过程中提升语文素养"的目的，偏离了语文学科培养学生"在积极的语言实践活动中积累与构建起来，并在真实的语言运用情境中表现出来的语言能力及其品质"的要求。

索绪尔曾把语言学分为共时语言学和历时语言学两部分。"共时语言学研究同一个集体意识感觉到的各项同时存在并构成系统的要素间的逻辑关系和心理关系。""历时语言学研究的已不是语言状态中各项共存要素间的关系，而是在时间上彼此代替的各项相连续的要素间的关系。"①借鉴索绪尔的说法，我们不妨将语文教学的情境，分为共

---

① ［瑞士］索绪尔：《普通语言学教程》，高名凯译，商务印书馆1980年版，第143、194页。

时情境和历时情境。以往单篇课文教学所创设的语言运用情境，通常都是共时层面的教学情境。如：《林黛玉进贾府》呈现的"贾府"这一特定的场景中，围绕林黛玉初进贾府这一中心事件，表现出林黛玉、王熙凤、贾宝玉、贾母等人的言谈举止。语文学习任务群教学，群文阅读教学、整本书阅读与研讨，为历时层面的教学情境创设提供了可能。以《红楼梦》"整本书阅读与研讨"学习任务群的教学为例，我们可以王熙凤这一人物形象为切入点，创设提升学生语文核心素养的历时层面的教学情境。在《红楼梦》产生之前，就有多篇文学作品存在"女管家"形象，但性格特征大致可分为凶恶善妒和忠烈贤良两个极端类别。前者如《警世通言·玉堂春落难逢夫》中商人沈洪之妻皮氏、《金云翘传》中的宦氏；后者如《青琐高议·谭意歌》中的谭意歌、《聊斋志异·乔女》中的乔女。上述两类"女管家"范型，都顺应了封建社会传统文化语境——凶狠的妒妇以悲剧收场，忠贞的贤妻则被世人称赞。到了《红楼梦》，王熙凤之"毒"不亚于宦氏：她谋财害命、弄权铁槛寺；用计间接导致垂涎自己的贾瑞死亡，假意劝诱尤二姐入府并将其迫害致死等。但她的"美"同样令人震撼：她有美貌，能言善辩，话语技巧无人能及；又有出众的治家之才，是贾府实际的掌权者。最终，凤姐之死又令读者唏嘘同情。其性格逻辑话语的独特性与多面性，让王熙凤堪称史上最具魅力"女管家"。[①]如果要为《红楼梦》"整本书阅读与研讨"学习任务群设置专题学习目标，则可以选择出现时间在先的"女管家"形象塑造精彩语段，提示王熙凤形象并非"横空出世"，引导学生回归文本进行创作策略探究。当然，也可以选择《红楼梦》其他人物形象或情节，建构全新的对比模型与学习情境，展开研讨，从而促进学生语言能力、思维能力、审美能力、文化传承与创新能力的发展，提高学生的语文核心素养。

---

① 郑昀，徐林祥：《修辞诗学语境观视野中的语文教育新篇章——以〈红楼梦〉"整本书阅读与研讨"学习任务群教学为例》，载《语文建设》2019年第7期。

五　语文教学落实《中华经典诵读工程实施方案》的思考①

2018年9月，教育部、国家语言文字工作委员会（简称"国家语委"）研究制定并印发了《中华经典诵读工程实施方案》②（以下简称"《方案》"），《方案》要求通过开展经典诵读、书写、讲解等文化实践活动，挖掘与诠释中华经典文化的内涵及现实意义，引领社会大众特别是广大青少年更好地熟悉诗词歌赋、亲近中华经典，更加广泛深入地领悟中华思想理念、传承中华传统美德、弘扬中华人文精神。我们认为，语文教学落实该《方案》，应从以下三个方面着力。

（一）要遵循语言表达文化的规律，全面落实《方案》

一般认为，广义的文化是指人类在社会历史发展过程中所创造的物质财富和精神财富的总和，狭义的文化特指人类的精神财富，如文学、艺术、教育、科学等。"中华经典"属于狭义文化范畴，而且是经过了漫长的时间积淀至今仍彰显生命活力的人类精神财富。文化的传承与表达可以通过实物形式，也可以通过口耳相传的形式，但最主要的形式是通过语言形式。语文教学落实《方案》，就要遵循语言表达文化的规律。

语言是文化的载体，文化可以通过语言来表达，此时语言与文化的关系是形式与内容的关系。语文课程是教学祖国语言的课程，具

---

① 本文系与邵克金合作，原载《语文建设》2018年第12期，收入本书时有删改。

② 教育部，国家语委：《教育部国家语委关于印发〈中华经典诵读工程实施方案〉的通知》，载《语言与翻译（汉文版）》2018年第3期。

有工具性与人文性统一的特点，对继承和弘扬中华优秀传统文化、革命文化、社会主义先进文化，培养文化自信，增强民族文化认同感，增强民族凝聚力和创造力，推动文化的创新发展具有不可替代的优势。学习并传承中华经典文化是语文课程的重要内容，语文课程标准即规定了"认识中华文化的丰厚博大，汲取民族文化智慧"[①]"传承中华文化。通过学习运用祖国语言文字，体会中华文化的博大精深、源远流长，体会中华文化的核心思想理念和人文精神，增强文化自信、理解、认同、热爱中华文化，继承、弘扬中华优秀传统文化和革命文化"[②]等课程目标。"文化传承与理解"还被作为语文学科核心素养之一写进了《普通高中语文课程标准（2017年版）》。可见，语文课程应当承载中华优秀传统文化、革命文化、社会主义先进文化；语文教材应当渗透、融入中华优秀传统文化、革命文化、社会主义先进文化；语文教学应当传承、弘扬中华优秀传统文化、革命文化、社会主义先进文化。事实上，语文教科书也一直在渗透、融入中华经典文化，比如孟子《寡人之于国也》阐述的通过"保民而王"理念来治国而实现百姓富足安康、人们和谐相处的美好愿景；韩非子《五蠹》表达的推行改革、依法治国，法治与仁政本不矛盾的思想；诸葛亮《出师表》提出的"陟罚臧否，不宜异同"则是"天子犯法与庶民同罪"这一平等思想的体现；梁启超《敬业与乐业》表达的敬业即是责任心，乐业即是趣味的观点；贺敬之《回延安》以赤子之心歌颂的则是养育一代革命者的延安精神。

同时，语言本身也是文化的一种样式，是文化的重要组成部分，此时语言与文化的关系是部分与整体的关系。因此，语文课程本身就蕴含着中华优秀传统文化、革命文化、社会主义先进文化资源；语文

---

① 中华人民共和国教育部：《义务教育语文课程标准（2011年版）》，北京师范大学出版社2012年版，第6页。

② 中华人民共和国教育部：《普通高中语文课程标准（2017年版）》，人民教育出版社2018年版，第7页。

教材本身也呈现、表达着中华优秀传统文化、革命文化、社会主义先进文化内容；语文教学还应当挖掘、展示中华优秀传统文化、革命文化、社会主义先进文化的基因。中华优秀传统文化是通过汉语言文字传达出来的，又是蕴含在汉语言文字之中的。语文教师不仅要教学汉语言文字承载的文化，而且要引导学生感受、理解汉语言文字本身蕴含的文化。语言文字承载的文化是易理解的，语言文字本身蕴含的文化，理应是语文教学要特别关注的，然而却在语文教学时常常被忽视。比如，我们在教《回延安》时，都能注意到对作者拳拳爱国之心及延安精神的教育，却不太注重对"信天游"这种民歌形式本身的教育；我们在教诗词曲赋时都能注意到作品所表达的内容与情感的教育，却不太注重诗词曲赋本身的格律教育。也就是说，我们往往注意语言文字承载的文化教育，却不太重视语言文字本身蕴含的文化教育。这无疑是一种不全面的、有缺憾的文化教育。我们的语文教学似乎在揭示语言文字本身的文化内涵上尚未形成自觉的意识。

以语音所蕴含的文化为例。汉语可以用谐音来表义，如过年"福"字倒着贴，是因为"倒"和"到"谐音，可以表达"福到了"的吉祥意义；不小心打碎了杯碗，我们会说"碎碎（岁岁）平安"，因为"碎"和"岁"谐音。因为谐音，汉语中有大量的谐音歇后语，如"隔窗吹喇叭——名（鸣）声在外""腊月的天气——动手动脚（冻手冻脚）"；有"谐音双关"修辞法，如"道是无晴却有晴"中的"晴"谐音"情"。在传统的训诂方法中，有专门的"因声索义"法，这种方法常用来破通假、求语源和解释连绵词，背后的学理依据正是谐音的运用。

再以汉字所蕴含的文化为例。比如："教"，甲骨文字形为"𢼭"，小篆字形为"𣀔"。许慎《说文解字》解释为"上所施下所效也，从攴从孝……𣁏，亦古文'教'，从'爻'，从'攴'"[①]。从字形结构

---

① ［东汉］许慎撰，［清］段玉裁注：《说文解字注》，上海古籍出版社1981年版，第127页。

看，左上的"爻"为声符，左下是个"子"字，突出教的对象，右边的"攴"是"右手执棍（或柴枝）敲打之形"。^①可见"教"有以强制手段教育后代之意，反映了古代中国人对儿童教育有着严格的要求。又如："育"，小篆字形为"育"，上面的"𠫓"表示"不顺子"。段玉裁在《说文解字注》中解释说："不从子而从倒子，正所谓不善者可使作善也。"^②可见"育"反映了我们先民那种对不顺之子也不弃的教育观，有着朴素的博爱思想及对教育理想目标的追求。

汉语词语的结构也体现着我们的民族文化，如"阴阳""祸福""取舍""进退""长短""刚柔""高低""上下"等反义构词体现了汉民族辩证的思维方式和中庸的价值取向。"教室、实验室、盥洗室、教研室、地下室、休息室、操作室、会客室、办公室、档案室、储藏室、会议室、驾驶室"这种"属加种差"的造词方式和六书中的形声造字法有着高度的一致性。而"自强不息""厚德载物""浩然之气"等词语本身就蕴含着丰富的中华文化的密码。

汉语的句法有个鲜明的特点是重意合，不重形合，反映出汉民族鲜明的思维特点，比如汉语的简单句可以没有主语，也可以没有谓语。如"下雨了！""火车！"汉语的复句以少用关联词为常，如"他不干，我干"这个复句的两个分句间的逻辑关系至少有"因果""假设""转折""让步"等四种可能，怎么理解得看语境。汉语的搭配有很多没法用形式语法解释，只能从语义上解释，如"跪香"的意思是"跪一柱香的时间"；"吃馆子"表示"去馆子里吃"。汉语基于意合的简缩也很丰富，有大量的缩略词、紧缩复句，甚至近几年还出现了"人艰不拆"这样从复句简缩而来的新兴成语。这种重意合的特点在古代汉语中更为常见，如"吾得兄事之"中的"兄"本是名词，这里

---

① 邹晓丽：《基础汉字形义释源（修订本）》，中华书局2007年版，第64页。

② ［东汉］许慎撰，［清］段玉裁注：《说文解字注》，上海古籍出版社1981年版，第744页。

得理解成"像兄弟一样";"驴不胜怒，蹄之"中的"蹄"本来也是名词，这里得理解为动词"用蹄踢"。汉语中大量的成语更是对整个历史故事或寓言故事的意合。

汉语言文字蕴含着丰富的文化内涵，限于篇幅，本文不再列举。我国文化语言学自20世纪80年代末以来在这方面已积累了相当丰硕的成果，但这些成果至今还没有很好地进入中小学语文教育，这值得我们去对接、整理、吸收。

（二）要探讨基于语文核心素养的课程内容与教学方法，主动落实《方案》

《普通高中语文课程标准（2017年版）》提出了"语言建构与运用""思维发展与提升""审美鉴赏与创造""文化传承与理解"四个方面的语文核心素养。同时，将课程内容设置为18个学习任务群，其中就包括"当代文化参与""中华传统文化经典研习""中国革命传统作品研习""中华传统文化专题研讨""中国革命传统作品专题研讨""跨文化专题研讨"等专门的文化专题学习任务群。学科核心素养的提出，意味着课程观与教学观的转变："课程即问题""教学即研究"。学习任务群的设计则更突出了课程的问题意识和教学的研究导向。语文教学落实《方案》，要探讨基于语文核心素养的课程内容与教学方法。

首先，课程即问题，要依据问题来设计中华经典的课程内容。中华经典浩如烟海，如何让无序的经典有序地进入语文教学，这需要我们根据学生的学情，进行专题化的筛选整合，设计出一个个以问题为导向的学习任务群。比如："《庄子》和《老子》相比，思想上有着怎样的继承与发展？老庄思想对中国古代文人有着怎样的影响？对于老庄思想我们今天该如何扬弃？""秦汉散文有哪些类型？艺术特色如何？唐宋古文运动在学习秦汉文风上有怎样的体现？""中国传统诗歌是怎样发生发展的？其主题和表达方式主要有哪些？有何现代意义？"等等。在大问题下又可设置数个小问题，以此统领课程内容。这样就形成了"大问题—小问题—群文—单篇"的学习序列，从而使学生对中华经典文化的某些专题能形成较为深刻而系统的认识。如"中国传统诗歌"可以按"朝代""体裁""题材""风格""意象"等进行分类。以"意象"为例，可以梳理出中国古典诗歌中各种常见的意象及相关的诗作，提出"中国古典诗歌中的意象是如何发展成熟并固化为特定文化义的？"这样的问题，从而让学生探究各意象的形成历程及其蕴含的文化含义，同时构成了相关的课程内容。如下表：

表4-2　中国古典诗歌中的意象与相关阅读篇目

意象（部分）	阅读篇目
梅	《诗经·召南·摽有梅》、黄檗《上堂开示颂》、张谓《早梅》、林逋《山园小梅二首》、王安石《梅》、陆游《卜算子·咏梅》、王十朋《红梅》、卢梅坡《雪梅》、王冕《墨梅》……
月	《古诗十九首·其十九》、张若虚《春江花月夜》、李白《静夜思》、杜甫《月夜忆舍弟》、张九龄《望月怀远》、苏轼《水调歌头·明月几时有》、李清照《一剪梅·红藕香残玉簟秋》……
雁	王湾《次北固山下》、李白《宣州谢朓楼饯别校书叔云》、李白《与夏十二登岳阳楼》、王维《使至塞上》、高适《别董大》、晏殊《采桑子·时光只解催人老》、范仲淹《渔家傲·秋思》……
柳	《诗经·小雅·采薇》、贺知章《咏柳》、韩翃《章台柳》、王昌龄《闺怨》、杨巨源《折杨柳》、李中《题柳》、韦庄《台城》、柳永《雨铃霖》、高鼎《村居》……

其次，教学即研究，要以研究性学习的方法来研习中华经典。要研究经典写了什么？如何写的？为什么这么写？以"古诗词中的'梅'意象发展及文化义的定型"专题研习为例，历代诗词中写了哪些类型的"梅"？用了怎样的表现手法来写？为什么要这样写？这就要求教师带领学生按朝代顺序搜集关于"梅"的诗词进行群文阅读、对比阅读并参读相关专论，开展相关的讨论等。通过这样的系统学习，学生可以认识到"梅"是如何一步步从实用之果，如"摽有梅，其实七兮！求我庶士，迨其吉兮"（《诗经·召南·摽有梅》）；到观赏之花，如"折花逢驿使，寄与陇头人。江南无所有，聊赠一枝春"（南北朝·陆凯《赠范晔诗》）；再到寄情言志之物，如"柳条弄色不忍见，梅花满枝空断肠"（唐·高适《人日寄杜二拾遗》）；最终定格为"清白圣洁""一身傲骨""百折不挠"等文化意义并成为一种道德与志向标杆乃至上升为中华民族精神象征，如"不经一番彻骨寒，怎得梅花扑鼻香"（唐·黄檗《上堂开示颂》），"零落成泥碾作尘，只有香如故"（宋·陆游《卜算子·咏梅》）。这个认识过程既有知识的获取和审美的熏陶，也能增强对"梅"所蕴含的民族文化意义和民族精神的认知，从而实现民族精神同构并甘愿自觉传承"梅"文化、发扬"梅"精神。更重要的是，这种研究性学习的过程有重要的方法论价值，能发展和提升学生的思维，学生能由此及彼而钻研其他意象的发展历程。此外，学生在学习过程中还可以积累"傲雪寒梅""雪胎梅骨""梅妻鹤子""梅开二度""岁寒三友""梅须逊雪三分白，雪却输梅一段香""不要人夸好颜色，只留清气满乾坤"等关于梅的词语及诗句，把这些积累转化为运用，可以实现语言建构与运用的目标；还可以学到"托物言志""意象""意境""诗词格律"等有关知识，不断提高鉴赏能力并能运用这些知识或作文或赋诗填词。在此过程中，汉语言建构与运用、思维发展与提升、审美鉴赏与创造、文化传承与理解融为一体，促成了语文素养的整体提高。

（三）要体现语文学科学语文、用语文的特点，有效落实《方案》

语文课的经典诵读，不同于政治课、历史课的经典诵读。语文教学落实《方案》，要体现语文学科学语文、用语文的特点，要寓思想教育、文化传承于语言建构与运用之中，让学生在提高语文听说读写能力的同时，认识中华文化的丰厚博大，汲取民族文化智慧，继承和弘扬中华优秀文化。

一方面，通过听经典、读经典来了解与接受中华经典。[①]中华经典文化的理解与传承，需要大量的听说读写训练。从语言输入角度来说，积极开展听经典和读经典活动应努力实现以下几点目标：

一是提高对中华经典文本的感知力。听经典和读经典的过程就是培养语感的过程，语感理论告诉我们，要提高语感，最直接的手段便是广泛接触相关语料。中华经典，特别是传统文化经典在语言形式上主要是文言，与现代汉语在表达方式上有较大差异，唯有多读多听才能提高文言表达上的语感。

二是加深对中华经典文本表达的中华传统文化、革命文化、社会主义先进文化的认识和理解。所谓"读书百遍，其义自见"，对于文言色彩浓厚的中华经典，我们更需要多听、多读、多思。

三是提高对中华经典文本的语理认识。语文意义上的听读应该

---

① 文本的意义是由语音、文字承载的，但通常我们只看到文本中的文字，而忽略了文本的声音。关于文本声音在表达文本意义中的作用，古人有不少精辟论述。所谓"平声者哀而安，上声者厉而举，去声者清而远，入声者直而促。"（唐释处忠《元和韵谱》）清人刘大櫆认为："神气者，文之最精处也；音节者，文之稍粗处也；字句者，文之最粗处也。然余谓论文而至于字句，则文之能事尽矣。盖音节者，神气之迹也；字句者，音节之矩也。神气不可见，于音节见之；音节无可准，以字句准之。""音节高则神气必高，音节下则神气必下，故音节为神气之迹。一句之中，或多一字，或少一字；一字之中，或用平声，或用仄声；同一平字仄字，或用阴平、阳平、上声、去声、入声，则音节迥异，故字句为音节之矩。积字成句，积句成章，积章成篇，合而读之，音节见矣，歌而咏之，神气出矣。"（《论文偶记》）重视听、读，感知文本的声音，有助于更好地理解文本的涵义，把握作者的思想。

比一般的听读要有更高的要求，不仅要知其然，还要知其所以然；不仅要能意会，还要能言传。比如，孟子以善辩著称，我们在阅读孟子的作品时，就应该对孟子的语言艺术具有语理上的认识。试以《孟子·梁惠王下》中他和齐宣王的一段对话为例来说明。

> 齐宣王问曰："汤放桀，武王伐纣，有诸？"
>
> 孟子对曰："于传有之。"
>
> 曰："臣弑其君，可乎？"
>
> 曰："贼仁者谓之贼，贼义者谓之残；残贼之人谓之一夫。闻诛一夫纣矣，未闻弑君也。"①

齐宣王以作为臣子的商汤放逐夏桀和作为臣子的周武王讨伐商纣王这两个客观的历史事实而质问孟子这种臣弑其君、以下犯上的行为是否是对的。如果在"君臣之道"这个论题上回答，是很难应对的。孟子回答的高妙之处在于他抓住夏桀和商纣两位君王荒淫残暴、为君不君的事实，指出他们是败坏仁义的残贼独夫，这也就等于重新定义了他们和商汤、周武王的关系。也就是说，在孟子看来，齐宣王所问的问题在于对"君"的概念理解不当，错误地认识了商汤放逐夏桀和周武王讨伐商纣王两个历史事件。在辩术上这叫否定对方的论题，孟子对该论题的否定是艺术化地避开了齐宣王的客观之君而言道义之君。所以孟子说周武王对商纣王的行为是"诛"而不是"弑"。这里还得弄明白"诛"和"弑"的区别：把罪人杀死叫"诛"，臣杀君、子杀父这种行为叫"弑"。这样的语理认识不仅理解了文言字词，对文本内容理解的深刻度也是非同一般的。

四是增强传承、弘扬中华经典文化的自信心、责任感。听经典和读经典的过程也就是获取经典中的思想文化信息的过程，大量听、读中华经典的过程也就是在用经典教育学生并进行民族价值观念同构的过程。随着对中华经典文本内容的理解和语理认识的加深，学生弘扬

---

① ［南宋］朱熹：《四书集注》，岳麓书社1985年版，第269页。

中华经典文化的自信心、责任感也会不断增强。

另一方面，通过说经典、写经典来表达与传承中华经典。经典都诞生于某一特定的时代却又经过了历史的检验、岁月的淘洗，因此经典既具有时代性又具有超越性，正是超越性彰显了经典的生命活力和不朽价值。经典除了具有承载历史的价值外，还有指导现实及启迪未来的价值，因此需要不断对话经典、反思经典、完善经典、升华经典，这就离不开对经典进行新时代的说写活动，向经典注入新的时代内涵，诠释经典的现实意义。从语言输出角度来说，说经典、写经典既是内化经典的理解过程，也是完善经典、超越经典的过程。比如"德"的文化内涵，甲骨文的字形是"𢔜"，左边是"彳"（chì）形符号，它在古文中表示道路，亦是表示行动的符号，其右边是一只眼睛，眼睛之上是一条垂直线，这是表示目光直射之意。这个字的最初意思是：行动要正，而且"目不斜视"，这就是中华民族对"德"的最早的认识。在金文字形中加了"心"字，字形为"德"，这就是说目正、心正才算"德"。到后来泛化为"品行、品质"之意并被赋予"家庭美德、职业道德和社会公德"等具体的内涵，再到如今新阐述的"政德"内涵（明大德、守公德、严私德），这个过程正反映了中华民族对传统"德"文化的完善与超越。又如"天人合一"思想原是我国道家哲学中的一种修身养性思想，追求的是"忘我""无我"之境，在当今时代被注入了"人与自然和谐发展"，乃至"人类命运共同体"等新内涵。

《方案》为语文教学中开展听经典、说经典、读经典、写经典提出了比较明确的建议："以诵读、书写、讲解等文化实践活动为主要形式""举办中华经典诵写讲大赛""开展推广普通话宣传周、阅读节、汉字文化节、诗歌节、读书会等形式多样的语言文化活动，建设'中华诵''经典伴我成长''最美诵读'等一批校园诵读品牌"。语文教师还可以利用复述、演讲、辩论、征文、看经典电影、演经典舞台剧等多样化的听说读写活动落实《方案》。

六　语文教学的基本原则

　　教学原则是教学工作必须遵循的行为准则，是指导教学实践的一般原理。我国古代教育家在长期的教学实践过程中概括和总结出的教学原则，如：因材施教、温故知新、启发诱导、学思结合、循序渐进、由博返约、教学相长等，揭示了教学的基本规律，至今对各科教学都有普遍指导意义。

　　语文教学的基本原则是反映语文教学规律、体现语文教学特点的原则，主要有：工具性与人文性相统一、语言训练与思维训练相辅相成、听说读写协调发展、习得与学得相结合、积累与运用相结合。从课程与教学一体化的观点来看，这也是语文课程实施的基本原则。

（一）工具性与人文性相统一

　　工具性与人文性相统一，是语文课程的基本特点，也是语文教学应该遵循的基本原则。作为语文教学的原则，"工具性与人文性相统一"，就是要求实现语言形式教学与语言内容教学的统一，语文知识教学、语文能力训练与情感、态度、价值观养成的统一，也就是语文课程特有目标与共同目标、直接目标与间接目标、显性目标与隐性目标的统一。

　　坚持"工具性与人文性相统一"，是语文课程性质和特点的要求。语文课程是一门学习祖国语言文字运用的综合性、实践性课程。《中华人民共和国国家通用语言文字法》规定："学校及其他教育机构以普通话和规范汉字为基本的教育教学用语用字。""学校及其他教育机构通过汉语文课程教授普通话和规范汉字。"[①]普通话和规范汉字，是形式的，又是内容的。汉语汉文其形式与内容是一枚硬币的两面，难解难分。汉语文是中华民族思维与交际、生存与发展的工具，汉语文本身又是中华民族文化的组成部分，积淀着中华民族的精神，传承着中华民族的血脉。把"工具性"与"人文性"割裂开来，先进行工具训练，后进行人文教育，或是先进行人文教育，后进行工具训练，都是不妥的。语文学科的人文教育应当寓于工具训练过程之中，在达成工具性目标的同时达成人文性的要求。

（二）语言训练与思维训练相辅相成

语言是现实的编码体系，是认知现实的一种符号系统，包括语音、词汇、语法等基本要素。思维是人脑对客观现实的本质和事物内在规律性的概括的、间接的、有目的的反映。语言训练是指学生理解和运用语言能力的训练，思维训练是指学生掌握思维方法、养成思维品质、提高思维能力的训练。思维方法是指分析法、综合法、选择法、归纳法、演绎法、比较法等，思维品质是指思维的广阔性、深刻性、批判性、灵活性、创造性等，思维能力是指直觉思维能力、抽象思维能力、形象思维能力、创造性思维能力等。"语言训练与思维训练相辅相成"，就是要求在语言训练的过程中要重视思维方法的学习、思维品质的培养和思维能力的发展；思维训练要贯串在语言训练中，促进语言能力的提高。

语言和思维关系密切。首先，思维活动是言语活动的心理前提。离开了思维，人们就无法将现实转化为语言；离开了思维，人们也无法利用语言去认识现实。其次，言语活动是思维活动的语用选择。一方面，人们在进行思维活动时，使用的是内部言语。内部言语和外部言语一样，都是对语言的运用；另一方面，当个体思维需要在人际之

---

① 《中华人民共和国国家通用语言文字法》，载《中华人民共和国全国人民代表大会常务委员会公报》2000年第6期，第585页。

间进行交流和沟通的时候，言语的表达就成了思维传递的最佳选择。最后，思维还是言语的心理结果。言语本身包含着思维的成果，言语的发展也有助于促进思维的发展。思维和语言之间存在一定的对应关系，思维形式如概念、判断、推理等的完善需要相应的语词、句子、句群来表示。语言的丰富准确有助于思维品质的提高，而思维品质的发展，即思维的广阔性、深刻性、批判性、灵活性和创造性也有利于促进言语活动的开展。

语言与思维又有区别。首先是"先后之别"，即先有思维，后有语言。只有"想"清楚，才能"说"清楚、"写"清楚。其次是"内外之别"，即同一个思维内容具有不同的语言形式。如"母亲""妈妈""娘"这些词语，从思维来说，没有什么两样，都是同一对象；从语言来说，却是不同的，它们表达的感情色彩不一样。所以，思维讲究合乎逻辑、科学简明，即符合思维的规律和方法；语言要求准确、鲜明、生动、丰富多彩。最后是"快慢之别"，即语言与思维脱节，通常是思维发展的速度快于语言发展的速度。学生往往想得多，却表达不清楚、不具体，更难以丰富生动。这就需要增加阅读量，加强写与说的训练，使学生积累更多的语言材料，掌握更多、更好的语言表现手段，把头脑里想的东西表达清楚，直到具体生动。想清楚，想得灵活、独特，这是思维训练的事；说清楚，说得具体、生动，写清楚，写得充实、丰富，这是语言训练的事。[①]

语言训练和思维训练，既有联系，又有区别，要根据各自的特点，加强训练，使之相辅相成，共同提高。

（三）听说读写协调发展

听话、说话、阅读、写作能力是语文能力的具体表现形式。阅读能力、写作能力和口语交际能力的训练既有各自的特点，又有共同之

---

① 国家教委基础教育司：《全日制普通高级中学语文教学大纲学习指导（供试验用）》，人民教育出版社1997年版，第17—18页。

处。"听说读写协调发展"，就是要求树立全面训练意识，克服重此轻彼现象，阅读能力、写作能力和口语交际能力协调发展，相互促进，全面提高。

听话、说话、阅读、写作是四种不同的语文能力。听话是口头言语的理解，说话是口头言语的表达，阅读是书面言语的理解，写作是书面言语的表达。这四种能力虽有各自的特点，又联系密切。听是用耳朵读，说是用嘴巴写，读是用眼睛听，写是用笔头说。听话与阅读是言语的接收，说话与写作是言语的表达。听话与说话是口语交际能力，阅读与写作是书面交际能力。

从信息论的观点看，听和读是信息输入，说和写是信息输出，无输入则无所谓输出，无输出则输入毫无价值。从理解与表达的角度看，听与读是语言材料和技巧的吸收，是从形式到内容；说与写是思想感情的表达，是从内容到形式。从听和说的关系看，二者都属于口头言语能力。听是口头言语的感知，通过内化的智力活动可以迁移为说的能力，所以听是说的基础和前提；反过来，说是口头言语的表达，也可以促进听，想要对答如流，就必须会听。从读和写的关系看，二者都属书面言语能力。读是书面言语的感知，通过一系列的智力活动，可以迁移为写的能力，所以读是写的基础和前提；反过来，写是书面言语的运用，也是读的消化，可以促进读的能力的提高。从口头言语和书面言语的关系看，口头言语是书面言语的基础和前提，口头言语在不断地丰富和发展着书面言语。离开口头言语，书面言语就会僵化，就会丧失生命力。书面言语是口头言语的升华和发展，书面言语一经形成，便规范、净化并优化着口头言语。可见，听说读写协调发展，是十分必要的。

（四）习得与学得相结合

第一语言（通常是母语）的获得大体经过两个不同的时期，即早期的潜意识的语言习得和入学后的有意识的语言学得。"习得与学得相结合"，就是要求将潜意识的语言习得与有意识的语言学得相结合，将课内的教学与课外的学习相结合，重视在语境中学语文、用语文。

所谓习得（acquisition），即习而得之，是一个人从出生伊始乃至贯穿一生的、不自觉地对语言的学习，是个体的、潜意识的、无序的、非正式的、自然真实情境中的、主要是感性方式的学习活动，是一个缓慢的、耳濡目染、经验积累的过程。

所谓学得（learning），即学而得之，是在人生特定阶段的、自觉地对语言的学习，是集体的、有意识的、系统的、正式的、课堂教学情境中的、侧重于理性方式的学习活动，是一个利用学习者智力发展、言语能力形成的最佳时机、有效获得语言的过程。

学得与习得这两种获得语言的途径，并非完全隔绝或相互排斥，而是相互交叉、相互结合的。儿童入学前获得母语以自然习得为主，但同时家长也通过认字块、讲故事、阅读幼儿读物等方式让儿童有意识地学习语言；入学后以有意识的课堂学习为主，但在母语环境中通过对话、阅读书面材料、观看影视作品等方式，也不知不觉地习得语言。儿童对第一语言的掌握都是从潜意识的习得开始，随着年龄的增长，有意识的学得的成分越来越大，到入学后，变为以有意识的学得为主，但在母语环境下的语文学习，习得与学得总是交织在一起。

一方面，学校开设语文课程，使得学生对语言的学习和掌握，由自发的、偏重感性经验的、少慢差费的暗中摸索，走向自觉的、偏重科学理性的、多快好省的明中探讨。课堂有意识的学得，无疑是十分必要的。

另一方面，早期的潜意识的语言习得是入学后有意识的语言学得的基础，课外的潜意识的语言习得是课内的有意识的语言学得的补充。母语学习是在母语环境下进行的，有着得天独厚的学习条件，不需要过多地另设情境。因此，母语教育应充分利用母语环境这一学习资源，让学生在自然的、真实的母语环境中自主地学习。即便在课堂教学中，也要意识到课堂上既有有意识的学得，又有无意识的习得。

语文学习的外延与生活的外延相等，应当重视让学生在自然的、真实的语言环境中学语文、用语文。

（五）积累与运用相结合

"积累"的意思是（事物）逐渐聚集。"积"，侧重于聚拢；"累"，侧重于叠加。语言积累就是字、词、句、篇，听、读、说、写等显性语文要素与语感、情意、思维、品性等隐性语文要素的不断聚拢和叠加。"运用"是根据事物的特性加以利用。语言运用就是在一定的语言环境中根据语言的特性对语言的具体运用。"积累与运用相结合"，就是要求在语文学习过程中，既重视语言积累，又重视语言运用，在语言积累的基础上运用语言，在语言运用的过程中深化积累，学会运用。

建构主义认为，学生的学习是一种主动建构，通过主动的"同化"与"顺应"，把旧的知识图式变成新的知识图式。知识图式的变化是以旧有的知识图式为前提、基础和依托的，而知识图式很大程度上是积累的结果，没有积累是不会有所谓的知识图式的。

从儿童习得语言角度看，儿童通过口头语言和书面语言两条不同的途径积累语言。在积累的过程中，通过体验、感悟，逐步理解相关语言的含义，并通过言语习得机制整合已获得的语言，形成一定的言语图式，言语图式一方面为进一步吸纳语言现象提供空框，另一方面为运用语言提供基本表达样式。其语言积累与运用的过程大致如下图所示：

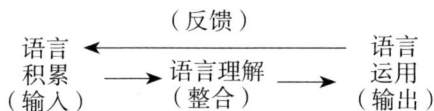

图4-7　语言积累与运用过程

从积累和运用的关系看，积累是运用的基础，运用则是积累的目的。运用的前提是积累与内化。大量的事实证明，恰当的语言运用来源于良好的语言积累。所谓"操千曲而后晓声，观千剑而后识器"（刘勰《文心雕龙·知音》），"读书破万卷，下笔如有神"（杜甫《奉赠韦左丞丈二十二韵》），都说明了恰当的语言运用来源于良好的语言积累。《红楼梦》第四十八回"香菱学诗"一节形象地说明了积累与运用的关系：黛玉认为香菱如果真想学写诗歌，需要把《王摩诘全集》中的五言律诗一百首细心揣摩熟透，再读一二百首杜甫的七言律诗及一二百首李白的七言绝句。肚子里先有了这三个人作了底子，然后再进一步阅读陶渊明、应玚、谢灵运、阮籍、庾信、鲍照等人的诗歌，才能够明白写诗的技巧，学会写诗。叶圣陶说过："写作是倾吐，阅读是吸收，倾吐能否合乎法度，显然与吸收有密切的关系。"[1]这些都充分反映了积累在运用中的作用。

语言积累是语言运用的基础，语言运用又反过来促进语言积累。语文教学应将二者紧密结合起来，在语言积累中运用语言，在语言运用中提升语言积累的质量。

---

①《叶圣陶集》（第13卷），江苏教育出版社1992年版，第55页。

第五章
语文教育家研究

　　中国语文教育从1904年独立设科至今，涌现出蔡元培、梁启超、蒋维乔、徐特立、刘师培、谢无量、夏丏尊、张士一、俞子夷、吴研因、高语罕、穆济波、黎锦熙、胡适、陶行知、陈望道、艾伟、刘半农、陈柱、蒋伯潜、陈鹤琴、舒新城、洪北平、叶圣陶、孙俍工、赵欲仁、张震南、程其保、王森然、朱文叔、范寿康、阮真、沈百英、朱自清、洪为法、吴天石、吕叔湘、浦江清、辛安亭、董纯才、袁哲、朱智贤、于在春、胡乔木、张志公、吕型伟①等一大批语文教育家，他们对中国语文教育的改革和发展都作出了杰出贡献。每位语文教育家，都可以写一部研究专著。限于篇幅，本章仅选取叶圣陶、朱自清、吴天石及顾黄初、于漪、洪宗礼六位，稍作介绍。

---

　　① 限于篇幅，仅列举1919年前出生的部分教育家，按各人出生年先后排序。

一　像叶圣陶那样当老师

图5-1　叶圣陶

　　叶圣陶（1894—1988），1912年中学毕业即从事教育工作，先后担任过小学、中学、大学教师。[①]1941年7月30日至8月3日，叶圣陶应四川《教育通讯》社之约，为教师节特刊作文《如果我当教师》，该文刊于1941年8月23日出版的《教育通讯》第三十二、三十三期合

---

　　① 叶圣陶先后任教的学校有：言子庙小学（1912—1914）、尚公小学（1915—1917）、角直第五高等小学（1917—1921）、中国公学中学部（1921）、浙江一师（1921—1922）、北京大学（1922）、上海神州女校（1922—1923）、复旦大学（1923）、福州协和大学（1923）、上海大学（1923）、上海立达学园（1925—1926）、松江景贤女子中学上海分校（1926）、复旦大学（1930）、巴蜀学校（1938）、国立中央戏剧学校（重庆，1938）、复旦大学（重庆，1938）、武汉大学（乐山，1938—1940）、光华大学（成都，1941—1942）、齐鲁大学（成都，1942）。

刊。①他在《如果我当教师》一文中阐述了他从教30年来对当教师的思考。时隔70多年后的今天，重读这篇文章，对于我们如何当好老师，仍然极富指导意义。

（一）"养成好习惯"——教育的含义

"养成好习惯"②，是叶圣陶在《如果我当教师》中给教育所做的界定。他说："我想'教育'这个词儿，往精深的方面说，一些专家可以写成巨大的著作，可是就粗浅方面说，'养成好习惯'一句话也就说明了它的含义。"

"养成好习惯"，是叶圣陶的一贯主张。1941年，叶圣陶在《高等教育所要养成的好习惯》一文中说："教育就是养成好习惯"，"普通教育的目标是养成一般人当公民的好习惯，高等教育的目标是养成一些人做专门人才的好习惯。"③1958年，他在答教师的信中说："我想教师工作的最终目的，无非是培养学生具有各种良好的社会习惯。诸如热爱国家关心他人的习惯，礼貌诚笃的习惯，虚心自强的习惯，阅读书写的习惯，勤劳操作的习惯，求实研索的习惯等等。"④1962年，他在《小学教师的工作》一文中说："所谓教育，无非是从各方各面给学生好的影响，使学生在修养品德，锻炼思想，充实知识，提高能力，

---

① 叶圣陶日记1941年7月30日记："开始作一文，拟与《教育通讯》，但兴致不好，写四百余字即停笔。"7月31日记："余晨起即伏案，续作昨日之文，迄于傍晚，得二千余言。若明日仍如此顺利，即可以完篇矣。文题《如果我当教师》，分小学、中学、大学三部分言之，对今日教育界现状，略致针砭。"8月1日记："续作文字，至五时停笔。全日得千五百言。"8月2日记："上午续作文。饭后步行到馆，仍伏案续作。共得三千言。"8月3日记："上午续作文千字，全篇完毕，共约八千字。自谓为教师之态度，颇能说出一点道理。"（见《叶圣陶集》第19卷，江苏教育出版社1994年版，第391页。）

② 本文凡引叶圣陶语未注明出处者，均引自叶圣陶《如果我当教师》，见《叶圣陶集》（第11卷），江苏教育出版社1991年版，第93～105页。

③《叶圣陶集》（第11卷），江苏教育出版社1991年版，第114页。

④《叶圣陶集》（第25卷），江苏教育出版社1994年版，第1页。

加强健康各方面养成好习惯。"①1979年，他在《当前教育工作中的几个问题》一文中更为简洁地概括为："教育是什么？往简单方面说，只须一句话，就是要养成良好的习惯。"②

叶圣陶指出：养成好习惯，要"从最细微最切近的事物入手"。他举例说："譬如门窗的开关，我要教他们轻轻的，'砰'的一声固然要不得，足以扰动人家心思的'咿呀'声也不宜发出；直到他们随时随地开关门窗总是轻轻的，才认为一种好习惯养成了。"③他认为，这样的好习惯，不仅对于某事物本身是好习惯，更可以推到其他事物方面去。对于开关门窗那样细微的事，尚且不愿意扰动人家的心思，难道还肯作奸犯科，干那扰动社会安宁的事吗？

叶圣陶还指出：好习惯，"硬是要养成，决不马虎了事"。他举例说：一个词儿，不但使他们知道怎么念，怎么写，更要使他们知道它的含义和限度，该怎样使用它才得当。一句话，不但使他们知道怎么说，怎么讲，更要使他们知道它的语气和情调，该用在什么场合才合适。一篇故事，不但使他们明白说的什么，更要借此发展他们的意识。一首诗歌，不但使他们明白咏的什么，更要借此培养他们的情绪。他认为：教识字、教读书只是手段，养成他们语言的好习惯，也就是思想的好习惯，才是终极目的。

20世纪40年代初，叶圣陶和朱自清合作撰写了两本专供中学国文教师参考用的阅读教学指导书——《精读指导举隅》和《略读指导举

---

① 《叶圣陶集》（第11卷），江苏教育出版社1991年版，第222页。

② 《叶圣陶集》（第11卷），江苏教育出版社1991年版，第228页。

③ 叶圣陶孙女叶小沫说："弟弟永和到现在还常常会说起一件往事：他小时候有一次着急出去，随手一甩，西屋的门在身后'砰'的一声关上了。他觉得大事不好，赶忙往北屋跑，想到姑奶奶那里去躲过'这一劫'。没想这一跑反而惹怒了爷爷，他硬是追到北屋，揪着耳朵把弟弟拽了回来，让他重新关门。这是弟弟唯一一次被爷爷揪耳朵，从那往后他就是再着急，也不会随手甩门了。"（见叶小沫《爷爷教我们做人做事》，载《人民教育》2010年第9期。）

隅》。这两本书都不断提醒教师要重视养成学生阅读的好习惯。叶圣陶还在为《精读指导举隅》所作的"前言"中特别指出"习惯的养成在教师的训练与指导"。①实施新课程后，有些人回避"训练"一词，认为一讲"训练"，就是应试教育，就是题海战术。其实许多人都是望文生义，并不了解"训练"的真谛。叶圣陶对"训练"曾做过精辟的阐释。他说："什么叫训练呢？就是要使学生学的东西变成他们自己的东西。"②他还说："训练训练，分开来说，训是老师的事，练是学生的事。就老师方面说，采用种种有效的办法，循序渐进地教导学生练，固然极为重要，而督促学生认真练，经常练，尤其是奏功收效的关键。"③这就告诉我们："训练"不同于"练习"，"训"就是"教"，"练"就是"学"，"训练"是师生双方的一种教学活动，是有目的、有计划、有组织、有指导、有实施、有评价的教学活动。

可见，教育就是要通过教师的训练与指导养成学生终身受益的好习惯。无论怎样好的行为，如果只"表演"一两回，而不终身以之，那是扮戏；无论怎样有价值，如果只挂在口头说说，而不能彻底消化，举一反三，那是语言的游戏。只有化为习惯，才可以一辈子受用。

（二）"认清那门功课的目标……不忘记各种功课有个总目标"——课程的目标

叶圣陶在《如果我当教师》中说："我无论担任哪一门功课，自然要认清那门功课的目标，如国文科在训练思维，养成语言文字的好习惯，理化科在懂得自然，进而操纵自然之类；同时，我不忘记各种功课有个总目标，那就是'教育'——造成健全的公民。"

教师要"认清那门功课的目标"，即认清教师所承担的那门功课

---

① 《叶圣陶集》（第14卷），江苏教育出版社1992年版，第111—112页。

② 《叶圣陶集》（第15卷），江苏教育出版社1993年版，第150页。

③ 《叶圣陶集》（第13卷），江苏教育出版社1992年版，第192页。

的特有目标。以国文科为例。叶圣陶说："学习国文就是学习本国的语言文字。"又说："语言文字的学习，就理解方面说，是得到一种知识；就运用方面说，是养成一种习惯。……这两项的知识和习惯，他种学科是不负授与和训练的责任的，这是国文科的专责。每一个学习国文的人应该认清楚：得到阅读和写作的知识，从而养成阅读和写作的习惯，就是学习国文的目标。"①

同时，教师要"不忘记各种功课有个总目标"，即所有功课承担的"造成健全的公民"这个总的目标。仍以国文科为例，早在20世纪20年代，叶圣陶就提出："须认定国文是发展儿童的心灵的学科"。②比如："我们作文，要写出诚实的、自己的话。"③1962年，叶圣陶作《语文教学二十韵》，其中有"立诚最为贵"一句。他解释说："此语自'修辞立其诚'来，无非'言之有物''言之由衷'之意，而品德修养、实际锻炼亦复包蕴在内。苟德之不修，实之不讲，虽自以为'有物'，自以为'由衷'，犹未'诚'也。"④1983年，叶圣陶还专门撰写了一篇题为《作文与做人》的文章，批评学生作文言行不一的倾向。他说：作文题是《先天下之忧而忧，后天下之乐而乐》，要是有一位考生写得头头是道，有理论，有发挥，但是当他离开了考场，挤上了公共汽车，就抢着靠窗坐下，明明有一位白发老太太提着菜筐挤在他膝前，他只当没瞧见。他连给老太太让个座的起码的习惯都没有养成，还有什么资格谈"先天下之忧而忧，后天下之乐而乐"？文章最后强调指出："文当然是要作的，但是要紧的在乎做人。"⑤

1940年，叶圣陶曾用车轮的轮辐与轴心来比喻各学科教学与教育总目标之间的关系。他说："国文是各种学科中的一个学科，各种

---

①《叶圣陶集》（第13卷），江苏教育出版社1992年版，第103—104页。

②《叶圣陶集》（第13卷），江苏教育出版社1992年版，第7页。

③《叶圣陶集》（第9卷），江苏教育出版社1990年版，第211—213页。

④《叶圣陶集》（第25卷），江苏教育出版社1994年版，第20页。

⑤《叶圣陶论语文教育》，河南教育出版社1986年版，第216页。

学科又象轮辐一样辏合于一个教育的轴心，所以国文教学除了技术的训练而外，更需含有教育的意义。说到教育的意义，就牵涉到内容问题了。"又说："不过重视内容，假如超过了相当的限度，以为国文教学的目标只在灌输固有道德，激发抗战意识，等等，而竟忘了语文教学特有的任务，那就很有可议之处了。""国文教学自有它独当其任的任，那就是阅读与写作训练。学生眼前要阅读，要写作，至于将来，一辈子要阅读，要写作。这种技术的训练，他科教学是不负责任的，全在国文教学的肩膀上。"①

在《如果我当教师》中，叶圣陶再次用了"车轮"的比喻，说明各学科特有目标与所有学科共同目标之间的关系："每一种功课犹如车轮上的一根'辐'，许多的辐必须集中在'教育'的'轴'上，才能成为把国家民族推向前进的整个'轮子'。"他指出："这个观念虽然近乎抽象，可是很关重要。"

（三）"课本是一种工具或凭借，但不是唯一的工具或凭借"——教材的功能

叶圣陶写《如果我当教师》正值抗战时期，课本的供给很成问题，往往临到开学买不到一本课本，可是叶圣陶决不说"没有书本，怎么能开学呢"的话。他说："我相信课本是一种工具或凭借，但不是唯一的工具或凭借。"

"课本是一种工具或凭借"，叶圣陶有时也称之为"例子"。在叶圣陶看来，要实现教育的目标，"这些事儿不能凭空着手，都得有所凭借。凭借什么？就是课本或选文。有了课本或选文，然后养成，培植，训练的工作得以着手。"②1932年，叶圣陶在《国文科之目的》一文中指出："课本只是举出些例子，以便指示、说明而已，这里重

---

①《叶圣陶集》（第13卷），江苏教育出版社1992年版，第52—53页。

②《叶圣陶集》（第14卷），江苏教育出版社1992年版，第190页。

要在方法。"①1942年，他在《略谈学习国文》一文中指出："知识不能凭空得到，习惯不能凭空养成，必须有所凭借。那凭借就是国文教本。"②1945年，他在为吕叔湘的《笔记文选读》所作的序中说："语文教本只是些例子，从青年现在或将来需要读的同类的书中举出来的例子；其意是说你如果能够了解语文教本里的这些篇章，也就大概能阅读同类的书，不至于摸不着头脑。所以语文教本不是个终点。从语文教本入手，目的却在阅读种种的书。"③1949年，叶圣陶在为《大学国文（现代文之部）》所作的序中说："国文选本只是个凭借……有了凭借，历练才有着落。"④1978年，他在《大力研究语文教学，尽快改进语文教学》的讲话中再次强调说："知识是教不尽的，工具拿在手里，必须不断地用心地使用才能练成熟练技能的，语文教材无非是例子，凭这个例子要使学生能够举一而反三，练成阅读和作文的熟练技能。"⑤

课本又"不是唯一的工具或凭借"。叶圣陶指出："文字的课本以外还有非文字的课本，非文字的课本罗列在我们的周围，随时可以取来利用，利用得适当时，比较利用文字的课本更为有效，因为其间省略了一段文字的桥梁。"尤其是公民、社会、自然、劳作课，非文字的课本，简直是取之不尽，用之不竭。叶圣陶关于课本又"不是唯一的工具或凭借"的思想，是对"课本是一种工具或凭借"的拓展和补充，打通了学校与社会，将课堂延伸至生活的方方面面。

叶圣陶关于教材功能的论述告诉我们：一方面，教材是教师"教"的"凭借"，学生"学"的"凭借"，因而，教师与学生要创造性地使用教材，而不能成为教材的"奴隶"；是"用教材教"，而不

①《叶圣陶集》（第13卷），江苏教育出版社1992年版，第32页。

②《叶圣陶集》（第13卷），江苏教育出版社1992年版，第104页。

③《叶圣陶集》（第16卷），江苏教育出版社1993年版，第63—64页。

④《叶圣陶集》（第13卷），江苏教育出版社1992年版，第163页。

⑤《叶圣陶集》（第13卷），江苏教育出版社1992年版，第231页。

能局限于"教教材"。另一方面，一切课外资源都可以拿来当作"例子"，为学生所用，使学生"得法于课内，得益于课外"，举一反三，掌握知识，提高能力，养成习惯。

（四）"帮助学生为学"——教学的本质

在《如果我当教师》中，叶圣陶表示不主张将教师的行业叫"教书"，同样不主张将学生入学校的事情叫"读书"。他说："书中积蓄着古人和今人的经验，固然是学生所需要的；但是就学生方面说，重要的在于消化那些经验成为自身的经验，说了'读书'，便把这个意思抹杀了，好像入学校只须做一些书本上的功夫。因此，说成'教书'，也便把我当教师的意义抹杀了，好像与从前书房里的老先生并没有什么分别。"在叶圣陶看来，新式教育与旧式教育的一大区别，即在于从前书房里的老先生"只须教学生把书读通，能够去应考、取功名"，而现代教师"却要使学生能做人、能做事，成为健全的公民"。

叶圣陶说："若有人问我干什么，我的回答将是：'帮助学生得到做人做事的经验'"，"帮助学生为学"。"帮助学生为学"的思想与"养成好习惯"的思想一致。对学生来说，是"养成好习惯"；对教师来说，是"帮助学生为学"。这是叶圣陶对教学本质的揭示。这也就是他在《略读指导举隅》前言中所强调的"各种学科的教学都一样，无非教师帮着学生学习的一串过程"的意思。[1]吕叔湘曾将之解释为："教学、教学，就是'教'学生'学'。"[2]叶圣陶的这一思想，后来更多地表述为"教是为了达到不需要教"。[3]

早在1916年4月，叶圣陶就说："勉强注入之徒劳"，"故教授方法采用自学辅导主义……务以养成其自力研修之习惯"，"养成学生

---

① 《叶圣陶集》（第14卷），江苏教育出版社1992年版，第191页。

② 吕叔湘：《叶圣陶语文教育论集·序》，见叶圣陶《叶圣陶语文教育论集》，教育科学出版社1980年版。

③ 《叶圣陶集》（第11卷），江苏教育出版社1991年版，第297—298页。

自学之基础"。①1922年1月，叶圣陶认为教育的"目的在使其自生需要，不待教师授与"。②1940年8月，叶圣陶说："在教学的时候，内容方面固然不容忽视，而方法方面尤其应当注重"，"必须使种种方法成为学生终身以之的习惯"。③1949年8月，叶圣陶在《中学语文科课程标准》中说："语文科目的之一，是使学生在阅读的时候能够自求了解。"④1961年7月，叶圣陶在书信中写道："学生须能读书，须能作文，故特设语文课以训练之。最终目的为：自能读书，不待老师讲；自能作文，不待老师改。老师之训练必作到此两点，乃为教学之成功。"⑤1961年9月，他在呼和浩特跟语文教师交流时说："讲的目的，在于达到不需要讲。如果一个老师能作到上课不需要讲，只作一些指点和引导，学生就能深刻理解，透彻领会，那就是最大的成功。"⑥1962年1月，他在《阅读是写作的基础》一文中说："在课堂里教语文，最终目的在达到'不需要教'，使学生养成这样的一种能力，不待老师教，自己能阅读。学生将来经常要阅读，老师能经常跟在他们背后吗？因此，一边教，一边逐渐为'不需要教'打基础。"⑦1962年7月，叶圣陶在回复教师的书简中说："教师当然须教，而尤宜致力于'导'。导者，多方设法，使学生能逐渐自求得之，卒底于不待教师教授之谓也。"⑧同月，叶圣陶在回答教师的另一书简中又说："我近来常以一语语人，凡为教，目的在达到不需要教。"⑨1962年11月，叶圣陶又在回复教师的书简中说："尝谓教师教各种学科，其最终目

①《叶圣陶集》（第11卷），江苏教育出版社1991年版，第6页。

②《叶圣陶教育文集》（第3卷），人民教育出版社1994年版，第17页。

③《叶圣陶教育文集》（第3卷），人民教育出版社1994年版，第51、52页。

④《叶圣陶语文教育论集》，教育科学出版社1980年版，第203页。

⑤《叶圣陶语文教育论集》，教育科学出版社1980年版，第717页。

⑥《叶圣陶集》（第13卷），江苏教育出版社1992年版，第199页。

⑦《叶圣陶集》（第15卷），江苏教育出版社1993年版，第151页。

⑧《叶圣陶集》（第25卷），江苏教育出版社1994年版，第17页。

⑨《叶圣陶集》（第25卷），江苏教育出版社1994年版，第18—19页。

的在达到不复需教，而学生能自为研索，自求解决。故教师之为教，不在全盘授与，而在相机诱导。必令学生运其才智，勤其练习，领悟之源广开，纯熟之功弥深，乃为善教者也。"[1]1964年3月，叶圣陶在《答六一学校校长》的信中说："总之，教师之主导作用在就学生已有之能力水平而适当提高之，使能逐步自己领会课文之内容与语言之运用，最后达到不待教师之讲解而自能阅读。阅读教学循此为之，学生写作能力之提高亦非甚难事矣。"[2]1964年5月，叶圣陶在《答张新华》的信中谈及："来信言改进教学，不识其内容何如。我意如能令学生于上课之时主动求知，主动练习，不徒坐听教师之讲说，即为改进教学之道。教师不宜以讲课本为专务。教师指示必须注意指点，令自为理解，彼求之弗得或得之而谬误，然后为之讲说，如是则教师真起主导作用，而学生亦免处于被动地位矣。"[3]1964年6月，叶圣陶在《答朱泳燚》的信中说："学生诵习教材，赖教师之指导，而领会教材之质与文。第领会教材之质与文犹未已也，非最后之目的也。必于教学之际培养其自动性，终臻不待教师指导而自能领会之境，于是可以阅读书籍报刊而悉明其旨矣。此则阅读教学最后之目的也。"[4]1974年1月，他在回复教师的信中再次提及此观点："据往时接触及近时间接闻知，语文教师以讲解为务者尚不乏其人，以为学生鲜能自览，必为之讲解始能明晓。鄙意则谓今日而言教育，此一点首宜打破。凡为教者必期于达到不须教。教师所务惟在启发导引，俾学生逐步增益其知能，展卷而自能通解，执笔而自能合度。苟能若是，或未足以言教育革命，然教育革命殆莫能外之。"[5]1977年12月16日，叶圣陶给《中学语文》杂志的题词中说："我想，教任何功课，最终目的都在于达到

---

①《叶圣陶集》（第25卷），江苏教育出版社1994年版，第19—20页。

②《叶圣陶集》（第25卷），江苏教育出版社1994年版，第36页。

③《叶圣陶集》（第25卷），江苏教育出版社1994年版，第38页。

④《叶圣陶集》（第25卷），江苏教育出版社1994年版，第41页。

⑤《叶圣陶语文教育论集》，教育科学出版社1980年版，第741页。

不需要教。假如学生进入这样一种境界：能够自己去探索，自己去辨析，自己去历练，从而获得正确的知识和熟练的能力，岂不是就不需要教了吗？而学生所以要学要练，就为要进入这样的境界。"①1977年《人民教育》第1期发表叶圣陶的《自力二十二韵》，云："学步导幼儿，人人有经验。或则扶其肩，或则携其腕，惟令自举足，不虞颠仆患。既而去扶携，犹恐足未健，则复翼护之，不离其身畔。继之更有进，步步能稳践，翼护亦无须，独行颇利便，他日行千里，始基于焉奠。似此寻常事，为教倘可鉴。所贵乎教者，自力之锻炼。诱导与启发，讲义并示范，其道固多端，终的乃一贯，譬引儿学步，独行所切盼。独行将若何？诸般咸自办：疑难能自决，是非能自辨，斗争能自奋，高精能自探。学者臻此境，固非于一旦，而在导之者，胸中存成算，逐渐去扶翼，终酬放手愿。当其放手时，此才必精干，服务为人民，于国多贡献。扶翼获致是，宁非大欢忭？"1978年3月，叶圣陶在题为《大力研究语文教学，尽快改进语文教学》的发言中说："教师教任何功课（不限于语文），'讲'都是为了达到用不着'讲'，换个说法，'教'都是为了达到用不着'教'。怎么叫用不着'讲'，用不着'教'？学生入了门，上了路了，他们能在繁复的事事物物之间自己探索，独立实践。解决问题了，岂不是就用不着给'讲'给'教'了？这是多么好的境界啊！"②1979年10月，叶圣陶在《当前教育工作中的几个问题》中说："老师讲，目的是要达到不用讲，好比帮孩子学走路，先牵着他走，扶着他走，进一步让他自己走，在旁边护着他；最后完全可以放心了，就让他自己走，护也不用护了。"③1983年8月6日，他在民进外地来京参观教师茶话会上说："刚才有一位同志说到我说过'教是为了不教'。后来我加了四个字：'教是为了达到不需要

①《叶圣陶集》（第11卷），江苏教育出版社1991年版，第227页。
②《叶圣陶集》（第13卷），江苏教育出版社1992年版，第231页。
③《叶圣陶集》（第11卷），江苏教育出版社1991年版，第230页。

教'。我觉得这样表达比较明白。是不是不教了，学生就学成了呢？非也。不教是因为学生能够自己学习了，不再需要老师教了"，"达到不需要教，就是要教给学生自己学习的本领，让他们自己学习一辈子"。[①]

"教是为了达到不需要教"是教学的最高境界，也是一个重要的教学指导思想；是教学改革的出发点，也是教学改革的归宿。"教"是手段，"不教"是目的。从"教"到"不教"，有一个复杂的、艰苦的过程，这是个启发、引导的过程，也就是教师"帮助学生为学"的过程。通过教师的启发、引导，学生具有自主、独立学习的能力，养成自主、独立学习的习惯，教学由教师帮助学生学逐渐达到学生自主发展的目的。这与《基础教育课程改革纲要（试行）》的精神："注意培养学生的独立性和自主性，……促进学生在教师的指导下主动地、富有个性地学习"，[②]是完全吻合的。

（五）"我要作学生的朋友，我要学生作我的朋友"——师生的关系

1937年，叶圣陶在《给与学生阅读的自由》一文中明确指出："教师和学生，无论如何不应该对立起来。""教师和学生是朋友。"[③]在《如果我当教师》中，叶圣陶进一步提出"我要作学生的朋友，我要学生作我的朋友"的主张。这是叶圣陶对民主、平等的新型师生关系的表述。

"我要作学生的朋友，我要学生作我的朋友"，就是要爱学生，民主、平等地对待学生。叶圣陶说："我如果当小学教师，决不将投到学校里来的儿童认作讨厌的小家伙、惹得人心烦的小魔王；无论聪明

---

①《叶圣陶集》（第11卷），江苏教育出版社1991年版，第297—298页。

② 中华人民共和国教育部：《基础教育课程改革纲要（试行）》，载《人民教育》2001年第9期。

③《叶圣陶集》（第12卷），江苏教育出版社1991年版，第101页。

的、愚蠢的、干净的、肮脏的，我都要称他们为'小朋友'。"他举例说："小朋友顽皮的时候，或是做功课显得很愚笨的时候，我决不举起手来，在他们身体上打一下。打了一下，那痛的感觉，至多几分钟就消失了；就是打重了，使他们身体上起了红肿，隔一两天也没有痕迹。然而这一下不只是打了他们的身体，同时也打了他们的自尊心。身体上的痛感或红肿，固然不久就会消失，而自尊心所受的损伤，却是永远不会磨灭的。我有什么权利损伤他们的自尊心呢？"

"我要作学生的朋友，我要学生作我的朋友"，还要了解学生，讲究教育的方式方法。叶圣陶说："凡是在我班上的学生，我至少要知道他们的性情和习惯，同时也要使他们知道我的性情和习惯。"他举例说："他们如果到我家里来，我决不冷然的问：'你们来作什么？'他们如果有什么疑问，问得深一点的时候，我决不摇头说：'你们要懂得这个，还早呢。'问得浅一点儿的时候，我决不带笑说：'这还要问吗？我正要考你们呢！'""这种拒之千里的语言态度，对于不相识的人也不应该有，何况对于最相亲的朋友？"

叶圣陶"我要作学生的朋友，我要学生作我的朋友"的思想是与他"以学生为本位"的思想是一脉相承的。早在1919年，叶圣陶发表的《对于小学作文教授之意见》中就提出"以学生为本位"的主张。他说："小学作文之教授，当以顺应自然之趋势而适合学生之地位为主旨。""作文命题及读物选择，须认定作之者读之者为学生，即以学生为本位也。"[①]1922年，他又在《小学国文教授的诸问题》中指出教育的"病根"之一是教师"不会了解儿童，不以儿童本位一义为教授之出发点"，"学童全居被动地位"。[②]1941年，他在《国文随谈》中更明确提出了学生是"主体"的思想。他说："国文课是教师与学生的共同

---

①《叶圣陶集》（第15卷），江苏教育出版社1992年版，第10、7页。

②《叶圣陶集》（第13卷），江苏教育出版社1992年版，第6页。

工作，可是主体究竟是学生。"①

叶圣陶"我要作学生的朋友，我要学生作我的朋友"的思想也是与现代教育以学生为主体，实现面向全体、全面发展、主动发展的时代潮流相一致的；与当今新课程改革中"倡导学生主动参与、乐于探究、勤于动手，培养学生搜集和处理信息的能力、获取新知识的能力、分析和解决问题的能力以及交流与合作的能力"②，鼓励学生"自主、合作、探究"式学习的精神完全一致的。

（六）"有诸己而后求诸人，无诸己而后非诸人"——对教师的要求

"有诸己而后求诸人，无诸己而后非诸人"，是叶圣陶对自己的要求。叶圣陶于1988年2月16日去世后，顾黄初写了《叶老最后留下的》一文以示怀念。文章满怀深情地回忆了他1987年6月在北京参加民进中央代表会议时，亲聆叶老谆谆教诲的情景。③文中提到叶老最后一次讲话的中心："有诸己而后求诸人，无诸己而后非诸人"。文章写道："叶圣老一生确确实实是这样做了的，所以才能成为人师的楷模，后学的

---

① 《叶圣陶集》（第13卷），江苏教育出版社1992年版，第84页。

② 中华人民共和国教育部：《基础教育课程改革纲要（试行）》，载《人民教育》2001年第9期。

③ 1987年6月2日，叶圣陶作民进中央全会书面讲话。全文如下："各位主席，各位代表：三年多来，我身体一直不好，住医院的日子多，而且眼睛耳朵越来越坏，看不清也听不明，通向外界的这两窗口几乎都关闭了。我不能为咱们民进再做什么工作，恳求这次代表会议免去我的主席职务，希望能得到各位代表的谅解。咱们民进的成员主要来自教育界、文化界、出版界，从广义来说，做的都是教育工作。既然做教育工作，自己必须先受教育，而且要身体力行，才有可能使工作收到预期的效果。我总觉得自己学得太少，做得更少，现在也来不及了。希望同志们能坚持不懈，为咱们的社会主义祖国不断地作出新的贡献。祝代表会议圆满成功。祝大家精神愉快，工作顺利。"6月9日，叶圣陶抱病参加民进全国代表大会，恳求辞去民进中央主席职务，让身体好的同志接任，并勉励代表们"有诸己而后求诸人，无诸己而后非诸人"。（见商金林撰著《叶圣陶年谱长编》第四卷，人民教育出版社2004年版，第606—607页。）

表率。而他老人家直到垂暮之年仍然铭记着两句话，以此自励，以此勉人，希望大家'广为宣传这两句话'。这精神是何等的感人，这期望又是何等的恳挚!这就是这位现代文化教育的伟人最后留下的箴言!"①

"有诸己而后求诸人，无诸己而后非诸人"，也是叶圣陶在《如果我当教师》中对教师为人为学的要求。所谓"有诸己而后求诸人，无诸己而后非诸人"，就教师而言，即如叶圣陶所说："凡希望学生去实践的，我自己一定实践；凡劝戒学生不要做的，我自己一定不做。"他举例说："我希望学生整洁、勤快，我一定把自己的仪容、服装、办事室、寝室弄得十分整洁，我处理各种公事私事一定做得十分勤快；我希望学生出言必信、待人以诚，我每说一句话，一定算一句话，我对学生和同事，一定掬诚相示，毫不掩饰……"他说："必须'有诸己''无诸己'，表示出愿望来，吐露出话语来，才有真气、才有力量，人家也易于受感动。如果不能'有诸己''无诸己'，表示和吐露的时候，自己先就赧赧然了，哪里有什么真气？哪里还有力量？人家看穿了你的矛盾，至多报答你一个会心的微笑罢了，哪里会受你的感动？"

叶圣陶这一思想后来更明确表述为：以身作则、为人师表。1955年，叶圣陶写过一篇《教师必须以身作则》的文章，指出："教师教学生不能光靠语言，还得以身作则，真正的教育作用在语言跟实际生活一致上。"②1963年，他在给北京师范大学中文系学生讲话的提纲中写道："以身作则……换言之，先求诸己而后求诸人，必须充实自己，才能教好学生，在教育工作中尽光荣的责任。"③1982年，他在《身教和言教》一文中语重心长地说："我国自古以来有'言教'和'身教'的说法，还说'身教'胜于'言教'。'身教'就是'以身作则'，

---

① 顾黄初：《叶老最后留下的》，载《语文教学通讯》1988年第3期。
②《叶圣陶集》（第11卷），江苏教育出版社1991年版，第166页。
③《叶圣陶集》（第13卷），江苏教育出版社1992年版，第218页。

教育者自己作出榜样来，让受教育者自动仿效，收到的效果当然比光凭口说深切得多。'榜样的力量是无穷的'，就是这个道理。"①1984年，90岁的叶圣陶还作了一篇题为《教育工作者的全部工作就是为人师表》的文章，反复强调："凡是自己的实践必须跟说给学生听的一致。""'言教'并非独立的一回事，而是依附于'身教'的；或以言教，或不言而教，实际上都是'身教'。'身教'就是'为人师表'，就是一言一动都足以为受教育者的模范。"②

　　叶圣陶的《如果我当教师》写于70多年前，为什么我们今天读来仍然极富指导意义？我想，可能有这样几个原因：一是吸收了传统教育思想的精华，比如"有诸己而后求诸人，无诸己而后非诸人"，出自《礼记·大学》；"修辞立其诚"，出自《周易·乾·文言》。二是借鉴了国外的先进教育理念，比如"以学生为本位""以儿童本位一义为教授之出发点"的思想，就受到杜威"儿童中心"思想的影响。③三是融入了自身教学经验与反思，比如他对"教是为了达到不需要教"数十年如一日的思考。④四是掌握了辩证思维的方法，比如：认为"课本是一种工具或凭借，但不是唯一的工具或凭借"；再如：既要"认清那门功课的目标"，又要"不忘记各种功课有个总目标"。此外，叶圣陶还同一批志同道合者研讨交流。如：上海中国公学时期的同事

---

　　①《叶圣陶集》（第11卷），江苏教育出版社1991年版，第278—279页。

　　②《叶圣陶集》（第11卷），江苏教育出版社1991年版，第311页。

　　③ 从1919年4月30日至1921年7月11日，杜威在中国待了2年2个月，其足迹遍布全国13个省，巡回演说近200次。1920年6月26日，杜威到苏州发表演讲，叶圣陶到车站欢迎，到场聆听，后来还以此为背景写了小说《欢迎》。

　　④ 叶至善说："最初父亲讲'教是为了不教'，引起了一些误解；以后改成'教是为了不需要教'。他觉得说得还不够清楚，最后才改成'教是为了达到不需要教'。可见得一个思想要表达得既完整又明白，往往需要经过多次的修改。父亲这句话的基本出发点是：学生不能永远依靠老师，他们在一生中会遇到各种各样的事情，终究都要靠自己去解决。因此，教师不能总是对学生不放心、不放手。"（见叶至善《父亲的希望》，中国青年出版社1994年版，第41页。）

朱自清、周予同、刘延陵等人；杭州第一师范时期的同事夏丏尊、陈望道、丰子恺等人。正因此，使得叶圣陶能够超出常人，透过种种现象，揭示教育的本质和规律。1980年，吕叔湘在为《叶圣陶语文教育论集》一书所写的"序"中说："按说这本集子里边的文章大部分是解放以前写的，为什么现在还没有过时呢？这是因为现在有很多问题表面上是新问题，骨子里还是老问题，所以这些文章绝大部分仍然富有现实意义。"[①]笔者认为，吕叔湘这里说的"老问题"，就是关系到教育本质和规律的问题。正因为叶圣陶揭示了教育的本质和规律，他的教育思想才能成为具有普遍指导意义的经典，才能成为常读常新的智慧的源泉。

---

① 吕叔湘：《叶圣陶语文教育论集·序》，见叶圣陶《叶圣陶语文教育论集》，教育科学出版社1980年版。

二　朱自清：作为语文教育家的理论与实践

　　朱自清（1898—1948），著名散文家、诗人、学者。提起朱自清，人们自然会想到他的文学作品，其《背影》《荷塘月色》更是备受读者喜爱。然而，我们常常因为朱自清在文学方面的巨大成就而忽略了他作为著名语文教育家的基本事实。笔者以为，朱自清首先是教育家，然后才是文学家。朱自清从北京大学毕业后，从事了五年中学语文教学。在这个过程中，他亲历语文教学实践，总结语文教学经验，探讨

图5-2　朱自清

语文教学问题，逐步形成他的语文教学思想。朱自清到清华大学后，其任教的课程中就有"大一国文"，他继续从事语文教学研究，编写语文教科书，创办语文教学刊物。朱自清的语文教师经历也影响了他的文学创作，他的作品都打上了语文教师的印记。正如他在《写作杂谈》中所说："我是一个国文教师，我的国文教师生活的开始可以说也就是我的写作生活的开始。这就决定了我的作风。"①他称自己"朴

---

　　①《朱自清全集》（第2卷），江苏教育出版社1988年版，第105页。

实清新"的风格，"也是国文教师的环境教我走这一路"。"我做到一件事，就是不放松文字。我的情感和想象虽然贫弱，却总尽力教文字将它们尽量表达，不留遗憾。我注意每个词的意义，每一句的安排和音节，每一段的长短和衔接处，想多少可以补救一些自己贫弱的地方。……这正是一个国文教师的本来面目。"①他的创作动机、创作内容多为中学生考虑，他的创作形式、创作风格也受从教经历的影响。事实上，他的作品一直作为中小学经典课文，成为一代又一代的学子学习祖国语文的教材。

（一）语文教育实践

朱自清的一生，是语文教师的一生。从1920年大学毕业至1948年去世，朱自清先后在中学任教5年，在大学任教23年，始终没有离开过语文教育。

1. 中学教学实践

1920年5月，朱自清在北京大学哲学系修完规定学分，提前一年毕业。这年秋，北京大学代理校长蒋梦麟推荐朱自清与俞平伯、刘延陵到杭州浙江省立第一师范任教。1921年暑假，朱自清回母校——扬州江苏省立第八中学任教务主任。后经刘延陵介绍，到上海中国公学中学部任教，并在这里与叶圣陶相识，成为好友。后来由于中国公学风潮，朱自清便回到浙江省立第一师范继续任教。同年11月，第一师范校长马叙伦委托朱自清邀请叶圣陶来杭州任教。朱自清说："他到校时，本来是独住一屋的，却愿意将那间屋做我们两人的卧室，而将我那间做书室。这样可以常常相伴，我自然也乐意。"②1922年春，朱自清到台州浙江省立第六师范任教。后又应第一师范学生要求回到杭州任教。暑假后，继续到浙江省立第六师范教书。1923年寒假后，朱自清应聘至温州浙江省立第十中学任教。1924年2月，又应宁波浙江省立

---

① 《朱自清全集》（第2卷），江苏教育出版社1988年版，第105页。

② 《朱自清全集》（第1卷），江苏教育出版社1988年版，第156页。

第四中学校长兼上虞县白马湖私立春晖中学校长经亨颐之聘，在两校任教。同时在第四中学任教的有夏丏尊、丰子恺、刘延陵、许杰、夏承焘等人；同时在春晖中学任教的有夏丏尊、丰子恺、刘薰宇、刘叔琴、匡互生、方光焘、朱光潜等人。朱光潜说："学校范围不大，大家朝夕相处，宛如一家人。佩弦和丏尊、子恺诸人都爱好文艺，常以所作相传视。我于无形中受了他们的影响，开始学习写作。我的第一篇处女作——《无言之美》——就是在丏尊、佩弦两位先生鼓励之下写成底。"[1]至1925年暑假，朱自清共担任了5年中学语文教师。他1925年在《教育杂志》第17卷第7期上发表的《中等学校国文教学的几个问题》一文，即反映了他从事中学语文教学的思考。

2. 大学教学实践

1925年8月，朱自清经俞平伯介绍，担任清华大学教授。至1948年8月逝世，朱自清在清华大学、西南联合大学（简称"西南联大"）及西南联合大学师范学院执教23年，曾任清华大学、西南联大中文系主任及西南联大师范学院国文学系主任。朱自清长期主讲"大一国文"，并开设过"中国新文学研究""古今诗选""歌谣""中国文学批评""高级作文"等课程。1940年，朱自清和浦江清等人发起创办《国文月刊》，朱自清、浦江清、罗庸、魏建功、余冠英、郑婴任编委。《国文月刊》第一卷第一期"卷首语"称："本刊的宗旨是促进国文教学以及补充青年学子自修国文的材料。根据这一个宗旨，我们的刊物，完全在语文教育的立场上，性质与专门的国学杂志及普通的文艺刊物有别。所以本刊不想登载高深的学术研究论文，却欢迎国学专家为本刊写些深入浅出的文章，介绍中国语言文学上的知识给青年读者。本刊虽然不能登载文艺创作，却可选登学生的作文成绩及教师的范作，同时也欢迎作家为本刊写些指示写作各体文学的方法的文章。"可见这是一份专门面向语文教学的期刊。该创刊号的第一篇文章即是朱

---

① 姜建，吴为公：《朱自清年谱》，安徽教育出版社1996年版，第50页。

自清写的《中学生的国文程度》。在此期间，朱自清对语文教学目的、教材编制、阅读与写作教学方法等都有深入研究。由于他同时具有中学与大学语文教学的经历，使得他既能够对语文教学的某个方面做微观的研究，又能够将语文教学视为整体做宏观的研究。其研究成果主要见于《中学生的国文程度》（1940）、《再论中学生的国文程度》（1940）、《论教本与写作》（1941）、《论朗读》（1942）、《了解与欣赏》（1943）、《写作杂谈》（1943）等文章和《经典常谈》（1946）、《语文拾零》（1948）、《标准与尺度》（1948）、《论雅俗共赏》（1948）等专著中。

3. 教材编写实践

朱自清很重视语文教科书的编制与使用。他曾亲自为语文教科书撰写课文，散文名篇《春》即是为朱文叔编《初中国文读本》（上海中华书局1933年出版）而作。正因为《春》是专为初中学生学习语文而作，所以他特意从儿童的视觉来描绘春天的景色，用儿童的语言来表达春天来临的喜悦。

朱自清著有《欧游杂记》（开明书店1934年出版）和《伦敦杂记》（开明书店1943年出版）这两本散文集，"用意是在写些游记给中学生看。在中学教过五年书，这便算是小小的礼物吧"。[①]因此，"书中各篇以记述景物为主"，尤其注重语言的典范性，"记述时可也费了一些心在文字上"。比如：描写景物之间的关系，少不了用"是"字句、"有"字句、"在"字句。"可是老用这一套，谁耐烦！再说这三种句子都显示静态，也够沉闷的。于是想方法省略那三个讨厌的字"。[②]也正因此，朱自清的许多作品一直作为语文教科书的经典篇目，成为一代又一代学生阅读与写作的范本。

据朱自清日记和《朱自清年谱》记载，自1934年12月至1940年

---

①《朱自清全集》（第1卷），江苏教育出版社1988年版，第290页。
②《朱自清全集》（第1卷），江苏教育出版社1988年版，第290页。

初，朱自清曾应杨振声、沈从文邀请，协助教育部教材编审委员会编辑中小学语文课本。朱自清所著《经典常谈》（文光书店1946年出版）最初也是1938年9月与杨振声、沈从文商定的教育部委托编写的教科书。①《经典常谈》按照传统的经、史、子、集的顺序，对《说文解字》、《周易》、《尚书》、《诗经》、三《礼》、《春秋》三传、《战国策》、《史记》、《汉书》以及诸子、辞赋、诗、文等，进行了条理清晰、深入浅出的解读，对于读者了解国学经典具有很好的引导作用。该书"序言"称："在中等以上的教育里，经典训练应该是一个必要的项目。经典训练的价值不在实用，而在文化。"②朱自清撰写此书，就是要向中学生介绍中国传统文化典籍，"启发他们的兴趣，引他们到经典的大路上去"。③叶圣陶称《经典常谈》"是一些古书的'切实而浅明的白话文导言'。谁要知道某书是什么，它就告诉你这个什么，看了这本书当然不就是读了古书，可是古书的来历，其中的大要，历来对于该书有什么问题，直到现在为止，对于该书已经研究到什么程度，都可以有个简明的概念。学生如果自己在一大堆参考书里去摸索，费力甚多，所得未必会这么简明。……在需要读些古书的学生，这本书正适合他们的理解能力跟所需分量。"④1939年，朱自清任西南联合大学中文系主任期间，还曾与杨振声、浦江清、罗庸等人合作编写《西南联合大学国文选》，作为大一国文教材。

1940年7月，叶圣陶任四川省教育科学馆国文视导员，受四川省教育厅厅长郭有守的委托，编辑"国文教学丛刊"。叶圣陶在为朱自清《读书指导》所作的"后记"中说："丛刊的目录拟了八九种。其中两种是《精读指导举隅》跟《略读指导举隅》，预先没有征求佩弦的同意，就定下主意我跟佩弦两个人合作。因为在一九四零夏天到

---

① 姜建、吴为公：《朱自清年谱》，安徽教育出版社1996年版，第140、192页。

②《朱自清全集》（第6卷），江苏教育出版社1996年版，第3—4页。

③《朱自清全集》（第6卷），江苏教育出版社1996年版，第3—4页。

④《叶圣陶语文教育论集》，教育科学出版社1980年版，第49—50页。

一九四一年夏天佩弦轮着休假，在成都家里住，可以逼着他做。去信说明之后，他居然一口答应下来，在我真是没法描摹的高兴。"①1940年8月4日，朱自清至成都与陈竹隐等家人团聚。5日即赴开明办事处拜访叶圣陶。次日叶圣陶宴请朱自清，即讨论撰写《精读指导举隅》与《略读指导举隅》之事。自此以后，两人商量体例，挑选文篇和书籍，分工动手写作，彼此修改文稿。1940年8月，朱自清住成都家中，叶圣陶住在乐山，两人"每隔三四天就得通一回信"。1941年春天，叶圣陶搬到了成都，可朱自清家住东门外，叶圣陶家住西门外，"相隔大概二十里地，会面不容易，还是靠通信的时候多"。②即使如此，两人仍然频频聚会，商讨这两本书的写作，在忧国忧民的同时，心系国文教学，且时常冒着日寇飞机空袭的危险，朱自清还有胃病时时发作。历时一年多，两人终于完成了《精读指导举隅》（重庆商务印书馆1942年出版）与《略读指导举隅》（重庆商务印书馆1943年出版）两本教师用书的撰写任务。

朱自清还与叶圣陶合作有《国文教学》（开明书店1945年出版）一书，该书收录了两人关于语文教学的代表性论文各8篇。1947年12月，朱自清又接受叶圣陶的邀请，与叶圣陶、吕叔湘共同编写《开明新编高级国文读本》和《开明文言读本》。朱自清承担《开明新编高级国文读本》，吕叔湘和叶圣陶承担《开明文言读本》，三人协商确定体例、篇目，互相审阅稿件，共同署名。据朱自清日记记载，1948年7月9日，朱自清完成《开明新编高级国文读本》第一册的编写工作，并于7月11日开始编写第二册。朱自清因病去世之前十五天还在编写《开明新编高级国文读本》第二册。③

---

①《朱自清全集》（第2卷），江苏教育出版社1988年版，第311页。

②《朱自清全集》（第2卷），江苏教育出版社1988年版，第311页。

③《朱自清全集》（第10卷），江苏教育出版社1998年版，第517页。

（二）语文教育思想

朱自清在从教的同时，逐步形成了他的语文教育思想。他对人格教育与语文学科教育的关系，对语文教材的编制，对阅读、写作、听说教学等，都有自己的理解与阐释，至今仍有借鉴的意义。

1. 教育价值观

朱自清的教育理想是培养人格健全的学生。1921年9月，朱自清作《江苏省立第八中学校歌》。歌词中说："人格健全，学术健全，相期自治与自动。欲求身手试豪雄，体育须兼重。"[①]即表达了朱自清希望学生德智体美全面发展的思想。1924年10月，朱自清为春晖中学校刊《春晖》撰文指出："教育的价值是在培养健全的人格。"[②]所谓"健全的人格"，就是"'为学'和'做人'，应当并重，如人的两足应当一样长一般"。"跛的教育是不能行远的，正如跛的人不能行远一样。功利是好的，但是我们总该还有超乎功利以上的事，这便是要做一个堂堂的人！学生们入学校，一面固是'求学'，一面也是学做人。"[③]朱自清用比喻表明了"做人"与"为学"并重的思想，阐述了他对健全人格的理解。

朱自清主张培养人格健全的学生，同时他也清醒地认识到人格健全的学生是由各门学科共同塑造的，要处理好培养人格健全的学生这个各门学科的共同目标与各门学科特有的教学目标之间的关系。他既不主张以语文本身为国文教学的唯一目的，也不赞成"将'人的教育'的全副重担子都放在国文教师的两肩上"。他指出："似乎要以国文一科的教学代负全部教育的责任了，这是太过了！"从培养学生健全的人格出发，他认为语文教学的目的主要有两条："（1）养成读书思

---

①《朱自清全集》（第8卷），江苏教育出版社1993年版，第447页。

②《朱自清全集》（第4卷），江苏教育出版社1990年版，第140页。

③《朱自清全集》（第4卷），江苏教育出版社1990年版，第142页。

想和表现的习惯或能力；（2）'发展思想，涵育情感'。"①他明确指出"养成读书思想和表现的习惯或能力"是语文学科的特有目的，"发展思想，涵育情感"是语文学科和其他学科的共同目的，在实际的语文教学中，二者又应是融为一体的。

就语文学科特有目标而言，"所谓读书（包括报纸、杂志等）的习惯或能力，指'善观大意'，注意句式、成语、生字等，而读书的嗜好的培养，也甚重要。所谓思想的习惯或能力，指思想的条理与疏密等。所谓表现的习惯或能力，则指运用适当的材料，适当的法式，依照适当的条理而表达出自己的情意。"②朱自清着力培养学生的读书、思想、表现三种习惯或能力，这正是我们今天培养学生语文素养中的关键能力。

就语文学科与其他学科的共同目标而言，朱自清依据学生的认知水平和能力，提出了两种有针对性的方案。"至于'发展思想，涵育情感'，我以为初中宜侧重（不是专重）文学趣味、人生、国性、现代思潮数方面；高中则可再加世界文学思潮、本国古代学术思想两方面。"③语文教学是通过语文知识传授和语文能力培养来发展思想和涵育情感的，这也正是我们今天所说的语文素养中的情感、态度、价值观教育。

2. 语文教材观

关于教科书编写，朱自清主张文白兼收、文质兼美、以生为本。

五四运动以后，白话文开始进入中小学教材。当时有人主张白话文与文言文分开教，初中教白话文，可选修文言文，高中教文言文，可选修白话文；也有人主张白话文与文言文混合教，但对初高中文白的比例，又有不同见解。朱自清提出应"将白话和文言分别教学，并

---

①《朱自清全集》（第8卷），江苏教育出版社1993年版，第390—391页。

②《朱自清全集》（第8卷），江苏教育出版社1993年版，第391页。

③《朱自清全集》（第8卷），江苏教育出版社1993年版，第391—392页。

且主张文言的教学从高中开始，初中只学白话"，①教科书应采用文白分编的编写体例，白话文与文言文各有教本。朱自清认为，文言的消亡与白话的普及，是大势所趋，教科书当然要选用白话文。"文言与其所代表的思想是过去文化的一部，对我们现代的生活有多少的影响"，②"一个受教育的中国人，至少必得经过这种古典的训练，才成其为一个受教育的中国人"。③所以，文言又有传承文化的特殊功能，不可偏废。

朱自清非常重视教科书范文的选择。他认为这些文本应是"用心"选出来的"选本"，而不是"随手检阅"的"碰本"。"我说的选本是指用心选出来的，有目的有意义的而言。至于随手检阅而得，只要是著名的人著名的篇，便印为讲义，今日预备明日之用，这是碰本，不是选本。"④并且，这些选本在思想内容与语言形式上都应力求符合教育的要求，即"文质兼美"。"文艺增进对于人生的理解，指示人生的道路，教读者渐渐悟得做人的道理。这就是教育上的价值。文艺又是精选的语言，读者可以学习怎样运用语言来表现和批评人生。国文科是语文教学，目的在培养和增进了解、欣赏与表现的能力，文艺是主要的教材。"⑤所以，他主张多选文艺作品。

教科书的选文，可以按内容、体式、时代划分。朱自清认为"初中选文，宜以内容为经，体式为纬；高中则宜以时代为经，内容为纬"。⑥之所以做这样的安排，都是从学生出发的，考虑到学生的学习心理和认知规律。初中以内容为经，可以集中学生的注意力，也符合读书的实际；以体式为纬，一类文字为一单元，可以防止学生感到单

---

① 《朱自清全集》（第2卷），江苏教育出版社1988年版，第4页。
② 《朱自清全集》（第8卷），江苏教育出版社1993年版，第395—396页。
③ 《朱自清全集》（第2卷），江苏教育出版社1988年版，第36页。
④ 《朱自清全集》（第2卷），江苏教育出版社1988年版，第81页。
⑤ 《朱自清全集》（第4卷），江苏教育出版社1990年版，第472—473页。
⑥ 《朱自清全集》（第8卷），江苏教育出版社1993年版，第397页。

调。高中以时代为经，则是因为高中须加重世界文学思潮与本国古代学术思想两方面的学习，依时代逆溯而上，可以显示出发展变化的轨迹。从学生学习的实际出发，朱自清还主张选文有代表性即可，不必也不可能面面俱到。"中学生是不必求备的，这样尽够了；求备怕反浮而不切了。这种选本分量不至很多，再有简明的注，毋须逐字句地讲解或检查，便是理科的学生也可相当采用的。"[①]

3. 阅读教学观

朱自清特别重视阅读教学。"读的用处最广大，语文教学上应该特别注重它。"[②]

朱自清认为阅读教学承担着三方面的任务："一方面训练了解的能力，一方面传播固有的和现代的文化，另一方面提供写作的范本"。[③]其中"训练了解的能力"，是阅读教学的基本任务，固有的和现代的文化传播则是建立在这个基础之上的，并且了解还可为写作提供范本。他多次强调："了解与欣赏为中学国文课程中重要的训练过程"，并且"对于文字的了解必须加以强制学习的训练。"[④]

朱自清和叶圣陶认为："五四以来国文科的教学，特别在中学里，专重精神或思想一面，忽略了技术的训练，使一般学生了解文字和运用文字的能力没有得到适量的发展，也未免失掉了平衡。"[⑤]朱自清在给夏丏尊与叶圣陶合著的《文心》写的"序"中也指出：中学国文教学的困难之一便是"读的方面，往往只注重思想的获得而忽略语汇的扩展，字句的修饰，篇章的组织，声调的变化等"，"只重视思想而忽视训练，所获得的思想必是浮光掠影。因为思想也就存在于语汇、

---

① 《朱自清全集》（第2卷），江苏教育出版社1988年版，第81—82页。
② 《朱自清全集》（第2卷），江苏教育出版社1988年版，第61页。
③ 《朱自清全集》（第2卷），江苏教育出版社1988年版，第3页。
④ 《朱自清全集》（第8卷），江苏教育出版社1993年版，第346页。
⑤ 《朱自清全集》（第2卷），江苏教育出版社1988年版，第3页。

字词、篇章、声调里"。①因而，朱自清关于阅读教学的论述，格外重视体现语文学科特点的"技术的训练"，比如"咬文嚼字"的工夫。"没有受过相当的咬文嚼字的训练或是没有下过相当的咬文嚼字的工夫的人，是不能了解大意的，至少了解不够准确。"②再如：从文本中把握"意旨"的功夫。"'意旨'是在所谓'字里行间'，但还从文义来——离开文义，便无意旨可言。"③又如："吟诵"的功夫。"吟诵与了解极有关系，是欣赏必经的步骤。吟诵时对于写在纸上死的语言可以从声音里得其意味，变成活的语气。"④

当然，"国文不但是一种语文训练，而且是一种文化训练。……所谓文化训练就是使学生对于物，对于我，对于今，对于古，更能明达。"⑤作为一门兼具工具性和人文性的学科，语文教学理应承担文化训练的任务，在语文训练的过程中，达成文化训练的目标，实现工具与人文的统一。

1925年，朱自清在总结自身教学经验的基础上，设计了"五步教学法"：（1）令学生报告预习的结果；（2）令学生分述各段大意及全篇大意；（3）较容易的材料，可不必令学生预习，临时行默读法，令学生分述每段大意及全篇大意；（4）一篇授毕，可与学生研究篇中情思与文笔；（5）一篇教完后，可行口问或笔试。⑥朱自清非常重视语文教学中的思维训练。他说："理想的教师不但想到学生的耳朵，还想到他们的脑子。他得先将自己所要讲的仔细想过，再和学生认真讨论，即使面红耳赤也无妨。也得让学生认真多读书，养成他们自己的

---

① 《朱自清全集》（第1卷），江苏教育出版社1988年版，第284页。

② 《朱自清全集》（第2卷），江苏教育出版社1988年版，第5页。

③ 《朱自清全集》（第11卷），江苏教育出版2000年版，第319页。

④ 《朱自清全集》（第8卷），江苏教育出版社1993年版，第351页。

⑤ 《朱自清全集》（第2卷），江苏教育出版社1988年版，第18页。

⑥ 《朱自清全集》（第8卷），江苏教育出版社1993年版，第400—401页。

判断力。"①朱自清设计的教学方法，反映了他对学生主体的尊重和对学生能力培养的高度重视。这与"以教师为主导，以学生为主体"的思想是一致的。

朱自清还讨论了诵读、精读、略读等阅读方法。

关于诵读。朱自清认为："教育上的诵读方法应当在小学和初中时期养成。"②他指出："'读'这方面，它是包含着了解的程度，及欣赏的程度。……你能否从文字中体会古人的感情呢？这需要训练，需要用心，慢慢的去揣摩古人的心怀，然后才发现其中的奥蕴。……然而只要多读它几遍，多体会一下，了解的程度就不同，所以'读'的功夫，我是以为非常重要的。"③朱自清认为读与吟、唱是有区别的，"朗诵和诵读都是既非吟，也非唱。……吟和唱都将文章音乐化，而朗诵和诵读却注重意义，音乐化可以将意义埋起来，或使意义滑过去。……现在我们注重意义，所以不要音乐化，不要吟和唱。"④至于朗诵和诵读，也是有区别的。朗诵虽然也得咬嚼文字的意义，揣摩说话的神气，但更着重在揣摩上，着重在动作上，更戏剧化。诵读却不同，"称为'读'就着重在意义上，'读'字本作抽出意义解，读白话文该和宣读文件一般，自然也讲究疾徐高下，却以清朗为主，用不着什么动作。"⑤朱自清还从阅读与写作关联的角度指出："诵读是一种教学过程，目的在培养学生的了解和写作的能力。"⑥"了解和欣赏是诵读的大部分目的；诵读的另一部分目的是当做写作的榜样或标准。"⑦

①《朱自清全集》（第8卷），江苏教育出版社1993年版，第410页。
②《朱自清全集》（第11卷），江苏教育出版社2000年版，第331页。
③《朱自清全集》（第8卷），江苏教育出版社1996年版，第441—442页。
④《朱自清全集》（第3卷），江苏教育出版社1988年版，第186—187页。
⑤《朱自清全集》（第3卷），江苏教育出版社1988年版，第180页。
⑥《朱自清全集》（第3卷），江苏教育出版社1988年版，第186页。
⑦《朱自清全集》（第2卷），江苏教育出版社1988年版，第32页。

关于精读。朱自清认为"精读要逐句逐句求解，还要讽诵，涵泳。"①"精读得采取分析的态度。词义，句式，声调，论理，段落，全篇主旨，都分析的说明，比较，练习。'词义'包括词在文句和诗句里得意义；'句式'包括各种语气；'声调'指朗读而言。……论理、段落、全篇主旨，可以参用问题法，启发学生的思想。最重要的是练习，这是现时中学国文教学最忽略的一个项目。"②可见，他对精读的要求是非常高的。

关于略读。朱自清认为"略读"只需要"观其大意"。需要指出的是，"略读"是建立在"精读"基础之上的，学生在平时的精读训练中，已经有了一定的语言文字积累，掌握了一定的分析文章的技巧，所以略读时自然省力不少，也不需要花费太多的时间。"至于学生平常读报纸、杂志、小册子等等，虽有难词难句，似乎也都还懂得大意；若是真的都能懂得大意，那还得归功于历来所有的词句了解的训练。"③

4. 写作教学观

朱自清也很重视写作教学。他认为："写作是基本的训练，是生活技术的训练——说是做人的训练也无不可。"④

朱自清主张"中学生作文课，该以广义的应用文为主，因为作文课主要是技能的训练，艺术自当居次位。"⑤他反复强调"初级中学国文教授，当以练习各种实用文，即练习从各方面发表情思的方法为主，而以涵养文学的兴趣为辅"。⑥"叙述、说明、议论三体都是应用文的底子，不会写作说明文和议论文，怎样能写作许多应用的文件

---

①《朱自清全集》（第11卷），江苏教育出版社2000年版，第318页。
②《朱自清全集》（第11卷），江苏教育出版社2000年版，第322页。
③《朱自清全集》（第11卷），江苏教育出版社2000年版，第320页。
④《朱自清全集》（第2卷），江苏教育出版社1988年版，第45页。
⑤《朱自清全集》（第4卷），江苏教育出版社1990年版，第474页。
⑥《朱自清全集》（第4卷），江苏教育出版社1990年版，第132页。

呢？"①他特别重视说明文与议论文的写作。"实际生活中说明文和议论文比叙述文和抒情文用得多，高中与大一的学生应该多练习这两体文字。"②朱自清认为，中学生不应把写作学习的目标定位在文学创作上。"现在的学生只知注重创作，将创作当作白话文唯一的正确的出路；就是一般写作的人，也很少着眼在白话应用文的发展上，这是错的。"③

朱自清在写作教学实践中摸索出许多行之有效的写作教学方法，比如：以读促写、树立假想的读者、课外自由作文、教给批改方法等。

朱自清认为，读写听说相互关联，要提高写作能力，阅读是必不可少的。诵读可以帮助学生把握文脉，理清写作思路，"写作和诵读是关联着的，诵读可以帮助思想和写作技术的进步"④，"诵读不但可以帮助写，还可以帮助说，而说话也可以帮助写"。⑤所以，要提高学生的作文能力，可以从诵读教学入手。

学生写作，有真实的读者，如写给老师、同学的信，又如校园板报上的文章；也有假想的读者，如平时练习写作，多是为假想的读者而写。朱自清提出"假想的读者"的概念。他指出："写作练习大部分是拿假想的读者作对象，并非拿实际的读者作对象。""写作练习是为了应用，其实就是为了应用于这种假想的读者。写作练习可以没有教师，可不能没有假想的读者。"⑥写作时心中有人（读者），才能根据不同的人（读者）有的放矢地撰写成文。朱自清倡导中学生的写作训练应拿报纸上和一般杂志上的文字作切近的目标，特别是报纸上的文

---

① 《朱自清全集》（第2卷），江苏教育出版社1988年版，第30页。
② 《朱自清全集》（第2卷），江苏教育出版社1988年版，第73页。
③ 《朱自清全集》（第2卷），江苏教育出版社1988年版，第30页。
④ 《朱自清全集》（第2卷），江苏教育出版社1988年版，第31页。
⑤ 《朱自清全集》（第3卷），江苏教育出版社1988年版，第189页。
⑥ 《朱自清全集》（第2卷），江苏教育出版社1988年版，第46页。

字。除了报纸上的文字"切用，而且有发展""应用的文字差不多各体都有"外，一个重要的原因，就是这可以让学生"容易意识到各种文字的各种读者……因为报纸上登载着各方面的文件，对象或宽或窄，各有不同，口气和体裁也不一样，学生常常比较着看，便容易见出读者和文字的关系是很大的，他们写作时也便渐渐会留心他们的假想的读者"。①

朱自清提倡学生课外自由作文。他说："作文宜在课内，抑宜在课外？宜由教师出题，抑宜由学生拟题？我以为这都是自由和干涉的问题，我是主张自由的。我的经验，出题令学生做，在教室内令学生作文，都足以束缚学生的思想力，使它不能发展。这种方法只可偶一用之，使学生也经验经验限题限时的情境；俾将来遇这种情境时，也可适应。平常则以用自由的方法为宜。"②1921年10月，浙江省立第一师范学生汪静之、潘漠华、魏金枝、柔石、冯雪峰等成立晨光文学社，朱自清和叶圣陶欣然担任顾问。冯雪峰回忆说："尤其是朱先生是我们从事文学习作的热烈鼓舞者，同时也是'晨光社'的领导者。"③

朱自清还主张让学生学会自批自改作文。具体做法是，教师"改虽不改，看仍要看，看后用眉批与符号指出应行修正之处，令学生自己修正，或相互订正"。④"眉批择有关于思想、论理、结构者，指出毛病；而句的不妥与不顺，字的失宜与误写，俱用符号指明。眉批宜少，少则易使作者注意，且易着手改正。"⑤这其实也就是通过教达到不需要教的意思。

---

①《朱自清全集》（第2卷），江苏教育出版社1988年版，第47页。

②《朱自清全集》（第8卷），江苏教育出版社1993年版，第403页。

③ 姜建、吴为公：《朱自清年谱》，安徽教育出版社1996年版，第29页。

④《朱自清全集》（第8卷），江苏教育出版社1993年版，第403页。

⑤《朱自清全集》（第8卷），江苏教育出版社1993年版，第403页。

5. 听说教学观

朱自清非常重视听说教学，尤其是说话训练。他说："至于学说话，主要的得靠说话；多读熟白话文，多少有些帮助，多少能够促进，可是主要的还得靠说话。"①这反映了在语言实际运用中学语言的思想。

朱自清不主张"沉默寡言"。"圣经贤传"教导大家"沉默寡言""寡言笑"，自然有道理，但也不可一概而论。"我们这些平人，在访问，见客，聚会的时候，若只是死心眼儿，一个劲儿少说话，虽合于圣贤之道，却未见得就顺非圣贤人的眼"，②而且也不符时代发展的要求。"'沉默寡言'虽有时还用得着，但是究竟不如'议论风生'的难能可贵了"。③"'寡言'虽是美德，可是'健谈''谈笑风生'，自来也不失为称赞人的语句。"④

朱自清同样反对"花言巧语"。从动机出发，朱自清将说话分为三类：一是"别有用心"的"花言巧语"；二是"有所用心"的商量、和解、演说、辩论等；三是"无所用心"的闲谈。"所谓'健谈''谈笑风生'，却只是无所用心的'闲谈''谈天''撩天儿'而已。"⑤

朱自清指出："'议论风生'并不只是口才好；得有材料，有见识，有机智才成——口才不过机智，那是不够的。这个并不容易办到；我们平人所能做到的只是在普通情形下，多说几句话，不要太冷落场面就是。"⑥

至于说话的训练，朱自清说："近人多提倡演说、辩论、演剧。这都很好，但在中学校里实施的机会一定很少，因功课忙，无时间做这些事。便有少许时间，也只能让几个人练习，不像作文之能普

①《朱自清全集》（第3卷），江苏教育出版社1988年版，第189页。
②《朱自清全集》（第4卷），江苏教育出版社1990年版，第336页。
③《朱自清全集》（第4卷），江苏教育出版社1990年版，第337页。
④《朱自清全集》（第3卷），江苏教育出版社1988年版，第346页。
⑤《朱自清全集》（第3卷），江苏教育出版社1988年版，第347页。
⑥《朱自清全集》（第4卷），江苏教育出版社1990年版，第337—338页。

及。"①所以，他主张练习说话能力，更应该重视平时教室中的讨论。演说、辩论、演剧三者之外，朱自清提出还可添加故事竞争会一种，可行于初中一二年级；同时可让学生"听写"。他认为"演剧最有效力，因趣味丰富；而演说比辩论更近自然，最足表现自己，也宜常行；辩论偶一行之可已。总之，每学期必令一班各生皆轮着一次，才好"。②

（三）教师人格示范

朱自清指出："真正的教师，所负责任是很重大的。"③要培养学生健全的人格，首先"教育者须有健全的人格，尤须有深广的爱；教育者须能牺牲自己，任劳任怨"。④朱自清自己以身作则、身体力行，便是始终献身于教育、献身于教育理想的人格典范。

1. 爱学生

在朱自清看来，教师要有爱心。这种爱是具体的，"须能爱具体的这个那个的人；不是说能爱抽象的'人'。能爱学生，才能真的注意学生，才能得学生的信仰；得了学生的信仰，就是为学生所爱。"⑤朱自清自己就是爱的楷模。正如冯雪峰在《悼朱自清先生》一文中所说："朱先生要以对人类的爱，爱他所能遇见的周围的人，在这种爱里他殉道地发挥了他的善良、真诚、教育者责任心和诗人的热情。"⑥

2. 以学生为本位

朱自清认为，教师要以学生为本位。"新的教学法是以学生为本

---

① 《朱自清全集》（第8卷），江苏教育出版社1993年版，第404页。
② 《朱自清全集》（第8卷），江苏教育出版社1993年版，第404页。
③ 《朱自清全集》（第8卷），江苏教育出版社1993年版，第393页。
④ 《朱自清全集》（第4卷），江苏教育出版社1990年版，第144页。
⑤ 《朱自清全集》（第4卷），江苏教育出版社1990年版，第143页。
⑥ 冯雪峰：《悼朱自清先生》，见朱金顺《朱自清研究资料》，北京师范大学出版社1981年版，第240页。

位，教师只加以协助。"①朱自清关于阅读、写作、听说教学的论述，都贯穿着以学生为本位的思想。这也就是为了一切学生，为了学生的一切，一切为了学生的意思，与今天所倡导的自主、合作、探究学习方式的思想是一致的。朱自清的学生吴组缃回忆说："他劝我多选外文系的课，劝我读第二年英文；我读了两年法文，也是他鼓励的。但对别的同学，我知道他并不向此方面指引。想是因材施教的意思，他是决不牵着同学的鼻子向一方面走的。"②

3. 肯负责

朱自清强调，教师要肯负责。"讨论教学技术，无论如何精确，若是教师不负责任，不肯干，也是枉然。……我们觉得负责的教师真太少了。教师得先肯负责，才能谈到循循善诱，师生合作。"③朱自清的学生王瑶说：1948年6月初，在他逝世前两个月，他的胃病犯了，吃一点东西就要吐，但他仍然没有吃就上课去了，结果在班上大吐，由同学们扶回家里。王瑶去看他时，他说如果过三两天还不能起床，就让王瑶代他上"中国文学史"和"中国文学批评"两门课。但休息了几天后，他又勉强自己去上课了。"关于他多少年来一贯的严肃认真的负责态度，凡是认识他的人都很熟悉的。学生的报告或论文等，他总是详细地加以批改和指导，绝不随便发还了事。"④他的学生季镇淮说："朱先生上课一贯认真严格，学生不敢随便对付，觉得受益也比较具体。"⑤1942年秋，朱自清新开了《文辞研究》的课程，听课的学生只

---

①《朱自清全集》（第8卷），江苏教育出版社1993年版，第393页。

② 吴组缃：《敬悼佩弦先生》，见朱金顺《朱自清研究资料》，北京师范大学出版社1981年版，第276页。

③《朱自清全集》（第2卷），江苏教育出版社1988年版，第5—6页。

④ 王瑶：《念朱自清先生》，见朱金顺《朱自清研究资料》，北京师范大学出版社1981年版，第20—21页。

⑤ 季镇淮：《纪念佩弦师逝世三十周年》，见朱金顺《朱自清研究资料》，北京师范大学出版社1981年版，第79页。

有王瑶和季镇淮二人。"上课时，朱先生拿着四方的卡片，在黑板上一条一条地抄材料，抄过了再讲，讲过了又抄，一丝不苟，如象对着许多学生讲课一样。……课讲完了，朱先生对我们分别进行考试。"①叶圣陶称朱自清："他是个尽职的胜任的国文教师和文学教师。教师有所谓'预备'的工夫，他是一向做这个工夫的。不论教材的难易深浅，授课以前总要剖析揣摩，把必须给学生解释或提示的记下来。一课完毕，往往满头是汗，连擦不止。"②郑振铎也说："他教了三十多年的书，在南方各地教，在北平教；在中学里教，在大学里教。他从来不肯马马虎虎的教过去。每上一堂课，在他是一件大事。尽管教得很熟的教材，但他在上课之前，还须仔细的预备着。"③

4. 改善自己

朱自清还提出，教师要随时随地改善自己。"自己教育是要终身以之的；随时改善自己，随地改善自己，这都是教育了。"④叶圣陶称朱自清"到一处地方，无论风俗人情，事态物理，都像孔子入了太庙似的'每事问'"，"依一般见解说，身为大学教授，自己当然有已经形成的一套，就把这一套传授给弟子，那是分内的事儿，也很有些教授在这么做，大家也认为他们是行所当然。可是朱先生不然，他教育青年们，也随时受青年们的教育。"⑤朱自清1948年8月2日的日记是他所写的最后的日记。这一天的日记写道："昨夜未能安眠，今日进城取

---

① 季镇淮：《纪念佩弦师逝世三十周年》，见朱金顺《朱自清研究资料》，北京师范大学出版社1981年版，第79页。

② 叶圣陶：《朱佩弦先生》，见朱金顺《朱自清研究资料》，北京师范大学出版社1981年版，第1页。

③ 郑振铎：《哭佩弦》，见朱金顺《朱自清研究资料》，北京师范大学出版社1981年版，第247页。

④《朱自清全集》（第4卷），江苏教育出版社1990年版，第150页。

⑤ 叶圣陶：《朱佩弦先生》，见朱金顺《朱自清研究资料》，北京师范大学出版社1981年版，第2页。

钱，买书。……读书少许。"①其8月3日写给琉璃厂通学斋书店雷梦水的信，则是他所写的最后的书信，信中托雷梦水代找宋人谢枋得所著《古文关键》一书。②此时朱自清的身体已十分虚弱，距8月6日住进北京大学医院，12日去世不足十天，但他仍在坚持读书学习。

1948年9月，国文月刊社在《国文月刊》第71期上刊发《悼念朱自清先生》一文。文中写道："本刊的主旨重在语文教育，一切发挥跟商讨以语文教学为中心，而朱先生是最适于做这方面工作的人。他兼有中学及大学的教学经验，根据他的经验制定语文教学的方案，自然不会好高骛远，闭门造车而不合于辙。他兼有新旧文学的修养，凭籍他的修养讨论语文教学的内容跟方法，自然能够深知甘苦，不会畸轻畸重，偏于一端而不切实际。除了文学造诣之外，他又富于研究的精神，因而解析语文教学的问题，更能够深中肯綮，剖析入微，不至于流于空疏，类似戏论。除了本国语文的修养之外，他又有外国语文的精深的造诣，因而对于语文教学的研究，更能够多有比较，相互贯通，不至于抱残守阙，拘墟短视。朱先生具备这么些条件，所以就语文教学方面说，他真是个全才。"③

在朱自清先生逝世70多年后的今天，社会发生了巨大的变化，然而，朱自清仍然是我们学习的楷模。作为语文教育家，他关于人格教育与学科教育、语文教材、阅读教学、写作教学、听说教学、教师自我修养的论述，对我们今天的语文教育仍然具有重要的指导意义。

---

① 《朱自清全集》（第10卷），江苏教育出版社1998年版，第518页。

② 《朱自清全集》（第11卷），江苏教育出版社2000年版，第230页。

③ 国文月刊社：《悼念朱自清先生》，见《朱自清论语文教育》，河南教育出版社1985年版，第253页。

三　吴天石：语文"双基"奠基人

吴天石（1910－1966），江苏教育界最有影响的人物之一，也是当代中国重要的语文教育家之一。吴天石年青时就投身教育，先后在南通崇英女子中学和山东益都师范、聊城师范、济南乡村师范、文登师范担任国文教员。1937年，曾先后担任于在春、顾民元、江上清等人创办的《写作与阅读》月刊特约撰稿人和编委。1938年参加革命工作后，也主要从事与教育有关的工作，曾任苏中公学教育处副主任兼宣传科长、苏中公学分校校长、江海公学校长、华中公学副

图5-3　吴天石

校长、华中大学副教务长、苏南公学校长。1952年，吴天石主持筹建江苏师范学院，担任首任院长。1954年以后，吴天石历任江苏省教育厅副厅长、厅长，主持江苏省教育厅工作13年，直至1966年"文革"爆发，其遭到残酷迫害，不幸逝世。吴天石在从事教育工作的同时，撰写了许多教育论文著作，有他早期从事国文教学的体会，有他在解放区进行政治思想教育和干部教育的经验，但更多的是他在主持江苏省教育厅工作期间关于教育问题的思考。其中专论语文教育的主要

有：1954年在江苏省工农速成中学语文教学经验交流会上的总结报告和1955年在江苏省中学、师范语文教学经验交流会议上的总结报告，1957年出版的《关于中学文学教学中的一些问题》一书，1962年在常州召开的中小学、师范语文教学会议上的讲话，1963年出版的《教育书简》一书等。吴天石的语文教育思想，主要表现在以下两个方面。

（一）重视语文基础知识的教学和语文的基本训练

吴天石在主持江苏省教育厅工作不久就敏锐地意识到语文学科要重视基础知识的教学和基本能力的训练。

1.通过基本训练打好语文基础

1954年10月7日至13日，江苏省工农速成中学语文教学经验交流会在苏州市江苏师范学院工农速成中学召开。13日下午，吴天石作了题为《谈工农速成中学语文教学问题》的总结报告。报告中说："要通过基本训练，帮助学生打好语文基础，通过系统讲授，使学生加深巩固所接学的知识，并且向纵深发展。"他强调："根据语文教学的规律，要加强语言教学，使学生重视语言学习。过去，语文教学只重视文学教学，忽视语言教学，这是不对的，应该非常重视语言教学。有许多语文教师过去没有很好地学习语法知识，缺乏语言方面的修养，不能很好地分析文章，批改作业，要努力学习，提高这方面的修养。"①吴天石明确指出了语文基本训练的内容和程序：第一步，要使学生明确语言文字和人们生活的关系，明确学习语文课的目的、重要性、语文课的内容是什么；第二步，讲解文字的发生、发展和结构，也就是文字源流，使学生对汉字的结构，有个轮廓的了解；第三步，讲一讲书法；第四步，讲讲注音符号，讲讲四声；第五步，教会学生查字典；第六步，整理常用字（数量以两千多字为宜）；第七步，教会学生正确使用标点符号。

---

① 《江苏教育》编辑部：《吴天石文集》，江苏教育出版社1991年版，第150—151页。

1955年1月4日至15日，江苏省中学、师范语文教学经验交流会议在南京召开。15日下午和晚上，吴天石连续作了6个小时的总结报告。他针对中华人民共和国成立5年来，在语文教学中还没有一套规格，甚至部分教师对语文教学的目的和任务还不大清楚，影响了教学质量的提高；在语言文学因素的发掘，特别是在现代文教学方面，还缺少经验；有好多学校不教语法，有些学校不系统地教等状况，重点讲了语言和文学教学的目标和任务、语言文学教学和政治思想教育的关系。

关于语言和文学教学的目标及任务，吴天石指出："我们语文学科，语文教师要通过语言和文学的教学来实现培养目标和任务。"[①]对中学、师范学校的要求是：（1）通过语文教学贯彻语言教育，并且系统地讲授语法的基本知识，让学生正确地掌握语言的基本规律，正确地使用祖国语言，并且不断训练运用语言的熟练技巧和逻辑思维能力。初中阶段要加强文字教学，还要进行语法教学。要求初中学生做到说话清楚，写作通顺，没有明显的语法错误，能确切地表达自己的思想感情，正确地使用标点符号。高中阶段能作普遍的讲演、小型会议的总结，能写比较复杂的记叙文和一般的论说文。（2）通过语文教学要丰富学生的语汇，培养学生阅读理解文学作品和审美观点及爱好文学的兴趣。教学要使学生获得文学理论和文学史方面的基本知识。能阅读文学作品和科学书籍。初中阶段要求学生能阅读适合他们程度的书报杂志，并且能使用一般的工具书。高中阶段要有分析批判能力，能掌握主题思想；通过古典文学教学，使学生能阅读浅近的文言文。（3）通过系统的语文学科的教学，进行政治思想教育，让学生树立学生的社会主义思想，打好辩证唯物主义的世界观的基础，培养共产主义道德。（4）师范学校还应该熟悉小学语文教材教法以及儿童文学的特点，能指导小学生的说话、写作和阅读。

---

① 《江苏教育》编辑部：《吴天石文集》，江苏教育出版社1991年版，第157页。

关于语言文学教学和政治思想教育的关系，吴天石认为："根据语文教学的要求，一定要把语言文学因素与政治思想同时发掘出来教育学生，才是正确的；只抓住哪一面讲，都是不完整的。"①有些语文教师不是根据语文教学的目的任务来教学，而是希望把学生培养成文学家，这是不妥当的。他指出，教学中要防止几种倾向：一是在枝节问题上争论不休（例如争论"汤镬"一词的解释），对思想内容却不去研究；二是为考据而考据（如：桃花源是否真的存在，渔人是不是陶渊明）；三是牵强附会生硬类比（说愚公就是工人阶级、操蛇之神就是反动派）；四是"颂古非今"思想（说同学不团结，比廉颇蔺相如落后两千三百多年）；五是在课堂上信口开河以及纯文艺观点（讲陆游《示儿》诗，不谈诗的本身，而大谈钗头凤的爱情故事）。他认为古典文学作品的教学，应从词汇、虚字、语法、表现手法四个方面进行。他要求在语文教学中贯彻思想政治教育应该掌握如下原则：一是课文内在的而不是外加的；二是历史的而不是反历史的（如说齐宣王的纳谏是自下而上的批评，这是不对的）；三是课文中主要的而不是把次要的当作主要的；四是系统的而不是片断的；五是形象的而不是概念的；六是主导的而不是注入的。

吴天石1954年和1955年的这两份报告对当时语文教学从旧的教学思想、教学方法向新的方向的转变起到了极大的推动作用，为广大语文教育工作者指明了工作方向和努力目标。有学者指出，报告"在两个方面表现了吴天石的教育智慧的创造性。一是针对新中国成立后语文教学还没有一套明确目标和规格、实施步骤和教学方法，内容具体，方向明确，操作性强，确立了语文教学的规范。二是针对语文知识教学、训练和贯彻政治思想教育关系上存在的片面性和错误认识，重申教学和教养不能分开，'文以载道'，说明把两者割裂开来或孤立

---

① 《江苏教育》编辑部：《吴天石文集》，江苏教育出版社1991年版，第158页。

地谈哪一方面都是不完整不正确的。"①

2. 语文"双基"是语文教学的重点

1961年，为落实中央八届九中全会提出的"调整、巩固、充实、提高"八字方针，在江苏省委的领导下，江苏省教育厅采取一系列措施，恢复正常的教育秩序，进行改革实验，提高教学质量。1962年9月，江苏省教育厅就中小学教育工作问题发出通知，强调中小学的教学工作，首先要提高语文、外国语、数学这几门主要学科的教学质量。1962年11月至12月间，江苏省教育厅先后在常州、南京召开了中小学、师范语文、数学、外国语教学会议。吴天石出席了在常州召开的语文教学会议，并作了重要讲话。吴天石在中小学、师范语文教学会议上所作的题为《加强语文基础知识教学和基本训练》的讲话，先后在《江苏教育》中学版第11期和小学版第12期上发表。这份讲话稿共分三个部分，第一部分是讲他对语文基础知识和基本训练的看法。

吴天石在报告中首先谈了他对语文基础知识和基本训练的理解。他说："语文基础知识就是构成语文最基本的要素，……就是字、词、句、篇章，还有和文章密切联系不可分割的语法、修辞、逻辑等基础知识。语法、修辞、逻辑是包含在文章中的，离开文章就谈不上语法、修辞、逻辑。因此最主要的是字、词、句、篇章。我们加强语文基础知识的教学，就是要加强字、词、句、篇章的教学。"②

吴天石语文教育思想的一个鲜明的特点，就是要"加强字、词、句、篇章的教学"。有人问，语法、修辞、逻辑是否要和字、词、句、篇章并列起来？也就是说，要不要离开课文教？吴天石认为："我觉得语法、修辞、逻辑，虽然现在在大学里专门教学，但在中小学的语文教学里离开文章去进行专门教学，没有这个必要，也没有什么好处。因为，用简单的话来说，语法研究的是语言的结构规律，修辞研究的

---

① 冒瑞林：《人民教育家吴天石》，南京师范大学出版社2012年版，第78页。

② 《江苏教育》编辑部：《吴天石文集》，江苏教育出版社1991年版，第612页。

是如何用种种不同的手段来达到语言的表达效果，逻辑研究的是思维的规律和形式。这三者是既有区别而又密切联系的。教师讲一篇文章，必然要分析用词造句，来进行语法教学，研究用什么手段提高语言的表达效果，来进行修辞教学；从文章内容上考察思维的方法对头不对头，也就是考察反映、认识客观现实的方法正确不正确，来进行逻辑教学。现在有很多教师就是这样做的，他们使学生学到切实的知识，而不是抽象的概念。"[1]

吴天石认为，语文的基本训练的目的，就是要通过基本训练，使学生把教师讲过的书本上的东西，变成自己的东西，使学生牢牢掌握字、词、句、篇章这些基础知识，同时在学习字、词、句、篇章的过程中，逐步掌握语法、修辞、逻辑等知识。所以，基础知识和基本训练是统一的，加强语文的基本训练，就是加强语文基础知识的基本训练，而不是另外的什么基本训练。加强语文基础知识的基本训练，主要是多写字、多诵读、多练习写作，以求提高学生的阅读与写作能力。他还就如何进行识字教学、词的练习、句子和篇章的练习，以及小学、初中、高中、师范语文基础知识教学、基本训练要达到的要求，做了详细说明。

20世纪60年代初，大家逐步意识到，要提高语文教学的质量，必须加强基础知识教学和基本训练。但是，语文基础知识指什么？包括哪些内容？基本训练又指什么？如何加强语文基础知识的基本训练？大家的看法并不一致。吴天石一系列讲话正面回答了这些问题，引导大家从"语文课到底该怎么上"的争论中走出来，对于广大语文教师遵循语文教学的规律实施语文教学，在语文教学中建立一套行之有效的规范，切实提高学生的阅读、写作能力，起到了很好的引领作用。吴天石重视语文学科基础知识教学和基本能力训练的思想，以及吕型

---

[1] 《江苏教育》编辑部：《吴天石文集》，江苏教育出版社1991年版，第612—613页。

伟、沈佩畦等人差不多同时期提出的相同的主张，后来被语文教育界概括为"双基"，并被其他学科所借鉴，对我国当代基础教育产生了巨大而深远的影响。

（二）强调文道统一、精讲多练、熟读强记、精批细改的教学要求

1962年，吴天石在中小学、师范语文教学会议上所作的题为《加强语文基础知识教学和基本训练》的讲话的第二、三部分，是他对当时语文教学中几个要求的看法和语文教师如何加强修养。

加强语文基础知识教学和基本训练，是要通过教师来实施的。吴天石在讲话中就语文教师如何加强修养，提出了三点要求：第一，语文教师要提高政治水平和业务水平。第二，要积累教学经验，总结教学经验。第三，希望教师要有高度的负责态度，对学生要有严格的要求。

加强语文基础知识教学和基本训练，是要通过课文教学来进行的。吴天石在讲话中就上好一堂语文课，提出了四点具体要求。

1. 文道统一

这是语文教学总的要求。他说："文章的思想性和艺术性，两者是密切结合的，本来不能分开。"他举例说："政治思想表现得最为强烈和明显的，一般认为是政论文，政论文中的语文知识，又如何教给学生？我以为教这些文章时，主要是要求学生理解这样的文章是怎么样用语言表达思想观点的，把这点讲清楚了，文章的思想性和艺术性就结合了。"①

1962年常州会议之后，吴天石觉得如何通过语文基础知识教学和基本训练，使"文道结合"的要求体现得更好，还没有讲透。于是，他又写了《关于篇章教学》一文，作为常州会议讲话的重要补充。

吴天石指出："对语文教师来说，在教学过程中贯彻'文道结合'

---

① 《江苏教育》编辑部：《吴天石文集》，江苏教育出版社1991年版，第616页。

的讲授原则，这是非常重要的。因为我们教任何一篇文章，都有内容和形式两个方面，没有内容的形式是没有的，没有形式的内容也是没有的。……不坚持加强语文的基础知识教学和基本训练，使学生掌握文字的规律，提高阅读和写作的能力，这是不对的；忽视通过语文教学加强对学生的政治思想教育，这也是不对的。"[①]

同时，他又明确指出："语文课不是政治课，语文课对学生进行政治思想教育，必须根据语文课的特点来进行。也就是要通过字、词、句、篇章的教学，而缀字成词、缀词成句、缀句成章成篇，我们要使学生掌握文章的内容，主要的问题又在于如何把篇章教学进行好。……要贯彻'文道结合'，还在于加强篇章教学。如果在加强语文的基础知识教学和基本训练之后，有个别教师出现了对政治思想教育注意得不够的情形，似乎应当从'有没有把篇章教学进行好'这方面去找原因。"[②]

在吴天石看来，要做好篇章教学，一是要弄清楚篇章教学的目的，二是要弄清楚篇章教学的范围，三是要弄清楚怎样进行篇章教学。所谓"篇章教学的目的"，从文章内容讲，就是要做到"文道结合"，使学生能够受到政治思想教育；从文章形式讲，在于使学生掌握谋篇布局的规律，学习作文的方法。所谓"篇章教学的范围"，包括文章内容、文章结构、文章修饰三个方面。至于"怎样进行篇章教学"，他设想的是，在进行一篇课文的教学之前，先进行解题，把文章的主要内容作一概述，使学生有一个大体的印象，使学生在学习字、词、句时不致支离破碎；当一篇课文教完之后，就文章结构、文章修饰来综合分析，最后再提到文章的主要内容上来体会，使学生深刻地领会文章的思想内容。

---

① 《江苏教育》编辑部：《吴天石文集》，江苏教育出版社1991年版，第694—695页。

② 《江苏教育》编辑部：《吴天石文集》，江苏教育出版社1991年版，第695页。

2. 精讲多练

这是对教师授课的要求。所谓"精讲",不是要教师少讲,而是把应当讲的教给学生,可以不讲的就不讲。精讲也不是完全不要重复,应当重复的地方还是要重复。这样就可以达到精讲的要求——把主要的内容让学生掌握。吴天石举例说:小学语文课本中《赤壁之战》一课,课文中有"波浪滔天""望风披靡"等词语,"滔天"在这里应该怎样讲?"披靡"的本义是什么?这些都要精讲。凡属与课文有关的,有助于学生深刻理解课文内容的,应当讲,但不是喧宾夺主。譬如介绍作者生平,不是详细地讲作者的一生历史,与课文没有关系的就不讲,讲这些主要应当为课文服务。"多练",是要指导学生多练习,也就是要对学生加强基本训练,如练写字,练造句,练写提纲,练朗读、背诵、听写等。错别字改正,要多写多练,要多练形近、音近的字。他说:学生用词不当,跟教师是否讲清楚课文也有关系,如"似懂非懂"这个成语,把其中的"似"和"非"讲清楚后,再让学生多练习,学生对这个成语就不会弄错了。句子也要学生多练习,使他们学会各种句式的运用。掌握词汇,把词义和词性弄清楚,是要多记;记牢长文章中精彩的段落或者整篇短文章,这是要背诵的问题。理解文章的内容,这是要弄清楚它的论点、论据和逻辑结构的问题。这些都是练的问题。

3. 熟读强记

这是对学生的要求。熟读就要读到能背诵,背诵了以后好运用。他说:从前批判"死读书、读死书、读书死",认为这是不足取的学习方法。可是不下苦功,怎么读得好呢?我们要求学生具有基本功,就要他们下苦功。我们要求学生把必须读熟的文章读熟背诵,文言文要背,语体文也要背。学生看得懂的文章要背诵,学生看不懂的文章,也可以选择一些叫学生背诵。有人认为死记硬背不好,不能灵活运用。这种看法,不一定完整。不能灵活运用,不是死记硬背的必然结果,恰恰相反,要能灵活运用,先决条件就是要记得滚瓜烂熟。我们不能强调所有背熟了的课文都要立即运用。

4. 精批细改

这是对教师课后的要求。精批细改，不是要多批多改，而是要批得精当、确切，改得认真、仔细。他说，看作文批改，应着重注意：（1）错别字和用错的标点符号有没有看出来；（2）讲错的道理有没有批出来；（3）文法不通的句子有没有改出来。最好的作文批改是，改得并不多而使文章通顺了。改多了，有时效果并不好。

1962年常州会议之后，吴天石在《关于"精批细改"》的书信中，进一步讨论了教师对学生的作文怎样"精批细改"的问题。

关于"精批"。在学生的文章中，有些道理讲错了，或者讲得不完备，这是要"批"的。"批"它为什么错了，怎样才是对的；为什么不完备，怎样才完备。因为学生作文在这方面发生的错误，是思想认识问题。如果教师在这些地方不是"批"而是"改"，甚至大改而特改，那就等于教师把自己的思想认识，代替了学生的思想认识，结果，学生对他的错误还是认识不清。什么叫"精批"？吴天石说，就是批得精当的意思。"批"得不用多，而要恰当。举例来说，一个问题有正反两面，学生把反面讲成正面，在批的时候，就要指出他的错误。又如，一个问题的产生有三个原因，学生只讲了两个原因，在批的时候，就要指出还有一个原因。文字上有些特殊的错误，为了要使学生不重复错误，也应当加批。

关于"细改"。对学生的作文需要教师细改的地方是：（1）错别字要改正；（2）文法不通、修辞不当和不合逻辑的句子要改正；（3）用错的标点符号要改正。错别字和用错的标点符号主要是把它标明；文法不通、修辞不当和不合逻辑的句子主要是予以修改。什么叫"细改"？吴天石说，就是改得仔细的意思。应当改的，不要有疏漏。当然，"批"和"改"不能截然分开，改的地方也可以加"批"。

吴天石强调作文批改要"对学生有切实的帮助"，比如是否要加"总批"，就要看情形，有必要就加，没有必要，就可以不加。那类千篇一律的"文字清通""文有进境""希望更好的努力"一类的总批，以不加为好，因为对学生提高认识没有什么好处。

吴天石曾以《批改作文一法》为题，在《中学教师》1959年第5期上专门介绍"当面批改"的方法。他说："语文教师要怎样批改作文，才对学生帮助大？以我自己的体验，老师当面批改，对学生的帮助是最大的。"①在《关于"精批细改"》的书信中，他再次向教师推荐"当面批改"的方法，并建议在一学期中，使每个学生都有当面批改的机会。

吴天石重视教师的自身修养，以及他加强字、词、句、篇章教学的思想，通过基本训练使学生把教师讲过的书本上的知识变成自己的能力的思想，重视课堂教学的思想，要求语文教学文道结合、精讲多练、熟读强记、精批细改的思想，在当时"以阶级斗争为纲"的极左思想占据统治地位，片面强调政治而忽视基础文化知识的情况下，有振聋发聩之效，在江苏乃至全国都引起了强烈反响。

每个人都是生活在特定时代中的具体的人，吴天石也不例外。毫无疑问，吴天石的教育思想有着他所生活时代的烙印。尽管如此，由于吴天石有着良好的政治素养和国学素养，有着强烈的使命感和责任心，又能长期深入教学一线、思考教学问题、探求教学真谛，使得他能够透过现象看到本质，走在语文教育的前列，引领语文教育的前进。如吴天石早年在《师之道》一文中提出的做一个好教师的前提条件：真挚的态度，接受新事物的精神，为真理服务的目的；也如同他在常州会议讲话中要求语文教师做到：提高政治水平和业务水平，积累教学经验、总结教学经验，有高度的负责态度。吴天石的语文教育思想，揭示了语文教育的规律，即使是在半个多世纪以后的今天看来，对于当今语文教育的健康发展，仍然具有现实指导意义。

---

① 《江苏教育》编辑部：《吴天石文集》，江苏教育出版社1991年版，第425页。

四　顾黄初：语文教育"三生观"①

顾黄初（1933—2009），我国当代著名的语文教育家②。半个多世纪以来，特别是改革开放以来，顾黄初致力于中国语文教育的理论探索、历史研究、教材建设和师资培养等方面的工作，形成了较为完整的语文教育思想体系。

图5-4　顾黄初

顾黄初致力于语文教育理论探索，出版有《语文教育论稿》《顾黄初语文教育文集》《顾黄初语文教育文集外集》。20世纪八九十年代，他提出了语文教育是提高全民族素质的一项奠基工程、语文教育改革的根本指导思想是"贴近生活"、语文教育必须走民族化与科学化相结合的道路等重要观点。

---

① 本文系与朱敏合作，原载《中学语文教学》2009年第5期，收入本书时有删改。

② 顾黄初1933年10月29日出生于浙江省嘉善县西塘镇。1953年毕业于南京大学中文系，分配到苏北农学院附属工农速成中学任教师。1962年调入扬州教师进修学院担任在职教师培训工作。1963年调入扬州师范学院函授部负责中学语文教师函授工作。1978年转入扬州师范学院中文系，历任中文系讲师、教研室主任、副教授、教授，兼任扬州师范学院教育科学研究所所长。1992年起享受国务院专家特殊津贴。2003年退休前任扬州大学文学院教授、课程与教学论硕士生导师。2009年3月9日因病医治无效，不幸与世长辞，享年77岁。

进入21世纪以后，他又提出了语文教育生命观、生活观、生态观。

顾黄初开拓了中国语文教育史研究的新领域，著有《现代语文教育史札记》《叶圣陶语文教育思想讲话》，与李杏保等合著《中国现代语文教育发展史》《中国现代语文教育史》，主编《中国现代语文教育百年事典》，与李杏保合编《二十世纪前期中国语文教育论集》《二十世纪后期中国语文教育论集》等。他研究叶圣陶、吕叔湘、张志公的语文教育思想，在全国范围内宣传、普及这三位语文教育界前辈的卓越思想。

顾黄初对中学语文教材的编制理论作了比较系统的研究，与顾振彪合著《语文教材的编制与使用》《语文课程与语文教材》。他受教育部之聘，自1986年至2000年担任第一、二、三届全国中小学教材审定委员会中学语文学科审查委员，同时担任人民教育出版社特约编审、课程教材研究所学术顾问，还担任国家规划中职语文教材（提高版）主编，此外还担任洪宗礼主持的江苏教育出版社初中语文教材编写组和"中外母语教材比较研究"课题组顾问。

顾黄初长期从事语文师资培养工作，十分关心语文教师的专业发展。他主编了《中学语文教师高级进修丛书》（五种）、《21世纪语文教育文库·教师继续教育系列丛书》（五种），并与刘国正、章熊联合主编了《中国语文教育丛书》（六种）。曾先后担任中国教育学会语文教学法研究会副理事长兼学术委员会主任，中国高等教育学会语文教育专业委员会首席顾问。

1996年，顾黄初在《关于语文教育研究》一文中，将自己多年关于语文教育的思考，概括为三个基本观点：语文教育是提高全民族素质的一项奠基工程，语文教育改革的根本指导思想是"贴近生活"，语文教育必须走民族化与科学化相结合的道路。[①]2003年，顾黄初以70岁高龄退休后，仍然坚持读书写作，关心语文教育的改革和发展。顾

---

① 顾黄初：《关于语文教育研究》，载《扬州师院学报》1996年第3期。

黄初的语文教育"三生观"即是他晚年对自己上述三个基本观点重新思考的结果。所谓语文教育"三生观",是指语文教育生命观、语文教育生活观和语文教育生态观。2005年10月29日,顾黄初在扬州大学举办的首届江苏省语文课程与教学论专业三校(南京师范大学、苏州大学、扬州大学)研究生论坛上所作的报告中,第一次提出了语文教育"三生观"的思想;2005年12月16日,他在南京师范大学与香港教育学院联合主办的"新时期中国语文教育改革的理论与实践"国际研讨会的大会发言中,着重阐述了"我的语文教育生态观";2006年,他又应《湖南教育》编辑部的约稿,把语文教育"三生观"形成文章——《生命·生活·生态——我的语文教育观》,通过书面形式完整地表述出来。

(一)顾黄初语文教育"三生观"的含义

1.语文教育生命观

顾黄初关于"语文教育是提高全民族素质的一项奠基工程"的观点,把语文教育与民族未来联系在一起,从宏观层面阐述了语文教育的重要性。顾黄初的"语文教育生命观",则进一步从"人之所以为人"的角度,从微观层面揭示语文教育在个体生命历程中的重要性。

人之所以能区别于其他动物而为人,与其他动物分道扬镳的最重要标志是语言。人类语言不同于动物语言:动物语言只是一种信号,传递的信息固定有限;人类语言则是个开放的系统,能够传递的信息丰富多样,现实的、假想的,不拘范围、不论题材,人类语言都能谈论。所以,语言是人类表达需要、交流思想、传播文化等的工具。可以说,语言是人类的一种存在方式。顾黄初说:"生命始于交流,交流促进思维,思维催生感悟,这是生命历程的三大标志,而这一切都得凭借语言(言语)。"[①]顾黄初的语文教育生命观把语言学习提升到

---

① 本文凡引顾黄初语未注明出处者,均引自顾黄初《生命·生活·生态——我的语文教育观》,载《湖南教育·语文教师》2006年8月号。

生命存在的高度，深化了语文教育的意义。从这一点来讲，一个人活着，就是学语文、用语文，他的一生都离不开语文。

如果说语文教育是"提高全民族素质的一项奠基工程"的观点告诉我们语文教育的重要性，那么，语文教育生命观则不仅指明了重要性，而且指点迷津，告诉我们语文教育应该努力的方向：第一，要在交流的"量"和"质"上下功夫。无论是口头交流还是书面交流，语文教师要努力给学生多创造交流机会，拓宽学生的交流领域，提升交流层次，让学生在一次次交流中逐渐领悟如何"在需要的时候说恰当的话"（叶圣陶语）。第二，在"思维"的发展和锻炼上下功夫。恩格斯在《自然辩证法》里说："理论思维仅仅是一种天赋的能力，这种能力必须加以发展和锻炼。"[1]各科教师都应该重视发展学生的思维能力，因为语言与思维相辅相成，语文教师要格外重视学生的思维训练，由形象思维到逻辑思维，由直觉思维到灵感思维，由形式逻辑到辩证逻辑。顾黄初一贯重视培养和发展学生的思维能力。无论是谈作文教学还是谈阅读教学或者研究教材编制理论，他都把发展学生思维作为一个重要问题来考虑。第三，逐步强化学生的感悟能力。在这里，重视"积累"是关键，包括字词和语句的积累（通过认读和记忆）、语言材料和思想材料的积累（通过大量阅读和语篇背诵）；"智力"则是基础，因为任何"积累"，只有在"智力"发展到一定水平时才能产生"裂变"或"重组"。所以，语文教师要教育学生养成积累语言材料的好习惯。

2. 语文教育生活观

早在1988年，顾黄初就提出"语文教学要贴近生活"[2]的观点。顾黄初建议从生活中寻找学语文的方法，拓宽学语文的空间，规划语

---

[1] 恩格斯：《自然辩证法》，《马克思恩格斯选集》（第3卷），人民出版社1972年版，第465页。

[2] 顾黄初：《语文教学要贴近生活》，载《教学与研究》1988年第1期。

文教育的未来。生活，在顾黄初看来，是"根"，是"源泉"。后来，顾黄初提出的"语文教育生活观"，把"贴近"二字拿掉，将语文教育和生活进一步合二为一，目的在于更鲜明地表明自己的观点立场，提醒人们务必要把"生活"和"语文教育"联系在一起考虑问题。

为了使自己的观点具有充分的说服力，顾黄初用语文教育生活观来分析语文教育界有争议的一些问题。譬如："文道之争"历经了大半个世纪的讨论，至今还有人拿出来做文章。顾黄初根据"语文"本身在实际生活中运用的特点，说明语文的"文"和"道"是不可分割的。又如：20世纪90年代有人提出"淡化语法"的观点。一部分人认为学生所学的语法知识深奥难懂，与语文实际运用脱节，教了也没有用，因此提出语文教学要淡化语法。一部分人则质疑不了解一些语法规则，能说规范的话、写规范的文吗？所以，语文教学不能丢掉语法。两种说法各有道理，这就需要有一个折衷的办法来解决。顾黄初提出两点建议：一是根据生活中运用语文工具的情况来编写语法知识短文，也就是教给学生切合实用的语法知识；二是对生活中使用的语言所应当掌握的规律性知识作调查和整理，进行语法的动态研究，把现代语言学中关于语用学、语体学和语境学的理论知识引入语文教学中来。"文道之争""淡化语法论争"搞得沸沸扬扬，顾黄初从"语文教育与生活紧密相联"的思路来分析，问题就变得简单许多。

3. 语文教育生态观

语文教育生态观，是顾黄初受生态学启发，从生态环境想到语文教育环境而提出来的。"环境建设"是语文教育中非常重要的环节。第一，交流需要环境。语文教育研究的重要对象是人，是有生命的人。当人与环境接触时，不论年龄大小，都会产生与别人交流的欲望。语文教育应该重视这种生命欲望，建立生命系统与环境系统的联系。第二，环境对学生语文能力的形成和发展影响很大。学生学习语言所接触的环境是非常宽广的，有母语环境、生活环境、学校环境、社会环境、家庭环境，等等，这些环境都会或深或浅地影响学生的语文素养。顾黄初认为："种种环境的综合影响，如果是良好的，丝毫不被'污染'的，那么我们的语文教育离'科学化'目标也就不远了。"第三，环境是动态的，语文教育必须适应环境的不断变化。随着社会的演进，必然会产生反映新生活的新词汇和新的表达方式：电脑取代传统的书写工具，网络语言使我们传统的词汇库里增添了许多新的成员；手机短信以及电子邮件中为了表达的需要，除了传统的文字符号以外，还增添了许多足以表情达意的其他符号。这都是"环境"造成的语文行为和交际工具发生的变化。这种种新的客观存在，必然要使语文教育在内容和形式方面产生具有"时代新质"的变革。语文教育紧紧与新的现实相适应，这是"科学化"追求的内在要求。

"生态环境"追求的是"平衡"，一旦平衡失调，生物圈中的所有生命包括人类都会遭受不同程度的影响。同样，语文教育环境保持平衡，语文教育才能健康发展。顾黄初提出的语文教育走民族化与科学化相结合的道路，追求的就是一种平衡。重视传统忽视科学化或者抛弃传统追求科学化的做法都有失偏颇。顾黄初的语文教育生态观，既强调了语文教育环境建设的重要性，又重申了语文教育应该是走民族化与科学化相结合道路的观点。

（二）顾黄初语文教育"三生观"的价值

1. 顾黄初"三生观"的思想，凝练了语文教育的历史经验，构建了语文教育的思想体系

2006年，顾黄初在长期从事中国语文教育史研究和对现实语文教育反复思考的基础上阐述的语文教育"三生观"的思想，与他20世纪90年代总结出来的三个基本观点——语文教育是提高全民族素质的一项奠基工程，语文教育改革的根本指导思想是"贴近生活"，语文教育必须走民族化与科学化相结合的道路——有一定的前后继承性，但更多的是在原来基础上的发展。"三生观"之"生命观"寻求语文教育更深刻的本源意义，从"人之所以为人"的角度谈语言在一个人生命中的重要性。任何人的生存、发展都离不开语文。"三生观"之"生活观"把语文教育放在更宽广的空间——生活中来思考。"语文学习的外延与生活的外延相等"。语文和生活有着天然的联系，一旦把语文学习放在生活空间里，将会增添许多趣味。"三生观"之"生态观"强调语文教育的环境建设。无论学习哪种语言，语言学习环境都很重要。首先，规范的语言环境有助于学习健康规范的语言；其次，不同的环境，语体要求就不一样，让学生接触不同的环境，学会在需要的时候说恰当的话。前后两次总结，都是顾黄初在持续研究语文教育史的基础上，结合时代发展过程中语文教育的风云变化，融入自身的审慎思考和大胆预见，揭示了语文教育的本质。

顾黄初的语文教育"三生观"，既各有侧重，又联系交融。"生命观"指向语言文字对于人存在的标志性意义，包括语言文字对于思维发展的重要意义；"生活观"指向语文教育与生活紧密联系；"生态观"指向语文教育需要注意环境因素，包括环境中的动态主体即人以及环境本身。三个观点关注的是语文教育不同的层面。"生命观"尊重主体，"生活观"指向实践，"生态观"优化环境。生命在生活中才能展示鲜活，生活在生态中才能得到保障，而生态又因为诸多生命而生机盎然。

2. 顾黄初"三生观"的思想，揭示了语文教学的基本规律，助推了语文教学的改革发展

《义务教育语文课程标准（2011年版）》中倡导"学生是学习的主体。语文课程必须根据学生身心发展和语文学习的特点，爱护学生的好奇心、求知欲，鼓励自主阅读、自由表达，充分激发他们的问题意识和进取精神，关注个体差异和不同的学习需求，积极倡导自主、合作、探究的学习方式"的理念①，都与顾黄初语文教育"生命观"相吻合。

《义务教育语文课程标准（2011年版）》中倡导"语文课程是实践性课程，应着重培养学生的语文实践能力，而培养这种能力的主要途径也应是语文实践。语文课程是学生学习运用祖国语言文字的课程，学习资源和实践机会无处不在，无时不有"的理念②，都与顾黄初语文教育"生活观"相吻合。

《义务教育语文课程标准（2011年版）》中倡导"语文课程应该是开放而富有创新活力的。要尽可能满足不同地区、不同学校、不同学生的需求，确立适应时代需要的课程目标，开发与之相适应的课程资源，形成相对稳定而又灵活的实施机制，不断自我调节、更新发展"的理念③，都与顾黄初语文教育"生态观"相吻合。

《普通高中语文课程标准（2017年版）》坚持立德树人，以核心素养为本，加强实践性，促进学生语文学习方式的转变，注重时代性，构建开放、多样、有序的语文课程，也都与顾黄初语文教育"三生观"相吻合。《普通高中语文课程标准（2017年版）》从祖国语文的特点和高中生学习语文的规律出发，以语文学科核心素养为纲，以学生的语文实践为主线，设计"语文学习任务群"，创造综合性学习情境，开展自主、合作、探究学习，注意在生活和跨学科的学习中学语文、用语文，在学习和运用的过程中提高表达、交流能力，也都与顾黄初语文教育的生命观、生活观、生态观一致。

实施新课程以来，许多优秀的语文老师根据自己对语文的理

---

① 中华人民共和国教育部：《义务教育语文课程标准（2011年版）》，北京师范大学出版社2012年版，第3页。

② 中华人民共和国教育部：《义务教育语文课程标准（2011年版）》，北京师范大学出版社2012年版，第3页。

③ 中华人民共和国教育部：《义务教育语文课程标准（2011年版）》，北京师范大学出版社2012年版，第4页。

解，发挥自身的特长，形成了自身的语文教学风格、流派，产生了良好的教学效果和积极的社会影响。比如：熊芳芳、王笑梅等人的"生命语文"，李镇西、董旭午、薄俊生等人的"生活语文"，蔡明、袁爱国、赵福楼等人的"生态语文"，都可以从顾黄初"三生观"中找到理论依据。

五 于漪在语文教育史中的意义

2018年，上海教育出版社出版了由上海市教师学研究会编辑的《于漪全集》。全书分基础教育、语文教育、课堂教学、阅读教学、写作教学、教师成长、序言书信、教育人生8卷共21册578万字，收录了于漪（1929—）自

图5-5 于漪

1951年参加教育工作至今写作的论文、论著、序跋、书信等，全方位立体化展现了于漪的学术造诣、教育思想、教学成效和成长历程。阅读《于漪全集》，梳理于漪作为语文教育工作者所作的贡献，其在语文教育史中的意义，至少有以下三个方面。

（一）于漪对语文教育理论的贡献

1. 准确揭示了语文教学的目的和任务

语文教学的目的和任务，是中华人民共和国成立以来语文教育界反复讨论的话题。经过1959年和1961年《文汇报》组织的关于"语文教学目的和任务问题"的讨论和"怎样教好语文课"的讨论，1963年教育部颁布的《全日制中学语文教学大纲（草案）》首次明确规定："中学语文教学的目的，是教学生能够正确地理解和运用祖国的语言文字，使他们具有现代语文的阅读能力和写作能力，具有初步阅读文

言文的能力。"①"文革"结束后，教育部在1978年、1980年、1986年、1990年、1992年、1996年颁布的中学语文教学大纲对语文教学目的和任务的表述不尽相同，但"正确理解和运用祖国的语言文字"一直是其基本内容。

于漪肯定并坚持了"正确理解和运用祖国的语言文字"的表述。她在1997年出版的《语文教学谈艺录》第1页即明确要求"教师指导学生正确理解和运用祖国的语言文字，培养他们具有适应实际需要的现代文阅读能力、写作能力和听说能力，具有初步的文学鉴赏能力和阅读浅易文言文的能力，养成自学和运用语文的良好习惯。"②

与于漪在《语文教学谈艺录》中的表述相比，2001年颁布的《全日制义务教育语文课程标准（实验稿）》中"语文课程应致力于学生语文素养的形成与发展"③、2003年颁布的《普通高中语文课程标准（实验）》中"语文课程应进一步提高学生的语文素养，使学生具有较强的语文应用能力和一定的审美能力、探究能力，形成良好的思想道德素质和科学文化素质，为终身学习和有个性的发展奠定基础"④的表述，均没有了"正确理解和运用祖国的语言文字"的表述，使得语文教学的目的和任务显得模糊不清。

2008年，于漪撰文指出："语文的定位。语文是学习和工作的基础工具，是学习其他各门学科的基础。这就把'文革'中语文课名存实亡，或与政治课拼成政文课、与唱样板戏拼成革命文艺课的怪现象从根本上廓清，还语文学科'指导学生正确理解与运用祖国语言文字'

① 课程教材研究所：《20世纪中国中小学课程标准·教学大纲汇编：语文卷》，人民教育出版社2001年版，第416页。

②《于漪全集》（第4册），上海教育出版社2018年版，第289—290页。

③ 中华人民共和国教育部：《全日制义务教育语文课程标准（实验稿）》，北京师范大学出版社2001年版，第1页。

④ 中华人民共和国教育部：《普通高中语文课程标准（实验）》，人民教育出版社2003年版，第1页。

的本来面目。"①

直到《义务教育语文课程标准（2011年版）》中"义务教育阶段的语文课程，应使学生初步学会运用祖国语言文字进行交流沟通，吸收古今中外优秀文化，提高思想文化修养，促进自身精神成长"②、《普通高中语文课程标准（2017年版）》中"语文课程应引导学生在真实的语言运用情境中，通过自主的语言实践活动，积累言语经验，把握祖国语言文字的特点和运用规律，加深对祖国语言文字的理解与热爱，培养运用祖国语言文字的能力；同时，发展思辨能力，提升思维品质，培育社会主义核心价值观，培养高尚的审美情趣，积累丰厚的文化底蕴，理解文化的多样性"③的表述，类似"正确理解和运用祖国的语言文字"的表达，才重新回到国家语文课程教学指导文件中来。

2. 辩证阐述了语文教学的性质和特点

语文教学的性质和特点，同样是中华人民共和国成立以来语文教育界反复讨论的话题。1963年教育部颁布的《全日制中学语文教学大纲（草案）》第一次确认了语文学科的工具性，指出"语文是学好各门知识和从事各种工作的基本工具"。④肯定语文学科的工具性无疑是正确的，但过于强调语文学科的工具性，有可能忽略语文育人的大目标。

于漪赞同语文学科具有工具性的特征，但她认为，"语文仅仅作为

①《于漪全集》（第1册），上海教育出版社2018年版，第224页。

② 中华人民共和国教育部：《义务教育语文课程标准（2011年版）》，北京师范大学出版社2012年版，第2页。

③ 中华人民共和国教育部：《普通高中语文课程标准（2017年版）》，人民教育出版社2018年版，第1页。

④ 课程教材研究所：《20世纪中国中小学课程标准·教学大纲汇编：语文卷》，人民教育出版社2001年版，第415页。

一门工具是远远不够的"①。早在1979年，于漪就辩证地阐述了语文学科"既教文，又教人，把政治思想教育渗透在语文训练之中，使学生的思想水平和理解、运用祖国语言文字的能力获得双提高"的教学理念，指出："要有思想内容与表达形式辩证统一的整体观念，从语言文字的表达入手，仔细琢磨，反复推敲，真正理解作者的写作意图，体会文中所寓含的思想的高度、深度、广度；而在准确地把握文章的主旨后，再从语言和内容的结合上体察文字运用的奥妙与匠心，牢牢捉住作者倾注思想感情的传神之笔。"②

20世纪80年代以后，科学主义与人文主义相碰撞，延伸到语文学科，引发了语文课程性质的讨论。1987年陈钟梁发表《是人文主义，还是科学主义——语文教学的哲学思考》③一文，率先提出了语文教学的人文性问题。1991年程红兵发表《语文教学"科学化"刍议——与魏书生同志商榷》④，1993年韩军发表《限制科学主义，张扬人文精神——关于中国现代语文教学的思考》⑤，张扬了语文教学人文性的旗帜。

1995年，于漪发表《弘扬人文，改革弊端——关于语文教育性质观的反思》一文，充分肯定了语文学科的人文性，明确指出："语文教育就是教文育人。"同时辩证地指出："汉语和其他民族语言的工具性和人文性，是一个统一体的不可割裂的两个侧面。没有人文，就没有语言这个工具；舍弃人文，就无法掌握语言这个工

---

① 《于漪全集》（第3册），上海教育出版社2018年版，第3页。

② 《于漪全集》（第3册），上海教育出版社2018年版，第82—83页。

③ 陈钟梁：《是人文主义，还是科学主义——语文教学的哲学思考》，载《语文学习》1987年第8期。

④ 程红兵：《语文教学"科学化"刍议——与魏书生同志商榷》，载《语文学习》1991年第11期。

⑤ 韩军：《限制科学主义，张扬人文精神——关于中国现代语文教学的思考》，载《语文学习》1993年第1期。

具。""语文学科作为一门人文应用学科，应该是语言的工具训练与人文教育的综合。"①

在《语文教学谈艺录》中，于漪重申了这样的观点："语文学科的工具性和人文性是一个统一体的两个侧面，不可机械地加以割裂。""说语文学科具有人文性，绝不是排斥它的科学精神；说语文学科具有工具性，也绝不是削弱它的人文精神，不存在限制这一个，张扬另一个的问题，应沟通交融，互渗互透。""只有弄清语文学科的性质，在教学实践中把握工具性和人文性的本质，把语言的工具训练与人文教育有机结合起来，才能激发学生热爱祖国语言文字的感情，有效地提高语文能力，在他们心中撒播做人的良种。"②

于漪反对片面强调工具性，也反对片面强调人文性。2006年，针对有些课搞不清楚是语文课、政治课，还是电视课、杂耍课的现象，她撰文指出："现在有些语文课的性别发生混乱了。语文课就是语言文字的课！你是教孩子语言文字和语言文字的内涵，它的思想内涵、文化内涵，离不开语言文字；离开语言文字，语文学科将支离破碎。乱拓展，乱发挥，这是什么课？我就弄不清楚。我们现在讲得很多的是人文，人文是什么？人文是一种思想、一种理念，绝不是教学环节，教学步骤，它不是胡椒粉。""人文是要通过语言文字的工具加以表达的，我们现在有些做法是把语言文字抽掉空谈，语文课离开了语言文字的含英咀华、篇章结构的探讨，教什么？""我们的语文千万要让它姓语言文字，恢复它的本性，而不是去搞花里胡哨的东西。"③2001年和2003年教育部先后颁布《全日制义务教育语文课程标准（实验稿）》和《普通高中语文课程标准

---

① 《于漪全集》（第3册），上海教育出版社2018年版，第246—247页。

② 《于漪全集》（第4册），上海教育出版社2018年版，第296—297页。

③ 《于漪全集》（第1册），上海教育出版社2018年版，第168—169页。

（实验）》，在此前语文教学大纲中关于"语文是最重要的交际工具，是人类文化的重要组成部分"的表述之后，增加了"工具性与人文性的统一，是语文课程的基本特点"一句。[①]于漪作为语文课程标准的审查委员为此付出了很大努力。

（二）于漪对语文教学实践的贡献

基于对语文教学目的和任务、性质和特点的认识，于漪认为："语文教学的目标就是培养人，语文学科就是要树立'育人'大目标，既教文又育人，要全面培养学生。教师，特别是语文教师，首先必须清醒地意识到自己应该努力争取做个教育家，做个'育人'的专家。"[②]《于漪全集》21册中，有专论课堂教学4册，阅读教学3册，写作教学4册，具体说明了教文育人的理念和做法。于漪说："语文教学讲究思想性、科学性，还须有一定的艺术性。"[③]这里重点谈谈收入《于漪全集》语文教育卷中的专著《语文教学谈艺录》中关于语文教学艺术的研究。

我国语文教学艺术的研究始于20世纪80年代，其中王牧天所著《语文教学艺术》（山东教育出版社1984年出版）、符策震所著《中学语文课堂教学艺术》（浙江教育出版社1984年出版）、徐绍仲所著《中学语文艺术探胜》（山东教育出版社1984年出版）是最早出版的一批关于语文教学艺术的著作。这些著作或是从教师备课、讲课和写作指导方面讨论了语文教学艺术，或是重点讨论了中学语文课堂开讲的艺术、提问的艺术、讲解的艺术，或者只是对中学语文教科书中传统篇目进行文本分析。

---

① 中华人民共和国教育部：《全日制义务教育语文课程标准（实验稿）》，北京师范大学出版社2001年版，第1页；中华人民共和国教育部：《普通高中语文课程标准（实验）》，人民教育出版社2003年版，第1页。

②《于漪全集》（第3册），上海教育出版社2018年版，第14—15页。

③《于漪全集》（第20册），上海教育出版社2018年版，第16页。

　　20世纪90年代的语文教学艺术方面的著作主要有柳印生所著《语文教学的辩证艺术》（江苏教育出版社1992年出版），韦志成所著《语文教学艺术论》（广西教育出版社1993年出版），杨九俊所著《语文教学艺术论》（江苏教育出版社1994年出版），钱梦龙所著《导读的艺术》（人民教育出版社1995年出版），蔡澄清、陈军所著《语文教学点拨艺术丛谈》（天津人民出版社1996年出版），欧阳代娜、王文琪、戴汝潜所著《欧阳代娜中学语文教学艺术初探》（山东教育出版社1997年出版）及孙春成编著的《语文课堂教学艺术漫谈》（语文出版社1998年出版）等。这些著作，或是阐释语文教学的辩证法，或是建构语文教学艺术论的体系，或是专门探讨某种教学风格、模式或方法，或是针对语文教学中的某些现象或问题的短论与随笔。

　　与上述著作不同，于漪所著《语文教学谈艺录》，全书12章，涉及语文教学本体论、目的论和教学境界、教学目标、学习兴趣、教学内容、教学过程、教学方法、教学主体等方面，每章由3～6节构成，每节既独立成篇，又与所在章乃至全书构成一个整体，看似未建构语文教学艺术论的体系，其实又有其内在的逻辑结构，反映了于漪对语文教学经验的总结和思考，凝聚了于漪语文教学的情感和智慧，至今仍有现实指导意义。

　　譬如：实施新课程，提出"三维目标"以来，很多老师在教案中从"知识与能力""过程与方法""情感态度价值观"三个方面罗列若干教学目标。其实语文"三维目标"只是提升学生语文素养这一个目标的三个维度，将"三维目标"分成三类目标或三项目标是对三维目标的误解。《普通高中语文课程标准（2017年版）》提出语文学科核心素养包括"语言建构与运用""思维发展与提升""审美鉴赏与创造""文化传承与理解"，已经有人将教学目标设置成这四个方面各若干条了。于漪早在20年前出版的《语文教学谈艺录》中即专列"多目标导致无目标"一节，指出："语文教学目标的制定通常应包括两个方面的内容。一是语文知识、语文能力训练要达到的目标；二是德育与美育方面熏陶的要求。二者在教学过程中不应分割，而应有机结合。"[1]后来，她在一次大会的讲话中又明确指出，知识与能力、过程与方法、情感态度与价值观"这三根支柱本身是融合在一起的，不是课堂上前半节教知识能力，后半节拓展一下教情感态度与价值观，绝对不是这样，它是融为一体的"。[2]

于漪还认为，语文学科的德育、美育应当寓于智育之中。她指出："语文学科进行德育、美育，不是脱离语言文字训练另搞一套，而是要做到语文训练和思想道德教育统一。"[3]她要求引导学生在学习语文的过程中提高思想认识、道德修养和审美情趣；在领会思想内容的同时加深对语言文字的领悟，培养语文能力。为讲清这个道理，她还举了教学《七根火柴》的案例。

又如，《普通高中语文课程标准（2017年版）》中将"思维发展与提升"列为语文学科核心素养的重要内容。早在1994年，于漪就发表了《语文教学应以语言和思维训练为核心》一文，论述了语言和思维的关系："语言是思维的工具，没有语言的思维是不存在的；思维是语言的内容，没有思维就不可能有语言。"[4]她在长期的教学实践中，始终将发展学生思维能力和语言感受与表达能力作为语文教学的重要内容。

在《语文教学谈艺录》中，于漪专设"组织语言训练和思维训练"一章，讨论语文教师如何利用学习的认知规律为学生的语言和思维训练领航开道的问题。她认为："语文教学的核心是从学生实际出发，按照教学大纲的要求，对学生进行语言训练。教师在对学生进行语言训练的同时，必须大力发展学生思维的能力。""思维训练和语言

① 《于漪全集》（第4册），上海教育出版社2018年版，第343页。
② 《于漪全集》（第4册），上海教育出版社2018年版，第224页。
③ 《于漪全集》（第4册），上海教育出版社2018年版，第304页。
④ 《于漪全集》（第3册），上海教育出版社2018年版，第204页。

训练应放在同等重要的位置。"①在于漪看来，教学过程实质上就是教师在教学大纲的指导下有目的、有意识地使学生生疑、质疑、解疑，再生疑、再质疑，再解疑……的过程。在此循环往复、步步推进的过程中，学生掌握了知识，获得了能力。教师在教学中，首先要通过鼓励学生发现问题、抓住矛盾激发思考、巧妙设疑相机启发等方法开启学生思维的门扉；其次要创设辨疑、析疑的条件和氛围，在调动学生知识储备的基础上，灵活运用纵向比较、横向比较等方法对学生进行语言和思维训练，培养其良好的思维习惯，发展他们的思维能力；再次要鼓励学生的创造精神，提倡学生积极开展研究性学习，让他们在长知识增智慧的过程中迸发创造性的火花，鼓励他们的思维和探索不断向纵深发展，向课外拓展，满足其求知的欲望，使语言感受和运用能力、认知和思维能力得到充分发展。

此外，还有教师为"学"而"教"的思想，让每名学生成为"发光体"的思想，等等，在《语文教学谈艺录》中都有精辟论述。而所有这些，都显示了于漪的教学智慧、教学思想的超前性和对教学实践的指导意义，并且，于漪的这些论述都用她从教的案例来生动地说明，使人学有榜样。

（三）于漪对教师专业发展的贡献

于漪曾多次引用汉朝韩婴的《韩诗外传》里的那句话："智如泉源，行可以为表仪者，人师也。"②做老师应该是智慧像泉水一样喷涌而出，思想言行都可以做学生的榜样。她说："我牢牢记住这句话，努力身体力行。"③于漪从事教育事业近70年，是中华人民共和国成立后中小学教师的杰出代表，国家"改革先锋"称号和上海市"教育事业杰出贡献奖"获得者。于漪以她数十年从教经历诠释了什么是教师，怎

---

① 《于漪全集》（第4册），上海教育出版社2018年版，第406页。

② 屈守元：《韩诗外传笺疏》，巴蜀书社1996年版，第478页。

③ 《于漪全集》（第2册），上海教育出版社2018年版，第134页。

样当教师。

于漪认为："教师是一种特殊的职业，是一种需要强烈责任意识和奉献精神的职业。""教师肩上挑着的是祖国的未来。"她说："我始终将教师这种职业看成是一种放飞理想的事业，它需要的是一种自觉的人生追求。"①并且，她还认为"教育的生命力在于教师成长"。②《于漪全集》渗透着她对当教师的感悟思考，为教师的专业发展指明了方向。

2003年，针对社会上一部分人把教育当作获取物质利益、博取功名的手段的错误认识，于漪发表《追求高尚的教育境界》一文，指出："只要选择了教育这个职业，就一定要追求高尚。""高尚教育境界的追求不是玄虚的、无依据的，而是源于对教育的深刻理解，对人生的执着追求，并落实于一切教育活动之中。"③

2004年教师节来临之际，于漪应邀在上海教育电视台作《怎样学做人师》专题演讲。她结合自身的从教经历从教师的人格力量、榜样激励自己追求高尚人格、"两把尺子"（一把尺子量别人的长处，一把尺子量自己的不足）追求人格的完美、学做人师还须德才兼备、学做人师更须开阔视野、"师风可学"与"学风可师"几个方面阐述了做教师的道理。④

在于漪看来，教师要有教育自觉，也就是以教书育人为历史使命的内心的真正觉醒，而要做到，须在立德、立业、立人上下功夫。师德高尚是教师修炼的目标。业务精湛是教师追求的目标，教师专业要持续不断发展，要勤于学习、勇于实践，还要有批判的眼光。教师教书育人，育人先育己，自己要先做人，要有敬畏之心、仁爱之情、赤

---

① 《于漪全集》（第2册），上海教育出版社2018年版，第133—134页。
② 《于漪全集》（第1册），上海教育出版社2018年版，第234页。
③ 《于漪全集》（第1册），上海教育出版社2018年版，第110页。
④ 《于漪全集》（第17册），上海教育出版社2018年版，第110—116页。

子之怀。^①

2015年，于漪在上海市徐汇区教育系统第八届学术节上的发言中，再次强调："教师成长最为重要的是内心的深度觉醒，深刻体悟到自己从事工作的价值与意义：一个肩膀挑着学生的现在，一个肩膀挑着国家的未来，今天的教育质量就是明天的国民素质。"并且，"成长是一辈子的事，教育不是一个结果，而是生命展开的过程，永远面向未来，没有终结。教师须和学生一起成长，才有发展的广阔天地，不断完善自己的人格和学术素养。"^②

作为语文教育工作者，于漪对语文教师专业成长的论述更多。早在1995年，她就写有《论中学语文教师》的文章，全面阐述了她对语文教师专业发展的看法。文章第一节"中学语文教师的修养"论述了中学语文教师的政治思想修养、道德情操修养、学业修养、语文能力修养；第二节"中学语文教师自身的提高"论述了语文教师的自身提高是一项长期的工作，以及提高的途径。^③

2005年，于漪发表文章《钟情·倾心·精神家园》，从"钟情于祖国的语言文字""倾心于语文教学""语言，我的精神家园"三个方面，回答了"怎样才能当一名深受学生喜欢的语文教师"的问题。^④

针对有些语文教师想提高教学质量，往往祈求别人的某些经验、某些教案或实录能在自己身上产生神话般奇迹的现象，于漪告诫说："不能亦步亦趋，只限于治标而向前迈步。……更重要的还是抓自身的基本建设；根深才能叶茂，居高方能临下。基础牢靠扎实，就能因教材、教育对象的实际情况而充分发挥自己的特长，在广阔的语言教

---

① 《于漪全集》（第2册），上海教育出版社2018年版，第27—32页。
② 《于漪全集》（第17册），上海教育出版社2018年版，第329页。
③ 《于漪全集》（第16册），上海教育出版社2018年版，第220—252页。
④ 《于漪全集》（第17册），上海教育出版社2018年版，第122—131页。

学领域中导演出一幕幕精彩的育人戏剧来。"①

毫无疑问,《于漪全集》是教师专业发展,特别是语文教师专业发展的最佳读本。最后,让我们引用于漪在以《激情燃烧的人生》为题的小传中的话来结束本文:"我做了一辈子教师,一辈子学做教师!""如果说有一点值得骄傲的,那就是我钟情于太阳底下永恒的事业——教育事业,钟情于与全民族素质提高血肉相连的母语教育,我激情燃烧,为之倾注全部心血,奉献青春与生命。"②

---

① 《于漪全集》(第17册),上海教育出版社2018年版,第85页。
② 《于漪全集》(第20册),上海教育出版社2018年版,第95—96页。

六　洪宗礼寻道之旅与语文教育发展之路

《庄子·养生主》有一则庖丁解牛的故事。"庖丁为文惠君解牛。手之所触，肩之所倚，足之所履，膝之所踦，砉然向然，奏刀騞然，莫不中音：合于《桑林》之舞，乃中《经首》之会。文惠君曰：'嘻，善哉！技盖至此乎？'庖丁释刀对曰：'臣之所好者，道也，进乎技矣。'"庖丁始解牛时，所见无非牛者；三年之后，未尝见全牛；再之后，"以神遇而不以目视，官知止而神欲行。依乎天理，批大郤，导大窾，因其固然，技经肯綮之未尝"。[1]良庖岁更刀，族庖月更刀。庖丁之刀十九年，所解数千牛，刀刃若新发于硎。庖丁游刃有余的奥秘，即在于他所探究的是事物的规律（道），这已经超过了对于宰牛技术（技）的追求。

图5-6　洪宗礼

洪宗礼（1937—）之于语文教育，同样"进乎技矣"。他所探究的语文教育本质规律，已经超越了对于语文教学技能的追求。

（一）洪宗礼的寻道之旅

洪宗礼1960年从扬州师范学院（今扬州大学）毕业即走上了"探求语文教学之道"的征途。他在长期的语文教学改革实验和语文教学

---

[1]《庄子》，见浙江书局汇刻本《二十二子》，上海古籍出版社1986年版，第20页。

研究的基础上，总结出"五说"，即工具说、导学说、学思同步说、渗透说、端点说的语文教育观和引读、引写（"双引"）的语文教学法，构建了知识—引导—历练—能力—习惯—素养为一体的语文教育"链"的理论。他先后出版的《中学语文教学之路》《写作与辩证思维》《洪宗礼语文教学论集》《洪宗礼：语文教育之"链"》《中学语文教学整体改革的实践与研究》等著作，反映了他对语文教学的探索与追求，阐释了他关于语文教学的思想与实践。

1983年，洪宗礼在体悟语文教学之道的基础上，又开始了"探求语文教材之道"的历程。洪宗礼创造性地提出了一本书、一串珠、一条线的"三一"教材体系，主编了《江苏省"单元合成整体训练"初中语文实验课本》，并经江苏省中小学教材审查委员会审查通过在江苏省使用。此后又全力构建面向21世纪的语文教材科学体系，先后主编了《义务教育三年制初级中学教科书（试用本）·语文》《九年义务教育三年制初级中学教科书·语文》《义务教育课程标准实验教科书·语文》（七至九年级）三套经全国中小学教材审定委员会审查通过的初中语文教材，在全国26个省、市、自治区的600余县市使用，历经30多年，发行达1.6亿册。

从1997年开始，洪宗礼进一步"探求母语教育之道"。他先后主持全国教育科学规划"九五"重点课题《中外母语教材比较研究》和全国教育科学规划"十五"重点课题《中外母语教育比较与我国母语课程教材创新研究》。在对中外有代表性的21个国家和地区的母语教材发展历史和现状进行纵横比较研究的基础上，编写出版了《中外母语教材比较研究丛书》（5卷）和《当代外国语文课程教材评介》（1卷）。在全面系统地研究、评析了中国（包括港澳台）百年来语文课程的标准、教材及课文，并在研究了世界五大洲40多个国家和地区的语文课程和教材以及他们的教学经验的基础上，编写出版了《母语教材研究》（10卷）。

洪宗礼半个多世纪的寻道之旅，也启示着语文教师专业发展之道。洪宗礼在教学语文、编写语文、研究语文教育的过程中，塑造了一代代学生，也成就了作为教育家的洪宗礼。洪宗礼在语文教学、语文教材编写、母语课程教材研究三个领域都取得了卓越的成就，被誉为"中国语文教育改革的一面旗帜"。洪宗礼的成就，可能有许多形成的原因。比如：改革开放的社会背景、领导的支持、团队的合作，等等。但笔者猜想，洪宗礼对母语和母语教育的挚爱应该是其中最重要的原因。如他所说："追问事业起点，那就是爱；确立最终归宿，那也是爱。回溯成功的过去，那就是爱；瞻望美好的未来，那也是爱。"[①]"我一生挚爱母语，亲近母语，探究母语，弘扬母语，钟情于母语教育。"[②]"在母语中觉醒，在母语中感动，在母语中陶醉，在母语中成长发展，正是中华儿女坚定的教育信仰，也是人们对母语教育的价值追求。"[③]洪宗礼并非不知语文教育改革发展之艰难，而是因为他对母语和母语教育事业的挚爱，给他使命感和力量源泉，使他义无反顾、勇往直前。"我一生钟爱母语，把投身祖国语文教育事业视为自己的伟大使命和崇高目标。我深知母语教育发展之艰难，但作为一个语文教育的改革者，坚定不移地探语文教改之路，求语文教学之真，解语文教育之谜，责无旁贷。"[④]"为自己钟爱的母语教育事业奋斗到生命尽头，才是我的幸福与快乐。"[⑤]对母语和母语教育的挚爱，视母语教育如同生命，以至母语教育与生命合而为一，生命即为母语教育而存在，母语教育即为生命的存在方式，"洪宗礼"即"洪氏语文"，"洪氏语文"即"洪宗礼"，这就是洪宗礼不断前行的内在动力。

---

① 洪宗礼:《语文人生哲思录》，江苏教育出版社2011年版，第35页。

② 《洪宗礼文集》（第4卷），江苏教育出版社2008年版，第22页。

③ 《洪宗礼文集》（第4卷），江苏教育出版社2008年版，第21页。

④ 《洪宗礼文集》（第6卷），江苏教育出版社2008年版，第5页。

⑤ 《洪宗礼文集》（第4卷），江苏教育出版社2008年版，第42页。

（二）语文教育的发展之路

由洪宗礼的寻道之旅，我想到了中国语文教育的发展之路。是返回传统，还是照搬西方，或者是中西结合？洪宗礼半个多世纪的寻道之旅，为我们提供了有益的启示。

1. 要有强烈的民族意识，扎根民族土壤

民族是具有共同语言、共同地域、共同经济生活以及表现于共同文化上的共同心理素质的人的共同体。在学校开设的课程中，语文课是最具有民族性的。我们所说的语文教育，是指祖国语言的教育。中国是一个多民族的国家，部分民族有自己的民族语言，同时又有全国通用的语言。汉语普通话不仅是汉民族使用的共同语，而且是整个中华民族的通用语言，所以，中国语文教育，主要是指作为中华民族通用语的汉语文教育。汉语文是中华民族思维和交际的工具，也是中华民族生存和发展的工具，同时还负载着中华民族的思想感情和行为方式，承传着中华民族自强不息、厚德载物的精神和绵延不断的文化。中国语文教育的民族性主要也表现在这两个方面——教学中华民族的通用语言和传承中华民族的人文精神。中国语文教育承担着培养下一代热爱祖国的语言，熟练掌握并规范使用中华民族通用语言的重任，同时也负有进行情感态度价值观的教育，进而培养新一代社会主义建设者和接班人的重任。

毫无疑问，中国语文教育要有强烈的民族意识，扎根民族土壤。如洪宗礼所说："传统汉语文教育，具有其他语言文字不可替代的地位，有着无可比拟的优越性；积累、感情、涵泳，形成汉语文学习的特点。"[①] "回眸总结我国千年，特别是设课百年，无数语文教育前辈、志士仁人的经验以及各种有益的实验，把老祖宗留下的行之有效且至今仍有活力的经验继承下来。"[②]

---

① 《洪宗礼文集》（第4卷），江苏教育出版社2008年版，第24页。
② 《洪宗礼文集》（第4卷），江苏教育出版社2008年版，第21页。

2. 要有宽广的全球视野，汲取异国精华

在经济全球化、文化世界化的今天，语文教育要超越传统，语文教育要实现科学化、现代化，离不开借鉴、吸收国外母语教育的先进经验。

洪宗礼将借鉴、吸收国外母语教育的先进经验比作"为我国母语教育开窗"。他指出："必须在中外比较中加强理论研究，从中探求不同的地域、不同历史文化背景、不同政治体制、不同经济文化水平的国家和民族母语教育的共同规律和不同特点。"[①]"为我国母语教育开窗，在中西合璧中逐步完成自塑、创造的过程。"[②]洪宗礼主持的全国教育科学规划"九五""十五"重点课题，填补了我国语文教育研究的空白，不仅丰富了教育科学研究宝库，而且为国人打开了能观摩到世界主要国家母语教材建设的千姿百态的窗户，从而为教材编者站在世界各国母语教育的前沿水平和长远发展的高度，编出符合汉语文自身规律、适合现代社会需要的教材打下了坚实的理论基础。

3. "民族意识"与"全球视野"相互融合

民族传统是发展的。民族化既是对以往传统的继承，又是对以往传统的超越。民族化只有与科学化、现代化相结合，才能超越传统，走向世界，走向未来。从1840年鸦片战争开始，西学东渐，中国已经历了180多年向西方学习的历程。伴随着中西体用之争，西方的东西，从柏拉图、亚里斯多德，到康德、黑格尔，一直到马克思主义，乃至到后现代主义，像潮水一样涌到中国来。中国人在短短一个多世纪里，接收了国外两千多年的思想文化成果，这也使近、现代与当代中国的思想文化显得广泛而混杂、多元而粗疏。一方面，中国传统思想文化没有得到应有的重视；另一方面，西方的东西又未能很好地消化。20世纪末，有人预言，21世纪是"中国人的世纪""龙的传人的世

---

① 《洪宗礼文集》（第4卷），江苏教育出版社2008年版，第21页。

② 洪宗礼：《语文人生哲思录》，江苏教育出版社2011年版，第109页。

纪"。笔者理解，所谓"中国人的世纪""龙的传人的世纪"，不是从天上掉下来的，是要靠中国人在中西融合的基础上，或者说是在西方思想文化整合到中国思想文化之中的基础上，也即在民族化与科学化、现代化相统一的基础上，一步一个脚印走出来的。走民族化与科学化、现代化相结合的道路，龙的传人才能在涅槃中获得新生，古老的中国才能永葆青春。否则，"中国人的世纪""龙的传人的世纪"，就会成为空话。

语文教育同样如此。语文教育的民族化是在语文教育科学化、现代化进程中的民族化。语文教育的科学化、现代化是在语文教育传统这个母体中孕育、生成的科学化、现代化。面对经济全球化、文化世界化，语文学科既不能妄自尊大、闭关自守，也不能妄自菲薄、全盘西化。强化"民族意识"与拓宽"全球视野"二者是可以而且是应该统一的。这就要求我们继承、丰富、弘扬和创新语文教育传统[①]，在积极汲取和融会世界母语教育经验的过程中不断强化中国语文教育的特点和个性，不断丰富中国语文教育的蕴涵和提升中国语文教育的文化品位，不断赋予中国语文教育以新的姿容与新的涵义，使中国语文教育在创新中丰富和发展。

在这方面，洪宗礼同样有清醒的认识。他指出："母语教育，包括母语课程教材建设互动、互融、互补，是当前世界母语教材发展的趋势。"[②]"在改造、继承传统和学习借鉴国外经验的基础上创新，把传统与现代结合才是'人间正道'。"[③]洪宗礼主编的苏教版《义务教育课程标准实验教科书·语文》即按照国家教育方针和素质教育的要

[①] "传统语文教育"与"语文教育传统"是两个不同的概念：传统语文教育即古代语文教育，与现代语文教育相对，指历史上的语文教育，它是精华与糟粕并存的；语文教育传统则存在于古代与现代语文教育之中的，指语文教育在长期的发展过程中积淀的精华，它是不断生成和发展的。

[②] 《洪宗礼文集》（第4卷），江苏教育出版社2008年版，第25页。

[③] 《洪宗礼文集》（第4卷），江苏教育出版社2008年版，第24—25页。

求，吸取世界母语教材的先进理论营养，提炼出新教材编写的六个基本理念：人本理念、整合理念、主体理念、开放理念、弹性理念、民主化人性化理念。这六个理念是他主编的语文实验教科书的灵魂，也是他主编的语文实验教科书的理论支柱。这些理念的确立，使得这套语文实验教科书既继承了民族语文的优良传统，又充满了时代气息和改革锐气。

应该说，进入21世纪以来，许多人已经开始意识到语文教育要融民族化、科学化、现代化于一体，但人们大都停留在口头或书面的探讨上，洪宗礼和他的团队则抱着崇高的使命感、责任感，将理论与实践很好地结合了起来，迈出了坚实的步伐。洪宗礼所走过的道路，"民族意识"与"全球视野"的交融，民族化、科学化、现代化的结合，标示着中国语文教育发展的路向。

第六章
语文教育学科建设

语文教育学科建设涉及语言学及应用语言学、汉语言文字学、口语交际学、文章学（阅读学、写作学）、文学、史学、哲学、教育学、心理学等众多领域。本章重点讨论现代语言学、美育学与语文教育学科建设的关系，以及语文教育民族化、科学化、现代化等问题。

一　新中国成立以来现代语言学对语文教育的影响①

语言学是语文教育的基础学科之一，语文教育也本该是语言学特别是应用语言学研究的重要课题，但自1990年"淡化语法"大讨论后，语言学界便极少在语文教育方面

---

① 本文系与邵克金合作，原载《课程·教材·教法》2019年第11期，收入本书时有删改。

发声，近年来情况才有所好转。在语文教育史研究领域，从语言学的角度解读语文教育史的论文也不多，本文尝试从语言学影响的视角对新中国成立以来语文教育的发展情况进行解读。

总体而言，新中国成立以来，语文教育先后主要受结构主义语言学、文化语言学、语用学等的影响，其中：1990年"淡化语法"讨论是结构主义语言学对语文教育影响走向衰微的标志；2001年《全日制义务教育语文课程标准（实验稿）》把"人文性"加入到语文课程性质的表述中，表明文化语言学（主要指"汉语的人文性"理论）对语文教育的影响开始占据主导地位；《义务教育语文课程标准（2011年版）》强调语文课程是一门学习语言文字运用的综合性、实践性课程，表明语用学思想对语文教育影响上升至主导地位。

（一）结构主义语言学与语文教育

1.结构主义语言学对我国语文教育的积极影响

索绪尔被称为"现代语言学之父"，他的结构主义语言学思想把语言和言语区分开来，认为语言是一套音义结合的符号规则系统，是相对静态的、抽象的，具有社会性，而言语是语言的运用，是动态的、具体的，具有个体性。索绪尔主要关注相对静态的语言，他还提出了历时与共时概念，即历时是纵向的、动态的，而共时是横向的、静态的。索绪尔主要研究共时状态下的语言。在此基础上，索绪尔提出横向的组合规则和纵向的聚合规则并用这两大规则分析语言的结构。

我国学者运用结构主义语言学理论研究汉语的成绩在20世纪50年代即达到了一个高峰，其盛况从一篇社论两个连载可见一斑：1951年6月6日，《人民日报》发表题为《正确地使用祖国的语言，为语言的纯洁和健康而斗争！》的社论，同时开始每周两次连载吕叔湘、朱德熙关于语法修辞的文章。1952年7月至1953年11月，《中国语文》杂志又连载了丁声树、吕叔湘等的《语法讲话》。

再看我国的语文教育，从1898年《马氏文通》中"西文有一定之规矩，学者可循序渐进而知所止境；华文经籍虽亦有规矩隐寓其中，特无有为之比拟而揭示之……理不暇明，以与夫达道明理之西人相角逐焉，其贤愚优劣有不待言矣"[1]流露出的通过明汉语之理而达到使民众去愚向贤的化民情怀，到五四时期基于教育救国理想而开展的"白话文运动""国语运动""汉字拼音化运动""汉字简化运动"等，看得出近代以来语文教育的改革探索是以语言文字的教育改革为突破口的。新中国成立后，以叶圣陶、吕叔湘、张志公"三老"为代表的语文教育家们把结构主义语言学研究成果引入语文教育，确立了语言教学的主导地位并首次大规模、成体系、有序列地构建了语文教育的知识系统。

首先，"三老"确立了语文教育就是语言教育这一核心的语文教育观。叶圣陶说："语文就个人说，是想心思的工具，是表达思想的工具；就人与人之间说，是交际和交流思想的工具。简言之，语文是人们思维和交际的工具。"[2]叶圣陶这里的"语文"就是"语言"的意思。吕叔湘更是明确指出语文教育话语体系中的"语文"是"语言文字"。他说："'语文'有两个意义：一、'语言'和'文字'，二、'语言文字'和'文学'。中小学的'语文'课是否包含文学的成分呢？似乎包含，但是我这里不谈。一般说到'语文教学'的时候总是用'语文'的第一义。"[3]张志公说的"语文是个工具，进行思维和交流思想的工具，因而是学习文化知识和科学技术的工具，是进行各项工作的工具。"[4]其中的"语文"也是指"语言"。

其次，"三老"基于语言的功能确立了语文的"工具性"。语文

---

① [清] 马建忠：《马氏文通》，商务印书馆1998年版，第13页。

② 《叶圣陶集》（第13卷），江苏教育出版社1992年版，第207页。

③ 《吕叔湘语文论集》，商务印书馆1983年版，第335页。

④ 《张志公文集》（第3卷），广东教育出版社1991年版，第50页。

"工具性"经典内涵（"交流的工具""思维的工具""从事其他学习及工作的工具"）正是语言的基本功能。

再次，根据语言教学的一般规律，"三老"把语文教育的培养目标确立为正确理解并恰当运用汉语言，这一根本目标具体表现为听、说、读、写四项语言技能的培养。为达成这些目标，"三老"给出的实施方案是"知识+训练"（20世纪60年代被概括为"双基"）。于是我们看到了紧紧围绕语言知识而开展的语文教学。为了保障语言知识教学的开展，《暂拟汉语教学语法系统》（后修订为《中学教学语法系统提要》，下文统称为"《暂拟系统》"）也应运而生。除此以外，语音知识、修辞知识、逻辑知识、文章学知识等也都成体系、有序列地编排到了语文教材中。相应地，魏书生的"知识树"、陆继椿的"一课一得，得得相连"等也成了当时极富代表性的语文教学范式。

"三老"时代的语文教育是语言本位教育，基本逻辑如下：语文教育是语言教育，语文教育的目的是掌握汉语言文字这套工具。要掌握这套工具，就必须掌握汉语言文字知识并积极从事听说读写等技能训练。这是一条基于语言，直指输入（听、读）和输出（说、写）的清晰逻辑，摆脱了传统语文教育的混沌局面，并深深地影响了当代语文教育。

应该看到，"三老"时代的语文教育观及语文教育逻辑总体而言是科学的，不应该被轻易否定，否则，语文教育就有倒退甚至成为非语文的风险。"三老"时代所构建的语言知识体系的意义，同样不应该被轻易否定。正如刘大为所言："没有哪一门课程，能够既在现代教育体系中作为一门课程而存在，又能离开一个完整的知识体系而展开它的教学过程。"①

---

① 刘大为：《语言知识、语言能力与语文教学》，载《全球教育展望》2003年第9期。

2. 结构主义语言学对我国语文教育影响的衰微及原因

然而，"三老"那种通过系统学习语言知识、加强语言技能训练进而达到提高理解和运用汉语言文字能力的语文教育逻辑在教学实践中的效率似乎不尽如人意，以至系统的语言知识教学特别是语法知识教学受到了质疑进而演变为抵制和抨击。1990年的"淡化语法"讨论可以说是结构主义语言学思想对我国语文教育影响走向衰微的标志性事件。到了20世纪末，讨论升级为"工具性"与"人文性"的论争。最终以语法教学（乃至其他语文知识教学）事实上被轻视，"工具性"理念事实上被疏远，语言教学的主体地位事实上被弱化而结束了结构主义语言学主导语文教育的时代。

其实，吕叔湘和张志公不仅意识到了语文教学效率低下的问题（著名的"少慢差费"论正是吕叔湘提出的），还为试图解决这个问题作出了积极的努力。吕叔湘认为效率低下的原因在于师生水平低及教法问题。他的《师生水平低是最大困难》（1980）、《语文教改的关键在于提高教师水平》（1985）、《语法教学要在教法上多动脑筋》（1991）、《要少死讲，多引发讨论》（1991）、《关键在一个"活"字》（1991）等文章都反映了这点。张志公则提出"小学语文分进合击""初中起增设'文学'课""按照知识和实践的合理关系组织语文课"等语文教改设想。然而，当时语文教育界的"生态"已发生了很大的变化，随着语言学家们集体淡出语文教育研究，吕叔湘、张志公的探索也就近乎中断了。

从语言学的视角看，结构主义语言学对我国语文教育影响走向衰微的主要原因有：（1）结构主义语言观的静态之弊。结构主义语言学的目标是总结出相对静止的、抽象的、具有社会性的语言符号系统规则而不太关注动态的、具体的、具有个性化的言语，这样的研究是重形式而轻意义的，总结出的汉语知识体系必然与人们鲜活的、丰富多彩的言语存在差异。而且在这种只关注研究语言形式，忽视对语言与文学、语言与文化、语言与社会等诸多关系研究的观念指导下的语文教育观，其教育内容也是比较狭隘的。（2）对母语教育的规律和特点认识不足。母语能力即核心语言能力是通过自然习得而非学得，"核心语言能力"指的是掌握了母语的音系系统，储存了最基本的母语词汇（往往是口语）并能自如运用，能无意识地驾驭最基本的母语语法规则等。这决定了"三老"时代所构建的系统语言知识，尤其是语法知识对于汉语母语运用能力的提高不会有太大的帮助，甚至还因规则与实际中的言语现象冲突而产生困惑。正因此，否定知识教学主要集中在否定学习语法知识上，主张"淡化语法"者才说语文教育不是要培养语言学家。

（二）文化语言学与语文教育

1. 汉语"人文性"观点进入语文教育界

20世纪80年代，汉语文化语言学兴起。汉语文化语言学分为文化参照派和文化认同派两类。文化参照派重在揭示语言中的文化现象或文化中的语言现象；文化认同派认为"人文性是语言的本质属性""与西方语言相比，汉语的人文性尤其突出""西方语言是思维客体化的产物，汉语是思维主体化的产物"[①]。在当时素质教育理念和"文化热"的社会大背景以及语文教育内部"淡化语法"的讨论，"工具性"与"人文性"论争白热化的状态下，这些观念很快被一些语文教育学者引入并作为呼唤人文性、抨击工具性的工具，对语文教育产生了重要影响。1995年，于漪发表《弘扬人文，改革弊端——关于语文教育性质的反思》，文中引用了汉语人文性的观点，认为在给语文学科定位时，"人文性"较之其他更为合适，同时她也辩证地指出："汉语和其他民族语言的工具性和人文性，是一个统一体的不可割裂的两个侧面。没有人文，就没有语言这个工具；舍弃人文，就无法掌握语言这个工具。""语文学科作为一门人文应用学科应该是语言的工具训练

---

① 申小龙：《汉语与中国文化》，复旦大学出版社2003年版，第1—2页。

与人文教育的综合。"①再加上当时国家在教育理念上否定"应试教育",主张"素质教育",这进一步弱化了语文"双基"教育,增强了"人文性"思想在语文教育中的影响。《全日制义务教育语文课程标准(实验稿)》把"人文性"加入到语文课程性质的表述中,同时强调"不必进行系统、集中的语法修辞知识教学""语法、修辞知识不作为考试内容",②标志着"人文性"正式成为学界对语文课程性质认识的一部分。

2.文化语言学与语文教育缺乏深度融合

应该说,针对语文教育走向了技术化训练的极端而倡导加强人文教育,这是没有错的,而且,从语言学的角度看,也有着科学的学理,即语言是文化的符号,母语教育不仅仅是语言能力训练,还肩负着母语文化基因传承的使命。然而,文化语言学的思想及研究成果并没有被语文教育界很好地吸收消化。语文教育界人文主义倡导者只是借了"语言具有人文性""汉语人文性尤其突出"等口号之名,对于作为文化基因传承的语文教育,在理论内涵及实施方式上均缺乏深入的探索。而且当时所借名的"汉语人文性"理论本身就存在较大争议,实质性的进展也不足。伍铁平、范俊军曾发表长文《评申小龙部分著述中的若干问题》,指出"申的错误不仅局限于搬用萨丕尔的语言决定世界观的观点这一个方面。在语言与文化的关系问题上,他却违背了萨丕尔的正确观点。这主要表现在两个方面:一是认为语言决定文化,二是将语言与文化等同。"③刘丹青也曾撰文质疑"汉语人文性理论"的科学精神,指出"作为研究对象的语言的'人文性',不能偷

---

① 于漪:《弘扬人文,改革弊端——关于语文教育性质的反思》,载《语文学习》1995年第6期。

② 中华人民共和国教育部:《全日制义务教育语文课程标准(实验稿)》,北京师范大学出版社2001年版,第17、20页。

③ 伍铁平,范俊军:《评申小龙部分著述中的若干问题》,载《北方论丛》1992年第2期。

换为作为科学的语言学的'人文性'，用'人文性'来否定现代科学精神。把语言的系统研究拉回至即兴语感、随机发挥的前科学层次，这不是创新。"[1]那些认同度更高且对语文教育更有现实意义的汉语文化语言学研究却未得到足够的关注。文化参照派用文化的背景知识对汉语的各种语言现象及言语活动作出新的解释，形成了很多汉语言与汉文化之间相互得到印证的成果，如关于汉语词语的文化意义研究，代表性的成果就有王德春主编的《汉语国俗词典》（河海大学出版社1990年出版），崔希亮的《汉语熟语与中国人文世界》（北京语言大学出版社1997年出版），谭汝为主编的《民俗文化语汇通论》（天津古籍出版社2004年出版），张德鑫的《数里乾坤》（北京大学出版社1999年出版）等；关于汉字文化研究的代表成果如何九盈、胡双宝、张猛主编的《汉字文化大观》(人民教育出版社2009年出版)等。陈建民在《语言文化社会新探》（上海教育出版社1989年出版）一书中关于汉语言语活动所表现的汉民族社会文化心理则涉及社会语言学、语用学方面的探索，对语文教育也有极大的启发。这些成果本该充实到语文知识体系中去，以便引导人们增强母语情感、理解母语文化，更好地使用我们的母语。

遗憾的是，人文主义倡导者在反思"三老"时代语言知识教学及语言技能训练的问题时并没有处理好语言知识教学、语言技能训练与人文教育的关系，反而矫枉过正，选择轻视语言知识教学和语言技能训练。这种弱化语言本体教学的语文教育消解了语文学科的专业性，也必然导致人文教育的空洞化、泛化。于是我们看到人文主义时代的语文教育几乎是这样一种状况：无新的科学的语言学理论建树却抵制先前结构主义语言教育观；无新的语文知识积淀却轻视学习先前结构主义语言教育观所构建的语言知识，在目标取向上过分侧重于情感、

---

[1] 刘丹青：《科学精神：中国文化语言学的紧迫课题》，载《江苏社会科学》1993年第1期。

态度、价值观教育，课堂上充斥着各种低效的讨论、表演、陶冶、谈思想、聊人生等感性化的教育。面对这样的问题，当初极力倡导人文性的于漪曾试图纠正人们对"人文性"的认识。她指出："现在有些语文课的性别发生混乱了。语文课就是语言文字的课！你是教孩子语言文字和语言文字的内涵，它的思想内涵、文化内涵，离不开语言文字；离开语言文字，语文学科将支离破碎。乱拓展，乱发挥，这是什么课？我就弄不清楚。我们现在讲得很多的是人文，人文是什么？人文是一种思想、一种理念，绝不是教学环节，教学步骤，它不是胡椒粉。"①其实类似于漪这样的观点早在"工具性"与"人文性"论争发生时张志公就指出过了。他说："加强语文教学中的人文因素，我不反对，但把它与科学性对立起来，就走向了极端。过去，我们是人文性与科学性都谈不上，我称之为四不像。把多年来语文教学没搞好的原因归纳为强调了工具性，搞多了科学性，就离谱了。科学性和人文性都得加强！"②然而，因为文化语言学的研究与语文教育没能深度融合，无论是当初张志公的异见还是后来于漪的试图纠偏都显得力不从心，于是偏离语言本体、淡漠语文知识的教学状况愈演愈烈，语文课堂越来越失去了语文味，导致后来被称为"假语文""花哨语文""歧路语文""热闹语文"等。

（三）语用学与语文教育

1. 语文教育语用思想的发展与确立

早在"三老"时代，人们对语文教育的目标是强调运用的。吕叔湘明确说过学习语文"语言运用是主要的，语文知识是次要的"。③张志公更是呼吁"要加紧研究有关说话、读书、写文章的科学的知识系

---

① 《于漪全集》（第1册），上海教育出版社2018年版，第168页。

② 张志公：《提倡"两个全面发展"——答〈语文学习〉记者》，载《语文学习》1996年第2期。

③ 《吕叔湘全集》（第11卷），辽宁教育出版社2002年版，第95页。

统，把教学这些知识和指导运用这些知识与听说读写的实践活动科学地组织起来"，①其中已闪耀着可贵的语用学及语用能力教学思想。从语用学角度探索语文教育的改革可以追溯至20世纪90年代，在"淡化语法"讨论、"工具性"与"人文性"论争的同时，有一部分学者仍坚持立足语言本体教学，反思语文教育侧重静态语言教育的不足，积极探索完善之策，而这些完善方案正是基于强调"言语""语境""交际"等语用思想的。

1993年，王建华出版专著《语用学在语文教学中的运用》，他认为：近十多年来，语文教学方面的失误，一是没有认清语文的基本性质，片面强调思想性、文学性或知识性；二是片面强调语言文字的基础知识和基本训练，字词句篇、语修逻文的教学程式化。②这两点认识应该说是切中当时语文教学的要害的，因此，他想立足语用学来探讨指导语言教学的科学理论。在该书中他用语用学理论解读了大量语文教材中的文本，给读者带来了新的启示。但该书主要还是侧重用语用学理论分析文本，达到更好地阅读理解的目的，并未从语用学出发建构起语文教育学理。1996年，王尚文强调："离开言语形式这一中心，语文教学内容越'丰富多彩'，语文教学就越难轻装前进，质量就越成问题。"③李海林、余应源等也主张言语教学。李海林的专著《言语教学论》试图以"言语"概念为核心建构新的语文教育学理论体系。④2008年，徐林祥在《"语文就是语言"——重温叶圣陶先生关于"语文"含义的论述》一文中重温了叶圣陶"语文就是语言"的观点并指出了将"语文"解释为"语言文章""语言文学""言语""文

---

① 张志公：《关于改革语文课、语文教材、语文教学的一些初步设想（下）》，载《课程·教材·教法》1985年第4期。

② 王建华：《语用学在语文教学中的运用》，杭州大学出版社1993年版，第1页。

③ 王尚文：《语言·言语·言语形式——试论语文学科的教学内容》，载《浙江师大学报（社会科学版）》1996年第1期。

④ 李海林：《言语教学论》，上海教育出版社2000年版。

化"等观点的不足。①他将语文教育的"语文"所指概括为"一体三维":"一体"即这个"语文"本体为语言;"三维"即这个"语言"包含三个维度的意义指向(口头的语言和书面的语言、狭义的语言和言语、语言的形式和语言的内容),②肯定并发展了叶圣陶的语文观。同年,王元华提出"语文教学从本质上看是语用教学",③这是最早点明语文教学的语用本质的论述。2010年,韩雪屏梳理了百年来语文课程中的语用知识,并指出:"当代语文课程与教学领域中,有效的语用知识和技能还大量错位与缺失。"④经过这些探索,《义务教育语文课程标准(2011年版)》明确指出"语文课程是一门学习语言文字运用的综合性、实践性课程。"⑤紧接着,以《语文建设》杂志和《语言文字报》为主阵地的"真语文"大讨论对语文教育中泛人文现象进行了深入反思,语言本体教学得到重新强调,语用学思想对语文教育的影响开始盛行。

2. 基于语用学思想探索语文教育改革的成绩与挑战

语用学理论是有可能成为当前语文教育改革中的重要理论支撑的。一方面,语用学是专门研究语言的理解和使用的学科,它研究在特定情景中的特定话语,研究如何通过语境来理解和使用语言。这种关注语言符号与符号的使用者的关系视角和结构主义语言学只关注符号与符号之间关系的视角相比,具有鲜明的动态性、重视意义内容、重视语境、重视认知、更切合交际实际等特点,弥补了结构主

---

① 徐林祥:《"语文就是语言"——重温叶圣陶先生关于"语文"含义的论述》,载《语文教学通讯》2008年第3C期。

② 徐林祥:《语言·语文·语文教育》,载《徐州师范大学学报(哲学社会科学版)》2011年第6期。

③ 王元华:《语文教学本质上是语用教学》,载《语文建设》2008年第7期。

④ 韩雪屏:《审理我国百年语文课程的语用知识》,载《课程·教材·教法》2010年第10期。

⑤ 中华人民共和国教育部:《义务教育语文课程标准(2011年版)》,北京师范大学出版社2012年版,第2页。

义语言教育观的不足，契合了语文教育的语用目标取向。另一方面，语用学理论在外语、对外汉语等教学上的运用成果丰富，为语文教育提供了可以借鉴的经验。如，何自然的《语用学的研究及其在外语教学上的意义》①、许连赞的《语用学原则在外语教学中的应用》②、屈承熹的《语用学与汉语教学》③等，这些成果都显示出了语用学在语言教学中的积极意义。

目前，基于语用学思想的语文教育改革尚处于摸索阶段，但已在以下诸多方面有所探索。

（1）关于学科整体改革。潘涌提出"积极语用"思想，期望建构一种"上通以活力汉语为象征的国家文化软实力，下联以言语表达和表现为本位的课堂教学新实践"。④然而在操作层面方案尚不够清晰。王元华在《语用学视野下的语文教学》专著中，指出语用教学的基本单位是"话语"，语用教学的核心是"语用体验"。提出了语用教学的体验性原理、关联性原理、公度性原理，并基于语用教学视角重新审视了语文教学的种种内外基本关系，⑤是目前所见最为系统的基于语用学理论对语文教育学理的建构。李宇明等提出了基于语用观指导下的语文教育改革整体设计思路，内容涉及"语文能力的学段衔接""语文课程的建设与语文教材的创新""语文教师的重塑与语文教学的优化""考试与评价的转轨""课改中的制度建设"等，⑥是目前所见最为

---

① 何自然：《语用学的研究及其在外语教学上的意义》，载《现代外语》1984年第2、3、4期。

② 许连赞：《语用学原则在外语教学中的应用》，载《外国语(上海外国语学院学报)》1988年第3期。

③ 屈承熹：《语用学与汉语教学》，载《语文建设》1987年第2期。

④ 潘涌：《积极语用：21世纪中国母语教育新观念》，载《北京师范大学学报（社会科学版）》2011年第2期。

⑤ 王元华：《语用学视野下的语文教学》，北京师范大学出版社2012年版。

⑥ 李宇明：《语用观指导下的语文教育改革整体设计》，载《语文建设》2014年第6期。

全面的基于语用学理论对语文学科改革的探索。

（2）关于课程内容。曹明海依据语文教育的语用观确定了语文课程的三项基本内容："语文知识""语文能力""人文素养"，并对这三项内容进行了详细的分类说明。[①]荣维东等提出建设真语文的语用知识，指出基于语用的语文课程知识理念和体系，应该具有以"语用知能"为核心，以交流能力为取向，以"语境、语篇、语用"知识为重点，吸收并开发当今社会急需的语用知识等特点。[②]

（3）关于教材与教学。刘仁增2007年提出建构"语用型"小学语文教材的设想，试图以"语言能力发展"为主线，以语言能力点为单元主题，以"能级递进"为序列，注意选文和练习拟制，将小学阶段的语文学习总目标具体落实到各个年级、各个单元中去，促进学生语文素养的形成与发展，从而突破"文选型"教材的"瓶颈"。[③]2014年他又提出"发现—领悟—模仿—类推—创造"[④]这一语用教学模型。

可以说，基于语用学改革语文教育的探索成果已经涉及语文教育的性质、目的、内容、知识构建、教材编写、教学范式、教学评价等诸多方面。然而，总体来说，这些探索主观经验成分重，实证研究少，在转化成适合语文教学的理论建设方面尚不足，更没有形成具有普遍共识的理论成果。在语用转型的探索上也没有形成持续性的深入探讨，可能的原因有三：一是语用学等动态语言学理论被语文教育界理解消化尚需时间；二是语言学家参与语文教育建设的氛围不浓；三

① 曹明海：《语文课程内容的语用性建构》，载《山东师范大学学报（人文社会科学版）》2015年第5期。

② 荣维东，杜鹃：《语文教育亟待语用转型与体系重建》，载《中国教育学刊》2015年第5期。

③ 刘仁增：《建构"语用型"小学语文教材的思考与设想》，载《课程·教材·教法》2007年第11期。

④ 刘仁增：《语用：语文教学的价值重塑与范式重构》，载《课程·教材·教法》2014年第6期。

是"核心素养"新热点的出现一定程度上阻碍了学界对语用转型探索的继续深入。但不管怎样，如今，语文教育的语用转向已形成广泛的共识，"语言建构与运用"也被《普通高中语文课程标准（2017年版）》列为语文学科核心素养之一并被视为发展其他三项核心素养的基础。如此大的观念转变势必会牵动整个课程、教材及教学上的变革，因而，面临的挑战是艰巨的。

首先，应抓紧研制以语用学理论为主导的语文教育学理。积极思考如何在遵循教育规律的基础上，立足学习祖国语言文字运用这个语文课程的核心目标，以"语用学"为代表的动态语言学理论为基础，扬弃结构主义语言学的研究成果，广泛吸收"篇章语言学""认知语言学""社会语言学"等理论来架构起系统严密而又具有开放性的语文教育宏观学理。毫无疑问这是一个紧迫的课题。

其次，应抓紧构建"语用"型的语言知识系统。当前语文教育的语言知识系统仍然停留在《暂拟系统》时期。然而，现实的尴尬是一方面深知它们存在观点分歧，忽视语言的动态性、创造性等诸多弊病，恨不得弃之不用；另一方面又拿不出更科学、更适用的语言知识系统。语文教育到底需要怎样的语言知识，目前虽有新的建构呼吁及设想，但学界并未具体开展该工作。这个问题不解决，即使语文教学重在语言教学已形成广泛共识，但对于广大教师来说，仍将存在两大困扰：一是不善于发现语言方面的教学点；二是即使发现得了，解释能力也很有限。

再次，应抓紧研究"语文核心素养"背景下的"语用转向"。自"语文核心素养"提出后，语文教育在"语用转向"研究上似乎一夜之间凉了下来。这种新热点一出，旧问题就不顾的做法很难形成厚实的成果积淀，却容易产生推倒重来式的矫枉过正，语文教育史上这样的教训实属不少。

语文教育就是关于祖国语言的教育，坚持这点认识，我们才能守住语言本体的教学地位，才能兼顾口语教学和书面语教学、语言知识系统教学和言语能力教学、语言形式教学和语言内容教学，才能正确把握语言与思维、审美、文化之间的关系。语文教育的核心目标是培养学生正确理解和规范使用祖国语言的能力和习惯。然而，何谓语言能力？如何培养语言能力？怎样测评语言能力？这些问题我们都还认识不清。"双基"时代我们更多的是把静态的语言知识等同于语言能力，实践证明这是有缺陷的；"人文性"时代，我们轻视"双基"，但又没能提出培育语言能力的新的实施方案。当前倡导"语文核心素养"，我们强调语言建构和运用，但具体建构什么？怎么建构？怎么评测建构效果及运用能力？这些问题都有待深入探讨。要解决以上问题亟需语文教育工作者与语言学家通力合作，将适合语文教育的语言学研究成果与语文进行教育深度融合。

二　关于语文核心素养的思考

1997年12月，国际经济合作与发展组织（OECD）启动了"素养的界定与遴选：理论和概念基础"项目，确定了三个维度九项素养。2002年美国制订了《"21世纪素养"框架》，2007年发布了该框架的更新版本。2004年芬兰颁布《基础教育国家核心课程》。2006年欧盟（EU）通过《针对终身学习的关键能力：欧洲参考框架》。2008年澳大利亚发布《墨尔本宣言》。2010年新加坡教育部颁布了新加坡学生的"21世纪素养"框架。2013年联合国教科文组织（UNESCO）发布报告《走向全球化的学习：每位儿童应当学什么》。这些文件都反映了建构学生核心素养模式的共同追求。

2014年3月30日，我国教育部印发《关于全面深化课程改革　落实立德树人根本任务的意见》，提出研究制订"学生发展核心素养体系"，并指出核心素养的内涵，即学生应具备的"适应终身发展和社会发展需要的必备品格和关键能力"，要求体系应"突出强调个人修养、社会关爱、家国情怀，更加注重自主发展、合作参与、创新实践"。

2016年9月13日，中国学生发展核心素养研究成果发布会在北京师范大学举行。"中国学生发展核心素养"定义为：以科学性、时代性和民族性为基本原则，以培养"全面发展的人"为核心，分为文化基础、自主发展、社会参与三个方面。综合表现为人文底蕴、科学精神、学会学习、健康生活、责任担当、实践创新六大素养，具体细化为国家认同等十八个基本要点。

2017年12月29日，教育部下发《关于印发〈普通高中课程方案和语文等学科课程标准（2017年版）》的通知》，正式颁布了新的《普通高中课程方案》和语文等学科课程标准（2017年版）。这次课程标准修订的一个重要突破，就是各学科基于学科本质凝练了本学科的核心素养。语文核心素养的凝练是《普通高中语文课程标准（2017年版）》的一大亮点。语文核心素养的理解与实施也已经成为当前广大语文教育工作者关注与研究的热点。

（一）语文核心素养应是语文的，不是非语文的

《普通高中语文课程标准（2017年版）》指出："学科核心素养是学科育人价值的集中体现，是学生通过学科学习而逐步形成的正确价值观念、必备品格和关键能力。"同时指出："语文学科核心素养是学生在积极的语言实践活动中积累与构建起来，并在真实的语言运用情境中表现出来的语言能力及其品质；是学生在语文学习中获得的语言知识与语言能力，思维方法和思维品质，情感、态度与价值观的综合体现。主要包括'语言建构与运用''思维发展与提升''审美鉴赏与创造''文化传承与理解'四个方面。"[1]

笔者认为：语文核心素养，作为语文学科育人价值的集中体现，是学生通过语文学科学习而逐步形成的正确价值观念、必备品格和关键能力，应能体现语文学科的本质特征。"语言建构与运用"是语文与英语、日语、俄语等学科的共同目标；"思维发展与提升"是语文与数学、物理、化学、生物以及外语等学科的共同目标；"审美鉴赏与创造"是语文与艺术、音乐、美术等学科的共同目标；"文化传承与理解"是语文与政治、历史、地理以及外语等学科的共同目标。《普通高中语文课程标准（2017年版）》所列语文学科核心素养的四个方面，都未能反映语文学科教学祖国语言这一本质特征。

我国的语文教育，是《中华人民共和国国家通用语言文字法》

---

① 中华人民共和国教育部：《普通高中语文课程标准（2017年版）》，人民教育出版社2018年版，第4页。

规定的以普通话和规范汉字为内容和载体的汉语文教育。作为语文学科核心素养的四个方面，语文学科的"语言建构与运用"应当是祖国语言的建构与运用，即中华民族共同语（对以汉语为第一语言的绝大多数中国人来说也就是母语）的建构与运用，也即"汉语言建构与运用"；语文学科的"思维发展与提升"重在语言思维的发展与提升，主要是"汉语言思维发展与提升"；语文学科的"审美鉴赏与创造"重在语言审美的鉴赏与创造，主要是"汉语言审美鉴赏与创造"；语文学科的"文化传承与理解"重在语言文化的传承与理解，主要是"汉语言文化传承与理解"。总之，语文核心素养应是语文的，不是非语文的。

（二）语文核心素养四个方面应是有机整体，不是简单相加

语言是重要的交际工具，也是重要的思维工具。形于外的说和写即外部语言，是思维表达的工具或表达的形式（物质外壳）；隐于中的思维即内部语言，是说和写表达的对象或表达的内容（精神实质）。"汉语言建构与运用"是"汉语言思维发展与提升"的途径，"汉语言思维发展与提升"是"汉语言建构与运用"的支撑。

语文核心素养四个方面应是有机整体，不是简单相加。"汉语言审美鉴赏与创造"与"汉语言文化传承与理解"不是并列关系，"汉语言审美鉴赏与创造"是"汉语言文化传承与理解"的组成部分。"汉语言建构与运用"与"汉语言文化传承与理解"也不是并列关系，"汉语言建构与运用"是"汉语言文化传承与理解"的基础。"汉语言思维发展与提升"与"汉语言文化传承与理解"同样不是并列关系，"汉语言思维发展与提升"是"汉语言文化传承与理解"的核心。

语文核心素养四个方面的关系，可用下图来表示。

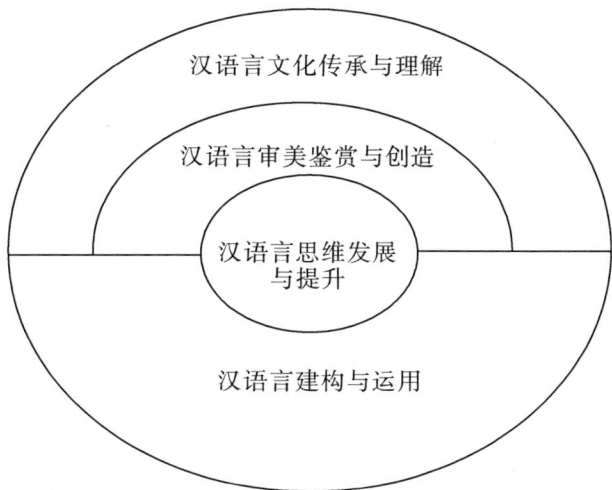

图6-1 语文核心素养四个方面的关系

"汉语言建构与运用"是整个语文学科核心素养体系的根基，既是"汉语言思维发展与提升"的途径，也是"汉语言审美鉴赏与创造""汉语言文化传承与理解"的基础。语文学科的"思维发展与提升""审美鉴赏与创造""文化传承与理解"应当在"语言建构与运用"的过程中达成。"汉语言思维发展与提升"是整个语文学科核心素养体系的核心。"汉语言审美鉴赏与创造"是"汉语言文化传承与理解"的重要内容。包括"汉语言审美鉴赏与创造"在内的"汉语言文化传承与理解"，都以"汉语言建构与运用"为基础，以"汉语言思维发展与提升"为核心，四者共同构成语文学科核心素养。

（三）语文核心素养的提出，意味着课程与教学观念的转变

中华人民共和国成立以来，我国语文课程教学目标经历了从"双基"到"三维目标"，再到"核心素养"的变迁过程。语文"双基"重视语文基础知识传授与语文基本技能训练，提高了教学质量，但也可能导致知识灌输、纯技术训练，忽视情感态度价值观教育的倾向。语文"三维目标"的提出，着眼于人的全面发展，期望在过程中掌握方

法，获取知识，形成能力，培养情感态度价值观，促进学生语文素养的全面提升，但在实际操作中，也存在着忽视三维目标是个整体、将其割裂为并列的三项目标或三个目标，以及过于强调情感态度价值观的问题。语文学科核心素养的提出，可以说是对语文"双基"和"三维目标"的超越。语文学科核心素养的提出，意味着课程观和教学观的转变。

首先，课程即问题。关于"课程"，有各种解说。《中国大百科全书》"教育"卷解释为"课业及其进程"，即教学的内容和计划。[①]《现代汉语词典》解释为"学校教学的科目和进程"。[②]基于核心素养的课程就是问题。课程不再是教科书传递的知识，而是不断被探究、理解的问题。教师要培养学生发现问题、分析问题、解决问题的能力，自己首先要有问题意识。江苏特级教师宋运来执教的《鞋匠的儿子》，不满足于对教科书提供的文本的解读，又找来几个版本的《林肯传》进行研读。他发现课文的主人公林肯竟不是鞋匠的儿子，而是木匠的儿子。据此重构教材、超越教材，并撰写了教研论文《教材的批判与教学的超越——从〈鞋匠的儿子〉公开课谈起》。

其次，教学即研究。关于"教学"，也有种种解说。《中国大百科全书》"教育卷"解释为"教师的教和学生的学的共同活动。"[③]《现代汉语词典》解释为"教师把知识、技能传授给学生的过程"。[④]基于核心素养的课程就是研究，教学不仅是教师教学生学，更重要的是

① 中国大百科全书总编辑委员会《教育》编辑委员会：《中国大百科全书：教育》，中国大百科全书出版社1992年版，第207页。

② 中国社会科学院语言研究所词典编辑室编：《现代汉语词典》（第7版），商务印书馆2016年版，第742页。

③ 中国大百科全书总编辑委员会《教育》编辑委员会：《中国大百科全书：教育》，中国大百科全书出版社1992年版，第150页。

④ 中国社会科学院语言研究所词典编辑室编：《现代汉语词典》（第7版），商务印书馆2016年版，第659页。

教师与学生研究，可以是教师与学生合作研究，也可以是教师指导学生研究。著名特级教师贾志敏2016年11月在河南郑州举办的第二届全国小学魅力课堂教学大赛暨第四届"名师大课堂"观摩会上执教《推敲》时，即引导学生对教学文本进行研究。对课文中"唐朝有个诗人叫贾岛，早年因家境贫寒，出家当了和尚""这时，正在京城做官的韩愈，在仪仗队的簇拥下迎面而来"两句进行推敲。他还在黑板上写了这样一段话："我最喜欢的老鸭汤搬上来了，妈妈扯下两条腿，一条放在我的碗里，另一条放在奶奶的碗里。"引导学生找出并修改这段话存在的毛病。

　　总之，提倡语文核心素养意味着课程与教学观念的转变：课程即问题（不再是现成的知识），教学即研究（也不再是接受现成的知识）。并且，基于语文核心素养的教学已潜在于优秀语文教师的教学案例中，需要我们去发现揭示、去梳理总结、去提升完善、去发扬光大。

三 基于语文核心素养的"语用热"再认识①

《义务教育语文课程标准（2011年版）》规定："语文课程是一门学习语言文字运用的综合性、实践性课程。"②在我们看来，这不仅是对语文课程性质的规定，也是对引入语言文字运用知识进入语文课程知识体系的强调。

早在2003年，就有学者针对语言知识淡出语文教学体系的现象进行理论分析，指出不能简单地把学科性的语言知识转移到语文教学中，不能脱离语言能力的核心去强调语言能力的实践性。"发展学生的听说读写能力，固然不可忽视其中实用性的目的，但是更应该重视的，恐怕就是通过听说读写去发展学生的语言能力和提高他们的整体素质，没有这种能力和素质的形成，听说读写无非是满足眼下生活要求的一种普通技能而已。"③此处的"整体素质"，包括学生的认知能力、思维能力、情感体验、审美感受等多个方面。事实上，已有的语文课程知识的建构，"强化了静态的言语知识形式的建构而忽视了动态的言语技能知识的建构，包括识字、写字、阅读与口语交际的基本技能"。④

《义务教育语文课程标准（2011年版）》关于语文课程性质的表

---

① 本文系与郑昀合作，原载《全球教育展望》2016年第8期，收入本书时有删改。

② 中华人民共和国教育部：《义务教育语文课程标准（2011年版）》，北京师范大学出版社2012年版，第25页。

③ 刘大为：《语言知识、语言能力与语文教学》，载《全球教育展望》2003年第9期。

④ 张心科：《语文课程知识类型与建构路径》，载《语文建设》2015年第2期。

述，重新激活了"语文课教什么"的争论。2012年下半年，《语言文字报》和《语文建设》杂志发起以"教真语文、教实语文、教好语文"为主题的"真语文"大讨论，引起语文教育界广泛关注和参与，更促成了语文课程的语用学转向。

如今，这场凝聚各方学者智慧的争论已持续多年，尽管在此期间出现的研究论文从理论层面对"语用""语用学"与语文教育的关系进行了不同程度的探索，然而"培养学生的语言文字运用能力"的语文课程体系仍在探讨与研制中。《普通高中语文课程标准（2017年版）》提出"学科核心素养"的概念。语文素养是学生在积极的语言实践活动中积累与构建起来，并在真实的语言运用情境中表现出来的语言能力及其品质；是学生在语文学习中获得的语言知识与语言能力，思维方法和思维品质，情感、态度和价值观的综合体现。语文素养的形成与发展包括"语言建构与运用""思维发展与提升""审美鉴赏与创造""文化传承与理解"四个方面的关键内容。其中，"语言建构与运用"是根基，是"思维发展与提升""审美鉴赏与创造""文化传承与理解"实现的途径。"思维发展与提升""审美鉴赏与创造""文化传承与理解"应当在"语言建构与运用"的过程中达成。当下，我们有必要从语文核心素养的视角，对"语用热"转向过程中的论述进行学理层面的梳理，并对如何在语文教学中真正落实"培养学生的语言文字运用能力"的目标作出探索。

（一）《义务教育语文课程标准（2011年版）》"语法修辞知识"的不足

促成"真语文"大讨论及"语用学"转向的重要推手，应当是《义务教育语文课程标准（2011年版）》的颁布实施。课程标准制定者在《义务教育语文课程标准（2011年版）》的"实施建议"之"教学建议"中增列"关于语法修辞知识"一项。其中指出"在教学中应根据语文运用的实际需要，从所遇到的具体语言实例出发进行指导和点拨"，目的在于帮助学生"形成一定的语言应用能力和良好的语感"，"要避免脱离实际运用，围绕相关知识的概念、定义进行'系统、完整'的讲授与操练"，并强调"关于语言结构和运用的规律，须让学生在具有比较丰富的语言积累和良好语感的基础上，在实际运用中逐步体味把握"。①从中不难发现2011年版课标对学生语言文字运用能力培养的导向。

《义务教育语文课程标准（2011年版）》虽然强调语文课程应致力于培养学生的语言文字运用能力，但其"附录3　语法修辞知识要点"，只是2001年颁布的《全日制义务教育语文课程标准（实验稿）》"附录三　语法修辞知识要点"的简单重复，其全部内容如下：

1. 词的分类：名词、动词、形容词、数词、量词、代词、副词、介词、连词、助词、语气词、叹词。

2. 短语的结构：并列式、偏正式、主谓式、动宾式、补充式。

3. 单句的成分：主语、谓语、宾语、定语、状语、补语。

4. 复句的类型：并列、递进、选择、转折、因果、假设、条件。

5. 常见修辞格：比喻、拟人、夸张、排比、对偶、反复、设问、反问。②

该课程标准并未提供选择以上语法修辞知识作为"要点"的理据。"附录3　语法修辞知识要点"中的语法要点属于现代汉语语法知识范畴，并不包括古代汉语语法知识。同时，语法是一种语言中组词造句的规则，大的音义结合体是由小的音义结合体组合形成的。对各级语法单位成分的孤立列举，难以建立学生对汉语语法的全面认识。虽

---

① 中华人民共和国教育部：《义务教育语文课程标准（2011年版）》，北京师范大学出版社2012年版，第25页。

② 中华人民共和国教育部：《义务教育语文课程标准（2011年版）》，北京师范大学出版社2012年版，第42页。

然语法分级问题在目前的语法学界仍然没有统一的标准，但普遍认为可以按"四分法"进行区分，即语素、词、短语、句子。"附录3　语法修辞知识要点"对语法单位的分类，并没有将语法规则中同样重要的"语素"归纳在内，因此也是不够全面的。从附录对语法单位所包括的具体内容来看，同样不够全面。以词的分类为例，仅就现代汉语词汇而言，词的分类十分复杂。除了附录列举的几类，有的词语经常具有两类或两类以上词的语法功能，且意义有密切联系。这类词不属于附录列举的任何词类，而是"兼类词"。像"死了一只小鸟"中的"死"是动词，而"他脑筋太死"中的"死"则是形容词，并且，"脑筋太死"的表述相比"脑筋不灵活"，具备更为浓郁的形象色彩和贬义色彩。"死"就是一个兼类词。就短语的类型而言，汉语存在独有的短语类型，如兼语式短语"他请他吃饭"，第二个"他"既是"请"的宾语，又是"吃"的主语；连谓式短语"他讨杯水喝"中"讨"和"喝"先后与"他"构成主谓关系。除此之外，特殊的短语类型还有同谓短语、方位短语、介词短语、量词短语、助词短语等多种。正确运用这些语法规则，对于表达的规范和效果都能够产生影响。可见，"附录3　语法修辞知识要点"在对语法知识分类列举时，对汉语自身的特点尚缺乏足够的关注。

除语法知识要点外，"附录3　语法修辞知识要点"仅列出了8种常见的修辞格作为修辞知识要点，也是颇为令人遗憾的。世纪之交，中国修辞学研究经历了从"狭义"到"广义"的转型，修辞学界有学者已经指出："狭义修辞学理论对于各种修辞现象的解释显得心有余而力不足，在现实中，人们感到修辞学给予的或者是一些原则性的规定，要如何如何，不能这样那样；或者用一些比较空洞的概念来形容一下所谓的表达效果，诸如'形象生动''深入浅出''化腐朽为神奇'等等之类，似是而非，隔靴搔痒；或者干巴巴地摆一摆术语名称，说用了'比喻、夸张、借代'等等这类的手法，然后一厢情愿地说'非常真切地表现了作者的内心感受''把自然描写得惟妙惟肖'等等。在教学中，在语文课堂上，老师讲解文章的写作特点，大多就是这种状况，任凭他说得天花乱坠，什么'天才的比喻''独具匠心的设问'等等，也难以在学生心中产生共鸣，更难以得到理性的接受。而后，学生们就这么照着老师的模式，回过头来又对他的学生重复着这样的语文教学。不是老师和学生的能力不行，主要是狭义修辞学理论的解释力有限。"[①]

可见，仅仅呈现孤立、静态的"语法修辞知识"，不仅无法涵盖语文学习环境中真实存在的丰富多样的语言现象，与语言运用的实际语境割裂，而且与《义务教育语文课程标准（2011年版）》"培养学生的语言文字运用能力"的导向不一致。

（二）培养学生的语言文字运用能力需要怎样的语言学理论支撑

近几年，探讨语文课程语用转型的论文，大都尝试寻找更具学理性的语言学理论。这些论文几乎都提到了一个概念——"语用学"。韩雪屏在《真语文的标志：坚守语文课程的特质》一文中认为"语用学"与语文教学存在天然默契，因为"语用学研究在不同语境中话语意义的恰当地表达和准确地理解，寻找并确立使话语意义得以恰当地表达和准确地理解的基本原则和准则"。[②]李海林则在《语用学之于语文教育——历史的观照与当下的探索》一文当中重申了索绪尔关于"语言的语言学"和"言语的语言学"的区分，认为"所谓'语言的语言学'，着眼于语言各要素的描述与分析，它把语言理解为一套知识系统；所谓'言语的语言学'，着眼于语言的功用，它把语言看作是一个功能体。对语言的第一个本质，大家的认识比较充分；对语言的

---

① 罗渊，毛丽：《从"狭义"到"广义"：中国修辞学研究转型及其学术意义》，载《福建师范大学学报（哲学社会科学版）》2007年第1期。

② 韩雪屏：《真语文的标志：坚守语文课程的特质》，载《语文建设》2013年第9期。

第二个本质，大家的认识并不那么明确"。①在此基础上，他提倡从功能主义语言观出发进行语文教学。荣维东、杜鹃在《语文教育亟待语用转型与体系重建》一文中，首先对传统语言学进行了批判，认为其已经不能适应当下的语文教育侧重培养学生"语用交际能力"这一目标。在此基础上，文章对国外语用学的学科发展进行了介绍，提出我国语文教育体系"亟待以语用学为基础进行重建"。②也有学者在"语用热"的趋势面前表现出慎重的态度。李海林在其论文中认为，语用学与语言学有着明确的分界，应当把语用学与文艺学、语言学、文章学并列作为语文教育的内容来源。但在其所列的语文教育理论构成表中，语用学作为"言语的语言学"，又与"语言的语言学"并列，作为"广义的语言学"的下位概念。同时作者也承认，作为一个正在发展的学科，将语用学知识引入语文课程层面需慎重。仍需探索的问题包括，哪些语用学知识可以进入语文课程，如何转换语用学陈述性知识形态为语文教学需要的程序性、策略性知识形态等，并非一步之遥。③

尽管语用学可以理解为语言使用之学，但仍不能简单地将语文课程理念中的"语言文字运用"或"语文应用"等同于"语用学"，不能在语文教学中生搬硬套语用学的名词术语。中国语文教育是中华人民共和国国家通用语言文字的教育，作为国家通用语言文字的普通话和规范汉字有其自身的特点，而在学界越来越多被人提及的语用学范畴术语，例如指示语、会话含义、会话结构、格赖斯"合作原则"等，针对的研究对象主要是西方语言。此外，汉语言与西方语言背后的民族文化传统的差异，也决定了包括语用学在内的植根西方语言的语言

---

① 李海林：《语用学之于语文教育——历史的观照与当下的探索》，载《语文建设》2015年第4期。

② 荣维东，杜鹃：《语文教育亟待语用转型与体系重建》，载《中国教育学刊》2015年第5期。

③ 李海林：《语用学之于语文教育——历史的观照与当下的探索》，载《语文建设》2015年第4期。

学理论面对汉民族特有的语言现象时的无力。在某些语境当中，正是因为作者刻意违背了某些语用学的准则，才产生了美感和艺术魅力。

例如，《红楼梦》"林黛玉进贾府"一节，写到贾母问黛玉念过何书，黛玉的回答是："只刚念了'四书'。"但随后见过宝玉，被宝玉问起可曾读书时，黛玉的回答却变为："不曾读，只上了一年学，些须认得几个字"。①如果从美国语言学家格赖斯针对交际者提出的"合作原则"来看，黛玉对宝玉的回答是虚假的，这无疑违背了"合作原则"中的"质的准则"。然而，读者却能透过黛玉刻意贬低自己的回应话语，窥见其来到规矩大得多的外祖母家时内心隐藏着的低调、谨慎，其敏感、自尊的性格无形当中得到了强化，读者由此获得审美享受。汉民族文化心理多崇尚含蓄的表达方式，日常生活中也有很多为达到这一目的而有意违背语用原则的现象，听话一方若想要正确把握说话一方的"言外之意"，往往需要体会话语的色彩意义。比如，一位女子用十分委婉羞涩的方式对心仪的男子表露心意后，对方却仍然不明白女子的用意，该女子就有可能着急地说："你！"男子听到这里，也许仍会不明所以。从语用原则的角度来看，单独一个"你"提供的信息不足，故交际失败。但从间接接受者的一方来看，女子的一个"你"包含了爱意也包含了委屈。一个"你"字，表现出语言在表达思想时可以"言不尽意"，留下空白让听话一方去体会和理解。日常口语交际中委婉的告诫、辛辣的讽刺，古人写作时为了典雅而有意进行避讳，等等，都不能依靠西方语用学去解释。

叶蜚声、徐通锵在《语言学纲要》中指出，正是因为"言不尽意"的存在，语言运用是一种值得深究的学问。"言内意外"的语言运用手法在文学创作中，往往是美感产生的源泉。"一部好的小说，一首好诗，往往在有限的言辞中寄寓着无尽的意思，为读者咀嚼、琢磨

---

① [清] 曹雪芹著，无名氏续，程伟元、高鹗整理：《红楼梦》，人民文学出版社2008年版，第50页。

作品的思想内容留下广阔的天地。"①该处以唐代诗人杜牧的《秋夕》为例："银烛秋光冷画屏，轻罗小扇扑流萤。天阶夜色凉如水，坐看牵牛织女星。"诗中"轻罗小扇扑流萤"看似简单的诗句，实际上在"'言内'寄寓着好几层'意外'"。第一，萤火虫出没在野草丛生的荒凉的地方，如今竟在宫院中飞来飞去，说明宫女生活的凄凉。第二，从扑萤的动作可以想见她的孤独与无聊，借扑萤来消遣那孤苦的岁月。第三，轻罗小扇象征着她被遗弃的命运：扇子本是夏天用来扇风取凉的，到秋天就搁置不用了，所以故事中常用来比喻弃妇。这三层意思都是读者需要凭借自己的感受从"言内"补充出来的"意外"。古代诗歌语言的"暗示性和启发性"，正是通过唤起读者的想象和联想，达到言有尽而意无穷的艺术效果。②

汉语言文字有其自身的特点，汉语言文字运用也有其自身的规律，汉语言文字运用的教学同样有其自身的特点和规律。语文教育研究工作者的职责不是套用一般语言学理论、语用学理论诠释汉语言文字的教学，而应是借鉴一般语言学理论、语用学理论揭示汉语言文字教学的特点和规律。

（三）探寻语言学与语文核心素养共同的前沿地带

语言的建构与运用是语文核心素养的首要和基础任务，而语文核心素养作为一个统一体，其培养实际上是在语言知识无序出现的阅读与鉴赏、表达与交流、梳理与探究等真实的语文活动中进行的。正如萨丕尔在《语言论》中论及语言和文学的关系时谈到的，当艺术家的精神活动处于"非语言"层面时，就会发现"难以用习惯说法的严

---

① 叶蜚声，徐通锵：《语言学纲要》，北京大学出版社1997年版，第150页。

② 叶蜚声，徐通锵：《语言学纲要》，北京大学出版社1997年版，第150—151页。

格固定的辞句来表达自己的意思"。①在文学中，"个人表达的可能性是无限的，语言尤其是最容易流动的媒介。然而这种自由一定有所限制，媒介一定会给它些阻力"。②他在此尝试性地提出了一个猜测，认为文学艺术中存在着一种"特殊的语言艺术"，即"某种语言的特殊构造——特殊的记录经验的方式"。③巴赫金指出"超语言"范畴的存在。首先，他认为，对任何文学文本的分析"不能忽视语言学，而应该运用语言学的成果"。④其次，这种研究又超出了语言学的范围，属于"超语言学"，即"一门研究话语对话性的特殊的言语语言学"。⑤

王宁曾针对汉语语言学与语文教学如何结合作出过精当的论述。她认为："语文教学是让学生从言语作品的语言现象中感受到语言是有规律的，从他人的言语作品中不断地总结和认识语言运用的规律，进而转化成自己的语言。"王宁还提出，语言知识教学就是一种语理教育，应当用语理来指导语言运用能力的培养。对于缺乏语法形态的汉语来说，语理学习的重点应当放在词汇上。词义，可以作为通达鉴赏的一条途径。"成功的教学都要从抽象的词语中开掘出言语意义——也就是蕴涵在其中的作家的具体经验和审美情趣。"⑥

王宁在《汉语语言学与语文教学》一文中，强调借助语言学将

① ［美］萨丕尔：《语言论：言语研究导论》，陆卓元译，商务印书馆1985年版，第200—201页。

② ［美］萨丕尔：《语言论：言语研究导论》，陆卓元译，商务印书馆1985年版，第198页。

③ ［美］萨丕尔：《语言论：言语研究导论》，陆卓元译，商务印书馆1985年版，第199页。

④ ［苏］巴赫金：《巴赫金全集》（第五卷），钱中文译，河北教育出版社1998年版，第11页。

⑤ 凌建侯，杨波：《词汇与言语：俄语词汇学与文艺学的联姻》，北京大学出版社2011年版，第9页。

⑥ 李节：《小大由之——语文教学访谈录》，华东师范大学出版社2014年版，第12—15页。

无序出现的词义进行整理，从而实现词义的有序呈现，以利于理解与记忆。[①]强调词汇的实际运用，的确有利于还原语文课的本质，但词义的有效运用并非语文课的全部，就语文教学环节中用时较多的阅读教学而言，学生面对的多是完整的语段、语篇。语文课程既包含祖国语言形式的教学（如字、词、句、篇等语言形式的把握），又包含祖国语言内容的教学（如字义、词义、句义、篇义等语言内容的理解）。而随着语文核心素养的提出，仅发掘语理中的词理是远远不够的。语文教师真正需要的，是能有效言说"难以言喻"的鉴赏之理，且能够尽可能兼顾思维的发展与提升、审美鉴赏与创造、文化传承与理解，能在教学中发挥桥梁作用的语言学理论。这需要我们依据汉语语言学与语文教学自身的实际情况，从二者能够有机结合的前沿地带寻找答案。

以苏教版《普通高中课程标准实验教科书·语文选修·〈史记〉选读》中的《李将军列传》为例。李广形象，常被冠以英雄的称号。与已经被语文学界所熟知的索绪尔的符号观不同，西方接受美学代表人物之一的沃尔夫冈·伊瑟尔采用了查理·莫里斯的说法，将文学艺术中的符号——如人物形象，称为表征符号，并认为"文学的表征符号构成一种能指的组织形式，它并不指涉一个所指对象，而是为所指对象的产生提供指令"。表征符号意义的实现并不在于能指与所指结合为统一的关系，"表征符号只有在它们与所指对象的关系开始松动甚或消失时，才能完成其功能。我们必须去想象符号所指未及的东西，尽管它仍然是以符号已指涉的东西作为先决条件的"。[②]"能指"与"所指"的特殊关联，在非文学文本中也同样存在（如典范性的新闻稿、演讲稿等实用类文体也同样存在"能指""所指"的微妙关系）。对语

---

① 王宁：《汉语语言学与语文教学》，载《中国社会科学》2000年第3期。

② ［德］沃尔夫冈·伊瑟尔：《阅读活动：审美反应理论》，金元浦、周宁译，中国社会科学出版社1991年版，第80页。

文教学而言，教师并不需要向学生灌输上述语言学专业概念，而是要借助教科书提供的范文，在引导学生对包括人物形象塑造的艺术奥秘进行深层次把握的过程中，体会不同语境下的语言运用特点，掌握语言运用规律。

据考证，"英雄"作为复合词，在汉代使用频率极低，而使用次数增多并成为重要的文化现象，是在汉末三国时期。今天，"英雄"的名词性义项包括两个：第一个义项是"本领高强、勇武过人的人"，第二个义项是"不怕困难，不顾自己，为人民利益而英勇斗争，令人钦敬的人"。①若单纯从普通言语符号"能指"与"所指"统一的特征出发，读者不难从文中找到与当下语言系统中的"英雄"一词的所指相对应的能指。

在《史记·李将军列传》中，作者司马迁记叙了李广率领汉朝军队与匈奴进行的多次交战。例如李广任上郡太守时期带领数百名骑兵意外遭遇匈奴几千名骑兵，凭借其胆略与机智使匈奴人最终不敢进攻。再如右北平讨伐匈奴一战，尽管李广被匈奴军队包围，却镇定自如地顽强作战。此外，作者还在文中记叙了李广具有简易治军、宽厚待人的一面。在文章的结尾，"太史公"司马迁更是以作者的身份出现，正面对李广进行赞美，认为《论语》中所说的"其身正，不令而行；其身不正，虽令不从"正是李广的真实写照，他"忠实心诚"，因此取信于人。最后引用谚语"桃李不言，下自成蹊"来形容李广，足见司马迁对其欣赏、仰慕之情。

细读文本不难发现，李广的人物形象具有"英雄"的所指不能涵盖的性格特征，也就是人物形象的"能指"具有了文本的表层没有出现的新的所指。李广右北平出击匈奴却被包围一段，李广一方虽损失惨重，但是作者着力刻画的是其面对包围的镇定、顽强的一面，场景

---

① 中国社会科学院语言研究所词典编辑室编：《现代汉语词典》（第7版），商务印书馆2016年版，第1570页。

慷慨悲壮，引人同情。最后以李广"军功自如，无赏"一笔带过，并不论及李广应当承担的责任。此外，李广被任命为右北平太守后，挟私报复，杀死了曾扣留过他的霸陵县尉，甚至与术士王朔交谈时，还透露曾引诱杀害了谋反后投降的羌人。论者提及上述描写，往往将其看作李广人物性格复杂的例证。但是，我们要抓住人物形象"能指"与"所指"在此处的不统一，并且继续追问：在真实历史中战功卓著的卫青、霍去病，同样有列传传世，在读者心中的地位却为何远不及事实上不那么"英雄"的李广？

于是，问题就转变为：艺术的虚构如何赋予李广以英雄形象的独特审美特征？这其中起到重要作用的一步是进入假定境界后揭示出隐藏在人物内心的感情特征。文中描写李广出猎过程中"中石没镞"的情节，历来引起论者的注意：

> 广出猎，见草中石，以为虎而射之，中石没镞。视之，石也。因复更射之，终不能复入石矣。[1]

《李将军列传》记载，李广家族世代习射，其本人对射箭也十分精通，文中曾详细描写了李广射匈奴射雕人、射白马将、射追骑、射猛兽等情节。明代凌稚隆将这一情节视为李广善射的佐证，其辑校的《史记评林》中引程一枝之语："李广所长在射，故传内叙射独详，若射匈奴射雕者，若射白马将，若射追骑，若射裨将，皆著广善射之实。末及孙（李）陵教射，正应篇首'世世受射'句。"[2]而更多的古代评论家质疑这一情节的真实性，例如，"何焯曰：《吕览·精通篇》云：'养由基射虎中石，失乃饮羽，诚乎虎也。'与此相类。岂后世因广之善射，造为此事以加之与？段成式已疑之。梁玉绳曰：'射石一事，《吕氏春秋·精通篇》谓养由基，《韩诗外传六》《新序·杂说四》谓楚熊渠子，与李广为三。'《论衡·儒增篇》以为

---

① ［西汉］司马迁：《史记》，韩兆琦译注，中华书局2010年版，第6500页。

② 周振甫：《〈史记〉集评》，重庆大学出版社2010年版，第306页。

'主名不审，无实也。'《黄氏日钞》亦云：'此事每载不同，要皆相承之妄言也。'"①评论对于该情节的真实性仍存在质疑，但是该处情节与其他描写李广善射的情节不同，成为李广被记载的诸多经历中读者耳熟能详的一件，甚至被其后的文学作品效仿："《周书·李远传》有所谓'尝校猎于莎栅，见石于丛薄中，以为伏兔，射之而中，镞入寸余。就而视之，乃石也'。盖模拟《史记》而为文。"②

正是因为作者进入假定境界，设计出"中石没镞"的情节，"让人物越出常规"③，才能将埋藏在深处的不为人知的特征激发出来：当李广发现是石而不是虎之后，就再不能把箭射入石中。读者由此发现，李广的心理发生了微妙的变化，射虎时的非凡之力不复存在了。读者由此发现了人物深层次的情感特征——不仅具有英雄普遍具有的传奇色彩，更有对自己箭术的不自信的一面。这一情节，正是通过虚构获得了艺术感染力，即人物与读者之间的距离被拉近了。李广因此成为中国古典小说中一个独特的英雄形象——一个人化而非神化的英雄，因此，《李将军列传》与司马迁为其他汉代将领所作的列传相比，更具有经典性。

在这一文本解读案例中，我们从真实、生动的语言现象入手，运用矛盾分析的思维方法，揭示了文本的艺术奥秘。同时，"英雄"还是我国古典小说乃至文化领域一个重要的"范型"，从文学创作的角度来看，审美价值高的人物形象，都是在特定的社会人文背景下、在几代艺术创作的积淀之上、从特定文体的审美规范进行构思创作出来的。上文的研究模式实际上已走出了语言学本位强调表达技巧总结的狭义修辞学，而是运用了"把修辞学研究从话语层面延伸到文化哲学层面……从更为广泛的社会人文、心理思维、乃至自然存在等背景之下

---

① ［西汉］司马迁：《史记》，韩兆琦译注，中华书局2010年版，第6501页。

② ［西汉］司马迁：《史记》，韩兆琦译注，中华书局2010年版，第6501页。

③ 孙绍振：《文学创作论》，海峡文艺出版社2007年版，第453页。

来探索修辞学发展新路径"，①已走入广义修辞学的天地。这一理论的介入，能在引导学生获得审美熏陶的同时，将语言规律的积累与本民族的文化以及人生观、价值观紧密相连。

（四）从语文教材中发现培养学生语文核心素养的生长点

语文教学有听说读写等形式的语言建构与运用活动，语文教材则是生成听说读写等形式的语言建构与运用活动的重要凭借。广义修辞学仅仅为教师提供了重新审视文本、审视教学的宏观视野，从语文教学的特殊性来说，教师还应当重视教材资源的开发利用，促使学生在主动探索中完成语言的建构与运用，进而达成培养学生语文核心素养的目标。

以教学苏教版《义务教育课程标准实验教科书·语文》六年级上册《麋鹿》这篇课文为例。教师在教学这一说明文时，往往感觉除了传统的说明文写作方法（如列数字、打比方）外，难以找到教学切入点。即便是教读其中的生字词，或罗列个别词汇语句，也仅仅是就语言谈语言。实际上，这篇课文的课后练习第3题，教材编者已经为教师提供了一个很好的切入点。该题要求：

默读课文，想一想你已经了解了麋鹿的哪些知识，然后学着讲解员的样子说说麋鹿的外形特点、生活习性和传奇经历。②

该题可以变换一种问法：假如你是麋鹿自然保护区的一名小讲解员，该如何向游客介绍麋鹿的外形特点、生活习性和传奇经历，才能让游客印象深刻呢？先准备一篇简单的解说词，再现场演练。表面上看，这一新问题是对口语交际能力和写作能力同时进行考察，其实也有利于学生在准备解说词的过程中，通过细读课文，主动完成语言运

① 罗渊，毛丽：《从"狭义"到"广义"：中国修辞学研究转型及其学术意义》，载《福建师范大学学报（哲学社会科学版）》2007年第1期。

② 张庆，朱家珑：《义务教育课程标准实验教科书·语文》（六年级上册），江苏教育出版社2014年版，第100页。

用技巧的积累和思维方式的训练。麋鹿的外形特点、生活习性和传奇经历都是课文的组成部分。教师可以有意将描写麋鹿外形特点的句段加以处理，引导学生发挥同中求异的思维方式，对不同言语材料的解说效果进行对比。比如，教师可先将课文中描写麋鹿外形的一段文字中部分词语去掉：

> 麋鹿是一种草食性哺乳动物。一般雄麋鹿体重可达250千克左右，角比较长，每两年脱换一次。站着的时候，麋鹿角的各枝尖都指向后方。雌麋鹿没有角，体形也较小。麋鹿的长尾巴用来驱赶蚊蝇，以适应沼泽环境中的生活。

再与课文原文作比较：

> 与其他鹿科动物一样，麋鹿也是一种草食性哺乳动物。一般雄麋鹿体重可达250千克左右，角比较长，每两年脱换一次。麋鹿的角型是鹿科动物中独一无二的——站着的时候，麋鹿角的各枝尖都指向后方，而其他鹿的角尖都指向前方。雌麋鹿没有角，体形也较小。麋鹿的尾巴是鹿科动物中最长的。长尾巴用来驱赶蚊蝇，以适应沼泽环境中的生活。[①]

显然，课文原文与删节后的内容"作比较"，"有同有异""同中见异"。如果学生在写作解说词时，也能运用上述思维方式，品味出副词"最"和成语"独一无二"体现出的麋鹿奇异的特性，就能从创作层面感受到如何遣词造句以实现加深听众印象的效果。另外，解说词运用于口语表达，还应有书面语色彩与口语色彩的区别，教师甚至可以进一步指导学生有效地运用非语言交际手段，如表情、肢体动作等，强化解说的口语表现力。

语文课程标准是语文教学的指导性文件，一方面，我们寄希望于语文课程标准能够真正立足于提升学生语文核心素养，呈现科学有

---

① 张庆，朱家珑：《义务教育课程标准实验教科书·语文》（六年级上册），江苏教育出版社2014年版，第98页。

效的语言学理论知识；另一方面，我们应对"真语文"大讨论带来的"语用热"有正确的认识。毋庸置疑，语文教育"语用学转型"推动了语文教育基础理论研究的拓展，尤其是符合语文教育实际的语言理论的探索，同时也为我们提供了思考如何引入语言学理论来提升学生语文核心素养的机会。我们认为，要结合教材实际与学情，同时兼顾语文学科特点，引导学生通过语言建构与运用，获得语文核心素养各个层面的提升绝非易事；语文教师只有掌握符合语文学科特性的语言学理论，并原创性地运用于培养学生语文核心素养的教学实践，才能真正走出语文教育的语言之惑。

四　语文美育学的学科性问题[1]

　　20世纪初，王国维在《教育世界》杂志1903年8月号和1904年2月号上发表《论教育之宗旨》和《孔子之美育主义》两篇文章，首次将西方的"美育"概念引入中国。其后，蔡元培进一步阐释了美育的重要性与实施方法。在1922年发表的《美育实施的方法》和1930年发表的《美育》两篇文章中，蔡元培将美育分为家庭美育、学校美育、社会美育三个方面，并在国内首次把学校学科教学与美育联系起来，强调"凡是学校所有的课程，都没有与美育无关的"。[2]以语文学科为例，他指出："国语国文之形式，其依准文法者属于实利，而依准美词学者属于美感。其内容则军国民主义当占百分之十，实利主义当占其四十，德育当占其二十，美育当占其二十五，而世界观则占其五。"[3]自蔡元培之后，学科美育的探讨趋于沉寂。直到20世纪80年代"美学热"的兴起，包括语文美育在内的学科美育才重获关注。

　　截至2017年底，学界对语文美育的探索可分为两派。一派提出"语文美育学"概念，如杨德如主编的《语文美育学导论》和陈光宇主编的《语文美育学》。杨德如认为，"所谓'语文美育学'，它是一门研究语文美育理论的科学，是'审美教育学'的一个分支。"[4]陈

---

　　① 本文系与郑昀合作，原载《华东师范大学学报（教育科学版）》2018年第6期，收入本书时有删改。

　　②《蔡元培美学文选》，北京大学出版社1983年版，第155页。

　　③《蔡元培美学文选》，北京大学出版社1983年版，第6页。

　　④ 杨德如等：《语文美育学导论》，中国科学技术大学出版社1993年版，第1页。

光宇则并未给"语文美育学"下定义，且全书正文未见"语文美育学"而只见"语文美育"，[①]类似的情况也见于《语文美育学导论》一书。这两本书虽然触及语文美育学科性问题，但因逻辑框架的缺失，失却了深入探讨该问题甚至建构作为独立学科的语文美育学的机会。另一派的研究则回避语文美育学科性问题，转而关注如何把美学理论引入语文教学（尤其是阅读教学），注重对语文教材中的文学作品进行静态分析，同时关注语文教学过程中的审美实践。该类文献数量较多，在"中国知网"以"语文美育"为主题检索，截至2017年，有硕（博）士学位论文188篇，各类期刊论文935篇。

上述两种研究派别存在共同之处：无论哪一派的研究视域中，语文美育学都没有作为独立学科拥有话语空间，而是在美学、教育学、文学、语言学等诸多学科的领地尴尬地徘徊，以至将理论引入实践时都带有较大的主观随意性。在基础教育阶段，语文课程是培养学生应对未来挑战所需关键能力的重要课程，语文美育学的学科性问题探讨的缺失，必然导致语文美育实施与研究的欠缺和学生核心素养的欠缺。当前，国家高度重视核心素养在学科教学层面的细化，并致力于改善美育薄弱现状，对语文美育学的学科性问题进行学理层面的研究，既有理论价值，又有实践意义。

（一）语文美育的学科性潜质

语文美育是语文美育学的研究对象，语文美育学之所以应被视为人文社会科学的一部分，首先是基于作为研究对象的语文美育具有学科性潜质的认知。

回顾历史，王国维、蔡元培曾凭借各自深厚的学养，以贯穿古今中西式的旁征博引，赋予美育以学科纹理。如今，辨别语文美育的学科性潜质，要基于"语文学"的特质。本文所说的"语文学"，并非西方古典语言学和我国古代语言文字研究领域中的"语文学"，而是特

---

① 陈光宇：《语文美育学》，中国工人出版社2004年版。

指研究祖国语言教学规律的一门科学。祖国语言的教学包括口头语言（语）的教学和书面语言（文）的教学。我国基础教育阶段的祖国语言教学，也即《中华人民共和国国家通用语言文字法》规定的以普通话和规范汉字为内容和载体的汉语文课程的教学。这一概念的界定对于语文美育具有特殊的意义。"语文学"的"语文"不是一般意义上的口头语言与书面语言，而是艺术化、审美化的祖国语言。这一特质使得语文美育超越了对口头语言与书面语言一般规则的简单传授，也让语文美育具备了其他学科无法替代的特殊机理，即对祖国语文之美的揭示、传承与创造。建构于"语文学"之上的"语文美育"之"美"，不来自自然、社会或文艺，而是植根于祖国语言——也即汉语文这一丰富的宝藏。语文美育包含两个关键层面：一是静态层面，指对汉语言中的语音、文字、词汇、语段、语篇之美的静态分析；二是动态层面，指将上述静态分析转化、渗透进义务教育语文识字写字、阅读、写作、口语交际、综合性学习等各个教学环节，以及高中语文各个学习任务群，安排丰富多彩的教学形态，调动学生的审美意识，培养学生的审美创造能力，在审美化的语文课堂中实现语文之美的动态生成。其中，动态层面的实现以静态层面的分析为基础。辨别作为研究对象的语文美育在静态与动态双重层面的学科性潜质，是语文美育学得以存在并展现区别于其他人文社会学科特质的第一步。

语文教材中的选文是语文学研究的语料，也是语文课程内容的载体，同时又是语文之美的结晶，是师生在语文美育静态分析层面主要的分析对象。进入语文教材的语篇，都是文质兼美的佳作。借用混沌阅读理论的话语，所谓"文质兼美"，构成的是"奇异吸引子"。"奇异吸引子"便是审美奥秘、艺术奥秘，其美感不仅存在于内容，也存在于形式。文本之美，不仅蕴含于其表现出的"对人生、世界的感悟、情怀、探索、思考是一个非同一般的独立的精神存在"，还在于"作品的艺术形式，所采取的具体的语言表现手段更是独立而独特的"。①经典选文的这一特性，不仅赋予其自身以学科纹理，也同时引发师生围绕"奇异吸引子"进行带有极大不确定性的静态分析。这种不确定，一方面是因为经典是说不尽的，另一方面则是因为审美主体进入审美活动时，带着个性化的心理图式。但不确定性构成的混沌运动轨迹并不是混乱无理性的，而是有边界的。例如，在小说创作中，人物性格行为是丰富多样的，但都统一于"性格"内核。对文本艺术奥秘的多元解读绝非乱读，而应当以作品本身为依据。对于审美解读与创造而言，胡言乱语和人云亦云都不是创造，而无限趋近奇异吸引中心，探索意料之外又在情理之中的令人拍案叫绝的言说方式，才是真正的创造。能否冲击学生旧的心理图式，引导其无限趋近"奇异吸引子"，甚至创造新的"奇异吸引子"，语文教师立足选文，进行有效的启发引导至关重要。

让我们回到王国维的论述。王国维在《论教育之宗旨》一文中阐述了教育要培养怎样的人才这一问题。他指出："教育之宗旨何在？在使人为完全之人物而已。何谓完全之人物？谓人之能力无不发达且调和是也。"王国维参照西方学者的观点，把人的心理功能分为知、情、意三个方面。这三者是构成人的心理活动的基本因素，分别通向自己的最高理想——真、美、善。"真者知力之理想，美者感情之理想，善者意志之理想也。完全之人物，不可不备真美善之三德。"并且，知、情、意三者是相互联系的："人心之知、情、意三者，非各自独立，而互相交错者。如人为一事时，知其当为者知也，欲为之者意也，而当其为之前（后）又有苦乐之情伴之，此三者不可分离而论之也。"而与知、意、情三者相对应是智育、德育、美育，只有这"三者并行，而渐达真、善、美之理想，又加以身体之训练，斯得为完全之人物，而教育之能事毕矣"。②

① 赖瑞云：《文本解读与语文教学新论》，北京师范大学出版社2013年版，第190—191页。

②［清］王国维：《论教育之宗旨》，见佛雏校辑《王国维哲学美学论文辑佚》，华东师范大学出版社1993年版，第251—253页。

在《论教育之宗旨》中，王国维曾特意列出一个图表，以表达他对教育的宗旨的看法：

$$
\text{教育之宗旨}
\begin{cases}
\text{体育} \\
\text{心育}
\begin{cases}
\text{智育} \\
\text{德育} \\
\text{美育}
\end{cases}
\end{cases}
\text{完全之人物}
$$

图6-2　王国维论教育之宗旨

在王国维看来，除体育课程外，包含语文课程在内的其他课程都同时承担智育、德育、美育的任务，都属于"心育"。我们认为，与其他学科相比，语文学科在承担美育任务时诱发的师生心理活动有其复杂性与特殊性，这是由汉语言审美鉴赏与创造心理活动的复杂性与特殊性决定的。师生在教学数学、物理、化学等课程时，不以欣赏美感为首要任务，而是密切关注如何利用理想模型进行分析、推断并得出科学结论。在语文审美活动中，师生面对作为审美客体的语料（或是文学性的，或是实用性的）时，审美注意是审美活动起始阶段的关键一环，"审美注意并不直接联结，也不很快过渡到逻辑思考，概念意义，而是更长久地停留在对象的形式结构本身，并从而发展其他心理功能如情感、想象的渗入活动"。[①]所谓形式结构，正是借助汉语言形式进行的审美规范的创造。对语文美育而言，关注形式并不必然导致对内容的忽略，相反，富有魅力的形式使得内涵趋向确定与纯粹，并赋予其经典意义。不仅是文学作品，对于语文课程而言，一些实用性文章，如经典说明文《中国石拱桥》《苏州园林》等，也有各自个性化的审美规范。形式的创造非但没有掩盖科学价值，反而有助于科学

---

① 李泽厚：《华夏美学·美学四讲（增订本）》，生活·读书·新知三联书店2008年版，第323—324页。

价值更好地实现与普及。

审美注意或由之引发的感性判断并不是整个过程的终结。在审美注意环节之后的审美感知过程中，李泽厚特别重视内在的、深层的审美理解因素。它虽然超越了感性直觉，但也不是直接呈现的，而是"渗透在感知、想象、情感诸因素并与它们融为一体的某种非确定性的认识。它往往如此朦胧多义，以致很难甚至不能用确定的一般概念语言去限定、规范或解释"。[①]朦胧多义的鉴赏之理难以言说，但对于语文教学实际而言，却又必须以一种原创的、有效的方式进行言说、传承，这一要求是无法单纯依靠静态的汉语言词汇、语法知识达成的。这一点下文还会有进一步论述。

可见，语文美育既涵盖对蕴含独特审美奥秘的静态语料的分析——这些语料是语文教学过程中师生面对的重要审美对象，又包括将静态分析的成果融入语文课堂教学各个环节的动态生成，最终实现学生审美理解与创造能力的提高。无论是静态分析还是动态生成，都具备学术性，也因其承载着对中华民族精神与人类文化的传承，而具有教学性。这使得作为语文美育学研究对象的语文美育具备学科性潜质。

（二）语文美育学的学科性呈现

除了语文美育本身携带的学科性潜质，我们还需论证语文美育学具备现代学科体制中现代性学术逻辑及教学传承特性，这是语文美育学得以确立并发展的关键。

英国社会学家安东尼·吉登斯在《现代性与自我认同》一书中认为，是时空分离让现代社会生活脱离了时间与空间的约束，对现代性进入社会生活有巨大的推动作用。这种推动作用的表现之一便是"抽离化"。他强调，"抽离化"的内涵是"社会关系从地方性的场景中

---

① 李泽厚：《华夏美学·美学四讲（增订本）》，生活·读书·新知三联书店2008年版，第331页。

'挖出来'（lifting out），并使社会关系在无限的时空地带中'再联结'"，这一内涵是把握现代制度的本质因素。①王一川认为："社会制度的抽离化恰恰涉及现代学科在现代体制中的基本角色及其作用。"②正如吉登斯所言，时空分离使得诸如"2000年"这一历史性现象在形式层面成为全球性的现象。我们认为，"抽离化"也适用于阐释语文美育学的现代性学术逻辑，并由此体现语文美育学对学生语文学科关键能力（尤其是审美鉴赏与创造能力）的自觉追求。以对经典文学作品的静态分析为例。经典文学作品自其诞生起便进入抽离过程——作品创作时的时代背景、作者、读者，都无法做到像文本本身的审美奥秘一样，超越客观世界的物理现实，借助教学性对学生言语生命的成长产生直接作用。其审美奥秘是永恒的、全人类的，正如"2000年"对于全球的意义。进入现代体制的学科，都具有独立的知识体系，在吉登斯关于现代性的论述中，知识应"不局限于专门的技术知识领域"，而是"扩展至社会关系和自我的亲密关系上"。③对于语文美育学而言，这里所谓的"社会关系""自我的亲密关系"，正隐含着语文美育学自身知识体系的独特呈现方式，即知识在揭示汉语言审美规律层面时呈现跨学科性与综合性。

先回到第一节提到的问题："难以言喻"的、复杂的审美理解必须言说。那么，究竟该如何原创地、有效地言说？不同于数学、物理、化学等学科，语文美育学的学术逻辑不依靠文学概念、文学理论完成从一般到特殊的分析。经典文本个案是独一无二的，但是，"作为理论，乃是无数唯一性的概括。无数的唯一性，就其概括性而言，乃是

---

① ［英］吉登斯：《现代性与自我认同》，赵旭东、方文译，生活·读书·新知三联书店1998年版，第19页。

② 王一川：《破解当前中国艺术学的学科性争论》，载《中国社会科学评价》2015年第3期。

③ ［英］吉登斯：《现代性与自我认同》，赵旭东、方文译，生活·读书·新知三联书店1998年版，第20页。

其共性，而共性，就是对文本唯一性否定，从某种意义上说，二者是不相容的"。①同样是培养学生审美鉴赏与创造能力，音乐课程需立足于不同音乐类型的规范形式，美术课程则立足于不同图像种类的规范形式，语文课程则需立足于特定的言语审美规范形式（新闻、诗歌、小说、散文、戏剧剧本等）。这些规范形式是特殊的、唯一的。客观现实与创作主体都不能凌驾于规范形式之上，而应统一于作为沉淀了审美经验的规范形式。比如，诗歌创作多用概括性强的意象，而小说则以情节因果的精致与复杂的人物性格为特征，其中的客观现实就是"抽离化"的，经过想象加工的。比如，多个版本的高中语文教科书收录的《林黛玉进贾府》一文，其最为精彩的是"宝玉摔玉"一节。贾宝玉初见林黛玉，当得知黛玉无玉时，竟狠命摔玉，并说："家里姐姐妹妹都没有，单我有，我说没趣，如今来了这们一个神仙似的妹妹也没有，可知这不是个好东西。"此处贾宝玉只从林黛玉没有玉，就认定自己的玉毫无价值，从假设到结论都是反逻辑的主观臆断，但此处越是把宝玉的对白写得不讲逻辑，语气越是肯定、决绝，越能凸显宝玉此时对黛玉的欣赏喜爱之情的强烈程度，越能突出贾宝玉性格的特异点——"痴情"。

文学文本解读学针对文本唯一性的论述，其实是强调读者通过想象进入作者的创作过程，在立足文本审美形式的唯一性、独特性的基础上，进行审美理解与创造。审美规范不是固定不变的，而是在革新中不断发展的。对其进行有效言说所凭借的话语，不能从语言学、美学或教育学等其他人文学科知识系统简单"分化"出来，而只能立足文本实际原创性地提炼出来，这与数学、物理学、化学等学科承担各自课程的美育任务时的学术逻辑完全不同。这种借助想象对作者创作过程进行的"抽离"，来自探究语文学之美时的宏观视角。以苏教版《义务教育课程标准实验教科书·语文》九年级下册《茅屋为秋风

---

① 孙绍振，孙彦君：《文学文本解读学》，北京大学出版社2015年版，第9页。

所破歌》一文的教学为例。该文课后"探究·练习"第1题要求:"联系作者写作时的生活处境,你认为杜甫在这首诗中抒发的情怀与哪位古人在哪篇文章中抒发的情怀基本一致?你还能说出那篇文章中表达作者情怀的名句吗?"[①]依据此处提示,教师就可以将该诗进行整体"抽离",将其置于"心忧天下"这一具有普遍意义的母题的历史进程之中,引导学生回顾苏教版《义务教育语文课程标准实验教科书·语文》九年级上册范仲淹的《岳阳楼记》及其脍炙人口的名句:"先天下之忧而忧,后天下之乐而乐"。与此名句类似,《茅屋为秋风所破歌》一诗亦有集中体现诗人情志的语句:"安得广厦千万间,大庇天下寒士俱欢颜,风雨不动安如山!呜呼!何时眼前突兀见此屋,吾庐独破受冻死亦足!"这一表述,不仅涵盖"先天下之忧而忧"的精神,更是连用三个感叹号,极言不惜牺牲自己,也期盼天下寒士能拥有风雨不可撼动的广厦。这段话在尽述茅屋被破之惨烈之后写来,更具冲击力,也以更强烈的祈愿,获得了介入诗人人格建构的修辞功能,也成为后代仁人志士的人生价值坐标。

　　无论是审美价值高的范型,还是文学史的重大母题(如上文提到的"心忧天下"),都是在特定的社会人文背景下,在前人艺术创作的积淀之上进行构思创作出来的。"人们参与修辞活动的时候,同时在建立着价值观、伦理观、生命观。"[②]同样的情怀,在不同的作者笔下,可以采用不同的文体审美规范进行表现。由此,对主体精神建构产生的影响不同。此处借用广义修辞学的研究路径,将关注点从纯粹的表达技巧延伸至文化哲学层面,从而有了新的审美发现:尽管杜甫所处年代早于范仲淹,且诗歌多注重精炼概括,但《茅屋为秋风所破歌》一诗却巧妙运用叙事的铺垫,让诗人的生命关怀凸显出无畏的色

---

① 洪宗礼:《义务教育语文课程标准实验教科书·语文》(九年级下册),江苏凤凰教育出版社2009年版,第185页。

② 谭学纯,朱玲:《广义修辞学(修订版)》,安徽教育出版社2008年版,第61页。

彩，深刻地融入了中华民族的精神。从这一视角出发，既可以鼓励学生自己在审美创造时有更深刻的立意，还可以进一步引导学生关注较修辞技巧层次更高的修辞功能，在语文美育的过程中同步实现读写结合、以读促写。

上文的例子已能够说明，语文美育学知识体系是跨学科性的、综合性的，除了来自本土原创的切合祖国语言文字审美规律的文学文本解读学与广义修辞学理论、观点外，还包括上文提及的中西方学者皆有论述的阅读学、美学，甚至社会学、文化学的理论观点等。这些知识自身的演进，影响着语文美育学。这种影响主要施加在揭示汉民族语言文字的审美规律、探讨具有审美价值的形式和意蕴的过程中，以及发掘这种规律、形式、意蕴与作为主体存在的人之间的关系上。语文美育学的知识体系不是封闭的、静止不变的，而是开放的、动态生成的，但同时又是有共同关注的焦点、有边界的。

语文美育学知识体系无法固化的现状，并不意味着语文美育学或语文学是落后的学科，结论恰恰相反。当今，我们的教育指向核心素养的培养，其目的是让学生能够以不断革新的方法应对全球性的挑战。2016年，加拿大安大略省教师教育学院认证官Michael Saver提出的"合作式专业精神"，[①]要求不仅仅是教学同一学科的教师应当互相合作，且这种合作还延伸至教师和与之紧密相关的管理系统或其他支持系统的成员。这种合作并不是为了消灭教学的差异，而是在个体研究的差异被尊重的前提下资源的共享。"合作式专业精神"无疑是一种全新的教育理念和教学方法，它准确描述了"新知识"与过去的知识的不同。"在不算遥远的过去，我们的世界观长期受制于'太阳之下没什么是新的'这一观念，存在的知识是被定量的，教育就是已经存在的真相的传递。"而随着探究为基础的学习过程（比如语文美

---

① Michael Saver.（2016）.The move toward collaboration in education implementing Ontario Policy/Program Memorandum #159，The Trillium，（11），1.

育过程中学生对审美奥秘的揭示）出现，带来了"深度学习"（deep learning）。"合作式专业精神"的导向正是超越对现有知识内容的掌握，向着创造并运用新知识迈进。[①]

我们认为，语文美育学的学科知识体系及其呈现方式恰恰体现了作者、教材编者、教师、学生以及其他领域学者之间的"合作式专业精神"。语文美育学的知识体系，虽然难以被定性、定量，但却不是虚无缥缈的知识，而是多元且有边界的开放系统，不断生成的活的知识。正因如此，语文美育学作为一门学科，在应对21世纪教育变革方面，显示出超越其他人文学科的旺盛的生命活力。

（三）语文美育学：是学科，也是途径

通过上文的探讨不难看出，语文美育学的跨学科性，一方面因为其立足的语文学本身的复杂性，另一方面也与相关学科发展进程中的跨学科趋势密不可分。如后现代美学观就已指出，美学学科应补充以"美学外在层面上的多元化"[②]，即把美学的领地扩大至政治、生态、伦理等范畴。无论是哪个方面的原因，都使得语文美育学不仅是一门具有学术性、教学性的学科，还与探究性教学与探究性学习紧密相关，这是因其知识体系"合作式专业精神"的内核决定的。脑科学研究证实，大脑功能最为高级的皮质的生长正是通过体验进行的。[③]不仅如此，"积极的情感氛围是让学生通达更高层面的学习与表现的途径"。[④]语文美育学作为独立学科进行话语言说时，对语文课程内容的

---

① Michael Saver.（2016）.The move toward collaboration in education implementing Ontario Policy/Program Memorandum #159，The Trillium，（11），1.

② ［德］沃尔夫冈·韦尔施：《重构美学》，陆扬，张岩冰译，上海译文出版社2002年版，第108页。

③ Mariale M. Hardiman.（2003）.Connecting Brain Research with Effective Teaching：The Brain-Targeted Teaching Model.Oxford：Rowman&Littlefield Education.

④ Mariale M. Hardiman.（2003）.Connecting Brain Research with Effective Teaching：The Brain-Targeted Teaching Model.Oxford：Rowman&Littlefield Education.

语料载体审美规范独特性、唯一性的高度关注，本身就是对体验的重视，是"积极的情感氛围"的营造。正因如此，语文美育学进行学科呈现的同时，有益于学生语言建构与运用能力的培养。

能力的培养要以知识的获得为前提，语文美育学关注的体验与探究渗透着对知识的重视。语文美育对语言之美的体验与探究不是浮于表面的，而是借助跨学科的、综合性的知识体系，强调想象力、创造力以及哲学思维方法——具体问题具体分析能力的养成，以此培养学生的审美鉴赏与创造能力，并最终实现对汉民族文化的理解、传承甚至创新。从上文所举的《林黛玉进贾府》和《茅屋为秋风所破歌》两个例子已经可以说明，深入挖掘语文美育学的理论话语空间，能够为语文核心素养中基础性的关键能力——"语言建构与运用"落实到课程内容时提供科学有效的探究视角与教学切入点，进而能够成为语文核心素养四个层面关键能力的培养的有效路径。

由于篇幅所限，语文美育学对于语文核心素养细化至语文课程教学层面所能起到的桥梁作用，还有待语文美育学的学科定位被进一步明确之后，进行更多的探索。可以明确的是，语文关键能力的养成，必然是真正符合语文学科特性的知识积累、完善到一定程度的产物。并且，随着语文美育学研究的深入，将越来越显示出其在语文教育学科发展中的引领作用。

综上所述，通过对语文美育学的学科性问题的探讨，我们发现，语文美育学的学科性问题的研究意义远超现有的对语文教师的美育活动进行浅层次的修辞包装。语文美育学的研究对象具备学科潜质，又因其特殊的现代性学术逻辑，使之能够在语文学科核心素养实现课程教学层面的转化进而培养与提升学生的关键能力方面发挥显著作用。不仅如此，建构语文美育学还有其理论价值：丰富完善美育学科理论，并为现代学科理论的建设提供了一种动态生成的范例。鉴于此，语文美育学亟待获得独立学科的学术地位。

五 论语文教育的民族化、科学化、现代化

回顾语文教育独立设科百余年的发展历程，我们认为，中国语文教育应当走民族化、科学化、现代化相结合的道路。这是语文教育发展史给我们的启示，也是语文教育学科自身发展的需要。

（一）语文教育民族化，就是要认定教学中华民族通用语言的性质

人类社会发展到一定阶段会逐步形成民族共同语和国家共同语。民族共同语和国家共同语都是"有具体音值标准的、涵盖书面语和口语两种变体的通用语"[1]。其区别在于"民族共同语是一个民族的通用交际语，而国家共同语是一个国家各个民族共同的通用交际语"。[2]

我国是一个多民族、多语种、多文种的国家。汉语是我国汉民族的共同语，也是中华民族的通用语。我国除占总人口90%以上的汉族使用汉语外，有些少数民族也转用或兼用汉语。现代汉语有标准语（普通话）和方言之分。普通话是以北京语音为标准音，以北方话为基础方言，以典范的现代白话文著作为语法规范的现代汉民族共同

---

① 叶蜚声，徐通锵：《语言学纲要（修订版）》，北京大学出版社2010年版，第231页。

② 叶蜚声，徐通锵：《语言学纲要（修订版）》，北京大学出版社2010年版，第231页。

语。汉字是记录汉语的文字①。我国除汉民族共同使用汉字外，一些少数民族也已经完全使用汉字。汉语言文字是中华民族形成的重要标志之一。

2000年10月31日第九届全国人民代表大会常务委员会第十八次会议修订通过，2001年1月1日起施行的《中华人民共和国国家通用语言文字法》确立了普通话和规范汉字的"国家通用语言文字"的法定地位。《中华人民共和国国家通用语言文字法》规定："国家通用语言文字是普通话和规范汉字。""学校及其他教育机构以普通话和规范汉字为基本的教育教学用语用字。"②

"语文教育通常指的是指导人们学习祖国语言的教育活动。"③"语文课程是学生学习运用祖国语言文字的课程。"④任何国家任何民族在基础教育阶段开设的语文课程，都是为了让本国本民族的下一代热爱并掌握本国本民族的语言。中国中小学开设的语文课程，从根本上说，就是要让中国的中小学生热爱祖国语言，正确理解并规范使用中华人民共和国国家通用语言文字，也即中华民族的通用语言（在大多数情况下也就是教学母语，从母语的形式到母语的内容，从母语的知识系统到母语的实际运用，并以提高学生实际运用母语的能力为主），就是要通过有计划的言语训练帮助他们掌握语言规律，从而发展他们做人（思维和交际、生存和发展）所必需的言语技能和语文素养，为他们的全面发展和终身发展奠定基础。并且，一个国家和民族的语言，其实质就是一个国家和民族的精神、情感的载体，是

---

① 汉字是表意文字，不直接或不单纯表示语音，也有学者认为汉字是记录意义的视觉符号。

② 《中华人民共和国国家通用语言文字法》，载《中华人民共和国全国人民代表大会常务委员会公报》2000年第6期，第585页。

③ 阎立钦：《语文教育学引论》，高等教育出版社1996年版，第14页。

④ 中华人民共和国教育部：《义务教育语文课程标准（2011年版）》，北京师范大学出版社2012年版，第3页。

一个国家和民族的精神、情感的符号，是一个国家和民族文化的载体和组成部分，是一个国家和民族文化认同的重要标志。祖国语言教育在文明传承、民族发展、母语延续过程中的意义远远超出学习语言本身。

语文教育民族化，就是要认定教学中华民族通用语言的性质。我们应当理直气壮地将祖国的语言教育——中华人民共和国国家通用语言文字的教育，也即中华民族通用语言的教育，列为语文教育的基本内容，激发学生热爱祖国语文的情感，养成学生正确理解和规范使用祖国语文的能力和习惯，铸牢中华民族共同体意识。

（二）语文教育科学化，就是要遵循汉语文教育的规律

有学者指出："第一语言的获得大体上经过两个不同的时期，即早期的潜意识的语言习得和入学后的有意识的语言学习。儿童出生以后就开始了他的获得第一语言的过程。……儿童入学以后，就进入了他获得第一语言的第二个阶段，即在课堂里老师的指导下，有意识地继续他的第一语言的学习。在我国主要体现在小学和中学的语文课上，学习一定的语言知识和文化知识，提高语言交际能力特别是书面语的交际能力。第二语言虽然也有可能在目的语的社会环境中通过长期的语言交际活动而自然习得，但对大多数人来说，还是通过接受正规的语言教育、有意识学习而获得的。"[①]受乔姆斯基的生成语言学理论的启示，经克拉申等人发展的语言习得理论，侧重于第二语言习得的研究。目前国内应用语言学界关于语言获得理论的研究，也主要是对于第二语言和外语学习的研究，对于第一语言学习的研究并未得到应有的重视。

第一语言（通常是母语）的获得，虽然有早期的潜意识的语言"习得"（acquisition）做基础，但是入学后的有意识的语言"学得"

---

① 刘珣：《汉语作为第二语言教学简论》，北京语言文化大学出版社2002年版，第4页。

（learning），仍然是十分必要的。一个人不进学校学习语文，学习者仅仅是"习得"母语；进学校学习语文，学习者则是在"习得"母语的基础上进一步"学得"母语，其中很重要的就是关于语形、语义、语用等语言知识的学习。

传统语文教育忽视知识教学。如鲁迅所说："从前教我们作文的先生，并不传授什么《马氏文通》《文章作法》之流，一天到晚，只是读，做，读，做；做得不好，又读，又做。他却决不说坏处在那里，作文要怎样。一条暗胡同，一任你自己去摸索，走得通与否，大家听天由命。"[①]张志公认为："不重视知识教育"是传统语文教育的一大弊端。培养和提高读写能力，一直是一件"可意会而不可言传"的事。"不讲知识，甚至反对讲知识，成了传统语文教学的特点之一。"[②]

20世纪30年代，夏丏尊、叶圣陶合编的《国文百八课》，改"文选"为"单元"，每课为一单元，有一定的目标，内含文话、文选、文法或修辞、习问四项，各项打成一片，推动了语文教育的科学化，标志着语文教育的一大进步。《国文百八课》编辑大意称："在学校教育上，国文科向和其他科学对列，不被认为一种科学，因此国文科至今还缺乏客观具体的科学性。本书编辑旨趣最重要的一点就是想给予国文科以科学性，一扫从来玄妙笼统的观念。"[③]1942年，叶圣陶在《国文杂志》发刊词中写道："说人人都要专究语文学和文学，当然不近情理；可是要养成读写的知能，非经由语文学和文学的途径不可，专究诚然无须，对于大纲节目却不能不领会一些。站定语文学和文学的立场，这是对于国文教学的正确的认识。从这种认识出发，国文教学就将完全改观。不再像以往和现在一样，死读死记，死模仿程式和腔

---

① 《鲁迅全集》（第4卷），人民文学出版社1981年版，第270页。

② 张志公：《传统语文教育教材论》，上海教育出版社1992年版，第155—156页。

③ 夏丏尊，叶绍钧：《国文百八课》（第1册），人民教育出版社1985年版，编辑大意第1页。

调；而将在参考、分析、比较、演绎、归纳、涵泳、体味、整饬思想语言，获得表达技能种种事项上多下工夫。不再像以往和现在一样，让学生自己在'暗中摸索'，结果是多数人摸索不通或是没有去摸索；而将使每一个人都在'明中探讨'，下一分工夫，得一分实益。"①

1985年，张志公撰文在指出"脱离语言实际""脱离应用实际""忽视文学教育""不重视知识教育"是传统语文教学四大弊端的同时，也曾设想"进入初中之后，应当并且完全可以像其他各门学科一样，以系统的理性知识为先导，并以知识系统为序，组织全部语文课。这样就可以打破若干世纪以来语文教学不科学、无定序、目标不明的杂乱无章的状态，使之有个章法，这章法是面向实际应用的，以科学知识为系统的，循序渐进最终切实完成本门学科所负担的任务的"。②由于种种原因，他的这一设想未能实现。

从20世纪90年代出现"淡化语法教学"的观点，到21世纪初《全日制义务教育语文课程标准（实验稿）》提出"不宜刻意追求语文知识的系统和完整""不必进行系统、集中的语法修辞知识教学""语法、修辞知识不作为考试内容""不应考察对词法、句法等知识的掌握程度"的要求③，导致了语文教学忽视乃至取消语言知识教学的倾向。中小学语文课需要教学哪些语言知识，怎样教学这些语言知识，仍然是值得研究的课题。然而，忽视乃至取消语言知识的教学，割裂言语与语言、语感与语理的联系，不能不说是语文教育科学化进程中的倒退。

在十年实践探索的基础上，教育部颁布的《义务教育语文课程标准（2011年版）》对2001年颁布的《全日制义务教育语文课程标准（实验稿）》进行了调整和完善，突出了语文课程的核心目标——学习祖国语言文字的运用，新增了"关于语法修辞知识"的教学建议、

---

① 《叶圣陶语文教育论集》，教育科学出版社1980年版，第89页。

② 张志公：《传统语文教育教材论》，上海教育出版社1992年版，第174页。

③ 中华人民共和国教育部：《全日制义务教育语文课程标准（实验稿）》，北京师范大学出版社2001年版，第2、17、20、21页。

《识字、写字教学基本字表》和《义务教育语文课程常用字表》，删去了2001年颁布的《全日制义务教育语文课程标准（实验稿）》中"不宜刻意追求语文知识的系统和完整"等提法，强调"语文课程是学生学习运用祖国语言文字的课程"，将"语文课程还应考虑汉语言文字的特点对识字写字、阅读、写作、口语交际和学生思维发展等方面的影响，在教学中尤其要重视培养良好的语感和整体把握的能力"，改为"语文课程应特别关注汉语言文字的特点对学生识字写字、阅读、写作、口语交际和思维发展等方面的影响，在教学中尤其要重视培养良好的语感和整体把握的能力"，①反映了语文学科应有的价值取向。

21世纪初提出"三维目标"，是对"双基"的超越，但并非否定"双基"，"三维目标"的第一个维度便是"知识和能力"。当下倡导的"核心素养"，是对"三维目标"的超越，也并非否定"三维目标"。"核心素养"实际上覆盖了知识、能力、过程、方法、情感、态度、价值观等基本元素，其中的知识和能力不容忽视。2017年9月24日，中共中央办公厅、国务院办公厅下发的《关于深化教育体制机制改革的意见》，即要求"在培养学生基础知识和基本技能的过程中，强化学生关键能力培养"。②

语文教育科学化，最重要的是要遵循汉语文教育的规律。《中华人民共和国国家通用语言文字法》规定："学校及其他教育机构通过汉语文课程教授普通话和规范汉字。使用的汉语文教材，应当符合国家通用语言文字的规范和标准。"③我们讲的语文教育，其实就是以普通话和规

---

① 中华人民共和国教育部：《全日制义务教育语文课程标准（实验稿）》，北京师范大学出版社2001年版，第2页；中华人民共和国教育部：《义务教育语文课程标准（2011年版）》，北京师范大学出版社2012年版，第3页。

② 中共中央办公厅、国务院办公厅：《关于深化教育体制机制改革的意见》，载《中国民族教育》2017年第10期。

③《中华人民共和国国家通用语言文字法》，载《中华人民共和国全国人民代表大会常务委员会公报》2000年第6期，第585页。

范汉字为内容和载体的汉语文教育，对于绝大多数中国人来说，也就是母语教育。语文课程教材要体现汉语文教育、母语教育的特点，语文教学要根据汉语文教育、母语教育的规律来进行。

（三）语文教育现代化，就是要适应未来社会对国民语文素养的需求

21世纪初，国家启动了新世纪基础教育课程改革，其基本理念是为了中华民族的复兴，为了每位学生的发展。1999年6月，中共中央国务院发布《关于深化教育改革　全面推进素质教育的决定》。2001年5月，国务院发布《关于基础教育改革与发展的决定》。2001年6月，教育部发布《基础教育课程改革纲要（试行）》。2001年7月，教育部颁布各科全日制义务教育课程标准，与之配套的各科义务教育教材也先后出版。2003年3月，教育部颁布《普通高中课程方案（实验）》和高中15个学科的课程标准，与之配套的高中教材也先后出版。

教育部2001年颁布的《全日制义务教育语文课程标准（实验稿）》中，课程目标的设计思路是"根据知识和能力、过程和方法、情感态度和价值观三个维度设计。三个方面相互渗透，融为一体，注重语文素养的整体提高。各个学段相互联系，螺旋上升，最终全面达成总目标"。[①]其第二部分"课程目标"分总目标和阶段目标两项，提出了全日制义务教育语文课程总目标（共10条）和四个学段"识字与写字""阅读""写作"（1—2年级为"写话"，3—6年级为"习作"）、"口语交际"和"综合性学习"的阶段目标。

教育部2003年颁布的《普通高中语文课程标准（实验）》同样"从'知识和能力'、'过程和方法'、'情感态度和价值观'三个方

---

① 中华人民共和国教育部：《全日制义务教育语文课程标准（实验稿）》，北京师范大学出版社2001年版，第3页。

面出发设计课程目标"。①《普通高中语文课程标准（实验）》第二部分"课程目标"要求通过高中语文必修课程和选修课程的学习，学生应该在"积累·整合""感受·鉴赏""思考·领悟""应用·拓展""发现·创新"等五个方面获得发展，并从"阅读与鉴赏""表达与交流"等两个方面提出了必修课程的目标，同时针对诗歌与散文、小说与戏剧、新闻与传记、语言文字应用、文化论著研读等五个系列提出了选修课程的目标。

至2011年，新一轮基础教育课程改革经过十年的实践探索，取得显著成效，构建了有中国特色、反映时代精神、体现素质教育理念的基础教育课程体系，各学科课程标准得到中小学教师的广泛认同。同时，在课程标准执行过程中，也发现一些其中的内容、要求有待调整和完善。为贯彻落实《国家中长期教育改革和发展规划纲要（2010—2020年）》，适应新时期全面实施素质教育的要求，深化基础教育课程改革，提高教育质量，教育部组织专家对义务教育各学科课程标准进行了修订完善，并正式印发义务教育语文等学科课程标准（2011年版）。

《义务教育语文课程标准（2011年版）》与实验稿相比，在基本理念和课程设计思路修订中的增删调整，主要有以下四个方面：第一，加强社会主义核心价值体系在语文课程中的渗透。第二，进一步突出本次课程改革的核心任务——培养学生的社会责任感、实践能力和创新能力。第三，进一步突出语文课程的核心目标——学习祖国语言文字的运用，围绕这一目标，进一步突出实施的基本环节和要素，进一步加强操作性。第四，部分内容和词句有所增删调整，力求对课程改革精神的表达更加准确贴切、顺畅简洁。②

---

① 中华人民共和国教育部：《普通高中语文课程标准（实验）》，人民教育出版社2003年版，第1页。

② 巢宗祺：《关于语文课程性质、基本理念和设计思路的对话》，载《语文建设》2012年第5期。

2013年5月，"我国基础教育和高等教育阶段学生核心素养总体框架研究"项目启动。2014年3月30日，教育部印发《关于全面深化课程改革 落实立德树人根本任务的意见》，提出研究制订"学生发展核心素养体系"，并指出核心素养的内涵，即学生应具备的"适应终身发展和社会发展需要的必备品格和关键能力"，要求体系应"突出强调个人修养、社会关爱、家国情怀，更加注重自主发展、合作参与、创新实践"。2016年2月，《中国学生发展核心素养（征求意见稿）》发布。2016年9月13日，中国学生发展核心素养研究成果发布会在北京师范大学举行。中国学生发展核心素养研究以科学性、时代性和民族性为基本原则，以培养"全面发展的人"为核心，充分反映新时期经济社会发展对人才培养的新要求，高度重视中华优秀传统文化的传承与发展，系统落实社会主义核心价值观。核心素养分为文化基础、自主发展、社会参与三个方面，综合表现为人文底蕴、科学精神、学会学习、健康生活、责任担当、实践创新六大素养，具体细化为国家认同等十八个基本要点。各素养之间相互联系、互相补充、相互促进，在不同情境中整体发挥作用。①

2017年12月29日，教育部下发《关于印发〈普通高中课程方案和语文等学科课程标准（2017年版）〉的通知》，正式颁布了《普通高中课程方案》和语文等学科课程标准（2017年版）。这次课程标准修订的一个重要突破，就是各学科基于学科本质凝练了本学科的核心素养。《普通高中语文课程标准（2017年版）》将"以核心素养为本，推进语文课程深层次的改革"列为课程的基本理念之一，并指出："语文学科核心素养是学生在积极的语言实践活动中积累与构建起来，并在真实的语言运用情境中表现出来的语言能力及其品质；是学生在语文学习中获得的语言知识与语言能力，思维方法与思维品质，情感、态

---

① 核心素养研究课题组：《中国学生发展核心素养（征求意见稿）》，载《中国教育学刊》2016年第10期。

度与价值观的综合体现"。[①]

语文教育现代化，不仅仅是教学内容和方法技术的现代化，更重要的是教学要求的现代化，就是要适应未来社会对国民语文素养的需求。如果说，2001年启动的新课程改革是从"双基"走向"三维目标"的话，那么，当下的教育改革则是从"三维目标"走向"核心素养"。"双基"主要是从学科的视角来刻画课程与教学的内容和要求。"核心素养"是从人的视角来界定课程与教学的内容和要求。从"双基"到"三维目标"，再到"核心素养"，其变迁基本上体现了从学科本位到以人为本的转变、从教书走向育人的转变，落实了"立德树人"的根本要求，适应了教育改革的时代和国际潮流。

（四）走民族化、科学化、现代化相结合的道路，就要在语文教学中体现语文课程的特点

语文教育走民族化、科学化、现代化相结合的道路，就要在语文教学中体现语文课程的民族性、工具性与人文性统一，综合性和实践性鲜明等特点。

普通话和规范汉字，是形式的，又是内容的。汉语言文字，是中华民族交际的工具，也是中华民族共同的精神家园。汉语文是中华民族思维与交际、生存与发展的工具，汉语文本身又是中华民族文化的组成部分，体现着中华民族的精神，传承着中华民族的基因。

语文课程是教学祖国语言的课程。就祖国语言形式的教学而言是掌握中华民族乃至人类思维和交际、生存和发展的工具；就祖国语言内容的教学而言是传承中华民族乃至人类优秀文化。语文课程具有民族性的特点。

语文学科一方面是"工具学科"，是形式训练的学科，是旨在发展学习其他学科所必需的知识、技能的学科，涉及语言形式方面（如

---

① 中华人民共和国教育部：《普通高中语文课程标准（2017年版）》，人民教育出版社2018年版，第2、4页。

字、词、句、篇等）的教学；另一方面又是"人文学科"，是内容学科，是以理解、创造或表达思想为课题的实质训练的学科，包含语言内容的方面（如字义、词义、句义、篇义等）的教学。

语文课程的"工具性"侧重于祖国语言形式的掌握，就是要使学生正确理解和运用中华民族通用语言文字；语文课程的"人文性"侧重于祖国语言内容的掌握，就是要培养学生成为具有中华民族行为方式与思想情感的人。"工具性"与"人文性"既相分不杂，又相依不离。语文课程同时具有工具性与人文性统一的特点。

须知工具性与人文性的统一不是两者相加，而是两者的一体化。在语文教学中，先实现工具性目标，后补充人文性内容；或者首先突出人文性，而后再加强工具性，这两种想法都是不妥当的。工具性与人文性、知识能力与情感态度价值观，是结合在一起的，语文教学应当力求同时实现这两方面的目标。一方面，要突出语文课程的核心目标——学习祖国语言文字的运用，语文课要上成语文课，不要"种了人家的地，荒了自己的田"；另一方面，要充分发挥语文课程的育人功能。语文课程在弘扬和培育民族精神，使学生受到优秀文化的熏陶，塑造热爱祖国和中华文明、献身人类进步事业的精神品格，形成健康美好的情感和奋发向上的人生态度方面，有其自身的优势。语文课程又具有综合性的特点。

就语言学习本身而言，语文教学的基本过程，就是由个别的感性的言语感知积累，到一般的理性的语言规则掌握，再落实到学生自己的言语实践的过程，即让学生从他人成熟的、典范的言语行为和言语作品入手，进而把握语言规则，最终养成自己生存和发展所必需的言语能力和习惯的过程，也即由具体到抽象再到具体的过程，由特殊（个别）到一般再到特殊（个别）的过程，由实践到认识再到实践的过程。语文课程是注重实践的课程，应着重培养学生的语文实践能力，而培养这种能力的主要途径也应是语文实践。语文课程还具有实践性的特点。

　　中国语文教育，是每一个中国人素质教育、终身教育的重要组成部分，也是实现中华民族伟大复兴的重要前提和保障。在语文教学中体现语文课程的民族性、工具性与人文性统一以及综合性和实践性鲜明等特点，可以利用汉字象形、指事、会意、形声的造字方法指导识字；可以利用笔画、笔顺、偏旁部首、间架结构等指导写字；可以利用汉字感情色彩强烈的优势，重视语感的培养，加强感悟和情感体验；可以利用汉语言文化沉淀丰厚的优势，丰富语言积累，增加文化储备，等等。"语文教师应当通过语文教学培养学生从语料中发现语言现象、概括语言规律的锐敏性、兴趣和习惯；教给他们贮存语言材料的正确、有效方法，促使他们通过自觉的积累，逐渐丰富自己的语言；让他们在获得新知识的实践过程中，训练他们把已加工成熟的思想用最得体、优美的语言表述出来的能力；最后，还要以语言为桥梁，培养他们的人际交往意识、创造思维意识和文化修养意识。"①

---

　　①　王宁：《汉语语言学与语文教学》，载《中国社会科学》2000年第3期。

六 发掘经典、阅读经典、超越经典

——语文教育经典名著及其价值

所谓"经典"，就是作为典范的经书。刘勰《文心雕龙》说："经也者，恒久之至道，不刊之鸿教也。"[①]许慎《说文解字》云："典，五帝之书也，从册在丌上，尊阁之也。"[②]《辞海》解释"经典"为"重要的、有指导作用的权威著作"。[③]经典具有在特定时间和空间中形成又超越时间和空间而存在的特点，是经过历史淘洗的，在不同时空都能给人启示的权威性作品。

（一）古代语文经典名著一瞥

在中国古代教育发展史上，出现过许多经典名著，其中不少涉及语文教育，有些就是专论语文教育。如《论语》《孟子》《荀子》《学记》《颜氏家训》《进学解》《答李翊书》《朱子读书法》《程氏家塾读书分年日程》《社学教条》《家塾教学法》《教童子法》等。

《论语》是春秋战国时期思想家、政治家、教育家孔子的弟子及其再传弟子关于孔子一生言行的记录，集中地体现了孔子的哲学思想、政治思想和教育思想。孔子认为教育对社会发展有重要作用，他

---

① 周振甫：《文心雕龙选译》，中华书局1980年版，第35页。

② ［东汉］许慎：《说文解字》，中华书局1963年版，第99页。

③ 辞海编辑委员会编：《辞海》（第7版·彩图本·第3卷），上海辞书出版社2020年版，第2203页。

对教育在人的发展过程中起关键性作用也持肯定态度。孔子提出成人（即人之为人）必须经过"志于道，据于德，依于仁，游于艺"（《论语·述而》）的教育，他又将成人的教育过程分为三个阶段："兴于诗，立于礼，成于乐"（《论语·泰伯》）。孔子在中国历史上首次提出"性相近也，习相远也"（《论语·阳货》）的理论。他提倡"有教无类"（《论语·卫灵公》）的办学方针，并以此指导教学实践活动。在教学内容上，孔子十分重视"言"和"文"的学习，他对语文学习有许多精辟的论述。他强调语文学习要多"闻"多"见"。"闻"是获取间接经验和书本知识，即博览群书。"见"是亲自接触外界事物获取直接经验。他强调"学"与"思"。要有好学的态度，"知之为知之，不知为不知"（《论语·为政》），又要勤于思考，"学而不思则罔，思而不学则殆"（《论语·为政》）。他还强调"问"，就是要善于发现问题、提出问题。"每事问"（《论语·八佾》）是要多问，"不耻下问"（《论语·公冶长》）是要敢于问。他要求"学"与"习"结合。"习"即温习，练习。"学而时习之，不亦乐乎"（《论语·学而》），"习"的过程就是温故知新的过程。他认为学习最终要落实到"行"上，"听其言而观其行"（《论语·公冶长》）。在《论语》中，孔子还提出了多种教学原则和方法，比如因材施教、启发诱导、学思结合、循序渐进、温故知新、以身作则、学而不厌、诲人不倦，等等。[①]

《孟子》是战国时期思想家、教育家孟子及其弟子万章等的言论汇集。孟子讲人性，强调人之所以异于禽兽，就在于人跟其他动物的不同之点，"若犬马之与我不同类也"（《孟子·告子上》）；同时，强调人与人是同类，"圣人与我同类者"（《孟子·告子上》）。他确信人的本质是善的，一个人的"仁""义""礼""智"的品德，不是由于外界环境的影响而形成的，而是人的内心固有的。这并不是说

---

① 引文均见［南宋］朱熹：《四书集注》，岳麓书社1985年版。

每个人都能充分发挥其善的品性，因为人的道德品质的形成，还要受环境的影响，还要看主观能否努力去发挥心灵的善端。因而，他重视个体道德的自我完善，重视教育的作用。孟子非常热爱教育事业，以"得天下英才教育之"（《孟子·尽心上》）为人生乐趣。在语文教学方面，孟子提出"以意逆志""知人论世"等命题。孟子说："故说《诗》者，不以文害辞，不以辞害志。以意逆志，是为得之。"（《孟子·万章上》）意思是说，评论诗的人，既不能根据诗的个别字句断章取义地曲解辞句，也不能用辞句的表面意义曲解诗的真实含义，而应该根据对全篇含义的理解（以意），来推求（逆）探索作者的用意（志）。孟子又说："颂其诗，读其书，不知其人，可乎？是以论其世也，是尚友也。"（《孟子·万章下》）意思是说，学习古人，不仅要读古人的书，还要了解古人（知其人）、了解他的时代（论其世）。也就是说，读者阅读作品应该了解作者的生平思想经历和作品写作的时代背景，这样才能站在作者的立场上，与作者为友，体验作者的思想感情，准确把握作者的写作意图和正确理解作品的思想内涵。他还提出了改过迁善、深造自得、重思存疑、专心有恒、循序渐进、由博返约等教育思想。①

《荀子》为战国末期思想家、教育家荀况及其弟子的著述。与孟子主张人性善不同，荀子认为人性恶。《荀子·性恶》称："人之性恶，其善者伪也。"自然产生的人"性"是"恶"的，只有经过后天的"伪"才能变成"善"。所谓"伪"，就是人为，就是必须经过后天的学习努力才能取得的东西。荀子主张依靠礼义、法律、教育等人为的手段去节制、改变人的自然本性。这就是他所说的"化性而起伪"。②作为教育家，荀子主张隆礼亲师，以改变气质；居必择乡，以避邪恶；游必就友，以近美善；积靡不舍，以成博学；一意专心，

---

① 引文均见［南宋］朱熹：《四书集注》，岳麓书社1985年版。
② 邓汉卿：《荀子绎评》，岳麓书社1994年版，第499、502—503页。

以求全粹。《荀子》第一篇《劝学》，以设喻与说理结合的方式，从学习的意义、学习的作用、学习的方法和态度等角度阐述"学不可以已"的道理，并反复强调学习《诗》《书》《礼》《乐》《春秋》的重要性。

《学记》据考为孟子学生乐正克所作。《学记》认为教育的重要作用在于"化民成俗""建国君民"[①]；《学记》设计了一套完整的教育体制及严密的视导考核制度；《学记》提出了一系列教学原则和方法：教学相长、豫时孙摩、启发诱导、长善救失、藏息相辅、循序渐进等；《学记》赋予教师以崇高的地位，也提出了严格的为师条件。《学记》丰富而深刻的论述，对包括语文教学在内的学校教育都具有重要的指导意义。

《颜氏家训》为北齐教育家颜之推所著，是我国古代最早的影响最大的一部家训著作。《颜氏家训》按照儒家的道德伦理标准教育子弟，探讨立身、治家、处世之法，其中《勉学》《文章》《书证》《音辞》《杂艺》诸篇涉及音韵、文字、读书、写作、训诂、校勘、书法等语文教育的内容。颜之推认为，读书是一种技艺。读书可以"识人之多，见事之广""开心明目，利于行耳"。读书要精读，也要博览。他批评"俗间儒士，不涉群书，经纬之外，义疏而已。"读书要刻苦。"古人勤学，有握锥投斧，照雪聚萤，锄则带经，牧则编简，亦为勤笃。"读书要多问。朋友切磋，才能互相启发。"闭门读书，师心自是"的人容易出差错。读书要多下文字功夫。"夫文字者，坟籍根本。世之学徒，多不晓字。"[②]颜之推还认为："文章当以理致为心肾，气调为筋骨，事义为皮肤，华丽为冠冕。"他批评"今世相承，趋末弃本，率多浮艳。"他主张文章写完草稿后要认真修改。"慎勿师

---

① 《礼记正义》，见［清］阮元《十三经注疏》，中华书局1980年版，第1521页。

② ［南北朝］颜之推：《颜氏家训》，时代文艺出版社2001年版，第88—129页。

心自任，取笑旁人也。"①

唐代思想家、文学家、教育家韩愈关于教育的名篇有《师说》《答李翊书》《进学解》等。《师说》精辟地论述了教师的作用和从师学习的重要性，批判了当时士大夫阶层以从师为耻的恶劣社会风气，对那些诽谤他"好为人师"的人予以有力的反击。文中提出的人"非生而知之者""无贵无贱，无长无少，道之所存，师之所存""圣人无常师""弟子不必不如师，师不必贤于弟子"等观点②，发展了《学记》中教学相长的思想。《答李翊书》是答复古文家李翊关于写作问题的一封信，也是韩愈对自己古文写作经验的总结。首先，韩愈认为要作好文章就得加强道的修养。道是文的根基，"养其根而俟其实，加其膏而希其光。根之茂者其实遂，膏之沃者其光晔"，只有先做有道德的人，而后才能成为有作为的文人："仁义之人，其言蔼如也。"其次，提高道德修养的途径在于学研儒家经典。韩愈自述其学儒家经典20余年，经历了三种境界。开始时是"非三代两汉之书不敢观，非圣人之志不敢存，……当其取于心而注于手也，惟陈言之务去，戛戛乎其难哉！"然后，辨古书之正伪，也能自有所得："当取于心而注于手也，汩汩然来矣。"通过艰苦历程，以达到的目标则是："浩乎其沛然矣。吾又惧其杂也，迎而距之，平心而察之，其皆醇也，然后肆焉"。最后，韩愈还提出了"气盛言宜"的主张："气，水也；言，浮物也，水大而物之浮者大小毕浮。气之与言犹是也，气盛则言之短长与声之高下者皆宜。"韩愈说的"气"，根本还在道德修养，在人的识见、学问。主体修养的途径在于"行之乎仁义之途，游之乎《诗》《书》之源，无迷其途，无绝其源，终吾身而已矣"。③《进学解》开篇即揭示了学习成败的规律："业精于勤荒于嬉，行成于

---

① ［南北朝］颜之推：《颜氏家训》，时代文艺出版社2001年版，第139、135页。

②《韩愈全集》，上海古籍出版社1997年版，第130页。

③《韩愈全集》，上海古籍出版社1997年版，第177页。

思毁于随"。所谓"勤",即"口不绝吟于六艺之文,手不停披于百家之编;记事者必提其要,纂言者必钩其玄,贪多务得,细大不捐;焚膏油以继晷,恒兀兀以穷年。"就是说要口勤、手勤、脑勤。所谓"思",表现为"抵排异端,攘斥佛老,补苴罅漏,张皇幽眇,寻坠绪之茫茫,独旁搜而远绍,障百川而东之,回狂澜于既倒。"对于佛道二教的邪说加以排斥和抨击,对于儒家学说缺漏的地方加以弥补,精微的地方加以发扬,这需要深思熟虑才能做到。《进学解》还以简明生动的语言,阐述了《书》《春秋》《左氏》《易》《诗》等儒家主要经典和《庄子》《离骚》等古代典籍的特点,激发弟子的学习兴趣,指导弟子以简明的方法来进行学习。文中"沉浸浓郁,含英咀华",是韩愈对前人和自己关于治学、行事的经验总结,历来为人们所称道。①

《朱子读书法》是南宋思想家、教育家朱熹有关读书方法的汇编。相传为朱熹弟子辅广所辑,后经张洪、齐熙增补。以辅广原本为上卷,而以续增部分为下卷。清代修《四库全书》时分为四卷。此书将朱熹关于读书方法的论述概括为六条:循序渐进、熟读精思、虚心涵泳,切己体察、着紧用力、居敬持志。元代教育家程端礼在其《程氏家塾读书分年日程》一书中,根据朱熹弟子所辑又自撰《朱子读书法》讲义一章,对上述六条逐条阐述。循序渐进:"以二书言之,则通一书而后及一书。以一书言之,篇章文句,首尾次第,亦各有序而不可乱也。量力所至而谨守之,字求其训,句索其旨。未得乎前,则不敢求乎后;未通乎此,则不敢忘乎彼。"熟读精思:"学者观书,读得正文,记得注解,成诵精熟,注中训释文意、事物各件发明相穿纽处,一一认得,如自己做出来底一般,方能玩味反复,向上有通透处"。虚心涵泳:"读书须是虚心,方得。"切己体察:"入道之门,是将自个己身入那道理中去,渐渐相亲,与己为一。"着紧用力:"直要

―――――――――
①《韩愈全集》,上海古籍出版社1997年版,第131页。

抖擞精神，如救火治病然，如撑上水船，一篙不可缓。"居敬持志："涵养须用敬，进学则在致知，此最精要。"①

《程氏家塾读书分年日程》为元代教育家程端礼所撰。他作此书的目的是"读书明理"，纠正当时读书人"曾未读书明理，遽使之学文""失序无本，欲速不达"等缺点，认为重教学程序才能使"理学与举业毕贯于一"。②全书共分三卷。卷首辑录朱熹《白鹿洞书院教条》、程（端蒙）董（铢）二先生《学则》、西山真先生《教子斋规》。其中《白鹿洞书院教条》实际上是朱熹拟定的教育总纲，包括教育的目的是"父子有亲，君臣有义，夫妇有别，长幼有序，朋友有信"；为学之序是"博学之，审问之，慎思之，明辨之，笃行之"；修身之要是"言忠信，行笃敬，惩忿窒欲，迁善改过"；处事之要是"正其谊不谋其利，明其道不计其功"；接物之要是"己所不欲，勿施于人；行有不得，反求诸己"。③第一卷依朱熹读书法，规定读书的程序：八岁入学之前，读程逢原增广的《性理字训》；八岁入学之后，先读朱熹的《小学》，次读《大学》《论语》《孟子》《中庸》《孝经》，再读《易》《书》《诗》《仪礼》《礼记》《周礼》及《春秋经》并"三传"正文；十五岁之后，再"以朱子法读四书注"，并抄读以上经书。第二卷规定，在读经的基础上按程序学史和学文。如先学《通鉴》、韩文和《楚辞》；之后用两三年的时间专力学文，达到"既有学识，又知文体"，尤其熟练"科举文字"，准备应考。第三卷录王柏辑《正始之音》，以明辨音义之方法，读圣贤之书于音义之中，收到读经与识音合而为一的目的。最后阐明朱子读书法。《程氏家塾读书分年日程》比较全面地论述了包括语文教育的程序和方法，对当时以及明清语文教育产生了深远影响。

---

① ［元］程端礼：《程氏家塾读书分年日程》，中华书局1985年版，第120—121页。

② ［元］程端礼：《程氏家塾读书分年日程》，中华书局1985年版，自序第1页。

③ ［元］程端礼：《程氏家塾读书分年日程》，中华书局1985年版，第1—2页。

　　《社学教条》为明代思想家、教育家王守仁为各社学教读撰写的教学准则，包含《训蒙大意示教读刘伯颂等》和《教约》两部分。《训蒙大意示教读刘伯颂等》包括四层意思。第一层指出古今教者的区别："古之教者，教以人伦。"其栽培涵养之方是"诱之歌诗""导之习礼""讽之读书"，而"今人往往以歌诗习礼为不切时务"。第二层论述教育应适合"童子之情"的道理，"必使其趋向鼓舞，中心喜悦""顺导其志意，调理其性情，潜消其鄙吝，默化其粗顽，日使之渐于礼义而不苦其难，入于中和而不知其故"。王守仁认为这才是"先王立教之微意"。第三层批评"近世之训蒙稚者"违背"童子之情"种种做法："鞭挞、绳缚，若待拘囚"，以至造成"彼视学舍如囹狱而不肯入，视师长如寇仇而不欲见"的恶劣后果。第四层交代本文的写作意图，并再三叮嘱弟子："尔诸教读，其务体吾意，永以为训"。①《教约》首先讲如何上起始课，接着讲如何学习课业。课业的内容还是《训蒙大意示教读刘伯颂等》里所讲的"歌诗、习礼、授书"三个方面。歌诗强调须要整容定气，清朗其声音，均审其节调；毋躁而急，毋荡而嚣，毋馁而慑。授书强调不在徒多，但贵精熟。

　　《家塾教学法》是清代教育家唐彪的一套谈家塾语文教育的论著。它包括诱导家庭子弟识字念书的《父师善诱法》和指导塾学童蒙语文教育的《读书作文谱》。《父师善诱法》以论教法为主，遵循"善诱"的原则，处处体现指导学习方法、养成学习习惯、讲求教学效率的根本精神。包括父兄教子弟之法；尊师择师之法；学问成就全赖师传；明师指点之益；经蒙宜分馆；师不宜轻换；学生少则训诲周详；教法要务；读书分少长又当分月日多寡法；父师当为子弟择友；损友宜远；劝学；字画毫厘之辨；童子初入学；童子最重认字并认字法；教授童子书法；童子读书温书法；读书讹别改正有法；童子读注法；觅书宜请教高明；背书宜用心细听；童子学字法；童子宜歌诗习

---

① ［明］王守仁：《王阳明全集》，上海古籍出版社1992年版，第87—88页。

礼；童子讲书复书法；童子读古文法；童子读文课文法；改文有法；童子宜学切音；教学杂条等内容。《读书作文谱》以论学法为主，要求把学习心理的修养作为"学基"，然后分论训练读写基本功的诸法，旨在提高读写基本能力。包括谈读书作文的"根本工夫"，即教学目标；谈阅读方法，如书文标记法、圈点法、评注法，看书会通法，看书分层次法等；谈求学之道，介绍了学习时应注意的一些原则问题；谈写字、书法，包括一整套执笔、运腕、运指之法，以及基本的用笔技巧；谈读文章与作文章的方法，主要是八股文的读法和作法；谈文体（主要指八股文）写作；谈古文、时艺两种文章的作法技巧；论八股文的各种命题形式和写作程式，以及所采取的作文对策；谈古文评论，先分评传世的名家名作，后在历史的流变中进行总评；列举科举考试的一些体裁；介绍各类诗体的来历及其特点等。《家塾教学法》是我国第一部以"教学法"命名的著作，较为全面地论述了古代家塾语文教学诸方面的问题。①

《教童子法》系清代文字学家、教育家王筠所著。《教童子法》对蒙学识字、写字、读书、属对、作诗、作文等方面的基本训练，均作了较为系统的论述。在识字教学方面：他主张先识字后读书、先识独体字后识合体字。"蒙养之时，识字为先，不必遽读书。先取象形、指事之纯体教之。"在阅读教学方面：他强调要给学生讲书，"读书而不讲，是念藏经也，嚼木札也"。讲书，"又须先易讲者，而后及难讲者。讲又不必尽说正义，但须说入童子之耳"。王筠还总结出了"强记法""连号法""圈抹法"等具体的读书方法。在写作教学方面：主张要有坚实的识字、读书基础，才能"作诗文"。他认为写作训练大体上分"放""脱换""收"三个阶段。初学要"放"，"作诗文必须放，放之如野马，踉跳咆哮，不受羁绊"。然后是"脱换"，"作文而不脱换，

---

① ［清］唐彪辑注，赵伯英、万恒德选注：《家塾教学法》，华东师范大学出版社1992年版。

终是无用才也，屡次脱换，必能成家者也"。最后为"收"，"放极必收之"。就学者而言，应"以放为主"；就教者而言，应"以圈为主"。《教童子法》还提出了"学生是人，不是猪狗"等命题，反映了对儿童主体的尊重，对儿童教学规律的尊重。[1]

（二）现代语文经典名著概观

进入现代以来，许多教育家对语文学科的课程、教材、教学发表了自己独到的见解。前辈学者顾黄初先生和李杏保先生曾主编过《二十世纪前期中国语文教育论集》[2]和《二十世纪后期中国语文教育论集》[3]，分别收录了20世纪前、后期重要的有代表性的论文88篇和183篇。20世纪中国语文教育研究著作（不含各级各类学校国文、国语、语文教科书及练习、考试辅导用书），据不完全统计，约有500余种。笔者曾从中兼顾原著出版时间、论述内容、重要程度、篇幅长短，精选各历史时期有代表性的"经典名著"36本（其中吴研因、舒新城所著两种原书合为一本，共37种），以《百年语文教育经典名著》命名，分15卷，由上海教育出版社于2016年12月至2017年12月陆续出版。

①〔清〕王筠：《教童子法》，见徐梓、王雪梅编《蒙学要义》，山西教育出版社1991年版，第178—188页。

② 顾黄初、李杏保：《二十世纪前期中国语文教育论集》，四川教育出版社1991年版。

③ 顾黄初、李杏保：《二十世纪后期中国语文教育论集》，四川教育出版社2000年版。

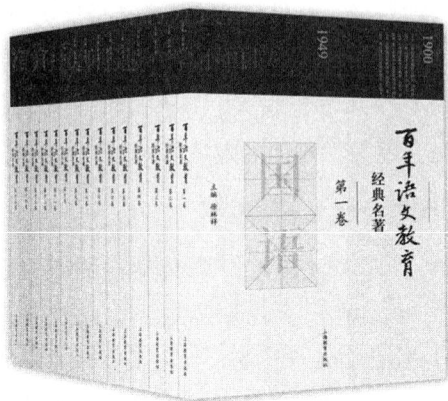

图6-3　《百年语文教育经典名著》

　　《百年语文教育经典名著》第一卷收20世纪前期小学国文国语教学研究著作6种：姚铭恩著《小学校国文教授之研究》（中华书局1915年出版）、张士一著《小学"国语话"教学法》（中华书局1922年出版）、吴研因著《小学国语教学法概要》（商务印书馆1925年出版）、舒新城著《道尔顿制与小学国语教学法》（商务印书馆1925年出版）、赵欲仁著《小学国语科教学法》（商务印书馆1930年出版）、俞焕斗编著《高小国语科教材和教法》（商务印书馆1948年出版）。第二卷收20世纪前期小学写作教学研究著作3种：徐子长编《小学作文教学法》（商务印书馆1928年出版）、宋文翰编《小学作文教学概论》（商务印书馆1931年出版）、张粒民编著《小学作文科教材和教法》（商务印书馆1948年出版）。第三卷收20世纪前期小学识字写字与说话教学研究著作5种：王国元编著《小学说话教学法》（正中书局1936年出版）、沈百英编《小学说话科教材和教法》（商务印书馆1948年出版）、朱智贤编著《小学写字教学法》（商务印书馆1948年出版）、王志成编著《小学写字教学的研究》（商务印书馆1948年出版）、姜建邦编著《识字心理》（正中书局1948年出版）。第四卷收20世纪前期中学写作教学研究著作5种：陈望道著《作文法讲义》

（民智书局1922年出版）、梁启超著《中学以上作文教学法》（中华书局1925年出版）、夏丏尊、刘薰宇著《文章作法》（开明书店1926年出版）、高语罕著《语体文作法》（黄华社出版部1933年出版）、于在春编写《集体习作实践记》（上海永祥印书馆1946年出版）。第五卷收20世纪20年代中学国语教学研究著作2种：黎锦熙著《新著国语教学法》（商务印书馆1924年出版）、周铭三、冯顺伯编纂《中学国语教学法》（商务印书馆1926年出版）。第六卷收20世纪20年代中学国文教学研究著作2种：张震南、王范矩、范耕研、李荃编《中学国文述教》（商务印书馆1925年出版）、王森然编《中学国文教学概要》（商务印书馆1929年出版）。第七卷收20世纪三四十年代中学国文教学研究著作3种：阮真著《中学国文各学程教学研究》（民智书局1930年出版）、阮真编著《中学国文教学法》（正中书局1936年出版）、蒋伯潜著《中学国文教学法》（中华书局1941年出版）。第八卷收20世纪前期师范国文国语教学研究著作2种：张须编纂《师范国文述教》（商务印书馆1927年出版）、袁哲编著《国语读法教学原论》（商务印书馆1936年出版）。第九卷收20世纪40年代阅读指导研究著作2种：叶绍钧、朱自清著《精读指导举隅》（商务印书馆1942年出版）、叶绍钧、朱自清著《略读指导举隅》（商务印书馆1943年出版）。第十卷收20世纪前期阅读心理研究著作2种：艾伟著《阅读心理·国语问题》（中华书局1948年出版）、艾伟著《阅读心理·汉字问题》（中华书局1949年出版）。第十一卷收20世纪80年代语文教育研究著作1种：朱绍禹编著《中学语文教育概说》（内蒙古人民出版社1983年出版）。第十二卷收20世纪后期传统语文教育研究著作1种：张志公著《传统语文教育教材论——暨蒙学书目和书影》（上海教育出版社1992年出版）。第十三卷收20世纪后期语文能力训练研究著作1种：顾黄初、钱梦龙、徐振维、欧阳代娜、张鸿苓、章熊编著《〈九年义务教育初级中学语文教学大纲〉（试用）能力训练内容指要》（四川教育出版社1994年出版）。第十四卷收20世纪90年代语文教育研究著作1种：阎立钦主编《语文教育学引论》（高等教育出版社1996年出版）。第十五卷收20世纪后期语文教学艺术研究著作1种：于漪著《语文教学谈艺录》（上海教育出版社1997年出版）。

其中，姚铭恩著《小学校国文教授之研究》是20世纪较早出版的专论小学语文教学法的著作。全书分为绪言、国文教授之目的、关于读本教授之研究、关于文法教授之研究、关于习字教授之研究、关于作文教授之研究、结论七个部分，其中三至六部分再分为教材要目、教授方法、教授应注意之要项三块。该书吸收了国内教育学著作和教学实验成果与国外最新教育学、心理学研究成果，建构了现代语文教学论著作的基本框架，标志着中国语文教育研究进入了新的历史发展时期。陈望道著《作文法讲义》是我国现代第一部专论写作教学的著作。该书不仅讨论了文章的结构、文章的体制，而且阐释了文章的美质——明晰、遒劲、流畅。黎锦熙著《新著国语教学法》是我国第一部用现代白话文写作的完整、系统的国语教学法著作，反映了作者文道统一、实用为主的课程观，以文学为主体的多元教材观和以儿童本位的科学教学观。梁启超著《中学以上作文教学法》不仅论述了文章的作用和作文法，而且论述了作文教授法。其中提出了"教员不是拿所得的结果教人，最要紧的是拿怎样得着结果的方法教人"等重要观点。①夏丏尊、刘薰宇著《文章作法》在阐述"作者应有的态度"基础上，重点论述了记事文、叙事文、说明文、议论文、小品文五种文体写作的意义、结构和作法，每种文体的作法都有大量典型的例句或段落加以说明。王森然编《中学国文教学概要》是20世纪20年代中学国文教学研究的代表作。该书详细讨论了中学国文教学的目的任务、国文教材、阅读教学、作文教学等方面的问题。与同类著作相比，该书特别重视国文教师的责任和修养，并提供了详细的教学参考资料。阮

---

① 梁启超：《中学以上作文教学法》，见徐林祥《百年语文教育经典名著》第四卷，上海教育出版社2017年版，第79页。

真编著的《中学国文教学法》是20世纪30年代中学国文教学研究的代表作。全书由总论、论读文教学、论作文教学、论国文科辅助学程的教学、论国文科特设学程的教学五编构成。阮真的研究工作不同于同时代许多大家的一点是：他已将国文教学研究纳入了科学的轨道，已不再满足于发表一些经验或随感式的文字，而是处处以事实说话，以数据说话。并且，他还对国文教学的发展历史作了纵向的梳理。袁哲编著的《国语读法教学原论》将"读法"作为独立领域进行研究，首次将阅读心理研究作为阅读教学研究的重要内容，且重视历史演变的考察、重视中外及国内不同时期的比较分析、重视数据统计等，在20世纪前期语文教学法研究成果中独具特色。该书还依据国外阅读教学理论，针对中国传统"局部法"（即以局部的字词文意的认知，理解为主、为先的读法教学），提出了以文章整体认知为出发点的阅读教学程式"全文法"。蒋伯潜著《中学国文教学法》是20世纪40年代中学国文教学研究的代表。该书重点论述了国文教学的目的与国文教师的素养、课内阅读、习作批改、课外指导，并提出中学国文教师应该继续进修文法、修辞学、文字学、文学史、学术史、古书校读等课程。叶绍钧、朱自清著《精读指导举隅》《略读指导举隅》是20世纪前期阅读指导研究最重要的成果。两书论述了精读、略读两种阅读教学过程，将阅读教学程序的探讨推向了一个新的阶段，并通过举隅的方式对精读指导、略读指导做了详尽的说明和示范。《阅读心理·国语问题》《阅读心理·汉字问题》两书著者艾伟自称："对于小学国语阅读心理之探讨，二十余年于兹矣。其目的在求教育之科学化。""所谓教育之科学化者，谓教育问题之解决必须应用科学之方法也。"[①]《阅读心理·汉字问题》涉及字形研究、字量研究、识字测量、词汇研究、音义分析、简化问题、排列问题、书法问题等方面。《阅读心

---

① 艾伟：《阅读心理·国语问题》，见徐林祥《百年语文教育经典名著》第十卷，上海教育出版社2017年版，第5页。

理・国语问题》涉及国语阅读心理研究之重要、儿童阅读兴趣之研究、朗读与默读之比较、默读练习之进展、默读能力之测量、默读能力之诊断、辞句之学习心理、基本句式之分析、作文错误之分析等方面。艾伟通过这两本书对语文阅读心理系统研究的广度与深度，为中国语文教育科学化、民族化奠定了坚实的基础。朱绍禹编著的《中学语文教育概说》为"文革"后较早出版的一部语文教学法著作，曾作为高等师范院校教材广为使用，反映了当时语文教育界对语文教学的认识，上承建国前的语文教学论著，下启改革开放后的语文教学研究，具有特定的历史地位。张志公所著的《传统语文教育教材论——暨蒙学书目和书影》系作者在1962年出版的《传统语文教育初探（附蒙学书目稿）》基础上修订的著作，该书系统地总结和探讨了我国传统语文教育的教材和方法以及我国传统语文教育的经验和问题，是中国语文教育史研究的开山之作。顾黄初、钱梦龙、徐振维、欧阳代娜、张鸿苓、章熊编著的《〈九年义务教育初级中学语文教学大纲〉（试用）能力训练内容指要》为1992年教育部颁布的《九年义务教育初级中学语文教学大纲（试用）》中首次提出的语文学科48个语文能力训练点所作的解读，既有对观念、原理层面的阐述，又有方法、技巧层面的说明，为有效的语文能力训练提供了便捷的津梁。阎立钦主编的《语文教育学引论》为中国教育学会语文教学法专业委员会组织编写的高等师范院校教材，代表了20世纪90年代语文教育学科研究的最高水平，在高等师范院校语文学科教材发展史上具有里程碑意义。于漪所著的《语文教学谈艺录》则记录了老一辈特级教师在20世纪末对语文教学经验的总结和思考。

（三）语文教育经典名著的价值

首先，经典的价值在于其承载历史。中国语文教育经典名著是在中国语文教育发展过程中逐步形成的，是中国语文教育历史经验的总结。千百年来，许多教育家、文学家、语言学家等从事中国语文的教学与研究，撰写了很多笔记、论文和专著，记录着中国语文教育发展的历史轨迹，其中不乏真知灼见。比如：中国古代的语文教育论著，非常注意将"教"与"学"作为对立面的统一来研究。《尚书·说命》中就有"惟敩学半"的说法。汉代孔安国传曰："敩，教也。教然后知所困，是学之半。"[①]从汉代的《学记》到清代的《家塾教学法》，都继承了这一传统。《学记》云："学然后知不足，教然后知困。知不足，然后能自反也；知困，然后能自强也。故曰：教学相长也。"[②]这里"教学"一词已具有"教"与"学"双方互动的意思。唐彪则将讨论如何"教"的《父师善诱法》与讨论如何"学"的《读书作文谱》合而为《家塾教学法》，表明二者是既各有侧重又不可分割的整体。1919年，现代教育家陶行知提出"教学合一"的主张[③]，并倡议以"教学法"取代当时师范课程中的"教授法"，以便把研究的对象由单独研究教师的"教"，拓展为同时研究学生的"学"，这也许正是植根于中国古代教育研究的优良传统。然而，许多经典名著由于年代久远、发行量少等原因，已不为人所知，有些可能会永远被后人遗忘。中国语文教育经典名著，作为中华民族优秀传统文化的一部分，亟待抢救。发现经典、挖掘经典、整理经典、保存经典，是我们这一代语文人的历史责任。梳理前辈学者的著作，抢救语文教育的遗产，重印出版并使之发扬光大，刻不容缓。

其次，经典的价值也在于经典指导现实。经典除了保存历史文献，使今人了解前辈学者所作的探索，了解语文教育发生、发展的历程之外，更为重要的是以史为鉴，研读前辈学者揭示的语文教育本质、规律、内容、方法、特点的论述，更好地把握语文教育的发展路向，少走弯路，不走弯路，推进当今语文教育的改革和发展。进入21

---

①《尚书正义》，见［清］阮元《十三经注疏》，中华书局1980年版，第175页。

②《礼记正义》，见［清］阮元《十三经注疏》，中华书局1980年版，第1521页。

③《陶行知教育文选》，教育科学出版社1981年版，第6页。

世纪以后，我国推进新一轮课程改革，2001年和2003年先后颁布了《全日制义务教育语文课程标准（实验稿）》和《普通高中语文课程标准（实验）》。新课程提出三维目标，注重情感态度价值观教育，取得了很大成绩，但也存在淡化了语文知识教学与语文能力训练的问题。此后的《义务教育语文课程标准（2011年版）》注重语言文字运用能力的培养，事实上带有纠偏的性质。其实，今天争论的许多问题，前辈学者如夏丏尊、叶圣陶、朱自清等就有过讨论，并给出过正确的或可供今人参考的答案，只不过后人没有读过前人的著作，不知前人有过哪些精辟的论述罢了。正如吕叔湘先生为《叶圣陶语文教育论集》作的"序"中所说："按说这本集子里边的文章大部分是解放以前写的，为什么现在还没有过时呢？这是因为现在有很多问题表面上是新问题，骨子里还是老问题，所以这些文章绝大部分仍然富有现实意义。"①许多前辈学者关于语文学科教与学的研究成果，对当下教师的教与学生的学，或多或少都是有指导意义的。中国语文教育经典名著的整理出版，可以为广大语文教育工作者重温经典、细读经典、品评经典、借鉴经典，提供方便。

比如：何谓"语文教育"？对这一语文教育界反复讨论的问题，阎立钦主编的《语文教育学引论》即已明确指出："我们所说的语文教育，就是指作为中华民族通用语的汉语文教育。"②再比如：学生主体问题，蒋伯潜1941年在《中学国文教学法》中即指出："'教学'和'教授'不同。教授完全以教师为中心，学生只处于被动的地位，只须'受教'，不必'自学'；教学则以学生为中心，不但须使学生有自学的机会，而且须加以督促、辅导和鼓励；就是教师方面的'教'，也得顾到学生的需要、能力和兴趣。此在各种学科，莫不

---

① 吕叔湘：《叶圣陶语文教育论集·序》，见《叶圣陶语文教育论集》，教育科学出版社1980年版。

② 阎立钦：《语文教育学引论》，见徐林祥《百年语文教育经典名著》第十四卷，上海教育出版社2017年版，第10页。

皆然；而以国文一科为尤甚。"①又比如：我们今天倡导"读整本的书"，对于如何"读整本的书"，叶圣陶、朱自清1943年出版的《略读指导举隅》就已做了很好的示范。

2017年9月24日，中共中央办公厅、国务院办公厅发布的《关于深化教育体制机制改革的意见》中要求："要注重培养支撑终身发展、适应时代要求的关键能力。在培养学生基础知识和基本技能的过程中，强化学生关键能力培养。"②具体到语文学科，有哪些关键能力，语文能力训练又包括哪些内容？《〈九年义务教育全日制初级中学语文教学大纲（试用）〉能力训练内容指要》就已经梳理了"简洁易懂，切实可行的，具有符合世界母语教育客观规律的科学性，又富有中国语言文字优秀传统的民族特色；为全国的中学语文教学，对学生进行语文能力培养训练，提供了可遵循的、具体的教学途径"③的能力训练内容。

再次，经典的价值还在于经典启迪未来。一本书之所以被称为"语文教育经典名著"，可能有这样或那样的原因：或者是某个方面的开山之作，或者是某个时期的代表之作，或者是其历史影响巨大，或者是其内容历久弥新，等等。虽然有些前辈学者的著作中一些内容经过时代的淘洗，用今人的眼光看来已经是过时的甚至可能是错误的，但今天的人为什么仍然需要读它？除了经典承载历史、指导现实之外，还因为经典为我们走向未来提供了经过时代淘洗积淀形成的思想资源，与经典对话，可以拓宽我们的思路，激活我们的思维，启迪我们的创造，使得我们可以站在前辈学者的肩上"接着讲"，进而书写

---

① 蒋伯潜：《中学国文教学法》，见徐林祥《百年语文教育经典名著》第七卷，上海教育出版社2017年版，第184页。

② 中共中央办公厅、国务院办公厅：《关于深化教育体制机制改革的意见》，载《中国民族教育》2017年第10期。

③ 欧阳代娜：《一点说明》，见徐林祥《百年语文教育经典名著》第十三卷，上海教育出版社2017年版，第216页。

属于我们自己时代的新作品、生成属于我们自己时代的新经典。现代语文教育经典名著，虽出自不同时期、不同著者之手，有着各自的思想观点和写作特色，但始终关注语文课程目标，始终关注识字写字教学、阅读教学、写作教学、听话说话教学，始终关注科学有效的教学方法，这并非是偶然巧合，而应视为对语文课程核心问题、语文教学基本内容、语文教改价值取向的共同关注。所有这些建构了现代语文教育理论的基本框架，也构成了面向未来语文教育再出发的基础。我们一方面要尊重前辈学者的典范性、权威性著作，另一方面又要不迷信不盲从，而是开动自己的脑筋，结合当下的情境，做出自己的思考和实践，对话经典、反思经典、完善经典、升华经典。

语文教育经典名著是语文教育家智慧的结晶，相信她会有助于中国语文教育的研究和中国语文教育的改革和发展，会在21世纪中国语文教育学科建设中发挥不可替代的重要作用。

后 记

我1982年从扬州师范学院毕业分配到中学时的母校江苏省兴化中学，教了11年高中语文；1993年调回大学时的母校，其时刚与扬州的几所高校合并为扬州大学，教了27年大学语文教育类课程。这本小书即是我从事语文教学与研究38年的一些心得，主要是近10多年关于语文教育的思考。

我不是名家，本书能忝列"名家论语文丛书"，全赖两位丛书主编人民教育出版社刘国正先生和山东师范大学曹明海先生的提携，以及丛书策划山东教育出版社周红心先生的督促。所以，能借此机会将我的一些想法结集出版，首先要感谢刘国正先生、曹明海先生和周红心先生。

本人从事语文教学与研究38年，一路走来，得到过许多师友的支持和帮助，尤其感激柳印生先生、顾黄初先生、杨九俊先生。

柳印生先生是我中学时的老师，我对文史哲感兴趣并从事写作，便得益于柳先生的启蒙。1982年大学毕业后，我回到中学时的母校任教，又在柳先生的指导下从事语文教学11年，并结识了柳先生的好友洪宗礼先生。

顾黄初先生是我大学时的老师，我对语文教育感兴趣并从事研究，即得益于顾先生的教导。1993年我回大学时的母校任教并担任顾先生的助手，在顾先生的指导下系统学习了叶圣陶先生的著作。至

2009年顾先生去世，在顾先生身边工作17年，更是获益良多，并结识了顾先生的好友曾祥芹、韩雪屏、李杏保、王松泉、周庆元、倪文锦诸先生。

杨九俊先生是我大学时的同学，也一直是我尊敬的兄长和学习的榜样。2003年九俊与丁帆先生主编苏教版普通高中《语文》课程标准实验教科书，邀我参与必修与选修教材的编写及之后的修订工作，主编丁帆、杨九俊与编写组核心成员徐兴无、郭熙、汪政、秦兆基、王栋生、曹勇军、黄厚江、唐江澎、朱芒芒、朱德勇、徐志伟、张克中、傅元峰、余立新诸位，皆语文精英，本人有幸参与其中，真人生乐事，还因此结识了巢宗祺、方智范、陆志平诸先生，至今也有17年了，同样获益多多。

本书有几篇文章，是分别与我指导的硕士屠锦红、朱敏、苏肖肖，博士马磊、邵克金，以及博士后郑昀讨论合作完成的。由于他们的参与，使得一些想法能以文字的形式呈现出来而不至于稍纵即逝。在此，我也要感谢他们。

本书大部分文章，曾先后在一些期刊发表过。《课程·教材·教法》郭戈、刘启迪、周国华，《全球教育展望》刘良华，《华东师范大学学报（教育科学版）》杨九诠，《徐州师范大学学报（哲学社会科学版）》王跃平，《语文建设》张兰、李朋，《中学语文教学》张蕾、王希文，《语文学习》何勇、张少杰、易英华，《语文教学通讯》刘远、姜联众、裴海安、王建锋，《中学语文教学参考》张吉武，《语文教学与研究》晓苏，《中学语文》潘纪平，《学语文》夏家顺，《语文世界》叶水涛，《七彩语文》袁浩，《小学教学》周培红，《中小学课堂教学研究》黄力平，《教育研究与评论》朱凌燕，《叶圣陶研究年刊》商金林等先生/女士都给予了大力支持。由于期刊的发表，使得这些文章能以纸质读物的形式公之于众而不至于束之高阁。因此，我还要特别感谢这些期刊的主编和编辑。

人总是处在一定社会关系中的人。人的成长总离不开师友乃至弟子的支持和帮助。要感谢的人太多，限于篇幅，恕不一一致谢了。

2011年，杨九俊先生主编苏教版高中语文教材编写组与江苏教育出版社合作出版的"语文教学改革前沿丛书"，约我和他合著《共享母语的芬芳》一书。我考虑利用这个机会梳理一下自己关于语文教育的一些想法，九俊便建议我独立完成该书。后来由于工作太忙，只写了一部分。本书中有一些文章，就是在《共享母语的芬芳》书稿基础上修改而成的。现在《语文教育回望与前瞻》付梓，也算是多少弥补了《共享母语的芬芳》未能出版的缺憾。

根据"名家论语文丛书"的体例要求，本书主体部分设了六章，分别侧重讨论语文、语文课程、语文教材、语文教学、语文教育家、语文教育学科建设。全部文章收入本书时都做了程度不同的整合与删改。

有一位伟人说过："三十八年过去，弹指一挥间。"但愿这38年留下的足迹、弹指一挥间的心得，能为语文教育的前行提供参考。

徐林祥

2020年8月31日于扬州大学中国语文教育研究所